科技金融创新发展研究系列丛书

王瑶琪 刘志东 著

技术变革视角下科技金融创新与发展

Innovation and Development of
TechFin through the Lens of Technological Growth

中国财经出版传媒集团

经济科学出版社
Economic Science Press

图书在版编目（CIP）数据

技术变革视角下科技金融创新与发展/王瑶琪，刘志东著.
—北京：经济科学出版社，2019.7
（科技金融创新发展研究系列丛书）
ISBN 978 – 7 – 5218 – 0789 – 9

Ⅰ.①技… Ⅱ.①王…②刘… Ⅲ.①金融 – 科技发展 – 研究 – 中国 Ⅳ.①F832

中国版本图书馆 CIP 数据核字（2019）第 183251 号

责任编辑：王　娟　张立莉
责任校对：杨　海
责任印制：邱　天

技术变革视角下科技金融创新与发展

王瑶琪　刘志东　著

经济科学出版社出版、发行　新华书店经销
社址：北京市海淀区阜成路甲 28 号　邮编：100142
总编部电话：010 – 88191217　发行部电话：010 – 88191522
网址：www.esp.com.cn
电子邮件：esp@esp.com.cn
天猫网店：经济科学出版社旗舰店
网址：http://jjkxcbs.tmall.com
北京季蜂印刷有限公司印装
710×1000　16 开　25.75 印张　400000 字
2019 年 10 月第 1 版　2019 年 10 月第 1 次印刷
ISBN 978 – 7 – 5218 – 0789 – 9　定价：118.00 元
（图书出现印装问题，本社负责调换。电话：010 – 88191510）
（版权所有　侵权必究　打击盗版　举报热线：010 – 88191661
　QQ：2242791300　营销中心电话：010 – 88191537
　电子邮箱：dbts@esp.com.cn）

科技金融创新发展研究系列丛书

总　编：王瑶琪　刘志东

编写委员会（按姓氏笔画排序）：

王志锋	王　遥	孙宝文	李文斌	李建军
李桂君	李　涛	宋砚秋	林则夫	欧阳日辉
赵文哲	高秦伟	郭　华	黄昌利	董新义

总　序

迈克尔·波特把国家竞争优势的发展分为4个阶段——"要素驱动"发展阶段、"投资驱动"发展阶段、"创新驱动"发展阶段、"财富驱动"发展阶段。党的十九大报告提出了新时代坚持和发展中国特色社会主义的基本方略，将创新列为新发展理念之首，要求坚定实施"创新驱动发展战略"。科学技术是第一生产力，实现创新驱动发展战略的核心在于科技创新。金融是现代经济核心，科技创新源于技术而成于资本，科技创新离不开金融创新的支持。历史上，每一次产业革命的出现都离不开金融制度的创新、保障和支持。

为了充分挖掘和实现科技创新的潜在价值，需要给科技创新插上金融资本的翅膀。为了实现科技创新、实体经济、现代金融的有机结合和良性循环，需要科技与金融两大系统之间深度融合。科技金融是金融业的一种业态，是科技创新与金融创新交汇融合的产物，是促进科技开发、成果转让和高新技术产业发展的金融工具、金融制度、金融政策与金融服务的系统性和创新性安排。科技金融是向科技创新活动提供融资资源的政府、企业、市场和社会中介机构等的主体，在科技创新融资过程中的行为活动组成的体系，是国家科技创新体系和金融体系的重要组成部分。科技金融体系通过金融、财税、信用工具等组合，对科技资源的潜在价值和市场潜力进行估值和风险定价，进而实现科技资源和金融资源的有效对接。

科技金融不是简单地把科技要素、金融机构和金融工具等简单的堆砌起来，而是依靠完善的科技金融生态系统才能实现其有机融合。单纯的要素堆积无法实现科技与金融间的融合，也体现不出科技金融的深度。

科技金融并不能简单地理解为一个金融工具、一个产业、一个范式或一个政策。科技金融是一项复杂的系统工程，需要精心的顶层设计，把众多科技要素、金融机构和工具、市场要素、政策等融合在一起，才能够健康成长。从系统工程角度看，完整的科技金融不仅包括科技要素和金融要素，还包括科技金融赖以生存和发展的生态系统。

按照党的十八届三中全会提出的围绕产业链部署创新链，围绕创新链完善资金链，鼓励金融资本、社会资本、科技资源相结合。可把科技金融的结构归结为基于产业链来部署创新链，而创新链并非空中楼阁，需要围绕创新链来完善资金链。但是，只有产业链、创新链、资金链还不够，还需要有服务链，也就是要打造"四链融合"。"四链融合"能检验科技金融的设计是否符合规律。其中，服务链是否形成是一个重要的标准。它是融合产业链、创新链、资金链的重要润滑剂，如果没有完善的服务链来提升它们的水准，产业链、创新链、资金链仍然是隔离的，仍然不是理想的科技金融。所以，顶层设计上一定要为实现"四链融合"去构造符合科技金融发展规律的生态系统。科技金融生态系统涉及人才战略、财税政策、土地政策等，只有将这些因素协同融合，才能够优化科技金融生态环境，有利于落实创新驱动发展战略的实施。

不同经济发展阶段的经济体具有不同的要素禀赋结构，不同产业的企业具有不同的规模特征、风险特性和融资需求。处于不同经济发展阶段的实体经济对金融服务的需求存在差异。当前，我国科技金融发展中存在金融产品创新供给与需求不匹配、中介服务体系不完善、市场活跃度不高等问题。应从顶层设计、产品创新、服务体系、政策支持等方面构建科技金融生态系统。组成由金融、科技、管理等多要素，科技金融产业、现代科技服务业等多领域以及人才、政策、平台、机制等共同作用的多维度、多层次科技金融生态系统。

改革开放以来，我国经济发展取得了辉煌的成绩，在40多年持续快速增长的支持下，已经成为世界第二大经济体，人均GDP步入中等偏上收入国家的行列。但是，随着2008年国际金融危机的爆发，高投资、生态环境破坏严重和资源耗费加剧的粗放型低技术含量增长模式的弊端日益

总　序

凸显，已经不可持续。要实现中华民族伟大复兴的目标，必须坚定不移地贯彻科教兴国战略和创新驱动发展战略，坚定不移地走科技强国之路；依靠科技创新和技术进步大力推进结构调整和产业升级，实现经济社会可持续发展是当前面临的使命。

当今世界正处于百年未有之大变局，全球新一轮科技革命产业变革呈加速趋势，以信息技术深度和全面应用为特征的技术革命迅猛发展，带动应用领域的创新突破以及新业态的不断出现，数字化、网络化、智能化加速推进。

发达国家经过世界金融危机与经济危机的洗礼之后，重新调整了经济战略布局，倡导制造业回归，更加注重科技创新对实体经济发展的作用，纷纷出台和实施科技创新发展规划，以保持其在全球的领先地位。美国继 2012 年提出《先进制造业国家战略计划》后，2019 年发布了《美国先进制造业领导力战略》；德国在实施"工业 4.0"的基础上，新出台了《国家工业战略 2030》；日本提出《机器人新战略》和"社会 5.0 战略"，加紧在智能制造领域进行战略布局。

经过新中国成立 70 年特别是改革开放 40 多年来的快速发展，中国已经成为具有重要影响力的制造业大国，但总体来看依然大而不强、强而不精，整体发展质量不高。

近年来，中国经济下行压力逐步加大，GDP 增速从 2010 年的 10.3%降到 2018 年的 6.6%。出现这种变化，一方面是由于经济发展到一定阶段后的规律性现象，另一方面是由于新旧动能转换滞后。要改变这一局面，就必须依靠创新、协调、绿色、开放、共享的新发展理念，转变发展方式，实现高质量发展。当前，大数据、云计算、人工智能与制造业的结合不仅为传统生产要素赋能，同时也打破了劳动力、资本、土地等有限供给对经济增长的制约，为产业持续升级、转型发展提供了基础和可能。

随着大数据、人工智能和区块链等前沿技术的应用研究更加深入，这些前沿技术在金融领域的应用场景正变得逐步清晰，客户用户画像、智能投顾服务、结合区块链技术的证券发行和交易、基于大数据的风险监控与管理已成为重要的金融科技应用，科技对金融的变革影响程度更深，金融行业发展也更依赖于科技进步。传统金融机构、新兴科技公司（互联网）、支持服务企业（通信、基础设施、专业服务）等通过科技驱动构建新的金融生态，包括移动支付、P2P网贷、股权众筹、互联网销售（基金、保险等），消费金融、企业金融服务、征信与数据服务等业态。数据研究公司（IDC）的报告指出，2017年全球移动支付金额已突破1万亿美元。花旗集团（Citigroup）研究报告显示，金融科技行业近年来吸引的投资额快速增长。人工智能伴随神经网络的发展，使深度学习成为可能，金融科技将愈加去中心化、平台化和大众化，更好地解决传统金融领域中的痛点，如个性化服务、信息不对称等。

科技金融和金融科技的发展，无疑都需要创新赋能。科技与金融融合的障碍主要是金融机构面临风险和收益匹配关系的选择。由于科技金融工作的着力点是科技成果的转化和资本化，即科创企业的初创期和成长期，恰恰是投资的高风险期，难以满足传统金融机构特别是银行的低风险要求。

因此，科技金融的创新与发展，就是要创新金融产品和服务，降低投资风险，赋能金融资源支持科技创新。在特定的应用场景下，科技金融和金融科技自然会融合发展。

尽管"科技金融"这一概念近年来在国内被广泛提及，并频频出现在大量媒体和学术期刊上。但是在数字化、网络化、智能化发展趋势下，适应新技术和新业态的科技创新与融资渠道之间的相互依存关系，依然是一个有待继续深入研究的领域。新一轮科技革命产业变革呈加速趋势下，科技金融的创新与发展，仍然是一个非常有价值的研究课题。

为此，在准确把握新时代国家创新驱动发展战略对金融服务需求的基础上，梳理金融支持技术创新的路径，分析金融支持和促进创新驱动发展的机制，通过构建与实体经济发展相适应的科技金融支持体系，有效发挥金融体系的动员储蓄、管理风险、处理信息、便利交易、公司治理等优化资源配置功能具有重要意义。

本系列丛书是在课题组承担北京市教育委员会中央在京高校重大成果转化项目《面向"双轮驱动"的北京市科技金融发展战略与实施路径》基础上的研究成果。

总 序

北京作为全国的政治中心、国际交流中心、文化中心和科技创新中心，其科技创新是其发展的强劲动力，文化创新更是其发展的重要组成部分。本系列丛书以科技创新和文化创新为"双轮驱动"发展战略的研究内容，其研究以金融为主轴，以驱动科技创新和文化创新两轮高速有序运行为目标，构建了科技金融、文化金融、数字金融、绿色金融、区域金融等协调发展并互为补充的应用场景，在政策激励、法规规范和制度保障的环境下营造出产业和成果不断转化的新时代科技金融发展战略。丛书按照预设的研究计划和技术路线，围绕相关内容展开分析、探索与研究，取得了预期的研究成果。

本系列丛书的研究成果有助于深化科技、文化、环保与金融之间的融合，促进成果转化，推进北京和全国经济的发展。在当前全球经济深度调整、中国经济增速放缓的大背景下，科技创新活动日趋成为经济和社会发展的主要驱动力。我国受资源、环境等因素的制约，必须加快转变传统的经济增长方式，转为依靠科技创新和金融创新来支撑经济社会发展。科技创新离不开科技型中小企业的智力支撑，而这些中小企业的发展又需要金融业的资金支持。具体来看，通过研究商业银行内部如何创新金融组织形式、如何创新合作模式，以支持科技创新企业的发展，有助于为商业银行建立推动科技金融服务的互动机制提供思路。通过研究适应科技型企业特点的信贷管理制度、差异化的考核机制，以及风险定价机制，有助于强化这些企业的风险管理能力，并进一步研究担保机构对科技型中小企业的贷款和风险补偿机制。通过研究银行如何开展对科技型企业的信用中介作用，有助于为科技和金融的结合奠定基础。科技进步也为金融创新提供了强大的技术支持，互联网金融在经济发展中将会发挥重要的基础性作用。

北京作为历史文化名城，具有丰富的文化资源优势。随着文化产业投融资体系的发展和成熟，与科技金融一样，文化金融也必将成为搞活文化企业的关键所在，并成为不断发展壮大的文化产业的重要支撑。文化金融是文化创新的重要途径，更是文化创新的关键环节。通过文化企业与银行、证券、保险等金融机构的全方位合作，一方面，不断推动了银行文化信贷产品的创新和保险、债券等一系列产品试点的创新；另一方面，也为解决文化企业融资难题搭起了一座座通向国内外市场的桥梁。因此，文化金融的提出以及全服务链体系的搭建，不仅是破解目前文化产业投融资难题的一个新突破口，更是全面推进金融创新工作的切入点。

在环境保护方面，低碳经济已成为当今社会各界的共识。发展低碳经济的过程中必然会产生与碳交易相关的各种金融活动，包括碳排放量的交易规则、碳排放量的交易场所，低碳经济型企业的发展等诸多问题，因此环境保护和低碳经济的发展必然要推动传统金融向碳金融研究的转变。我国在碳金融上起步缓慢，在国际碳交易市场的议价能力不够，谈判能力不强，因此通过对碳金融的研究从而充分建立起我国的"环境金融市场"以促进低碳经济型企业的发展就成为当前决定北京乃至全国实体经济能否持续健康发展的重要环节。

本系列丛书研究成果将更有效地服务于北京市的各项发展规划。通过对科技金融的研究特别是其中科技型中小企业融资和科技银行建立等问题的探究，对北京市政府关于科技型中小企业融资服务平台建设、科技型中小企业信用风险评估等相关政策的制定和出台具有参照、引领支持和决策借鉴作用，同时互联网金融平台和模式的研究对北京市政府如何识别并规制互联网金融风险也具有重要理论意义。对文化金融的研究对市政府如何发展文化创新，促进文化创意产业集群发展具有重要的支持作用。对碳金融、环境金融、气候金融的相关课题的研究，如碳交易规则的制定、环境金融市场建立的探讨、低碳经济型企业的发展等，对市政府如何完善环境保护的金融机制，改善首都环境状况，促进首都经济的持续健康增长具有重要的决策参考与基础性支持作用。

中央财经大学科技金融研究点面结合，经过近六年的重点攻关，针对科技金融领域的若干重点、热点课题展开研究，已经取得一定的成果。其中在科技型中小企业融资、科技银行的建设方案、互联网金融平台的构建设计、碳金融机制的研究、气候金融产品的创新开发等方面均取得了突破性的进展。这些成果需要进一步转化为生产力，从银行层面、企业层面、信用体系层面以及政策设计四个层面对科技金融学科方向作进一步细化，全面转化，为实体经济服务。中央财经大学科技金融课题组已经取得一些有影响力的成果,在科技金融、互联网金融、数字金融、低碳经济、碳金融、绿色资本市场和环境金融等重要领域已形特色鲜明的成果,为北京市、国家科技创新发展与环境保护决策提供了重要的理论成果支撑。众多的前期研究成果逐渐实现转化,真正发挥服务经济、服务社会、服务国家战略的作用。

我们在研究过程中得到了相关科技系统、财政系统、金融系统、科研院所、企事业单位等诸多部门的大力支持,参考了众多科技金融研究领域先行者的研究成果,得到了经济科学出版社王娟女士的大力帮助和指导,她和各位编辑为本系列丛书的顺利出版付出了辛勤劳动,在此表示衷心感谢!

本系列丛书是课题组成员集体劳动与团队合作的成果,丛书中不足之处请读者给予批评和指正。欢迎更多的有志之士关注和支持新技术变革下的科技金融创新与发展。

2019 年 9 月 9 日

前　言

本书主要探讨了技术变革视角下科技金融的创新与发展，内容分为8个章节，分别是：科技金融渊源、国外科技金融发展现状和经验、国内科技金融发展现状和经验、科技金融模式的创新发展、全球科技创新中心的形成路径与金融支持、科技金融发展评价、中国科技金融发展面临的机遇与挑战、中国科技金融发展战略总体设计。

第1章主要剖析了科学、技术与金融的基本概念、理论发展与历史沿革，并系统分析了三者间的协同演化关联。在此基础上，阐述了科技金融产生的渊源，多维度解析了科技金融的主要内涵。具体来看，科技金融是通过创新财政科技财政投入方式，引导和促进银行业、证券业、保险业金融机构及创业投资等各类资本，创新金融产品，改进服务模式，搭建服务平台，实现科技创新链条与金融资本链条的有机结合，为初创期到成熟期各发展阶段的科技企业提供融资支持和金融服务等一系列政策和制度安排。进一步的，本章梳理了西方科技与金融结合的相关理论，讨论了背后的演化路径与逻辑，阐明了中国科技金融体系的历史发展进程与具体实践。通过对理论与实践的梳理和总结，形成科技金融的基本架构与科技金融发展的基本判断。同时，通过梳理相关的变革性技术，分析科技金融发展的新趋势、新变化与新走向，并论述了科技金融与金融科技的内涵及内在关联。

第2章主要总结与论述了国外科技金融的发展现状与主要经验。本章内容从政策实施导向、金融市场便利与具体实施范例三个维度，系统性阐述了美国、日本、德国、英国、印度、韩国、瑞士、以色列、新加坡等国家的科技金融体系。同时，以此为基础，进一步分析了这些国家科技金融的发展模式。具体来看：美国为资本主导模式，即美国拥有相当完善的资本市场，且资本市场、风险投资与贷款在科技型中小企业发展过程中发挥着非常重要的作用。德国、日本为银行主导模式，其中银行是科技企业主要的融资来源。以色列、印度、韩国、瑞士、新加坡则为政府主导模式，即政府在科技金融资源的配置过程中起到主要作用。英国为大学—政府协同主导模式，即大学与政府在高新技术企业孵化过程中起到协同促进作用。据此，通过总结国外经验，识别典型模式，本章进一步总结了国外科技金融体系发展的经验与启示，即坚持政府引导与市场运作相结合；发挥银行在其内中流砥柱的作用；完善信贷担保体系，加快科技保险发展；推进和培育政府引导基金，盘活风险投资市场，并进一步促进产学研用相结合。

第3章主要梳理与归纳了国内科技金融的发展现状与经验。首先，本章概括了国内科技金融主要的发展现状，认为现阶段我国科技金融的政策环境、金融服务水平与层次，以及企业的科技创新能力均在不断提升。进一步的，本章从政策引导、科技信贷、创业投资、科技担保与保险、多层次资本市场以及典型案例六个维度系统解析了北京、上海、深圳、江苏、杭州、武汉、成都等地区的科技金融发展现状，并据此总结了国内典型地区科技金融的发展经验：北京、江苏、深圳及武汉为政府主导型科技金融发展模式；成都为企业主导型科技金融发展模式；上海、杭州为金融机构主导型模式。总结来看，可以从顶层设计、传统融资渠道与新兴融资渠道三个方面概括我国现阶段的科技金融体系：第一，顶层设计上，在政府及政策引导下，通过统筹相关部门和建设高新技术产业园区，以形成一套相对完善的政策与制度体系；第二，传统融资渠道上，通过银行、保险、信用担保、创投与多层次资本市场等传统的直接、间接融资方式，进一步支持科技创新发展；第三，新兴融资渠道上，企业通过互联网金融、供应链金融、联保融资、众筹等方式，拓展现有融资渠道，以更好地革新与深化现有的科技金融体系。

第4章主要讨论了科技金融模式的创新发展。首先，本章概括了我国科技金融发展的总体特征，主要表现为：我国的创新规模不断扩大、财政

前　言

资金引导方式不断丰富、创投活动更为活跃、多层次资本市场日趋完善、科技金融产品多样化水平不断提升。其次，通过梳理全国各个地区的科技金融信贷创新产品、剖析北京银行科技金融支持体系、解读《北京市促进金融科技发展规划（2018~2022年）》，讨论了现阶段我国科技金融的发展与创新。

第5章主要探讨了全球科技创新中心的形成路径与金融支持。首先，本章讨论了全球科技创新中心的内涵，具体来看：全球科技创新中心是全球创新要素在空间上集聚、科技创新活动的相对集中，且科研实力雄厚，创新活动具有很强的空间辐射性，同时能够在全球创新网络中发挥着领导与支配地位的地区或城市。其次，本章讨论了世界科技创新中心发展的历史沿革，解读了其中的四次转移，分析了催生全球科技创新中心的主要事件，及金融要素在其中发挥的重要作用。同时，本章还以旧金山湾区、纽约湾区与东京湾区为例，梳理与分析了现阶段全球科技创新中心的典型地区，结合中国科技金融的发展现状，具体提出全球科技创新中心的典型经验，以及推进中国科技创新中心建设的发展路径。

第6章主要利用经济学方法，科学计量与评价了我国的科技金融发展水平。首先，本章基于DEA、SFA方法，通过构建技术创新指标体系，在省份与行业层面，分析了我国的技术创新效率；并利用Tobit模型，讨论了技术成熟度、政府扶持以及产业集聚对地区创新的影响水平。研究发现：各地区企业技术创新效率差异性较大，主要呈现出从东部向中西部递减的总体规律；影响因素上，产业集聚度与技术成熟度对纯技术效率与规模效率均具有正向影响，故而其与技术创新的综合效率同样存在正向关联；而政府扶持对纯技术效率和规模效率的影响存在差异；同时，不同行业的技术创新效率同样具有较大的差异性。其次，本章构建了科技金融发展指数及指标体系，测度了我国不同省份的科技金融发展水平。研究发现：我国科技金融发展的地区差异明显，但是提升速度较快，发展潜力巨大。最后，本章通过构建科技创新产出与科技金融投资绩效的指标体系，利用子系统有序度模型和复合系统协同度模型，分析了我国典型地区科技创新与科技金融的有序度与协同度。研究发现：科技创新与金融复合系统协同度水平较低，且波动性较大，缺乏稳定性，说明两者之间尚未形成较为成熟的协同发展机制，但是两者协同度波动上升的趋势基本稳定。

第 7 章分析了中国科技金融发展所面临的机遇与挑战。首先，本章阐释了科技金融发展的主要障碍，主要包括创新理念障碍、财税政策障碍以及金融机构支持企业创新的障碍。其次，本章讨论了中国科技金融发展面临的挑战，主要包括科技金融领域的研究不断拓展与深化、区域经济发展不平衡、新发展带来管理模式的创新需求。最后，本章探讨了中国科技金融发展的机遇，主要包括国内优渥的科技创新土壤、科技政策的大力支持、政府职能的不断优化、金融机构的创新发展、企业创新的不断深化以及新兴技术的蓬勃发展。

第 8 章设计了中国科技金融发展的总体战略。首先，在思想层面：放眼世界，承担国际责任，促进区域经济发展；立足国情，解决国内问题，加快经济结构转型；以世界的眼光看中国，践行具有中国特色的科技金融发展战略。在架构设计上：我国科技金融的发展亟须高度明确政府的核心地位，充分发挥其带动作用；应将科技型中小企业融资作为科技金融服务模式的核心对象，开发地区性特色产品为手段；注重科技示范园区、金融机构等多方面中介起到的支持作用；应注重政府和市场的结合作用。在配套保障体系上：构建科技金融财政政策保障体系以及科技金融税收政策保障体系；推动知识产权资本化；做好我国科技金融人才保障；做好我国科技金融空间保障。据此，本章给出了相关政策建议：第一，突破体制机制障碍、建立科技金融政府政策联动机制；第二，创新财政、政策性金融等支持方式，充分发挥其引导和撬动作用；第三，做好创新科技与金融资本对接机制，促进科技成果转化；第四，完善企业信用征信，加强知识产权保护；第五，完善多层次资本市场、优化资本进退体系；第六，搭建科技金融平台，完善服务体系，优化环境，建立创新生态系统。

目 录 CONTENTS

第1章 科技金融渊源 ·· 1
   1.1 科学、技术与金融基本问题 ····················· 1
   1.2 科技金融溯源与内涵 ······························· 8
   1.3 科技金融理论与政策演进 ························ 16
   1.4 科技金融发展的架构与基本判断 ············· 24
   1.5 技术变革下科技金融的新发展 ················ 28

第2章 国外科技金融发展现状和经验 ·················· 48
   2.1 美国科技金融的发展与经验 ···················· 48
   2.2 日本科技金融的发展与经验 ···················· 59
   2.3 德国科技金融的发展与经验 ···················· 70
   2.4 英国科技金融的发展与经验 ···················· 79
   2.5 印度科技金融的发展与经验 ···················· 90
   2.6 韩国科技金融的发展与经验 ···················· 99
   2.7 瑞士科技金融的发展与经验 ···················· 106
   2.8 以色列科技金融的发展与经验 ················ 112
   2.9 新加坡科技金融的发展与经验 ················ 123
   2.10 国外模式总结 ·· 130

第3章 国内科技金融发展现状和经验 ·················· 139
   3.1 国内科技金融发展概况 ··························· 139

3.2 北京科技金融发展与经验 ………………………………… 142
   3.3 上海科技金融发展与经验 ………………………………… 163
   3.4 深圳科技金融发展与经验 ………………………………… 172
   3.5 江苏省科技金融发展与经验 ……………………………… 182
   3.6 杭州科技金融发展与经验 ………………………………… 193
   3.7 武汉科技金融发展与经验 ………………………………… 204
   3.8 成都科技金融发展与经验 ………………………………… 214
   3.9 国内科技金融模式总结 …………………………………… 223

第4章 科技金融模式的创新发展 ………………………………… 228
   4.1 宏观层面我国科技金融发展总体特征 …………………… 228
   4.2 科技金融的发展与创新 …………………………………… 233

第5章 全球科技创新中心的形成路径与金融支持 ……………… 244
   5.1 全球科技创新中心的内涵、功能与特点 ………………… 245
   5.2 全球科技创新中心发展的历史沿革 ……………………… 251
   5.3 全球科技创新中心的典型地区：以三大湾区为例 ……… 255
   5.4 中国科技创新中心发展现状 ……………………………… 261
   5.5 中国科技创新中心发展路径 ……………………………… 267

第6章 科技金融发展评价 ………………………………………… 270
   6.1 基于DEA方法的科技效率分析 …………………………… 270
   6.2 科技金融发展指数实证研究 ……………………………… 296
   6.3 科技创新与科技金融协同度研究 ………………………… 315

第7章 中国科技金融发展面临的机遇与挑战 …………………… 333
   7.1 科技金融发展的现有障碍 ………………………………… 333
   7.2 科技金融发展的未来挑战 ………………………………… 341
   7.3 科技金融发展的机遇 ……………………………………… 350

第8章 中国科技金融发展战略总体设计 ………… 361

8.1 发展思想方针 ………… 361
8.2 科技金融发展模式与架构设计 ………… 363
8.3 配套保障体系 ………… 366
8.4 政策建议 ………… 369

参考文献 ………… 376

第 1 章
科技金融渊源

1.1 科学、技术与金融基本问题

1.1.1 科学、技术与金融的基本概念

科学是什么？至今还没有一个为世人公认的定义。学术界普遍认为，伴随人类文明史的不断演化发展，"科学"的概念在不同情境下表现出丰富的内涵和外延变化，使得学者都很难对其进行清晰且精准的界定，目前，尚未形成一整套被各方均能认可的界定标准。从词义来看，"科学"（Science）这一词语，源于中世纪拉丁文 scio，后来演变为 scientia，即"知识""学问"的意思。明治维新时期，日本人把 science 译为"科学"，即分科的学问。中国近代清明时期曾称为"格致"，康有为首先把日文汉字"科学"直接引入中国，严复的《天演论》也把"science"译为科学。随后 20 世纪初，随着"德先生"和"赛先生"被逐渐介绍入国内，"科学"从此在中国大地流行开来。

根据《苏联大百科全书（第二版）》（Bolshaya sovetskaya entsiklopediya）对"科学"的界定，"科学"是指基于社会实践成果逐渐形成的对自然界、社会和思维等客观发展规律的知识体系，揭示了现象与本质的内在联系。而英国著名科学家贝尔纳（1982）基于"科学无法精准定义"的理念，主张采用特征描述的方法对"科学"进行界定。部分学者采纳

了此观点,并试图从科学更为深层的本质来解释"科学"的概念,例如:林德伯格将"科学"界定为:(1)科学是获取控制外界环境的行为模式;(2)是理论形态的知识体系;(3)是基于数学语言表达的理论或定律;(4)是探究自然或事件真伪的实验程序;(5)是个人获取信息和评判知识的认知方法;(6)是关于自然认知的一整套信念。而苏联科学家拉契科夫(1974)则提出"科学是关于现实本质联系的客观真知的动态体系,这些客观真知是由于特殊的社会活动而获得和发展起来的,并且由于其应用而转化为社会的直接实践力量"。

综上可以看出,关于对科学的认识和理解,众说纷纭,莫衷一是,见仁见智。不过从各种对于"科学"概念的不同表述中,我们大体上可以从中找出某些基本、共同的特性:科学是一种人类基于对自然界的客观认知和改造经验的正确反应,逐渐形成的理论知识体系,应用或服务于社会实践活动。通常,科学包含以下主要特点:(1)科学的主要任务是认识世界,侧重回答"是什么""为什么";(2)科学研究自由度较大,出成果时间较长;(3)科学成果形式表现为论文、著作、报告,且往往公开发表;(4)科学不承担具体社会目的和任务,其追求真理。从类别来看,科学大致可以分成三类,如表1-1所示。

表1-1　　　　　　　　　　科学分类

科学类别	定义	学科作用
基础科学	以自然现象和物质运动形式为研究对象,探索自然界发展规律的科学	数学、物理学、化学、生物学、天文学、地球科学、逻辑学等
技术科学	直接应用于物质生产过程中的技术、工艺性质的科学	工程力学、应用化学、应用数学、计算数学、工程地质学等
工程科学	侧重将基础科学和技术科学知识应用于工程实践,并在具体的实践过程中总结经验,创造新技术、新方法,使得科学技术迅速转化为社会生产力	农业工程学、水利工程学、土木建筑工程学、机械工程学、化学工程学、电子工程学、仪器仪表工程学、宇航工程学、海洋工程学等

同理,学术界或者业界对"技术"的界定也是众说纷纭,但普遍的共

识是,对于"技术"的界定,同"科学""文明"等"大概念"一样,很难通过"种加属"的定义方法对其进行界定。截至目前,学术界存在观点学说主要包括技术客体说、技术活动说、技术知识说,以及技术综合说等,如表1-2所示。

表1-2　　　　　　　　关于对技术界定的不同观点

不同观点学说	具体界定
技术客体说	把技术看作客观存在的物体实体,如认为技术是工具、设备、机器、装置等
技术活动说	把技术看作人类的一种实践活动,技术存在于按照人的目的将自然界人工化的过程之中,人类在利用自然、改造自然的劳动过程中所掌握的各种活动方式的总和
技术综合说	具有四种特征:作为对象的技术、作为知识的技术、作为过程的技术和作为意志的技术。包括技能,还是工程科学和生产过程和手段
技术知识说	把技术看作知识,指导物质生产过程中的科学或工艺知识的综合

从词义来看,英文中多个词汇可解释"技术"概念,如art、skill、technology、technique等,其中:skill和art通常是指技艺或技能,而后两者则泛指技术概念,但实际上,后两者在语言应用上也存在区别。通常而言,technique多指向于"制造"(making)和"做"(doing)的具体动作或专门方法;而technology则是对多种技术(technique)或技艺的系统性研究,是对事物发展规律和本质的认知和语言表达。因此,从文字解释的角度来看,"技术"是指"对有关事物得以完成所使用的语言或演说"。

在古代汉语中,"技术"的概念近似于"工"和"巧"的概念,其中:"工"是指加工制作技艺,如《宋书·刘敬宣传》中记载:"前人多发调工巧,造作器物";而"巧"则是指灵敏或有技巧。但在现代汉语中,对于"技术"的定义又有别于古代汉语对"技"和"术"的界定,"技"泛指能力或本领,"术"的外延和词义范围则更加宽泛,包含策略、计谋等含义。

通常认为,"技术"应包含以下几个方面:(1)技术是人类在利用和改造自然的劳动过程中所掌握的物质手段、方法和知识等各种活动方式的总和；（2）技术是不断创新发展的过程，更加强调从技术思想创新到生产力提高的实现过程；（3）通常作为划分社会发展阶段的显著标志，代表着特定时代下生产能力的发展水平。同时，"技术"活动具有计划性，技术主体通常将技术成果作为技术研发的短期目标，并且长期追求技术创新的社会和经济效益。而关于技术成果的衡量，学术界普遍采用专利、产品、设备装置或工艺诀窍等作为衡量标准。需要注意的是，技术创新有别于"纯技术"或"技术进步"的概念，更加强调新技术从研发到商业化生产的全过程，更加关注于新知识、新技术是如何转化为新的生产力或社会财富。

而所谓金融，从本质上讲，是指金融融通，有广义和狭义之分，其中：按照狭义界定的标准，金融是指金融主体运用金融工具在金融市场进行融资的活动；而按照广义的金融界定标准，金融还应包括国家财政的筹集和运用，以及企业内部的金融资源融通。通常，金融主体包括：资金供给部门（个人、企业、政府等）、资金需求部门（实体经济企业）、金融机构（金融中介机构）和金融监管部门。具体而言，金融机构发挥"中介桥梁"作用：一方面，使得资金主体通过付出资金或资源获取收益、回报；另一方面，也使得资金需求部门在获得资金满足自身发展需要的同时，也为资金供给者提供了价值创造的机会或投资标的。图 1-1 简要描述了我国现有金融机构体系的组成要素及相关关系。

1.1.2 科学、技术与金融协同演化

无论是理论探究，还是历史实践证明，科学、技术不断进步与金融发展水平一直都处于螺旋形上升的协同演化的动态系统中。一方面，由一系列集群式的科技创新引发的技术进步，推动了产业革命的发生和演进，与此同时，金融资源在推动科技创新、技术进步过程中扮演着至关重要的"助推器"或"导航仪"作用，加速了金融与科技资源的配置优化，并提供了"利益共享、风险共担"的风险工具，为科技创新的不确定性、外部性、高风险性、高复杂和高收益性提供了有效的金融制度安排；

第1章 科技金融渊源

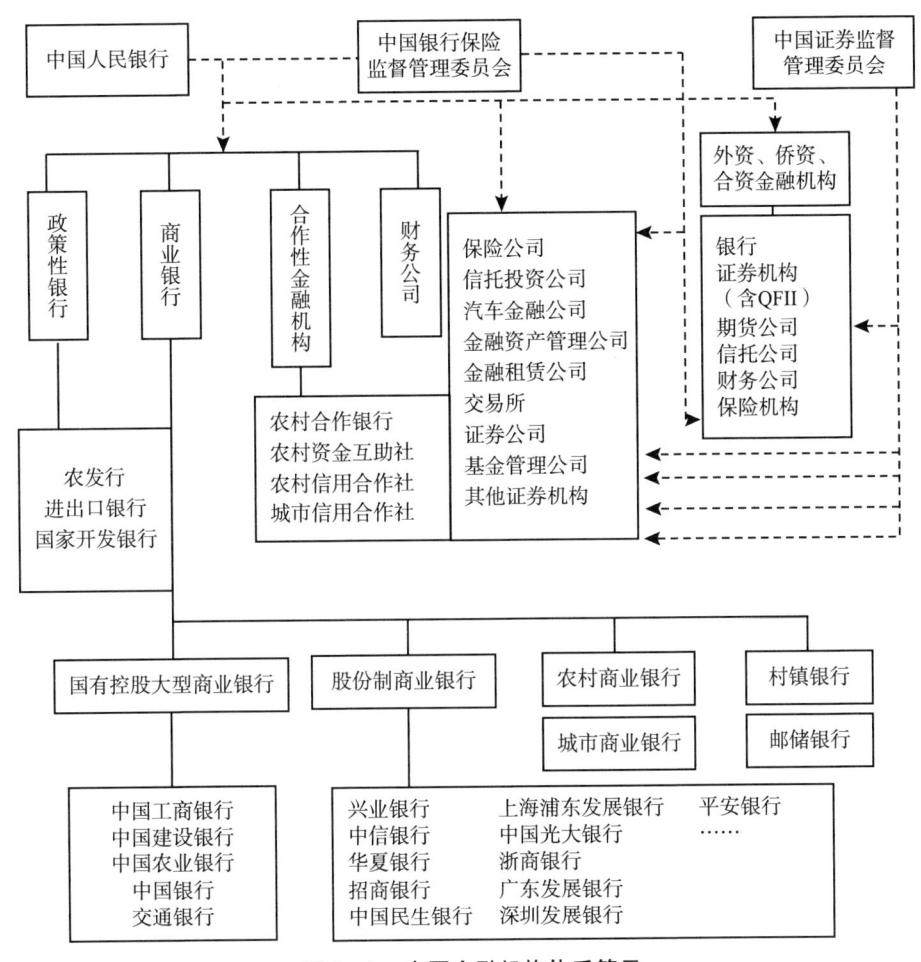

图1-1 中国金融机构体系简示

而另一方面，技术创新的推进与传播，也会带动相关产业的升级转型，特别是对于金融行业而言，作为国民经济重要的服务性行业，同样需要不断适应技术变迁所带来金融工具的创新、金融市场组织的变革、金融技术和手段的创新。实践中，科技活动催生带来的金融科技发展及新的金融业态都为金融市场提供了更为广阔的发展空间，也为金融部门带来了利润增长的新动力。因此可以说，在技术进步与金融发展的不断演化中，逐渐实现了经济增长的"双轮驱动"。

1.1.2.1 金融发展对科技创新的影响

（1）融资功能对科技创新的影响。追本溯源，金融的宗旨和天职是把更多金融资源配置到经济社会发展的重点领域和薄弱环节，服务于实体经济发展。实践中，微观创新主体从创新研发到技术商品化、产业化的全过程，都需要资金等金融资源的投入和支持。金融机构为了能够快速为资金需求部门筹集所需资金，加速生产技术的创新升级，相应产生了不同金融结构的融资机制，从而实现了从新技术到新生产力及社会财富的转变过程。

（2）风险共担机制对科技创新的影响。科技创新的高风险性，使得中长期资金的投入回报仍存在较高的不确定性，资金主体面临的风险主要包括研发风险、财务风险和市场风险，其中：研发风险是指从项目或产品构思、设计到形成技术成果中间产出过程中面临的各种风险，主要发生在实验室阶段和创新企业研发阶段，包括研发活动风险和研发人员风险，如研发技术突然中断、研发资金缺位及研发人员人身安全风险等；财务风险是指基于科技创新活动的复杂性和不确定性，很难在创新产品工业化生产及商品化前对创新成功概率进行准确预测，从而引发的创新投资回报的不确定性风险；市场风险是指新产品在市场化过程中存在的销路不畅、替代产品迅速发展等原因导致的不确定性风险。基于经济人的假设前提，在财务及市场风险的"双重约束"下，外部投资者通常更加倾向于投向"资金回笼快、投资资金少"的短期项目；而以高新技术为代表的中长期投资项目，由于资金回笼相对较少、且投资资金较大等因素限制，往往存在"融资难"的实际困境。而此时，金融机构的引入，可以充分发挥其资源融通的作用，通过提供适当的金融工具、金融产品，加速创新资本的形成和相关资源的优化配置，同时，起到优质项目筛选和风险管理的助力作用，促进创新主体的技术研发。而与此同时，创新主体为获得稳定资金，也会倾向于选择更加高精尖且具有良好发展前景的创新技术，形成二者的良性互动及可持续性发展。反之，当金融部门无法为创新主体提供有效的金融资源供给和风险管理工具时，企业则通常更倾向于"风险低"的技术用于生产。因此，可以说，发达的金融市场是创新型企业技术创新投资的保障和重要基础。

（3）信息披露机制对科技创新的影响。理论上，企业信息披露是外部投资者投资决策的重要依据，但由于技术创新本身具有不确定性和复杂性，使得外部投资者很难对高新技术投资项目进行清晰、准确的科学判断，因而，较高的信息成本阻碍了外部资本的进入和创新资源的优化配置。而金融机构的引入，起到了专业化信息整合、披露和审查的功能，例如：商业银行通常具有专业化信息收集、整合的天然优势，可以通过对创新主体的资信调查或者历史信息审查等方式，加强对借贷对象的事前审核和贷后管理，确保借贷资金的安全性；而在证券市场中，证券价格的变动以及严格的信息披露制度，加速了金融资本向高收益且具有良好创新前景的产业部门转移，形成市场良性的"优胜劣汰"机制。

1.1.2.2 科技创新对金融发展的影响

技术创新与金融的结合，是加速金融行业创新发展的重要动力。伴随金融科技的发展，金融支付手段的创新，金融服务质量的提升，都极大限度地带动了行业内的长期发展。特别是"互联网＋"的技术引入，使得全球金融一体化及24小时全球性金融交易变成现实，更加有利于形成跨国家、跨市场、跨金融产品的市场交易体系，带动金融行业发展。而金融行业的发展壮大，又为新一轮的科技创新提供融资及风险管理等工具供给，从而实现"科技创新—产品创新—客户创新—市场创新—产业创新—管理创新"的循环推进。

（1）技术创新改变了金融市场的组织形式、创新金融工具和技术，推动了金融机构的专业化和高级化、金融交易的电子化和网络化。如大数据和互联网技术的应用使传统融资方式受到冲击，金融市场交易者能够以更便捷、更低廉成本实现金融资源交流交换。

（2）技术进步通过扩大和刺激需求，拓展了对金融业服务的需求和发展空间。企业通过融资进行技术创新，可以有效降低生产成本，增强实际的市场购买力，因此，技术创新的推进，必然带动金融市场资金的需求上升。

（3）技术进步为金融机构提供了新的产业投资方向，不仅可以通过原始产业不断演进分化成新兴产业,也能催化新技术从实验室走向市场,从而开辟新的产业领域,加之科技产业的高收益性特点,势必会吸引和诱导金融资本投资新兴产业,创造了金融产业新的需求。

(4)技术进步提高金融投资回报。技术进步降低了企业的生产成本,从而给投资者带了更高的投资回报,客观上也加速了金融行业的发展和规模扩张。

1.2 科技金融溯源与内涵

如前文所述,科学技术作为第一生产力,其研发创新和产业化过程需要金融资源的支持和保障,同理,科学技术的创新发展,也为金融行业的可持续性发展提供了必要的发展空间。纵观全球的产业革命演进历史,每一次影响深远的产业革命无不兴起于科技革命,而成就于金融创新,科技革命和金融创新的紧密结合是社会生产方式变革和推动生产力提高的重要引擎。英国萨塞克斯大学(University of Sussex)技术与创新学者卡洛塔·佩雷兹对技术创新与金融资本的基本范式进行了全面阐述,强调金融资本对于重大技术创新发生和扩散的重要意义。例如,卡洛塔·佩雷兹的著作认为,风险资本家为获得高额利润,会在新技术早期的爆炸式增长中提前进入,从而推动金融资本与科技创新的深入结合,加速了创新行业的繁荣和金融资本的几何级增长。同时,该著作还揭示出,迄今为止全球五次技术革命无一不伴随着技术——经济范式的交融推进(如表1-3所示),每次技术革命成功带来的经济社会的财富效应过程,金融创新起举足轻重的作用,同时又伴随和催化新一轮的技术变革及扩散。"科技金融"是伴随中国金融推动科技创新与科技成果转化的实践而出现的一个本土化概念。究其原因,以欧美为代表的西方发达资本主义,其市场及金融体系相对完善,可以自主形成创新资源与金融资源的优化配置,因此,客观上没有形成该理论的研究需求,更没有关于科技金融系统的具体表达形式或相关专业术语,但有部分学者的研究内容与中国科技金融涉及研究范畴基本一

第1章
科技金融渊源

致。"科技金融"在实践中应用较为频繁,它的产生与中国科技体制改革进程以及金融体系变革发展密切相关。追溯这一词汇在国内的真正起源,最早出现在1988年刊发在《科学管理研究》中的《对建立科技金融市场的构想》[①],该篇文章谈及了"风险投资""科技贷款"和"科技保险"等概念。而政府官方用语则是在1992年,广东省深圳市科技局在《深圳特区科技》发表的《科技金融携手合作扶持高新技术企业》[②]中,初步形成了对科技金融的初步概念。随后的1993年,"科技金融"作为一个独立法律词汇,出现在《中华人民共和国科学技术进步法》中。同年,中国科技金融促进会正式成立,其宗旨是"促进科技与金融的结合",通常认为,这是中国科技金融事业正式开始的重要标志。进入21世纪以后,在国家创新驱动发展战略的实施和转型与中国金融制度改革影响下,特别是从2011年确定的首批促进科技和金融结合试点地区先导实践开展以来[③],中国的科技金融学术研究又掀起了一股新的高潮。

表1-3　　全球五次技术革命(18世纪70年代~21世纪最初10年)

技术革命	通行名称	核心国家	诱发技术革命的大爆炸	年份
第一次	产业革命	英国	阿克莱特在克隆福德设厂	1771
第二次	蒸汽和铁路时代	英国(扩散到欧洲大陆和美国)	蒸汽动力机车"火箭号"在利物浦到曼彻斯特的铁路上试验成功	1829
第三次	钢铁、电力、重工业时代	美国、德国追赶并超越英国	卡内基酸性转炉钢厂在宾夕法尼亚的匹兹堡开工	1875

---

① 马希良,郑弟久.对建立科技金融市场的构想[J].科学管理研究,1988,6(4):4-9.
② 丁革华.科技金融携手合作扶持高新技术企业[J].深圳特区科技,1992(4):40-41.
③ 为贯彻落实党的十七届五中全会精神,科技部、人民银行、银监会、证监会、保监会联合印发了《促进科技和金融结合试点实施方案》,提出要引导和促进各类资本创新金融产品、改进服务模式、搭建服务平台,实现科技创新与金融资本的有机结合,为科技企业提供差异化的金融服务,科技部会同"一行三会"确定中关村国家自主创新示范区、天津市、上海市、江苏省等16个地区为首批促进科技和金融结合试点地区。

续表

技术革命	通行名称	核心国家	诱发技术革命的大爆炸	年份
第四次	石油、汽车和大规模生产时代	美国（起初与德国竞争世界领导地位），后扩散到欧洲	第一辆T型车从密歇根州底特律的福特工厂出产	1908
第五次	信息和远程通信时代	美国（扩散到欧洲和亚洲）	在加利福尼亚的圣克拉拉，英特尔的微处理器宣告问世	1971

资料来源：卡萝塔·佩蕾丝. 技术革命与金融资本：泡沫与黄金时代的动力学 [M]. 北京：中国人民大学出版社，2007.

中国众多学者对"科技金融"的概念、表现与特征尝试了多种方式和角度的探讨，例如：四川大学的赵昌文教授团队是国内第一个系统研究中国科技金融议题的，其2009年出版的《科技金融》著作对其概念进行了界定：科技金融是"促进科技研发、产业化和高新技术企业发展的一系列金融工具、制度、政策及服务的系统性、创新性安排，是由政府、企业、市场、社会中介机构等各种主体及其行为活动共同构成的一个体系，是国家科技创新体系和金融体系的重要组成部分"。赵昌文教授认为，科技金融体系主要包含科技财力资源、创业风险投资、科技资本市场、科技贷款、科技保险和科技金融环境六大组成部分。这一概念首次较为完整地对科技金融的目的、手段、途径、参与主体和组成部分进行了细致全面阐述。虽然整书论述较为全面，但也体现出描述过于宽泛的特性，甚至有些学者认为其定义偏向"工具论"，技术与金融都是高新技术产业发展的外生变量；这一理论也无法解释1771年以来反复发生的技术—金融—经济长周期变化规律，但这并不妨碍其成为后续学者认可和引用率较广泛的解释之一。

房汉庭（2010）受熊彼特创新经济学和佩雷兹《技术革命与金融资本》技术、金融——经济范式思想的影响，认为科技金融应包含以下四个方面：（1）科技金融是一种创新活动，是企业家为把科学技术转换为实际生产活动的融资行为总和；（2）科技金融是技术与经济融合的基本范式，新技术为新经济提供发展空间，金融则为新经济提供动力与资源，二

第1章
科技金融渊源

者结合形成"双轮驱动"的新经济模式;(3)科技金融是技术创新的资本化过程,金融资本将创新技术转化为实际社会财富,实现原有技术的价值提升;(4)科技金融是金融资本实现优化的过程,同质化的金融资本通过投向于不同的技术项目,从而获得不同的高附加值回报。在此基础上,房汉廷(2015)进一步探析了科技金融的本质,修补了先前被忽略的企业家——经济范式,总结出较完整的"科技金融"定义,即:科技金融是一种促进技术、创新资本、企业家精神等创新要素有效融合的新经济范式,其功能在于帮助企业最终实现高附加值提升以及市场竞争力提高的目标,通常由技术—经济范式和金融—经济范式和企业家—经济范式三个紧密联系的子系统构成。

李心丹和束兰根(2013)从整合科技金融一系列资源和促进整个高新技术产业发展的角度对"科技金融"也进行了界定:"金融资源供给者依托政府科技与金融结合的创新平台,通过对创投、保险、证券、担保及其他金融机构主体等金融资源进行全方位的整合创新,为科技型企业在整个生命周期中提供创新性、高效性、系统性的金融资源配置、金融产品设计和金融服务安排,以促进科技型企业对金融资源或资本需求的内生性优化,进而保障企业技术革新有效提升并推动整个高新技术产业链加速发展的一种金融业态"。

毛道维、毛有佳(2015)基于逻辑学理论将科技金融定义拆分为内涵与外延两部分,其中:"科技金融"的内涵是推动技术创新与科研成果转化的金融资源配置行为,而其外延还包括"政策性金融""商业性金融"和"政策性与商业性相结合的金融"三种金融资源配置模式[①]。从按狭义和广义角度、企业生命周期阶段和政府职能各维度区分,狭义"科技金融"指开始于种子期、初创期、止于成长期等企业生命周期阶段的所有金融资源配置,包括商业性金融和政策性金融,大致对应英文文献中的

[①] "政策性金融"泛指那些市场机制不能发挥决定性作用的公共科技创新活动的金融资源配置(公共财政资助的基础科学研究、前沿技术研究、公益性科学研究);"商业性金融"指市场发挥决定作用,并为科技活动配置金融资源(VC,PE,商业信贷等);"政策性与商业性相结合金融"泛指公共财政资金通过"引导"或支持商业金融为科技活动融资。

"venture capital"和"entrepreneurial finance"概念；广义"科技金融"则是在狭义"科技金融"加上承接风险资本退出与科研成果转化的金融资源配置，其中包括产业基金、并购重组基金等资本市场投资主体。

相比之下，贾康等学者（2015）则基于金融视角更倾向于将"科技金融"界定为一种为科技创新及其成果转化提供完整金融服务的新金融业态，其核心功能是推动技术创新与金融资源的优化配置，在满足科技企业融资需求的同时，加速金融创新与金融行业发展。科技金融的服务主体是金融机构，其服务对象是科技创新型企业，通过金融创新，推动科技与金融的有效结合，最终实现创新力和竞争力提升，其具体内涵包含以下三个方面：（1）科技金融是"第一生产力"（科学技术）与"第一推动力"（金融发展）的有机结合体；（2）科技金融可进一步细分为科学金融（Science Finance）与技术金融（Technology Finance），其大部分问题主要还是依靠政府与市场相结合的方式加以解决；（3）科技金融是包括理论、政策、工具和服务的系统性安排。表1-4对上述科技金融内涵的演进进行了概括阐述。

2011年7月，国家科学技术部发布了《国家"十二五"科学和技术发展规划》（以下简称《规划》），明确提出"将完善科技与金融结合机制，建立多渠道科技融资体系。加快发展服务科技创新的新型金融服务机制，积极探索支持创新的融资方式"。在《规划》的"重要指标和名词解释"中，将"科技金融"界定为"通过创新财政科技财政投入方式，引导和促进银行业、证券业、保险业金融机构及创业投资等各类资本，创新金融产品，改进服务模式，搭建服务平台，实现科技创新链条与金融资本链条的有机结合，为初创期到成熟期各发展阶段的科技企业提供融资支持和金融服务一系列政策和制度系统安排"[①]。

科学技术是第一生产力，金融是现代经济核心，科技创新源于技术而成于资本。为了充分挖掘和实现科技创新的潜在价值，需要给科技创新插上金融资本的翅膀。

---

① 关于印发国家十二五科学和技术发展规划的通知. 科学技术部，2011.

第 1 章 科技金融溯源

表1-4 国内代表性学者对"科技金融"概念及内涵的论述

代表性学者	"科技金融"概念	"科技金融"特征及内涵	"科技金融"视角
赵昌文等（2009）	科技金融是"促进科技研发、产业化和高新技术企业发展的一系列金融工具、金融制度、政策及服务的系统性、创新性安排，是由政府、企业、市场、社会中介机构等各种主体及其行为活动共同构成的一个体系，是国家科技创新体系和金融体系的重要组成部分"	包含科技财力资源、创业风险投资、科技资本市场、科技贷款、科技保险和科技金融环境六大组成部分	偏向"工具论"，技术与金融都是高新技术产业发展的外生变量
房汉廷（2010，2015）	科技金融是以培育高附加值产业、创造高薪就业岗位、提升经济体整体竞争力为目标，促进技术资本、创новой资本与企业家资本等创新要素深度融合、深度聚合的一种新经济范式，由技术—经济范式和金融范式两个紧密联系的子系统构成	是一种创新活动，即科学知识和技术发明被企业家特性化为商业模式；是一种技术—经济范式化；是一种科学技术资本化的过程，即科学技术被金融资本为有机孵化—种财富创造提高的过程，即同质化的金融资本通过科学技术异质化的配置，获取高附加回报的过程	熊彼特创新经济学和技术—经济范式创新
李心丹、束兰根（2013）	科技金融是金融资源供给者依托政府科技与金融结合的创新平台，通过对创投、保险、证券、担保及其他金融资源进行全方位的整合，为科技型企业在整个生命周期中提供创新性、高效性、系统性的金融服务安排，以促进科技型企业的金融资源或资本新有效提升并推动整个高新技术产业链加速发展的一种业态	基于参与主体视角包括：政府的政策与资金的引导与服务；金融机构对资金资源的资源整合；科技型企业对金融资源需求的优化	整合科技金融一系列资源和促进整个高新技术产业发展的角度

13

续表

代表性学者	"科技金融"概念	"科技金融"特征及内涵	"科技金融"视角
毛道维、毛有佳(2015)	"科技金融"的内涵是"推动科技创新与成果转化的金融资源配置",其外延包括了"政策性金融"和"商业性金融"三种金融资源配置类型,这里的金融资源配置"资金、金融组织体系",及它们构成的金融体系所发挥的整体功能	"科技金融"指开始于种子期、初创期、止于成长期等企业生命周期阶段的所有金融资源配置;广义"科技金融"加上承接风险资本退出与科技创新成果转化的各种金融资源配置,其中包括多层次资本市场以及产业发展基金和并购重组基金等	从金融与资本逻辑学角度
贾康等(2015)	科技金融是为科技创新及其商业化和产业化提供整体金融服务的金融新业态,核心是引导金融资源向科技企业积聚,在促进科技创新过程中,推动金融创新和科技金融发展。进一步阐述了科技金融的服务对象是科技企业,科技金融的服务主体是商业金融,科技金融的本质要求是金融创新,科技金融目标是实现第一生产力和第一推动力的有效结合,提升科技创新能力和国家竞争力	科技金融是"第一生产力"(科学技术)与"第一推动力"(金融发展)的有机结合体;科技金融可进一步细分为科学金融(Science Finance)与技术金融(Technology Finance),科技金融的绝大部分问题还是要依靠政府行为与市场机制的有效结合;科技金融是包括理论、政策、工具和服务的系统性安排	侧重从金融视角入手

资料来源:作者根据文献自行整理而得。

第1章
科技金融渊源

为了实现科技创新、实体经济、现代金融的有机结合和良性循环，需要科技与金融两大系统之间深度融合。科技金融不是简单地把科技要素、金融机构和金融工具等简单的堆砌起来，而是依靠完善的科技金融生态系统才能实现其有机融合。单纯地要素堆积无法实现科技与金融间的融合，也体现不出科技金融的深度。

科技金融并不能简单地理解为一个金融工具，一个产业，一个范式或一个政策。科技金融是一项复杂的系统工程，需要精心的顶层设计，把众多科技要素、金融机构和工具、市场要素、政策等融合在一起，才能够健康成长。从系统工程角度看，完整的科技金融不仅包括科技要素和金融要素，还应包括科技金融赖以生存和发展的生态系统。

按照党的十八届三中全会提出的围绕产业链部署创新链，围绕创新链完善资金链，鼓励金融资本、社会资本、科技资源相结合。可把科技金融的结构归结为基于产业链来部署创新链，而创新链并非空中楼阁，需要围绕创新链来完善资金链。但是，只有产业链、创新链、资金链还不够，还需要有服务链，也就是要打造"四链融合"。"四链融合"能检验科技金融的设计是否符合规律。其中，服务链是否形成是一个重要的标准。它是融合产业链、创新链、资金链的重要润滑剂，如果没有完善的服务链来提升它们的水准，产业链、创新链、资金链仍然是隔离的，这仍然不是理想的科技金融。所以，顶层设计上一定要为实现"四链融合"去构造符合科技金融发展规律的生态系统。科技金融生态系统涉及到人才战略、财税政策、土地政策等，只有将这些因素协同融合，才能够优化科技金融生态环境，有利于落实创新驱动发展战略的实施。

当前，我国科技金融发展中存在产品创新不够、中介服务体系不完善、市场活跃度不高等突出问题。应从顶层设计、产品创新、服务体系、政策支持等方面构建科技金融生态系统，构建由金融、科技、管理等多要素，科技金融产业、现代科技服务业等多领域以及人才、政策、平台、机制等共同作用的多维度、多层次科技金融生态系统。

1.3 科技金融理论与政策演进

1.3.1 西方科技与金融结合的理论演进

1.3.1.1 从亚当·斯密到马克思的科技和资本对接萌芽思想

关于科技与金融的结合，最早可初见于古典经济学家亚当·斯密的《国民财富的性质和原因的研究》，该著作论证了与货币有关的各种金融行为，特别强调了银行对经济增长的重要推动作用。斯密认为，良性发展的银行活动促进产业发展，利用本无可用，闲置不生利的资本，追逐利益能够促进产业发展。斯密还对生产过程中科学技术所起的作用进行了阐述，他认为，在社会化分工细化进程中，任何社会的土地和劳动年产物通过两种途径来增加：第一，雇佣和使用更多的有用劳动量；第二，提高和改进这些实际雇佣劳动量的生产力。可见当时条件下的科技进步就表现为劳动者劳动生产力的提升及其使用的机械等劳动工具的改进。

政治经济学集大成者卡尔·马克思在《资本论》中对资本与技术的相互作用也进行了经典论述。在其"资本技术构成"中，实质上已经指出资本积累对资本技术构成的提高具有促进作用（资本论（第三卷））。资本技术构成表明，资本在物质形态上由生产资料和相应劳动力组成，在生产效率和技术水平一定条件下，一定数量的生产资料和劳动力以适当的比例进行产业生产，随着技术进步和劳动生产率的提升，社会劳动生产率随之提升。而通过不断积累和投入物质资本，可以购买更多的机器设备、技术工具等生产资料，雇佣更多相适应劳动力，达到研发新技术所需的资本投入，从而提高资本技术构成。阐明了资本的积累对生产技术水平和劳动生产率提升有积极作用[①]。

---

① 于国庆. 科技金融——理论与实践［M］. 北京：经济管理出版社，2015.

第1章
科技金融渊源

1.3.1.2 熊彼特经济学发展理论为金融与技术结合奠定的研究基础

1912年，创新经济学奠基人、奥地利经济学家约瑟夫·熊彼特（Joseph Alois Schumpeter）在其经典著作《经济发展理论》中，首次提出了"创新是生产要素重新组合"的重要概念[①]，他是迄今最早讨论贷款对创新重要性的学者之一。他认为，技术创新是推动社会发展的重要动力，而企业能否成功实现技术创新，有赖于能否从银行等金融机构获得资金支持。在这一过程中，银行等金融机构通过判别市场信号，选择并支持具有创新能力和新产品具有销售潜力的企业，从而客观上也推动了社会整体的技术进步。

此外，熊彼特创新经济学的主要贡献在于从创新角度对创新与经济周期进行了深入研究，提出创新具有典型的周期性特征，在经济发展中表现为繁荣与萧条的交替进行，图1-2即表现了熊彼特创新理论下经济周期循环的简要过程与动因。技术与制度创新下，新领域诞生，并催生了新的经济增长空间，资本要素也随之转移和重组。此时，由于技术的不断发展和普及，由新技术带来的边际收益递减，行业的平均利润也趋于零，此时，现有的生产关系与生产力之间的矛盾逐渐凸显，随之产生的是经济的衰退以及原有结构的分解。伴随着新技术、新制度的出现，经济发展的周而复始。

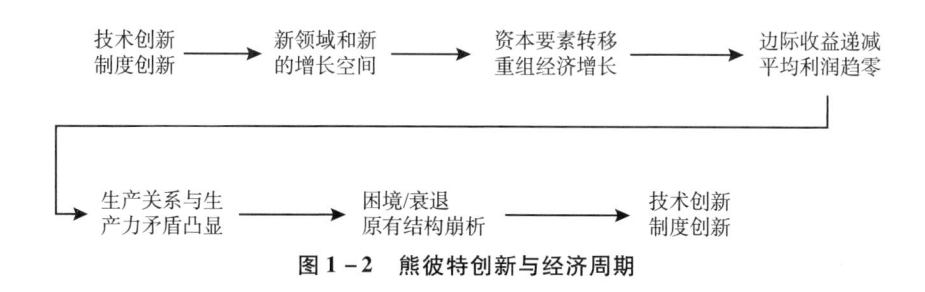

技术创新制度创新 → 新领域和新的增长空间 → 资本要素转移重组经济增长 → 边际收益递减平均利润趋零 → 生产关系与生产力矛盾凸显 → 困境/衰退原有结构崩析 → 技术创新制度创新

图1-2 熊彼特创新与经济周期

1.3.1.3 佩雷兹翻开21世纪金融资本与技术进步结合范式的新篇章

委内瑞拉经济学家卡洛塔·佩雷斯（Carlota Perez）在其经典著作

[①] 约瑟夫·熊彼特. 经济发展理论[M]. 北京：商务印书馆，1990.

《技术革命与金融资本——泡沫与黄金时代的动力学》一书中,系统性地阐述了金融资本与技术创新融合的基本范式,强调金融资本是推动技术革命与经济发展的重要动能,按照"技术革命—金融泡沫—崩溃—黄金时代—政治动乱"的顺序循环往复,形成固定周期。

此外,佩雷斯对人类历史上五次科技革命进行了详细论述,认为五次科技革命拥有一个共同的特点和变化趋势,即技术的变革和突破会对市场需求产生冲击和影响,因为新技术和新产品的出现经常蕴含着巨大的市场商机和收益,对于市场异常敏感的风险投资家,出于对高额利润和市场潜力的追求,一般都会率先对革新技术进行投资,金融资本和技术进步相互作用的影响过程便是其基本范式。佩雷斯将技术革命引发的经济演化分为两个时期(导入期和展开期)、四个阶段(爆发阶段、狂热阶段、协同阶段和成熟阶段①),如图1-3所示,其中:爆发阶段是技术时代,是新技术范式逐渐取代旧技术范式的开始;狂热阶段则表现为大量金融资本开始疯狂追逐技

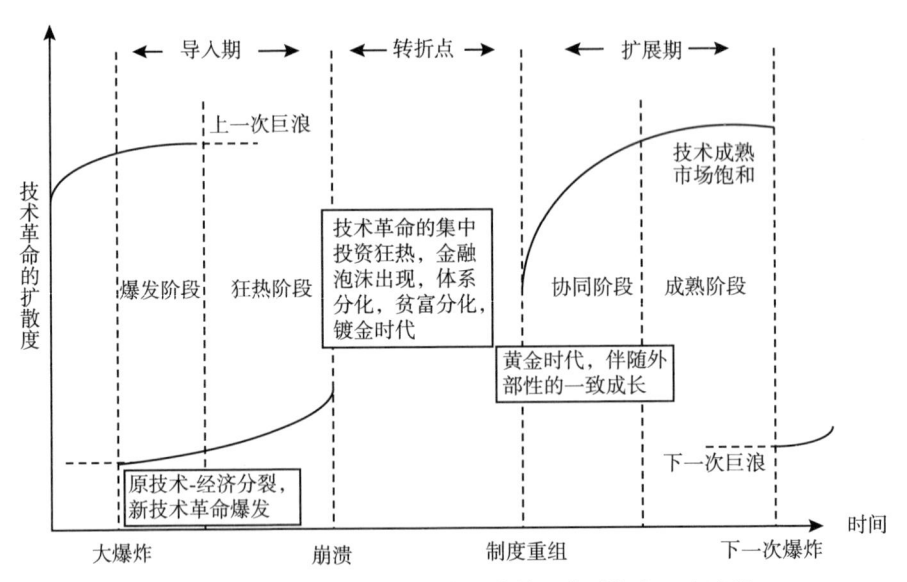

图1-3 科技革命与金融资本融合的两个时期和四个阶段

---

① 卡萝塔·佩蕾丝. 技术革命与金融资本:泡沫与黄金时代的动力学[M]. 北京:中国人民大学出版社,2007.

术，出现新技术，新兴产业的过度杠杆性融资，最终脱离实体经济能承受的合理性区间，产生金融泡沫直至破裂；协同阶段则表现为技术进步放缓并逐渐走向商业化、产业化过程，金融资本同产业资本逐渐形成稳定、协同的相互关系；成熟阶段则表现为技术创新由于技术成熟和市场饱和出现动力衰竭，同步引发创新收益逐渐递减、增长乏力等问题。而金融资本面临增长乏力通常会选择新的创新投资项目或创新领域，成为新一轮核心技术、新兴产业的酝酿和培育期，循环往复。

1.3.2 中国科技金融发展的实践历程

1.3.2.1 按金融市场和工具线索

国内对于科技金融的认知与实践，是伴随着科学技术进步以及对金融驱动科技创新功能的认知深化而来的。特别是改革开放以来，我国科技金融发展历程与经济发展水平、科技体制改革、金融体制创新等保持着较高的同步一致性，相互促进，实现了技术创新从行政制到市场化、从单线条到多层次的体制转变。本书基于赵昌文等（2009）的论述，并根据经济发展的新常态，结合不同金融市场和最近金融工具创新变化呈现的新特征和新形势，把原先其阐述的中国科技金融发展大致分成的 6 个阶段拓展为 7 个阶段，如图 1-4 所示。

行政供给 财政拨款 阶段	科技贷款 介入阶段	市场机制 介入阶段	风险投资 介入阶段	资本市场 介入阶段	全面深化 介入阶段	蓬勃繁荣的 金融创新对接 技术阶段
1978	1985	1988	1993	1999	2006	2010　　至今（年份）

图 1-4 中国科技金融发展历程各阶段

资料来源：赵昌文，陈春发，唐英凯. 科技金融 [M]. 北京：科学出版社，2009.

（1）行政供给财政拨款阶段（1978~1985 年）。科技金融的最早形式是计划经济模式下的科技财政拨款，带有典型的"政府行政"色彩，国家根据科技计划以专项资金的形式支持科技发展，其中，具有典型代表性的是 1982 年的"科技攻关计划"，国家以财政专项拨款的方式支持科技企业，成为我国科技金融发展史上的重要里程碑。

（2）科技贷款介入阶段（1985~1988年）。1984年出台的《中共中央关于经济体制改革的决定》使中国经济体制转向有计划的商品经济时代，同步金融市场化改革也由此拉开帷幕，为科技金融发展注入新鲜动力。第一，对计划经济下的财政供给拨款制度进行改革，引入招标式项目竞争机制，建立新财政拨款制度；第二，开始分类对待，建立国家自然科学基金，对基础科学研究采用基金资助形式；第三，结合金融和科学体制改革，在"广开经费来源，鼓励部门、企业和社会集团向科学技术投资"等思想的引领下，引入商业银行科技贷款这一创新融资工具，继工商银行试点后，农业银行、建设银行等大型商业银行陆续开展"科技贷款"业务；第四，创业风险投资理论萌芽，公共风险投资公司设立，1985年，国务院批准成立以国家科委、人民银行和财政部为依托的中国第一家风险投资公司：中国新技术创业投资公司对高新技术产业进行支持；第五，1986年，中央批准了《国家高技术研究发展计划纲要》，举世瞩目的中国战略性高科技发展计划"863计划"启动，形成了财政支持高科技发展的重要支撑。

（3）市场机制介入阶段（1988~1993年）。这一阶段经济体制完成了向商品经济的过度，市场经济范围渐渐浓厚。这一阶段，科技金融发展的基本特征是通过市场化运行解决科技发展中的资金融通。以1988年的"火炬计划"为起点，引入以市场机制为基础，强调创新和竞争力，促进高技术成果转化和产业化。同年，国务院批准成立"以中关村电子一条街"为基础的北京市新技术产业开发试验区，标志着第一家高新技术产业试验区的出现，后续演进推广到现在的国家自主创新示范区。这一阶段重要特点还有科技贷款管理制度形成，高技术开发区各财政、税收和产业优惠政策不断出台：1990年，中国央行设立科技开发贷款项目，中国银行下达专项信贷计划，信贷工具在国家专项科技计划得到应用，如截至1990年底，星火项目投资总额累计达到171亿元，其中，银行信贷业务占比为37.3%。与此同时，随着1991年《关于批准国家高新技术产业开发区和有关政策规定的通知》等一系列政策的出台，高新技术企业所得税

第1章
科技金融渊源

减免、企业科研设备进口税收优惠,企业技术转让、技术设备折旧等大批财政、税收和产业优惠政策相继实施。

(4) 风险投资介入阶段(1993~1999年)。这一阶段经济体制改革已从商品经济过渡到市场经济,国外资本获批进入中国,客观上带动了国内风险投资市场的建立与完善,投资机构开始尝试"政府引导+市场运作"的运行模式。例如,1992年,在沈阳成立的科技风险开发性投资基金,采用贷款担保、贴息,入股分红等多种投资方式投资科技型企业;上海科委在国内首次引入外资,与美国国际数据集团(IDG)联合成立太平洋技术风险投资中国基金。另外,科技贷款和政策性金融多样方式支持科技创新:在原有科技贷款的基础上,各金融机构不断审视和调整策略,通过贷款担保、贷款贴息,中介推介及建立中小企业信用体系等方式对技术创新予以多方面支持,1998年首批中国高新技术产业开发区企业债券发行;1998年开始对在建大中型基础上设施项目政策性贷款开始实行财政贴息,发挥重要引导带动作用。

(5) 资本市场介入阶段(1999~2006年)。这一阶段中国资本市场开始趋向市场化运作,使科技企业从资本市场融资成为可能。1998年,按照"统一资质、统一协调、统一设计、统一发行"原则,中国首次尝试以市场化运作方式发行高新技术开发区债券,发行规模达到13亿元;1999年高新技术企业"有研硅股"成为全国第一上市科技股票,是股票市场向高新技术企业敞开大门的第一步;此后随着高新技术产业的不断发展,规模不断壮大,为高新技术企业专设中小板和创业板的呼声也更加高涨;2000年国务院同意证监会关于设立二板市场的请示,其后在2004年《关于推进资本市场改革开放和稳定发展的若干意见》出台后,深圳交易所推出中小企业板,为创新型和成长型企业提供金融服务。

(6) 全面深化介入阶段(2006~2010年)。2006年,《国家中长期科学和技术发展规划纲要(2006~2020年)》正式施行,明确要建设成为自主创新型国家的发展战略。这段时期开始,系统全面考虑促进技术进步和金融创新相结合的组合和方略,科技金融工具开始为高新技术企业成长的生命周期各阶段提供全面完善的服务体系，也开始逐渐形成了囊括财政科技支持、政策性科技金融、科技信贷、高技术企业债券、创业板和新三板市场（全国中小企业股份转让系统）、科技保险等多方式、多渠道、多层次的科技金融创新市场与工具，科技金融发展开始真正进入深化、创新与深度融合阶段。

（7）蓬勃繁荣的金融创新对接技术阶段（2010年至今）。这一阶段特征表现为财政和金融工具不断创新，灵活便捷的多样式金融供给，这也为科技创新提供了丰富选择。在政府层面，2015年9月，国家中小企业发展基金正式获批成立，该基金总规模预计约600亿元，其中政府财政投入150亿元，同时，引入企业、金融机构等社会资本共同参与，助力科技型中小企业发展，其首支实体基金于2016年1月在深圳成立。在企业层面，鼓励创新债券融资方式，例如，发行"深圳市中小企业集合债券""中关村高新技术中小企业集合债券"的中小企业集合债券，破解中小企业融资难题；同时，政府进一步加大对"新三板"和区域性股权交易市场的支持力度，鼓励符合条件的科技型企业挂牌上市。在金融中介层面，以银行为例，2016年4月，科技部会同银监会、人民银行发布了《关于支持银行业金融机构加大创新力度，开展科创企业投贷联动试点的指导意见》批准了5个地区以及10家商业银行进行投贷联动试点，支持设立具有投资功能的子公司或者科技金融专营机构。

此外，以"互联网金融"为代表的新金融工具随着技术的演进，功能日趋完善，影响力也不断扩大。2010年被认为是"互联网金融"诞生在中国的元年，随后"互联网金融"飞速发展，它主要通过搭建方便快捷的融资平台，提供多样的融资服务，受到小微企业的追捧；但发展的同时也伴随着互联网风险和金融风险的相互叠加，因而在"互联网金融"发展的过程中，政府需要有效地发挥自身的监管职能，进一步降低可能预见的系统风险，分散非系统风险。

1.3.2.2 按科技进步和科技体制改革线索

改革开放以来，中国的科技金融发展步伐一直紧紧跟随科学技术进步和科学技术体制改革步伐，毛道维、毛有佳（2015）认为的科技金融发

第1章
科技金融渊源

展历程主要以科技进步和科技体制改革为线索而展开。参考其著作，中国科技金融发展历程大致可分为四个阶段。

第一阶段以《1978~1985年科学技术发展规划纲要（草案）》的颁布为主要标志。在这期间，如1982年的《国家科技攻关计划》，1985年的《关于科学技术体制改革的决定》，逐渐建立起科学研究事业的政府财政科技拨款制度。1986年开始实行"863计划"；1988年的"火炬计划"都开始运用政府主导的财政科技资金对高新技术企业和初创型科技企业进行了早期种子基金式的扶持；1991年结合金融体制和机构改革，出现科技贷款和财政拨款结合形式；1992年创新风险资本进入高技术领域；1998年发行了高新区第一批企业债券，第一阶段是中国科技金融早期探索时期。

第二阶段主要是2000年以后，特别是2006年随着《国家中长期科学和技术发展规划2006~2020》、2007年出台的《科技型中小企业创业投资引导基金管理暂行办法》、实施《国家中长期科学和技术发展规划纲要（2006~2020年）》的若干配套政策以及修订的《中华人民共和国科学技术进步法》等一系列鼓励科技创新和科技金融发展的政策法规实施，使中国"科技金融"理论研究与实践发展都掀起第一波高潮，至此，中国初步形成以科技财政支持、政策性金融、商业性金融及"政策性与商业性相结合金融"的科技金融政策体系；这一阶段也是中国科技金融政策体系和科技金融实践兴起阶段。

第三阶段是以科学技术部等五部委《关于印发促进科技和金融结合试点实施方案的通知》为开端，确定中关村国家自主创新示范区、天津市、上海市、江苏省、浙江省"杭温湖甬"地区、安徽省合芜蚌自主创新综合实验区、武汉市、长沙高新区、广东省"广佛莞"地区、重庆市、成都高新区、绵阳市、关中—天水经济区（陕西）、大连市、青岛市、深圳市16个地区为首批促进科技和金融结合试点地区（如表1-5），掀起科技金融实践的热潮。

表1-5　首批16个促进科技和金融结合试点地区工作成效及挑战

首批16个试点地区工作概况	试点工作面临的挑战
成立由政府主要领导牵头，科技、财税、金融办以及"一行三局"等部门共同参与的试点工作协调推进机制，共出台了350多项科技金融政策文件	政府用于财政科技金融的投入方式大部分以直接补贴为主，效率有待提升
创新财政科技投入方式，加强对金融资本和民间投资的引导和带动	财政引导金融资本和民间资本不够，财政金融资金未形成市场化运作
搭建新型科技创新投融资平台，为不同发展阶段的科技企业提供多样化的投融资服务	试点工作在各个地区发展不均衡

资料来源：董碧娟.首批16个促进科技和金融结合试点地区工作成效显著［N］.中国经济网，2016.

第四阶段自2013年发展，特别是2015年开始，以《国务院办公厅关于强化企业技术创新主体地位全面提升企业创新能力的意见》《深化科技体制改革实施方案》《中共中央国务院关于深化体制机制改革加快实施创新驱动发展战略的若干意见》《国务院关于大力推进大众创业、万众创新若干政策措施的意见》等法规规划出台为主要标志，金融创新对技术创新重要助推作用更加凸显。大力发展创业投资，建立多层次资本市场支持创新机制，构建多元化融资渠道，支持符合创新特点的结构性、复合性金融产品开发，完善科技和金融对接机制，形成各类金融工具协同支持创新发展的良好局面逐渐形成，至此，进一步把中国科技金融实践推向新的高潮和快速发展阶段。

1.4　科技金融发展的架构与基本判断

1.4.1　科技金融发展的基本架构

科技金融由多方社会主体参与组成，主要包括科技金融的供给方、需求方通过科技金融中介、政府等主体在科技金融市场中相互作用与联系，共同构成科技金融的生态环境，如图 1-5 所示。

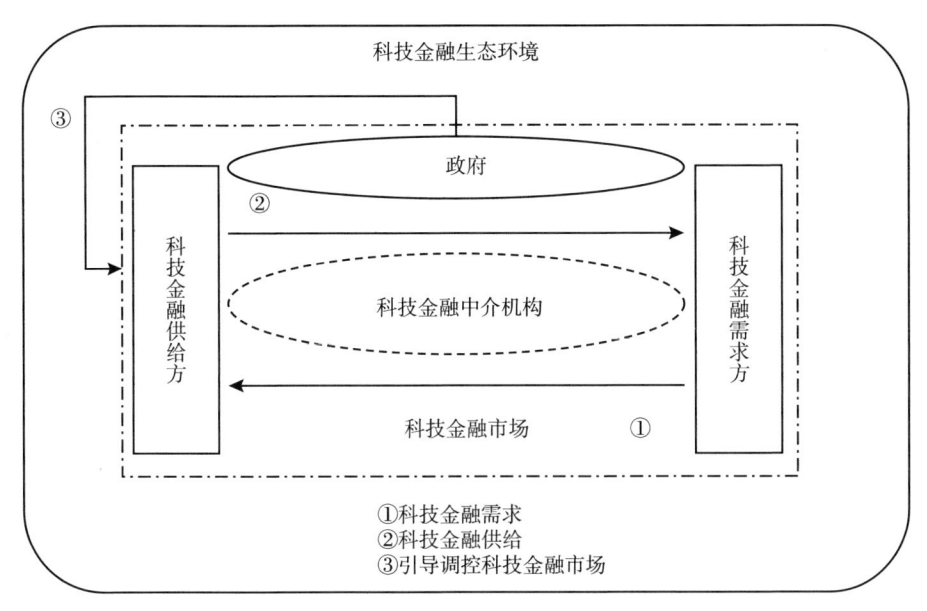

图 1-5 科技金融体系：基于参与主体

资料来源：赵昌文，陈春发，唐英凯. 科技金融 [M]. 北京：科学出版社，2009.

1.4.1.1 科技金融需求

科技金融需求是金融功能在促进科技进步、服务科技创新领域的延伸，需求方需要融资服务、风险管理、激励需求及其他科技金融服务需求。

（1）融资服务需求是科技金融市场最直接、最重要的功能，基于企业生命周期的融资链条和科技活动创新链条的融资特点和方式各有差异。

（2）风险管理需求，科技活动面临着研发风险、人员风险、市场风险等高风险和高失败概率，金融恰恰能分散原先需要由单个科技创新主体而集中承担的这些风险，如通过科技保险、资本市场融资等手段，把个体创新风险分散到众多投资者之间。

（3）激励需求和其他科技金融服务需求。金融市场本身对市场参与者有着优胜劣汰的选择机制，它倾向于激励企业家、科研活动者、风险资本家等专注于各自擅长的领域，比如，通过资本市场的融资、并购重组等激励促使科技创新朝着成功面向市场化方向发展；又如投资分析、财富管理、上市辅导等其他金融服务满足科技创新主体的多样化服务需求。

1.4.1.2 科技金融需求方

科技金融需求方主要包括企业（如科技型企业、中小企业、高新技术企业）、科研机构和单位、创新创业个人及政府。企业，特别是科技型企业是科技金融的最主要需求方。科技机构的"实验室专利和发明"的成果转化同样需要科技金融的发现和发掘；创新创业个人在创业初期期盼天使和风险资金的支持，科研研发人员需要绩效激励，同时需要科技保险分散创新风险；政府的政策性资金如引导基金等，需要依靠政府投资的乘数效应，撬动更多社会资本投入科技创新，因此政府也可认为是科技金融的需求方。

1.4.1.3 科技金融供给与供给方

与科技金融需求相对应，科技金融供给主要是与科技创新相关的融资服务、风险管理、激励服务及其他科技金融服务，但是融资服务提供方式和途径存在差异性，如政府财政资金的无偿资助，风险投资和资本市场提供的股权融资及银行等传统信贷提供债券融资的方式。科技金融供给方主要有以下三个不同层级的主体：（1）政府：发挥公共职能直接资助企业开展研发创新，或成立特定行业领域的产业引导基金，鼓励、引导企业开展技术创新；当然政府还要提供科技金融便利政策的供给。（2）科技金融机构：科技金融机构是科技金融的主要供给方，包括银行、创业投资、风险投资、科技保险、科技资本市场及互联网金融服务机构等。（3）个人：个人包括天使投资人、民间借贷方以及互联网金融P2P出借方等。这些新兴的科技金融供给方均为科技金融发展提供了新的融资方式和渠道。

1.4.1.4 科技金融中介机构

科技金融中介机构作为供给方与需求方之间的沟通桥梁，主要分为营利性中介机构和非营利性中介机构，其中：营利性机构主要包括会计师事务所、信用担保等中介机构等；非营利性机构则包括政策性担保公司、行业协会等公益性社会组织，助力推动各类创新主体之间的技术创新扩散和创新成果转化。

1.4.1.5 政府

作为科技金融的特殊参与主体,既是资金供给方,又是政策制定者、市场调控者。这一特点使得政府需要避免既当"裁判员"又做"运动员"的双重身份带来的矛盾与失误,这就对政府的科技金融职能提出了更高的要求。

1.4.2 科技金融发展的基本判断

从学科发展看,科技金融作为跨学科概念,涉及金融、数学及相关自然科学领域的交叉学科知识。学术界普遍认为,科技金融必须形成完整的理论体系,并不断优化,同时,需要多元化的科技金融工具支撑,推动解决技术创新产出及成果转化的融资难题,实现"理论"与"实践"、"政府"与"市场"的有效结合。

科技金融是技术创新与金融经济制度创新耦合演变的结合体,具有发展变化、与时俱进的特征。不同历史阶段下,技术创新和金融创新所呈现差异性十分明显,但无论两者差异化如何发展,只有把两者精密结合、协同合作才能推动时代的技术进步。科技金融体系的变迁是一个创新的过程:(1)科技金融体系实际是金融体系为了适应高新技术企业融资而产生的一系列金融创新的集合,这些金融创新包括金融机构、金融产品与服务、金融制度的创新。(2)科技金融体系的变迁是一个动态的过程。科技金融体系的变迁不是静态的、一成不变的,事实上它处于不断的变化之中,监管制度的限制、经济体系中不可预测事件的发生、科技企业单个的特殊行为都是导致科技金融体系不断发生变化的原因。传统经济学理论无法准确描述这种复杂系统不断变化的动态过程,而演化经济学正是以复杂体系的变迁为研究对象的学科,可适用于科技金融体系变迁的分析,可以对科技金融体系变迁的创新影响因素、发展趋势作出清晰判断。(3)科技金融体系的变迁是一个制度变革的过程。科技金融体系的变迁与制度的变化关系密切,由于市场失灵的存在,科技金融体系不可避免地需要市场外部强制性地介入,推动制度的变革。应该看到,科技金融制度变迁并不只是政府单方选择的结果,它是一个时间维度上遗传、选择、变异与适应性学习共同交互作用的结果,科技金融体系中不同子系统之间的相互作用对科技金融体系的变迁发挥着至关重要的作用。

1.5 技术变革下科技金融的新发展

1.5.1 影响未来的变革性技术

1.5.1.1 人工智能(Artificial Intelligence)

人工智能的概念最早由麦卡锡、明斯基、香农、纽威尔、西蒙等人于1956年探讨"如何用机器模仿人类智能"时正式提出,因此这一年也被称为是人工智能元年[①]。随后,伴随着计算机技术的发展,纽威尔等开发了机器定理证明程序,明斯基等制造出了第一台神经网络计算机等。因而可以认为,计算机技术是人工智能发展的核心基础,其本质即为具有特定功能的计算机技术。

人工智能的发展主要有几个重要的浪潮。其中,1956年的达特茅斯会议是人工智能的第一次发展浪潮。但是,到了20世纪60年代,人工智能在机器翻译等领域遭遇了困难,此后便陷入了发展低潮。到了20世纪的80~90年代,由专家工程、知识系统等引发的人工智能第二次浪潮又一次经历了高潮与低谷。直到2010年前后,移动互联网、云计算等技术不断发展,深度学习算法等不断突破,使得人工智能迎来了第三次浪潮,可以认为,第三次浪潮是深度学习技术与互联网信息技术协同发展的结果。[②]

深度学习的思想在人工智能发展的早期阶段便已被提出,但是直到2010年左右才实现爆发式增长,其背后主要的原因在于:快速发展的互联网信息技术为深度学习算法提供了充足的数据样本与足够的算力支持。

---

① 集智俱乐部. 科学的极致:漫谈人工智能[M]. 北京:人民邮电出版社,2015.
② Taddy M. The Technological Elements of Artificial Intelligence [J]. NBER Working Paper, No. 24301, 2018.

相比于早期的人工智能算法，现阶段的人工智能是一个更为复杂、庞大的系统，其主要包含三个核心，即：机器学习、数据与知识结构。

人工智能的深度学习算法在本质上均为一类模式识别的工具，其功能的核心在于：在对原有大量历史数据，或是相同事件分析的基础上，对特定事物的结果进行分析与预测。一般来说，基础数据的数量与质量直接决定了预测的准确性。现阶段的人工智能已经能够解决相对复杂的问题，解决问题的逻辑在于：将相对复杂的问题进行分解，形成的每一类相对简单的问题则通过特定的算法进行分析预测，且不同的算法依赖于特定问题所涉及特定领域的相关知识框架。2012年以来，4G技术、数据存储技术的突飞猛进，突破了早期深度学习发展过程的主要桎梏，使得深度学习算法预测的效果大大提升，推动了人工智能的快速发展。这一发展背后的机制在于：深度机器学习算法的完善纯粹是数据驱动的，并非以规则设定与逻辑推演为基础。

从金融这一细分视角切入，人工智能技术可以运用于数据分析、交易、风险预警、定价等方面，有效提高金融自身的服务效率，进一步提升金融业的整体服务效率。

1.5.1.2 大数据（Big Data）

近年来，"大数据"这一名词已经广为人知，并被认为是现代信息技术中的新"石油"。这一观念的形成主要基于以下两点原因：数据的产生速度急剧上升、数据具有巨大的价值。因此，大数据吸引了大量政府、业界、学界的关注。

由于大数据具有多样化特点，因此现阶段对大数据的定义依然存在一定的分歧。主流的定义主要包含以下三类：[1]

第一，根据属性定义。这一定义由国际数据中心IDC给出，即认为大数据技术是技术与数据体系的新时代，其主要包含在大规模数据中获得、发现、提取与分析数据价值的一系列技术的统称。这个定义主要囊括了大数据技术的四个主要特点，即：容量（volume）、多样性（variety）、速度

---

[1] 李学龙，龚海刚. 大数据系统综述 [J]. 中国科学：信息科学，2015，45（1）：1-44.

(velocity)、价值(value)。

第二,根据比较分析定义。2011年,麦肯锡公司的分析报告将大数据定义为:超过了传统工具捕捉、存储、管理与分析数据能力的数据集[①]。这一分析并没有突出大数据的技术特点,但是其概念中包含了演化的观点,阐述了何种数据可以称之为大数据。

第三,根据体系定义。美国国家标准与技术研究院NIST指出,大数据容量、获取速度以及数据的表示无法由传统方法进行处理,因此需要基于水平拓展机制以提高处理效率[②]。大数据领域可以进一步分为大数据科学与大数据框架两个方面。

大数据的处理方式通常分为两类,一类为流式处理,另一类为批处理。其中,流式处理主要关注数据的时效性,因此流式处理应当尽可能快地分析现有数据并得到相应的结果,其通常对应秒或者毫秒级别的数据。在批处理方式中,数据被收集后将会被存储,然后进行分析,其中具有代表性的便为Map Reduce模型。

在应用层面,大数据在金融业中的各个子行业均具有重要的场景。主要包括信贷风险评估、供应链金融、风险控制、行情预测、智能投顾等。大数据技术与上述人工智能技术的重要基础,也在现阶段技术变革中扮演着核心角色。

1.5.1.3 脑科学(Brain Science)

脑科学是人类现阶段面临的基础性科学问题之一,有预测认为,21世纪是脑科学的重要时代。从内涵来看,脑科学包含了狭义与广义两个层面。在狭义层面,脑科学主要指代神经科学;从广义层面来看,脑科学主要探讨人类大脑的结构与功能。从覆盖面来看,脑科学是现阶段众多学科交叉背景下传统学科重获新生的典型代表。脑科学与心理学、化学、遗传学、数学、计算科学等均具有较强的相关性,并进一步结合生物大数据、人工智能、新型成像技术等,为思维、记忆、意识等重大神经问题提供了

[①] Manyika J., Chui M., Brown B., et al. Big data: the next frontier for innovation, competition, and productivity. McKinsey Global Institute, 2011.

[②] Cooper M., Mell P. Tackling Big Data. NIST, 2012.

新思路与新方法。这些新方法与新语言为脑科学家深入理解大脑的感知、学习、决策等相关机制提供了重要的工具支撑与技术支持。

中国科学院在《科技发展新态势与面向 2020 年的战略选择》中强调，发达国家在脑科学领域不断加大投入，探究人类智力与思维的本质，探索神经缺陷、心理疾病、精神健康、发展脑计算等相关问题[①]。从国际研究前沿来看，脑科学的发展正处在变革的路口，通过分析特定的大脑神经连接功能与大脑结构，探讨与研究大脑的基因组关联，构建神经连接组学的标准，通过有效地运用大数据技术，孕育出一系列相关的新技术，例如，神经影像技术、虚拟现实、远程监控技术等。

脑科学主要研究人这一对象，因此应用场景也非常广泛。例如，在人才培养、生物医疗、教育实践领域等。现阶段脑科学的技术具有较强的多元化特性，人工智能、大数据等技术对脑科学的发展具有重要的意义。传统经济学假设人为理性人，但是实际上人这一主体即存在共性，也存在单一主体的独有特性，例如，在金融市场中，投资者间存在的羊群效应、框架效应等。因此，脑科学的发展可以对投资者行为进行更深层次的探究。

1.5.1.4 区块链（Block Chain）

近年来，随着比特币的快速发展与普及，区块链技术的应用呈现出了爆发式增长，同时也被认为是第五次颠覆式创新。从概念上来看，区块链是分布式数据存储技术、共识机制、点对点传输以及相关加密算法等主要技术的新应用模式。区块链的本质是一个去中心化后的数据库，且由于其为底层技术，因此是一组数据块，且与密码学相互关联。以比特币为例，每一个数据块中包含了比特币在网络交易中的数据信息，且下一个数据块以此为技术进行分析与生成下一个数据块。实际上，由于去中心化、点对点交易、时序数列、安全可信等特点，区块链技术解决了中心化存在的低效、成本高以及安全性较差等特点。可以说，区块链是下一代云计算的基本雏形，其有可能将重塑现阶段人类的活动形态，并进一步实现互联网由信息向价值的转化。

---

① 中国科学院. 科技发展新态势与面向 2020 年的战略选择 [M]. 北京：科学出版社，2013.

区块链技术起源于中本聪于 2008 年发表的《比特币：一种点对点电子现金系统》论文①。具体来看，区块链具有以下五个特点：第一是去中心化：分布式系统结构是区块链验证、存储、维护、传输的核心基础，采用纯数理方法建立分布式节点，从而形成去中心化的可信任分布式体系。第二是时序数据：有时间戳的链式区块结构是数据存储的重要基础，其为相关数据增加了时间这一维度，可验性与可追溯性相较于其他技术更强。第三是区块链的集体维护：由于具备经济激励机制，区块链技术可以使得分布式系统中的所有节点均参与具备验证的能力，且通过区块链的共识算法产生新的节点并将其加入区块链中。第四是可编程性：区块链技术可以提供便捷的代码脚本系统，使得用户可以自主创建货币、区块链合约等其他去中心化的应用。第五是安全可信：从原理上看，区块链技术使用了非对称密码学对数据进行有效加密，同时由于引入了分布式系统、共识算法，使得区块链可以形成强大的屏障来抵御外部攻击，并保证区块链相关数据的准确性。

目前来看，区块链主要的应用场景与金融市场息息相关，主要包含了数字货币、金融交易、数据存储、资产管理等若干个方面。未来，随着区块链技术的进一步发展，其具备的去中心化、安全可信、可编程等特点将使得区块链技术将具备更为广阔的应用场景。

1.5.1.5 物联网（Internet of Things，IoT）

物联网作为新型的网络技术备受关注。根据国际电信联盟 ITU 发布的《互联网报告 2005：物联网》，物联网包含两层基本含义：首先，互联网、电信网与广播电视网是物联网发展的重要现实基础，且物联网是在现有三大网络上的进一步拓展与延伸；其次，从网络的节点来看，物联网将传统的人与人之间的信息交互拓展到了人—人、人—物、物—人之间的联结与沟通②。从定义上看，物联网赋予了传统的物更为智能的属性。物联网形

---

① Nakamoto S. Bitcoin：a peer-to-peer electronic cash system ［Online］，available：https://bitcoin.org/bitcoin.pdf, 2009.

② International Teclecommunication Union, 'The Internet of Things', available at：www.itu.int/internestofthings/.

成依靠于以下积累技术的发展,包括射频识别技术、传感器技术、全球定位技术、激光扫描技术等;在应用这些技术的基础上,按照一定的规则与约定,将"物"与互联网进行链接,并进行信息交换,以此对各类物品进行实时的智能化识别、跟踪定位与监控管理。

物—物、人—物间的信息交互是物联网发展的核心路径,其所具备的特征包含整体感知、可靠传输与智能处理三个方面。首先是整体感知,即使用相关的传感器、射频识别等设备感知与获得物的多方位信息;其次是可靠传输,即通过对多网络的融合,将物体的相关信息富有时效性地、准确地传播,促进信息的交流与分享;最后是智能处理,基于大数据、人工智能等现阶段的热门技术,对已获得的数据进行处理分析,并最终实现检测、控制、管理的智能化。

在发展过程中,物联网实际上也将遇到相应的阻碍与挑战,主要包含物联网标准、技术、安全以及应用这四个方面。但是,总体而言,物联网的发展前景与应用场景依然十分广阔,对应"物"的维度也不断拓宽,其中包含家居设备、物流设备、农业设备、医疗设备等,在金融行业层面,物联网在银行、供应链金融、大宗商品交易等方面同样具有多维度的应用场景,"物联网金融"的概念也被不断提及。

1.5.1.6　VR(虚拟现实)/AR(增强现实)/MR(混合现实)技术

数字化及其相关技术的快速发展让我们的生活从现实世界向虚拟世界不断进行更深层次的探索。现阶段,除了传统的通信、生产、消费、交友、游戏等内容以外,VR等技术的出现使得人们能够在更为沉浸式的环境中进行各类活动。随之而来的是大量应用的诞生与发展;与之同时,以AR、MR为代表的现实增强设备也成为现阶段虚拟现实的新宠。

从具体概念来看,VR技术是一类可以创建与体验虚拟世界的计算机仿真系统。首先,通过生成交互式的虚拟环境,结合动态视景与实体行为,使得参与者能够切实沉浸到虚拟环境之中,其通常具有三个特征,即:实时渲染、真实空间与真实交互(简称3R,分别是 Real Time、Real Space、Real Interaction)。AR技术则是在摄像机影像的基础上,结合相应的图像、3D建模技术,将屏幕中的虚拟世界嵌套在现实世界中进行互动。

MR技术则将现实世界与虚拟世界进行结合，产生并形象化一个新的环境，环境中数字与物理共存，并进行交互，其包含了VR技术与AR技术。

VR/AR/MR技术主要受到若干关键技术的支持。其中主要包含虚拟现实技术的建模技术、计算机图形技术、虚拟现实系统技术、感知技术等。同时，其应用范围与场景也较为广泛，包含健康科学领域（例如，虚拟外科、康复治疗等）、工业制造领域（例如，技术的增强模拟、人员培训以及装配与维运等）、军事领域（例如，作战、驾驶培训等）。目前，VR技术在我国金融领域的运用依然处于起步阶段，但是从基本方式来看，VR技术可以改变传统的面对面式的服务模式，加强金融服务的个性化、定制化需求，并打破传统的银行网点格局，因此具有良好的前景。

1.5.1.7 5G技术

5G网络即第五代移动通信网络，其数据的传输速度为4G网络的百倍以上。由于信息传输速度的加快，许多原有的应用场景也将发生改变。处在网络变革发展期间的5G技术主要呈现出以下特点：第一，由5G推行的变革更加强调用户的体验，主要体现在网络的速度、传输延迟，以及对VR、游戏、3D等新型业务的支持能力上。第二，与以往的移动通信系统不同，5G技术更加关注多点、多维、多用户的协作网络，以求通信系统性能的有效提升。第三，现阶段室内的移动通信业务已经占据了主导地位，5G的性能与业务支撑使得传统的通信系统从兼顾室内的理念拓展至将室内的通信性能作为系统设计的优先目标。第四，高频段频谱中的相关资源将更多地向5G倾斜，在此基础上进一步融合有线网络与无线网络。第五，5G所带来的数据收集能力使得运营商更为智能、动态地调节实时的网络资源，有效降低运营成本与能源消耗。

我国的5G发展速度迅猛，涌现了以华为为代表的一批企业，其在全球通信市场中已经占据了极为重要的地位，移动通信产业已经成为我国具有国际竞争力且具有相当规模的高新技术产业之一。从本质来看，5G技术的核心在于超高速的数据传输速度，这一速度可以有效拓宽现有移动通信技术的应用场景，例如，云计算、云VR/AR/MR、智能制造、无线医疗、智慧城市等。从金融领域来看，5G主要优化了现有金融领域的服务模式与体验（例如，金融的服务模式、服务效率、超距服务、智能化服务等），并进一步探索金融服务的未来发展与变革，例如，基于5G技术构建的物联网，并引入全面实体资产管理，以及大数据背景下构建的个性化、定制化的智慧金融。

1.5.1.8 量子通信

量子力学的发展使得人类能够对微观粒子进行精确的人工操控，并创新性地对相关的信息进行编码、调试、存储与运算。由此，量子通信孕育而生。具体来看，量子通信实际上是利用量子态与量子纠缠效应对信息进行加密的新型通信方式。量子通信能够在理论层面真正做到无法被监控或监听，以保证信息数据的绝对安全性。在现阶段国家安全重要性日益突出的环境下，量子通信成为未来发展的重要领域。

国际各国对量子通信领域已有了小规模的试点应用，与此相对，国内在这一方面的起步虽然较晚，但是发展十分迅速。2014年，"京沪干线"项目通过审批并开始着手建设，计划搭建北京－上海距离超过2000km的国际首个光纤量子通信线路；2016年我国发射了首颗量子通信卫星。但是量子通信依然存在局限和瓶颈，例如，由于成本等问题，现阶段量子通信尚不具备大规模推广的条件，但是从总体来看，基于其安全性，量子通信的应用场景十分广泛，主要是涉及军事国防、政务信息、金融交易等。

1.5.1.9 总结

基于上述技术的不断发展，精准医疗、机器人、石墨烯、无人驾驶等领域将会进一步发展，其应用场景也将不断拓展，由此，变革性技术的出现将会进一步推动金融服务效率的提升。技术变革将多渠道、深层次地影响现有科技金融的主体框架。借用理论物理中弦理论的概念，变革性技术的发展将科技金融这一传统意义上的"开弦"转化为"科技＋金融"的"闭弦"，进而形成两者的内生循环发展机制。当然，这一过程中，变革性技术的发展是这一闭弦循环向上的重要基础。

1.5.2　技术变革下科技推动金融发展的新趋势

大数据、人工智能等技术的不断突破，使得现阶段金融行业的发展呈现出统一化、多元化、平整化的格局。技术变革推动金融发展的进程主要可以分为以下三个阶段（如图1-6所示）。初级阶段：技术作为提升金融效率的工具；中级阶段：技术反客为主成为传统金融的有效补充；高级阶段：科技驱动金融的全方位变革。

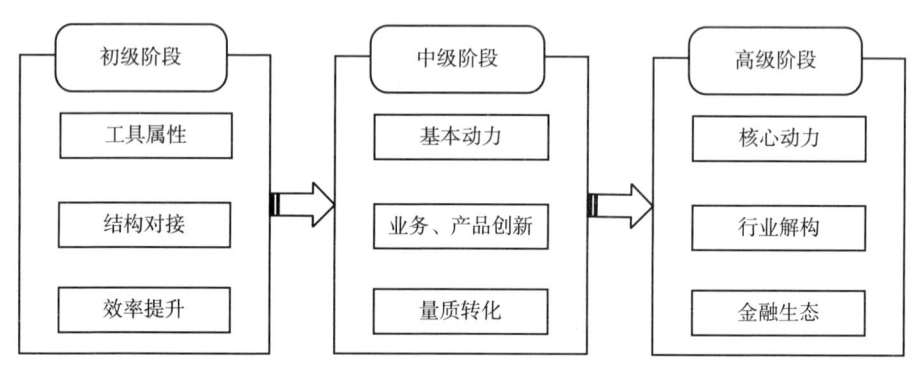

图1-6　科技影响金融发展的三个发展阶段

在初级阶段，相关技术主要作为快速计算与通信的工具，通过对计算机终端的大范围布局，对接金融系统中的横向结构与纵向结构，进而实现由传统业务向信息化业务的转化，提高金融系统整体的服务效率。这一阶段的显著特点在于：电子账簿代替传统账簿，同时电算化的运用大大提高了金融业务数据的计算、存储效率，信息化技术的不断发展也进一步提高了数据传输的速度与安全性。同时，互联网技术的引入有助于实现机构业务的一体化运营，跨行业务的链接与跨时空操作成为可能。

在中级阶段，变革性技术已经从手段或工具上升到驱动金融体系发展的基本动力，变革的动力则主要依靠金融业务创新与金融产品创新进行。在这一阶段中，由于业务与产品的不断创新，技术推动金融发展由量变逐渐向质变转化。由此，量能不断积累后终将形成有效的变革效应，这必将进一步丰富金融的内涵。这一阶段具有代表性的金融创新包括现阶段较为火热的第三方支付、P2P、移动金融、一站式金融服务等，以余额宝为代表的金融产品也不断出现。同时，在大数据与AI技术的支持下，风控产品、征信、智能投顾等产品不断涌现，并不断引用在传统的金融领域之中。由此，这一阶段的典型特征为：变革性技术的角色发生了进一步转换，科技对金融行业的发展由"助理"逐渐转为"主力"；在这一阶段中，技术开始驱动金融变革的发生。

在高级阶段，由于技术的进一步演化发展，其从基本动力逐渐转变为核心动力，金融服务整体的边界也会逐渐变得模糊，场景化金融开始崛起，并且与实体金融高度融合。金融服务的平整化、统一化趋于完成。其具体表现在以下三个方面：第一，一站式金融服务普及，金融服务效率大大提升；第二，虚拟技术的发展使得金融服务过程中的虚拟方式不断代替传统金融服务的物理方式；第三，传统提供金融服务的金融主体开始解构，不同的服务与流程，例如，客户身份核实、财富管理、投资咨询等，可以交由专门的部门或企业进行专业化批量处理，并最终形成可持续的金融生态。这一阶段的典型特征为：虚拟方式逐渐代替传统物理方式，同时金融业务逐渐产品化、个性化、平台化；以金融科技企业，金融行业最终形成有效的金融生态；一站式服务普及，自金融、普惠金融同样快速发展。

结合前文内容可以发现，技术变革正在不断影响与重构传统的金融市场，在未来，互联网金融、AI金融、大数据金融、区块链金融等方向均为金融行业发展的潜在方向。总的来看，技术变革下的金融变革是金融行业发展的一个必然趋势，从长期发展来看，金融机构作为传统金融中介的功能与作用将会不断下降，进而转变成为专业金融服务、创新型金融产品的中介，未来结合金融科技企业所形成的金融生态可能会成为金融行业的新定义。

1.5.3 技术变革下金融支持科技创新的新走向

1.5.3.1 科技金融发展现状

技术变革下，传统的金融支持科技发展的体系与模式将发生变化。现阶段正是科技与金融共同发展的新窗口期，因此需要首先关注科技金融发展的现实基础。

第一，从科技金融发展的基础层面来看，我国科技创新产业的潜能正在快速地释放，企业的实力也逐渐雄厚，产业突破性发展的势头也已经开始显现。产业化、规模化为金融资本与科技创新的融合提供有效的合力。同时，社会中的创新精神也在不断扎根，其为科技资本融合提供了重要支撑。

第二，从需求层面来看，技术创新的资本需求特点开始呈现出多元化、个性化特定，资本服务于技术创新的这一行为应当具有更好的针对性与包容性。纵向上，处于不同生命周期、不同环节的企业所需要的金融服务存在差异，例如，处于创业初期的企业可能更需要 VC/PE 的支持，已经上市的企业则更加注重资本市场的资本支持；横向上，不同行业的企业对资本的需求同样存在较强的异质性。这一基本现状为资本与科技的融合提供了重要的前提，同时也为资本与科技融合发展的体系提供了发展的沃土。

第三，在供给层面，推动资本与科技融合的服务产品其涵盖面正在不断延伸，市场空间也在不断增大。从一定程度上看，服务于技术创新的服务要素正在形成一个相对独立的体系。具体来看，包含银行信贷、有价证券、科技保险、互联网金融等，产品品类、功能日益丰富；同时，在平台建设上，众多市场包括传统的交易所市场、各类场内场外市场、VC/PE 市场、各类孵化器等在内的，能够有效服务科技金融发展的平台不断增多。随着科技金融整体市场的扩大，各类资本、金融要素对科技创新的支持也将出现分工，市场的潜能也将进一步释放。在此过程中，如何在分工的基础上，进行不同细分领域间的有效合作，至关重要。

以人工智能领域为例，2012~2018 年，仅我国的私募市场中，AI 领域的资本投资额高达 3658.6 亿元。根据《2018 中国人工智能投资市场研究报告》，几个一级行业中，与 AI 技术相结合，且最受资本青睐的部分二级行业投资情况如表 1-6 所示。

第1章 科技金融渊源

表1-6　　　　　　　"AI+"二级行业投资情况

一级行业	二级行业	投资频数	投资占比（%）
金融	智能风控	82	65.1
安防	身份证认证系统	39	47.0
大健康	智能影像诊疗	82	57.7
汽车	ADAS系统	50	47.2
企业服务	智能营销	62	33.0
机器人	服务机器人	45	35.8
互联网服务	智能推荐	25	26.6

资料来源：尚鞅，王怡茗，刘宜卓，张帆，曲天宇.2018中国人工智能投资市场研究报告[R].亿欧智库，2018.

在金融领域中，AI主要具有四类应用领域，包括智能风控、保险科技、智能投顾、智能投研。其中，智能风控领域的投资占比最高，为65.1%。

1.5.3.2　把握技术变革下的科技金融新走向

总的来看，技术变革为深化科技金融发展提供了重要的契机与专业化支持。由大数据、人工智能、AI等技术所引致的新模式、新方法，可以有效降低传统金融模式所对应的服务成本、交易成本，同时变革性技术也将进一步催生新的交易模式与风险管理工具。此外，技术变革将进一步引发金融的"供给侧改革"：金融资本要素的供给能力提升，要素的包容性不断加强，与科技创新需求的契合度也不断提升，即技术变革可以带动更多的金融资本，满足更多、更广泛、更多样化的需求，提升金融资本的服务效率，切实推进金融资本与科技创新的融合，形成"1+1>2"的内源增长型格局。

具体来看，变革性技术将从以下几个方面推进金融资本与科技创新产业的有融合：

首先，技术可以连通金融体系间的各个部门，推动金融资本与科技创新的有效融合。在金融系统中，例如，各类国有、股份制银行，由于技术与政策等因素，其所拥有的数据库系统相对独立，此时银行间市场存在较强信息不对称，信息共享能力的缺乏使得资金在流通过程中可能存在较高的风险，进而大大影响金融资本的配置效率。如今，大数据、人工智能、云计算等技术的普及与发展，可以打通、解构并重新调整原有的金融体系，使得各个金融机构间的信息可以做到有效地流通，这也将有效提高传统资金的配置效率。在关注科技创新的大背景下，更为有效的金融资本配置水平令真正具有高新技术研发能力的产业或是企业获得有效的资金支持，完善科技金融的配置功能。例如，2018年发布的中国银行大数据平台，其率先将全行中各个部门的信息数据打通，通过采集行内、行外的大量数据，对数据进行存储，并结合相关的大数据算法，形成多层次的数据体系，并利用各类大数据对银行的业务进行分析与预测，以提高银行整体的对高新技术产业的服务效率。

其次，变革性技术可以真正实现金融传统业务的一站式流程。AI、大数据技术的加持使得传统的、具有规律性的金融业务可以通过智能客服的形式有效解决，真正实现个人、企业一站式服务。这一过程将有效降低企业，例如，高新技术企业在办理金融业务过程中的时间成本，提高客户整体的服务体验。在一站式流程下，金融资本与技术创新的融合具有较强的人文关怀色彩，也使得金融服务整体质量得到提升。周广益（2017）指出，在金融科技的三大阶段中，金融科技1.0（分别有2.0时代、3.0时代）时代后，互联网金融技术不断爆发，以大数据、云计算为代表的相关数据影响逐渐深刻，此时，由技术发展所推动的一站式金融服务将大大提升金融行业的整体服务效率。[1]

再其次，变革性技术可以有效支持金融系统的安全性建设。现阶段，随着4G通信技术的普及、5G通信技术的崭露头角，信息传输的速度与数量呈现出几何级数增长。有效地保障金融信息的安全、控制金融风险成为推动金融资本与科技创新结合的一大课题。具体来看，这一安全属性主要涉及三个方面，即：技术安全、监管安全与业务安全。由于金融资本与科技产业的不断融合，科技金融的整体业态也在发生转变，信息泄露、金融

---

[1] 周广益. 金融科技三大阶段. 2.0阶段一站式金融服务商成风口 [C]. 清华金融评论—论坛, 2017.

欺诈等问题层出不穷。此时，量子通信、生物识别、大数据、AI 等技术运用可以有效控制与防范可能遇到的安全问题，从而安全、有效地推动金融资本与科技的进一步融合。例如，2017 年，江苏省首个量子保密通信网络建设工程开通；腾讯灵鲲监管科技平台通过大数据、AI 等技术，提高金融机构的运营效率，对金融诈骗、非法集资、金融传销等进行实时预警。

最后，变革性技术可以解决科技金融框架中的信息识别问题。日常生活中，以生物识别为代表的特征识别技术已经成为移动端的基本配置。在金融领域，信息识别也是金融产品设计、金融业务拓展的重要基础。在金融资本与科技创新融合的过程中，资本如何识别相关科技企业、高新技术产业的有效信息，并对其进行分析与解读，获得企业的真实情况与发展前景，是资本与科技充分融合的重要基础，也是金融资本配置方式的重要变革。信息识别过程的基础即为信息，因此，大数据技术、5G 通信等各类技术是获得信息的重要基础。通过 AI 学习等技术，可以充分分析与解读获得的大量数据，提高 AI 算法识别效率，切实推动金融资本与科技的有效融合。

总的来看，无论出于何种发展阶段，科技金融的主体目标并不会发生显著变化，即：运用金融资本推动科技创新发展，引导两者的有效耦合。但是，科技金融在变革性技术的影响下，其具体的实施模式已经发生了颠覆性转变，对科技创新的服务效率也由变革性技术的加入飞速提升。大数据、AI、云计算、量子通信等变革性技术，应当作为现代科技金融体系发展的基础与引擎，以推动金融资本更高效、更便捷、更具有针对性地服务于科技创新，真正实现金融资本与科技创新间的融合。

1.5.4 金融科技与科技金融的内在关联

前文所涉及的概念，一言以贯之，即金融科技（科技推动金融发展）与科技金融（金融支持科技创新）。因此，这一部分将对两个概念进行进一步阐述与解构。从字面意义来看，金融科技（Fintech）实际上是 Financial Technology 的缩写，从字面意义考察，Fintech 可以简单地理解为金融

(Finance)＋科技（Technology）。按照国际权威机构金融稳定理事会（Financial Stability Board，FSB）的定义，金融科技是指科学技术创新带来的金融创新，是由金融科技创新带来的产品、流程、业务与新型的金融模式，即包含了金融服务的前端业务，又囊括了相关的后台技术（杨东，2018）。

进一步剖析金融科技的概念，金融科技实际上是现阶段人工智能（Artificial Intelligence）、大数据（Big Data）、区块链（Blockchain）等一系列的技术创新，并将其运用金融部门的信贷、清算、交易、结算等各大领域的过程，是现阶段金融业主要的发展趋势。

金融科技类初创类企业和相关金融企业依托于各类金融创新技术，改变了传统金融行业的产品以及相关服务，也拓宽了传统金融机构获得客户资源的渠道，并进一步提高了金融机构的运作效率和服务质量，提高金融机构的风险管理能力。实际上，金融与科技在某种层面上存在一定的相似性：金融和科技的迭代更新速度较快，通过行业内大量相关技术的不断发展，行业在众多创新积累的基础之上易于产生完成跨越式发展。而金融科技协同系统的迭代周期可能更快，金融科技的发展主要以金融需求为导向，以科技创新作为支撑，能够在短时间内完成巨大而深远的变革。

1.5.4.1 金融科技企业的主要特点

（1）低利润率。平台商业模式的基础是拥有一定数量的网络用户，用户规模必须达到一定比例才能发挥网络效应优势，加快新增用户的增长速度。因此，只有在网络效应产生正向作用的前提下，平台商业模式才有可能实现内生性的高速增长，维持日常经营需要。而在平台建设前期，通常需要承担较高的沉默成本，同时，由于平台服务存在周期短、用户选择多元化等特征，必须依靠不断地创新投资，维持或锁定目标用户。因此，金融科技企业的关注重点不得不从单纯的企业盈利水平转移至资源的投入效率，仅能维持相对较低的利润率水平。

（2）轻资产。对于金融科技公司而言，基于低利润率的企业属性，其往往只能选择轻资产模式的增长路径，其典型特征是：第一，对固定资产的需求不高；第二，伴随业务规模的扩张，其成本存在边际递减，因而使得低利润同样可以支撑大规模的业务发展；第三，组织架构及战略选择有别于传统金融模式，更加灵活。

（3）高创新。金融科技公司的发展基于不断的技术创新，这也得益于低利润率及轻资产的企业属性，为其创造的"天然土壤"。企业有动力和迫切需求，加速创新产品的迭代和优化升级。

（4）规模扩大明显。尽管金融科技公司起步门槛较低，但高创新特征加速了企业规模的扩张，同时，伴随技术水平的优化升级，其边际成本逐渐递减，更进一步加速了企业规模的扩张。值得关注的是，对于金融科技企业而言，其技术创新的前提是获得能够促进企业业务发展的升级改造，因而其技术创新具有典型的拿来主义，多数停留于应用研究层面，对于基础性研究的投入则稍显不足。

（5）合规可达性较强。由于轻资产特性，使得金融科技公司普遍存在风险抵御能力较弱的现实问题。面对收益利润与合规成本，如何权衡是多数金融科技企业必须面临的抉择。很明显，通过技术创新满足合规要求，降低法律合规，减少风险管理的成本是金融科技公司的主要目标。

1.5.4.2 金融科技的主要领域

作为近年来的新兴行业，金融科技的业务类型和盈利模式具有多元化特征，细分领域较多，且相互之间具有交叉的复合性特征。现阶段，我国金融科技产业主要包括互联网和移动支付、网络信贷、智能金融理财服务以及区块链技术四个领域。

（1）互联网和移动支付。自2011年推出第三方支付以来，我国互联网支付交易规模不断扩张，预计2020年交易规模约为44.8万亿元[①]。各国不同的实践经验表明，第三方移动支付不仅可以有效提升用户支付的便利程度，同时，客观上也加速了现有金融体系的运转效率。

（2）网络信贷。网络信贷的核心是信贷业务本身，基于数据驱动资金投向和信用评，是金融服务行业的创新模式。其中，P2P是网络借贷的最初呈现形式，而伴随着商业化模式的成熟发展，借贷主体已扩展到对冲

---

① 智研咨询.2017~2023年中国第三方支付市场深度评估及未来发展趋势报告[R].智研咨询，2017.

基金等机构投资者,其运营模式主要包括直接借贷和平台借贷模式。

(3) 智能金融理财服务。通过实现信息收集,处理的自动化、智能化和系统化,智能金融服务充分体现了互联网技术的优势,用于辅助前台投资决策或中后台风险管理等业务开展,其智能性主要体现在以下两个方面:一是引入人工智能或大数据计算改善投资决策的有效性和准确性;二是有效改善了普通投资者信息不对称的现实困境,基于大数据提供了智能化的"投资顾问"平台。

(4) 区块链。具有分布式、免信任、时间戳、加密和智能合约等属性,尽管该技术仍具有较高的不确定性,但世界普遍公认,一旦技术成熟,将惠及金融等各个领域,甚至可能会改变传统金融业态的基础性结构。

1.5.4.3 金融科技的风险及监管体系

党的十九大报告提出"健全金融监管体系,守住不发生系统性金融风险的底线"和"创新监管方式"两大目标。金融科技的出现虽然给金融体系带来了崭新的发展方向,同时其具备的特点也给传统的金融监管体系提出了巨大挑战。传统的金融监管方式,例如,审慎监管、功能监管、行为监管等应对金融科技所引发的风险显得相对乏力。因此,有关部门需要突破传统的监管维度,充分利用科技发展所引致的监管工具革新,解决金融监管过程中可能涉及的"治乱循环"问题,有效防范化解重大金融风险。

从本质上看,金融科技发展使得资金的使用者与需求者之间的联动成本大幅下降,使得金融要素高效率使用;同时,金融风险具有的隐蔽性、传染性、突发性以及可能存在的负外部性依然存在。进一步的,金融、网络、技术使得相关风险可以在多领域发生叠加,令金融风险的传播速度更快、涉及范围更广。参考杨东(2018)的观点[①],金融科技的风险主要包含技术性风险、操作性风险以及系统性风险。

(1) 技术性风险。金融科技的发展依托于技术以及金融平台发展,

---

① 杨东. 监管科技:金融科技的监管挑战与维度建构 [J]. 中国社会科学, 2018 (5): 69 - 91, 205 - 206.

第1章
科技金融渊源

因此技术或者平台的选择错误可能会给交易带来较大风险。在计算机驱动交易的大背景下，由于计算速度的提升，交易量指数级上升。值得肯定的是，金融科技的发展有利于克服垄断，并进一步规范市场中的各类主体。但是，技术失误会对金融市场产生巨大的影响，并衍生新的系统性风险。在金融科技快速发展的过程中，数据通常用来预测市场未来的发展趋势，容易忽视数据对不同事件的因果判断，因此就可能产生错误风险。如果发生错误的主体本身就是规模较大的市场主体，与其相关联的企业同样会受到较大的波及，并以此产生金融市场中的恶性连锁反应。

（2）操作性风险。操作风险通常和不当操作、内部控制程序失灵以及其他人工失误相关，这一风险在内部信息系统以及控制系统存在缺陷时可能会导致不可预期的损失。科技驱动金融发展的步伐不断加快，导致操作失误的可能性增加。另外，数据风险与信息安全风险不断交织，进一步增加了相关操作的风险水平。

（3）系统性风险。对于金融领域系统性风险的传统认知认为，金融领域的系统性风险来源主体是大型金融机构。但是传统观点忽略了新兴起、去中心化程度不断提升的小型金融科技企业所诱发的金融风险，因为其可能导致相较于传统金融风险更大的系统性风险。相较于传统的大型金融机构，金融科技企业的特点导致其抗风险能力更差，同时由于金融科技企业间的强关联性，使得由小型金融科技机构诱发的动荡在行业内不断扩散。同时，由于监管者缺乏相关的技术手段获取金融市场的可靠信息，因此对金融科技企业的监管举步维艰。此外，金融科技的技术性、操作性风险在特定情况下将会不断升级，由量变引发质变，并由此引发金融风险。因而，金融科技带来的监管问题不仅区别于传统的金融，甚至可能带来不可预期的巨大风险，金融监管体系亟待重构。

由于金融机构不断使用科学技术应对监管问题，因此在监管过程中不断纳入科技创新也就成为必然。监管科技的使用使得监管方法从原来的依靠历史数据、冗长的现场调查、滞后的监管行动转变为主动、实时、具有前瞻性的监管。后者主要建立在数据收集，复杂数据分析以及更为强大的数据存储能力上。目前，部分监管机构利用自动报告技术直接获取金融市场参与者的业务、交易数据等,而不是通过传统的机构报告的方式①。相较于传统的方法,此种监管体系下监管机构对金融风险状况的判断,要相对于传统的方式更加及时和准确。过去相关的金融报告通常有一定的人为修饰与加工,使得监管机构在某种程度上存在错误判断可能,进而影响相关政策的及时实施及实施效力。

1.5.4.4 金融科技与科技金融的异同

(1)概念不同。金融科技指由一群通过科技、让金融服务更高效的企业构成的一个经济产业。从上文所述的定义来看,金融科技是将大数据、云计算、区块链、人工智能等高新技术与金融具体业务相结合,提升金融服务的效率和质量;而科技金融则更强调发挥金融的资源融通作用,利用金融创新,使得金融要素可以更为高效、可控地服务于科技创新创业,本质上是一种金融业态。

(2)服务对象不同。金融科技注重的是科学技术的创新,并以科技创新改造现今的金融行业,因此主要的服务对象是金融行业的相关企业与机构。不同于金融科技,科技金融是金融服务科技创新的一种途径。

(3)参与对象不同。金融科技的主体是以技术驱动为核心的科技型企业;而科技金融的参与主体多以传统金融机构为主,例如,银行、保险、基金、VC/PE等。

(4)产品不同。金融科技主要是以大数据、云计算、人工智能等前沿技术作为核心产品,为金融行业提供高效率服务。相对而言,科技金融则主要以传统以及创新型金融产品为核心,将金融要素有效地配置于科技型企业,以推动科技创新创业发展。

从上述分析来看,金融科技与科技金融概念的主体特征以及其背后逻辑实际上构成了一个企业技术创新与金融行业金融支持的闭环,具体情况如图1-7所示。实际上,金融科技通过提高金融市场效率,强化了金融

---

① 比如,分布式账本技术可以使监管机构作为一个节点参与到分布式账本技术中,从而可以获得所有记录在分布式账本中的信息。又如,奥地利中央银行开发了一款数据软件平台,可以使银行将单笔合同、贷款、存款的数据向平台直接提交,将过去以静态模板为基础的信息报告方式,改变成以数据输入为基础的收集方法。

第 1 章
科技金融渊源

市场对科技创新的支持力度，即金融科技与科技金融存在内生增长关联。因此，无论是金融科技与科技金融，其最终目的即通过金融要素，支持我国创新发展，形成我国创新发展的有力支撑。

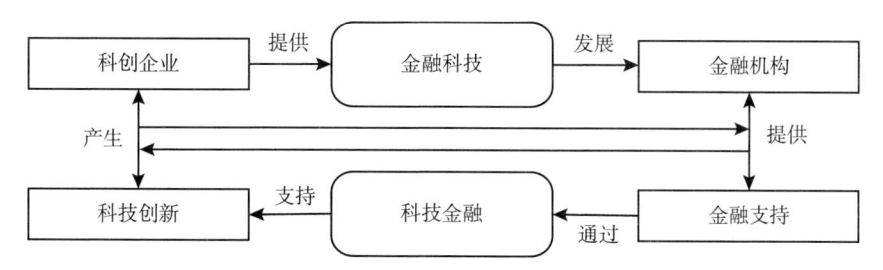

图 1-7　金融科技与科技金融的关联逻辑

资料来源：笔者绘制。

第 2 章
国外科技金融发展现状和经验

2.1 美国科技金融的发展与经验

作为世界第一大经济体,美国 2018 年全年名义 GDP 为 204941 万亿美元,2017 年为 194854 万亿美元,名义 GDP 增幅约为 5.2%。2018 年,专业化科学技术服务产业与信息产业产值约为 2674.2 亿美元,相较于 2017 年的 2500.8 亿元增长 6.9%。美国总体科技进步贡献率,即科技进步对经济增长贡献的份额已达超过 80%,中国为 58.5%。[①] 其高度发达的现代市场经济,完善的金融服务体系以及在科技金融的结合方面取得的显著成效促成了美国完善的科技金融发展体系,如此巨大的成功背后隐藏着具有重要借鉴意义的经验。本章节将从政策实施导向、金融市场便利与具体实施范例三个维度对以美国为代表的发达国家以及部分发展中国家的科技金融发展的经验与模式进行阐述分析。

2.1.1 政策实施导向

2.1.1.1 分阶段有针对性的政策性立法支持

美国的金融活动在 20 世纪 30 年代萌发,当时的资金需求还较少。到 19 世纪 50 年代,美国金融活动随着蒸汽机和煤炭对工业的极大推动进

---

① 中国国家统计局、U.S. Bureau of Economic Analysis(美国经济分析局)。

第 2 章
国外科技金融发展现状和经验

发,19世纪90年代新型通信工具电话和电报的诞生可以说是科技对金融的一次革命性促进,突破了地域对行业的限制,同时能源、制造行业的急速发展使得金融市场的投资对象放到了这些巨型工业企业的身上。到20世纪,特别是"二战"后,美国已经意识到应该把科技发展提升到国家战略的高度,20世纪末正式结束了美国金融行业的分业经营。总结如图2-1所示。

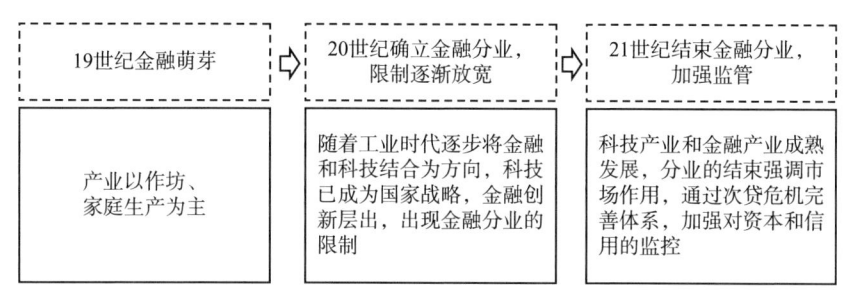

19世纪金融萌芽	20世纪确立金融分业,限制逐渐放宽	21世纪结束金融分业,加强监管
产业以作坊、家庭生产为主	随着工业时代逐步将金融和科技结合为方向,科技已成为国家战略,金融创新层出,出现金融分业的限制	科技产业和金融产业成熟发展,分业的结束强调市场作用,通过次贷危机完善体系,加强对资本和信用的监控

图 2-1 美国金融历史进程

从历史的发展上来看,美国的金融改革路线的特点在于其针对性极强,而且在科技确立为经济发展的基础之后,其金融方面的改革基准也围绕着科技产业的资本需求来进行,金融经营从混业到分业再到混业,金融监管从紧到松再到灵活,每一次金融危机美国都能对其金融体系进行完善,其核心还是强调市场的作用。在当今大数据时代的背景下,通过强调监管的作用和利用成熟的经济数据库,美国能够在市场主导的金融行业中进行有效的风险控制。因而,美国政府颁布了一些法律,以此为导向,完善了中小高新技术企业的融资渠道。表2-1对美国不同阶段的部分大事件和相应的政策立法支持进行了总结。可以看出,美国金融大环境的发展并不是一蹴而就的,随着人文、社会、科技环境的发展,美国整体的政策改革、法律系统的革新同样步步推进。显然,作为世界第一经济体,美国的发展轨迹与发展经验值得我们仔细考量和重点分析。

表 2-1　　　　　　　　　美国金融政策改革一览表

时间：20 世纪 30 年代	背景/大事件：大萧条之后，"二战"前
重大宏观调整	《格拉斯——斯蒂格尔法案》确立金融行业分业制度，切断了银行、保险业和券商之间的联系，形成专业分工制，是一项具有重大意义的法律，严格区分了商业银行和投资银行，然而在规模效益方面出现了一定局限性
促进科技金融方面	《专利法》对科技成果转化打下基础，《购买产品法》《联邦采购法》对技术创新和相关的科技产品采购有着针对性的规定等
时间：20 世纪 50 年代到 20 世纪末	背景/大事件："二战"之后与美日之间的经济竞争
重大宏观调整	美联储针对《格拉斯——斯蒂格尔法案》进行了新的解释，逐步放宽分业限制，最终在 1999 年通过《1999 年金融服务现代化法案》结束分业历史
促进科技金融方面	《国家科技政策、组织和重点法》《大学和小企业专利程序法》《技术创新法》《国家合作研究法》《联邦技术转让法》《美国技术杰出法》《国家技术转化与进展法》等法案，一方面将专利申请、保护、转移的过程逐渐规范化；另一方面加快研发机构、大学、公司企业之间对专利的使用流转
时间：21 世纪初	背景/大事件：美国保持经济霸主地位，发生次贷危机
重大宏观调整	《多德-弗兰克法案》再次提醒美国混业经营和放松监管之间的矛盾以及金融机构之间高关联性对风险的加成，加强了混业经营的金融监管，重视资本的构成和质量
科技金融方面	《就业与经济增长税收减免协调法案》促进风投复苏；《2010 小企业就业法案》成立小企业贷款基金；2011 年出台的《美国发明法案》；2012JOBS 法案促进小企业 IPO 等

资料来源：马欣员. 美国科技政策及效应研究 [D]. 长春：吉林大学，2014.

2.1.1.2　美国政府引导建立较为完善的信用担保体系

信用担保作为中小企业一项重要的融资条件，可减少金融机构对高新技术企业放贷是可能发生的风险。美国中小企业信用担保体系主要包含三个层级：一是由美国联邦小企业管理局直接管理的美国小企业金融担保体系；二是由地方政府管理的区域性信用担保体系；三是包含社区性质的信用担保体系。其中美国中小企业管理局（简称 SBA）是美国最为主要的担保主体。SBA 一般从以下几个方面为中小型高科技企业提供强而有力的融资服务。

（1）对中小企业直接的贷款服务支持。SBA 通过为中小企业提供直接贷款，尽可能满足中小企业的贷款需求。不仅如此，SBA 还制定了一系列资金援助计划，如"微型贷款计划""小企业投资计划""担保开发公司计划"等，为那些不符合常规贷款条件的中小型企业提供贷款支持。

（2）服务输出途径广泛。美国 7000 余家商业银行与 SBA 开展了合作，在全国范围内建立了 96 个专业网店对中小型企业提供低成本且高效的贷款服务。

（3）多渠道的金融支持。为了拓宽中小型高科技企业的融资渠道，提供融资便利，SBA 运用资助、控制等方式，引导中小企业投资公司与民间风投公司，为科技型中小企业提供创业风投、间接融资等多渠道的融资支持。

（4）区域性的个性化支持。SBA 为了平衡美国的区域间发展，扶持落后地区的中小企业，联合民间资本成立了新市场风险投资计划公司。公司采用股权资本投资的形式，由私人管理，投资于国内欠发达以及低收入地区的中小型企业，且重点扶持对象为中小型高新技术企业。

2.1.1.3　美国政府的直接投资与优惠政策

美国政府设立机构为中小型科技企业提供融资担保的同时，也对相关企业进行直接投资。其中政府财政的直接投资主要分为以下两类：一类是政府的财政预算直接支付企业的研发费用。美国政府每年在高新技术企业的投入上数额都相当大，从中可以看出，政府对于这些企业的扶持力度；另一类是政府为中小型高新技术企业提供贷款与股权投资，即政府实行的"投贷联动"战略。高新企业在初创时，通常采用低息贷款的渠道进行融资；在企业发展壮大后，则更多地将会采用权益投资的方式进行融资。

除了政府的投资，为了鼓励创业投资的发展，在税制上，美国于 1978 年通过了《国内收入法》，将创业投资企业所得税率从 1970 的 49% 下降到 28%。更进一步，1980 年颁布的《经济复兴法案》将所得税税率进一步降低到 20%，且征税结构为：创业投资所得税的 60% 免征赋税，而余下的40%则减半征收所得税；同时允许将股票期权纳入创投的报酬，并且将纳税环节由行使选择权推迟到出售股票时。1992年，针对高新技术企业的股权投资，相关法规主要有两条重要规定：一是有中小企业管理部门投资基金专门用于创业投资，而且直接用于股本投资的可以免除利息；二是进行的机构投资者创投可免征资本利得税。

2.1.1.4 政府筹划建立科技园发展区

在20世纪30年代，弗雷德里克·特曼教授提出"将大学和工业结合起来"的想法，并且出资538美元资助两名研究生建立了惠普公司，这成为当时世界上最为成功的高科技园区——"硅谷"的雏形。美国可以认为是当代高科技园区的创始者，且大部分美国的高科技园区依靠大学或者政府支持，还有一部分园区则成为企业的孵化器，为中小型高新技术企业提供发展便利与服务。现阶段美国具有代表性的高新技术园区主要有硅谷型高新技术园区、波士顿128号公路型高新技术带以及北卡罗来纳研究三角园。

到了20世纪50年代，高新技术继续快速发展。彼时美国54%的科技园依附于大学，26%同时依附于大学与企业，剩下的独立科技园区则规模相对较大。到了80年代，美国科研水平与专利转化率迅速提升，大学与企业间科技交流来往也更为密切。科技园区一直被认为是美国知识扩散的源头与经济增长的动力，同时美国政府也不断出台便利政策，推进科技园区建设，促进科技成果的商业化进程。截至1985年，美国的50个州中，已有35个着手建立科技园区，并且制定科技发展计划，例如，路易斯安娜湖的"硅沼"、犹他盐湖城的"仿生谷"等。这些高科技园区不仅为美国科技创新提供源源不断的动力，同时对我国高新技术的发展具有重要的借鉴意义。

2.1.2 金融市场便利

2.1.2.1 完善的多层次资本市场

美国拥有全球最完备的多层次资本市场体系以满足不同发展阶段、不同规模、不同需求企业的资金需求，为科技发展的经济增长提供了强有力

第 2 章
国外科技金融发展现状和经验

的支撑。在支持高科技产业化的资本市场融资体系中，以证券交易所为代表的主板市场、纳斯达克为代表的二板市场、OTCBB 为代表的三板市场以及非正规市场上流通的私人权益资本市场能够满足不同规模、不同特点科技公司的金融需求，如表 2-2 所示。

表 2-2　　　　　　　　　　美国资本市场结构表

层次	代表市场	特点
第一层次	纽约证券交易所和纳斯达克	全球最大的两家证券交易所，分别针对蓝筹股市场和场外交易市场
第二层次	OTCBB 公开报价系统和粉单市场	属于场外交易市场，上市报价要求低于纳斯达克，其中粉单市场又更低于 OTCBB，均为不满足纽交所或纳斯达克挂牌上市条件的股票提供交易流通服务
第三层次	地方性柜台交易市场	仅在地区发行股票的小型上市公司市场
第四层次	私募股票交易市场	为合格机构投资者交易私募股份的专门市场

资料来源：自闻岳春．促进科技创新的资本市场创新研究探讨［J］．上海金融学院学报，2013（1）：5-19．

初创公司为了取得竞争力，获得更多丰富产品的研发资金，必须从各个渠道进行融资，一些无法盈利的初创公司，他们无法在证券公司获得上市融资的机会，针对这一问题纳斯达克市场降低了科技企业的上市门槛，为这些企业筹集了资金，为不同规模的高科技企业提供融资服务，争取在硅谷上市的机会。诞生于 1971 年的纳斯达克市场，如今已拓展为三类市场，即：全球市场、精选市场和资本市场。从狭义上讲，纳斯达克市场与其他证券交易市场的特性类似，即一个通过计算机网络为证券交易商提供证券以及部分在纽约证交所上市公司股票买卖价格的报价系统；但在广义上，它具有更为丰富的含义，即纳斯达克可以作为和粉单交易市场与 OTCBB 等一起构成场外交易市场，对上市企业并没有盈利和规模的要求。此外，为了进一步拓展私募市场，美国在 1990 年建立了 PORTAL 系统，其主要目的在于提供了交易平台，增强私募证券的流动性。

据统计，风险投资对美国经济贡献的投入产出比为 11∶1；对于技术创新的贡献效率是常规经济政策的3倍。2014年美国风投协会（NVCA）统计年鉴显示，按照行业分类划分的投资统计，共计3009家涉及信息技术、医疗、健康、生命科学的公司接受风投的注资，而与科学技术无关的公司仅仅有373家接受投资，即在2013年全年，风投行业的投资对象中有约89%是科技公司，从中可见，风险投资对高新技术产业的青睐程度。科技行业为高收益高风险行业，风险投资的获利或者退出方式为股权转让变现或者在公开上市中增值。资本市场的发达也为风投的退出开辟了良好的途径，为风投市场投资高新技术产业营造了良好的资本环境。

2.1.2.2 不断发展的风险贷款

美国的风险贷款兴起于20世纪70年代，迄今其规模已经占了美国风险投资市场规模的10%~20%。通常而言，作为中小型初创科技公司，由于其资金规模与资产抵押标的匮乏，公司难以通过传统的银行融资方式获得贷款。风险贷款的出现为高新技术企业提供了信贷融资的渠道：公司将股票期权或者认股权证等让渡给金融机构，使得公司在获得风险贷款的同时补偿了债权方可能面临的风险。与风投相比，风险贷款的出现时间较迟，属于一种相对新型的融资方式。

在20世纪60年代末，风险租赁作为一种新兴的融资方式出现在美国西海岸。可以认为风险租赁是风险贷款最早的形式之一。到了70年代，随着风险租赁与创投机构的不断发展，包括波士顿第一国民银行和新英格兰银行在内的美国东北部商业银行开始考虑开展风险贷款业务。由于创投机构的介入，银行认为能够充分降低企业破产的风险；同时，由于创投机构同时拥有初创企业的股权和专利，在此情况下，丰富了初创企业的还款来源，还款风险进一步降低。风险贷款的运行模式和风险租赁类似，但是银行与创投机构会根据自身的评估对企业的流动性指标、资金产指标与亏损等指标的阈值，并且以此签订相对严格的限制性条约。经过了几十年的发展，约75%的初创企业都使用风险贷款获取资金。可以认为在初创企业的融资过程中，风险贷款扮演着举足轻重的作用。

美国的风险贷款主要分为两类：一是银行风险贷款，二是非银行风险贷款。其中从事风险贷款的机构一共有30家左右，其中最主要的包含4

家银行类风险贷款机构与9家非银行性质风险贷款机构。在进行风险贷款的银行中，硅谷银行作为主要的风险贷款提供方，其业务量占全美风险银行业务量的70%以上；在非银行类风险贷款机构中，西部技术投资公司则是风险贷款业务量最多的，主要的银行类及非银行类风险贷款机构如表2-3所示。

表2-3　　　　　　　　　美国风险贷款市场主要机构

银行类风险贷款机构	硅谷银行（Silicon Valley Bank）
	过桥银行（Bridge Bank）
	联信银行（Comerica Bank）
	广场1号银行（Square 1 Bank）
非银行类风险贷款机构	西部技术投资公司（Western Technology Investment）
	赫拉克勒斯科技成长资本公司（Herclues Technology Growth Capital）
	水平科技金融管理公司（Horizon Technology Finance Management）
	鼎峰风险资本公司（Pinnacle Ventures）
	灯塔资本合伙公司（Lighthouse Capital Partners）
	三点资本公司（Triple Point Capital）
	速度金融集团（Velocity Financial Group）
	Vencore资本公司（Vencore Capital）
	对冲基金金融公司（Bluecrest Capital Finance）

资料来源：Debt as Venture Capital.

2.1.3　具体实施范例：美国SBIC计划与硅谷银行模式

2.1.3.1　美国SBIC计划

在政府引导方面，美国设立的三个小企业管理机构分别为：小企业管理局、白宫小企业会议、两院设立的小企业委员会。其中，最为核心的是小企业管理局（Small Business Administration，SBA），在1958年，SBA设立了一项重要引导基金SBIC作为中小企业的金融援助项目。小企业投资公司（Small Business Investment Companies，SBIC）为向SBA注册过的符合一定条件的私营投资基金，仅 2014 年，SBIC 就为 1085 家小企业提供了约 55 亿美元的金融资助，并且创造了超过 11 万个工作机会。SBIC 的运作模式主要包含以下几个方面。

（1）细分办公室进行监督和严格的风险管理。从执行办公室向下四个办公室对 SBIC 从注册、资金评估到运作监督进行管理以实时控制其市场行为的效率和可持续性。SBIC 政府担保融资的过程，隐藏着巨大的风险，因为 SBIC 大大降低了其融资成本，利益对私人投资者的偏向需要 SBA 承担较大的道德风险，因此 SBA 的信用审查和风险管理十分重要，除此之外，SBIC 需要向 SBA 缴纳年费以及其他管理费用，在一定程度上弥补了 SBA 的担保风险以及支持机构运作费用。SBIC 办公室组织管理结构如图 2-2 所示。

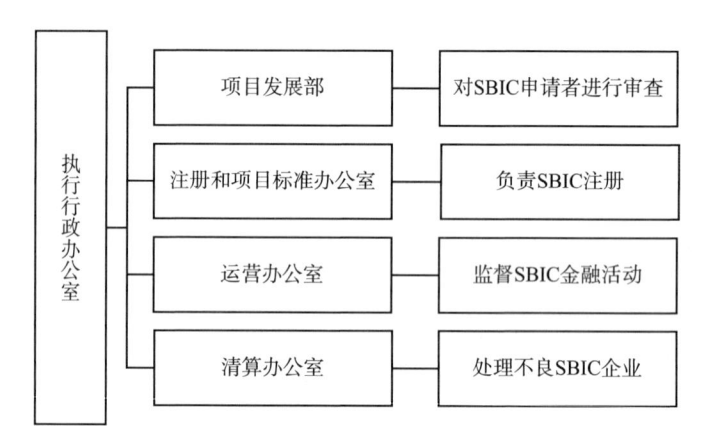

图 2-2　SBIC 办公室组织管理结构

资料来源：the U. S. Small Business Administration（美国中小企业管理局）.

（2）降低 SBIC 的融资成本并且扩大其资金规模。SBIC 的资金来源分为自筹资本和政府担保的杠杆资金，在政府担保的过程中，SBA 所提供的国家信用担保有两个特点：一是通过政府的信用担保，SBIC 减少了融资成本；二是通过杠杆资金，SBIC 放大了原有的资金规模，SBA 规定 SBIC 可以申请不超过其自筹资金三倍的基金。

（3）严格为小企业提供资金支持。SBIC 规定投资对象必须是小企业并且保证25%的资本投向微型企业。为了保证SBIC的资金安全,SBA规定其必须进行权益投资,除了参股,SBIC所提供的贷款主要以优先贷款和债券的形式向小企业发放贷款。预计2017年SBIC计划约资助了1077家中小企业,提供就业岗位112865个岗位,为中小企业筹集资金共计57亿美元,贷款比例约为33%,相对于SBIC初期的贷款比例更高[①]。这种市场行为反映出了相比传统银行业的贷款,SBIC所提供的贷款相当具有竞争力,从市场行为上验证了SBIC业务方向的正确性。

除了SBIC计划,2010年出台的小型企业就业法案(The Small Business Jobs Act)使SBA原来90%的贷款担保得到提升,贷款收费标准也得到降低,增加了5.05亿美元的贷款扶持规模以及该法案衍生的"小企业贷款基金"(The Small Business Lending Fund,SBLF)通过分红或利率激励的方式鼓励小企业贷款。初始的SBLF资本贷款利率最高为5%,假如小企业贷款的额度增加10%或者更多该利率将降至1%,同时SBLF也鼓励创业者以2%的无盈利利率进行小额贷款,为正在增长中的小企业提供夹层债务融资方式。这一系列贷款、引导基金计划产生了数十万计的就业机会,受益范围横跨了47个州的3000多个地点和哥伦比亚地区,充分体现着美国小企业管理局SBA在科技金融管理机构中的核心位置。

2.1.3.2 硅谷银行模式

世界上最成功的科技园区——硅谷,拥有伟大的硅谷银行(Silicon Valley Bank,SVB)。自1983年成立以来已经为3万多家企业提供了服务,在银行业最大的绊脚石"坏账"面前,这家风险银行做到了每年坏账损失率不到1%的惊人程度。1993年,硅谷银行开始与风投合作,初步定下了其市场方向——为创新型企业。其组织构成为硅谷银行、硅谷银行资本、硅谷银行分析、硅谷银行私人银行。硅谷银行模式的主要启示为业务和市场定位的专一化和与VC紧密联系形成的良好合作模式。

硅谷银行不同于普通的商业银行,在建立初期选择了竞争较少的高风险创新型企业作为投资对象,其专业性体现在业务的专业性上,如图2-3所示。

---

① The U. S. Small Business Administration(美国中小企业管理局)。

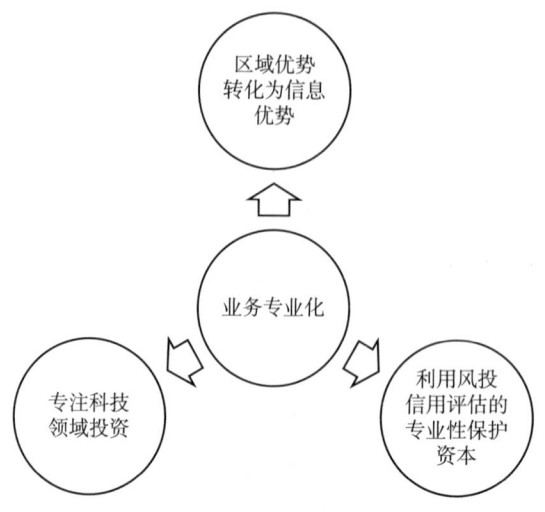

图 2-3　硅谷银行专业优势

资料来源：朱翀．商业银行科技金融创新方向探索——基于杭州科技银行与硅谷银行发展模式比较［J］．浙江金融，2016（3）：31-36．

在科技行业方面的专注是硅谷银行了解科技企业的发展模式，硅谷专注于生物与信息技术企业，在一个细分行业里得到了很多的经验，以此可加强金融产品的针对性；处于世界第一科技园区的硅谷科技园范围内使得硅谷银行在资源和信息方面取得优势，降低交易成本；硅谷银行的模式强调信息的交互性，把合适的事交给合适的机构做，硅谷银行再与其进行合作，利用金融机构和企业之间的互动硅谷银行很好地改善了信息不对称的问题，这也是为什么硅谷银行的坏账损失率如此之低的原因。

硅谷银行与风投的合作可谓多种多样，除了间接地从 VC、PE 获取创新企业的财务信息，还向 VC、PE 贷款并且通过 SVB 资本进行投资，主要流程如图 2-4 所示。硅谷银行通过这样的金融交互从间接信息获取到业务的交流可谓全方位的紧密合作模式。在风险控制方面，硅谷银行的 SVB 分析部门（SVB Analytics）发挥着重大作用，它为 VC 和投资对象提供分析、价值评估资产组合分析等服务，在硅谷银行发放贷款时，每一个 SVB 的职能部门都紧密结合，特别是 SVB 分析与 SVB 资本具有核心的指向性。

SVB 具体贷款业务存在细分类别，其分类依据为投资对象所处的生命周期阶段：初创业务的 SVB 加速器，成长期甚至成熟阶段的 SVB 增长器业务，以及最后向大型公司投资的 SVB 公司金融业务等。这些再一次体现了硅谷银行的一大特质：专业化细分，同时也为硅谷银行的发展奠定了厚实的基础，搭建了成熟科学的框架。

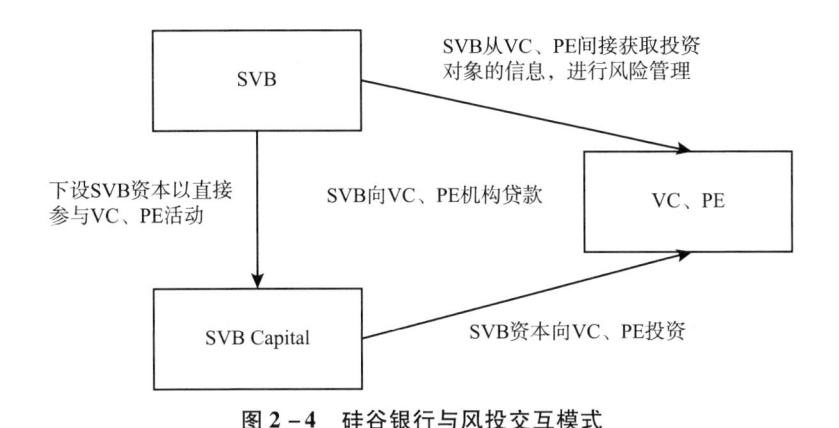

图 2-4　硅谷银行与风投交互模式

资料来源：朱翀. 商业银行科技金融创新方向探索——基于杭州科技银行与硅谷银行发展模式比较［J］. 浙江金融，2016（3）：31-36.

2.2　日本科技金融的发展与经验

日本在第二次世界大战之后实现了经济增长奇迹，同时实现了从科技相对落后国向科技强国的转换，虽然这一结果是多方面的，但是与银行—政府主导的金融体系有着重要的关系。在当时金融市场并不发达的情况下，日本的主银行制度通过整合直接融资与间接融资，降低了高新技术企业的融资门槛，拓宽了相应的融资渠道，有效地激发了科学技术的发展。因而，日本在这一发展过程中的经验是值得我们借鉴的。

日本科技金融的模式包含两个主要特征：一是主银行制，即以银行作为金融系统的中心；二是直接融资市场欠发达。因而，以银行为主导，结合以政府政策指导，发挥银行职能为科技型中小企业的发展提供支持和帮助的科技金融发展模式，可以有效地降低市场间信息不对称问题。但是，由于银企关联过强，为了防止银行系统风险过高、风险分散化能力过弱的问题发生，日本建立了完善的信用担保体制辅以健全的法律法规，以遏制系统性风险的发生，同时多元化企业原有的融资途径。

2.2.1 政策实施导向

2.2.1.1 健全规制，完善顶层建设

健全的法律法规是日本中小企业发展的根本保障，也是日本科技金融体系形成的根基。"二战"之后，在日本经济发展过程中，企业间发展脱节，即少数企业占据着国家大部分经济资源，中小企业没有资源空间，形成了严重的企业分化和经济的二重性。中小型企业发展环境十分艰难，难以在就业、经济方面给日本带来帮助。日本政府在此时意识到中小企业对于经济发展的重要性，为了解决经济脱节的问题，日本政府于1948年颁布了《中小企业设置法》，并成立了国家中小企业厅。日本中小企业厅为以后日本中小企业的发展奠定了良好的政策基础，并且在一定程度上能够提供有效的技术支持。

此后，日本先后推出了30余部与中小企业发展相关的法律，为日本中小企业发展提供了极大的政策支持，使得中小企业为国家的发展提供了持续的创造力。例如，日本于1949年制定的《中小企业信用法》和《中小企业信用保障协会法》奠定了中小企业信用保障和信用凭借的法律基础；同时也为日本中小企业信用划分提供了理论基础和法律依据；对企业划分等级后，银行和中小企业厅可以对信用等级高、具有发展潜力的中小企业提供更好的技术、资金支持。

1963年建立的《中小企业基本法》标志着日本中小企业政策纲领性法规的诞生，并且是之后一系列有关中小企业法律形成的基础。该法律的核心指导思想是在尊重中小企业的创新能力的前提下，努力发展中小企业，缩小其同大企业之间生产力、产业结构的差距，从中小企业方面为日本创造更多就业，改善日本经济二重性的问题，使中小企业成为日本经济发展的重要组成部分。

在确定了中小型企业在日本的地位后，政府基于多元化、针对性视角，颁布相关政策法规对中小企业进行扶植。1963年制定的《中小企业投资育成股份公司法》正式提出建立中小型企业投资公司，为中小企业的

第2章 国外科技金融发展现状和经验

发展提供投资和咨询指导等服务。在资金方面,日本政府相继出台了《中小企业振兴资金助成法》《加强中小企业技术创新减税法》,突出了对中小企业在资金方面的支持。表2-4对日本中小企业相关法律的发展脉络进行了总结。

日本政府在法律方面为中小企业的发展奠定了良好基础,从资金支持、知识产权维护等方面予以扶植,成为日本科技金融发展的重要特点。

表2-4　　　　　　　　　日本科技金融主要法律列表

类别	法律名称	作用
纲领性基本法	《中小企业设置法》	创立日本中小企业厅作为管理中小企业专门机构
	《中小企业基本法》	标志着日本中小企业法律支持体系形成
针对中小企业组织管理	《中小企业协同组合法》	从组织管理层面对科技型中小企业提出相关规则制度
	《中小企业指导法》	科技型中小企业持续发展提供进一步指导
	《中小企业团体组织法》	保障中小企业健康发展
针对中小企业权利	《中小企业振兴资金助成法》	针对科技型中小企业资金方面提供帮助
	《加强中小企业技术创新减税法》	从税收方面为科技创新提供支持
	《科学技术基本法》	维护科技创新的权利
针对科技金融供给方	《国民金融公库法》	以设立中小企业金融公库的方式为中小企业提供长期低息贷款
	《日本开发银行法》	确定日本开发银行的设立是为产业开发和经济发展提供长期资金
	《中小企业金融公库法》	设立中小企业金融公库,改善融资环境
针对中小企业信用担保	《中小企业信用法》	为中小企业信用评级和信用监督奠定法律基础
	《信用保证协会法》	正式确立信用保证协会作为公立机构法人的社会地位
	《中小企业信用保险公库法》	设立了中小企业信用保险公库,为信用担保体系建设奠定基础

资料来源:笔者根据相关资料整理收集。

2.2.1.2 完善的信用担保体系

日本政府为了解决科技中小型企业融资担保的问题，建立了完善的担保体系，成为亚洲最早建立信用担保体系的国家。

尽管在1949建立了《中小企业信用法》，为日本中小型企业的信用评级带来了重要帮助，然而在短时间内还无法建立健全的中小型企业信用记录，从而银行给中小型企业带来一定风险。为了促进银行向中小型企业贷款，日本政府制定了二级信用担保制度。日本于1953年出台了《信用保证协会法》，从此正式确立了信用保证协会在日本信用担保体系中的核心地位。此后全国各地建立起了信用保证协会，为中小型企业的贷款提供了一定的担保能力。目前日本全国52个信用保证协会遍及日本，可以满足各个中小型企业融资担保的需要。1958年《中小企业信用保险公库法》的颁布，正式成立了中小企业信用保险公库（现为日本政策金融公库）。中小企业信用保险公库的职能是为信用担保协会提供的担保提供保险的机构。小企业信用保险公库和信用保证协会也成为日本二级信用担保制度中最重要的一环。

日本中小企业信用担保制度的核心内容是：中小企业向金融机构申请贷款，由金融机构推荐给信用担保协会，并申请担保。也可以直接向信用担保协会申请担保，在通过审查后为中小企业安排金融机构。信用担保协会在中小企业受到贷款后收取0.1%～0.5%的担保费用。信用保险公库则会对信用担保协会进行再担保。这种信用担保制度有效地分散了风险，当中小型企业因各种原因无法按时还款时，信用担保协会承担20%～30%的风险，信用保险公库承担70%～80%的风险。

日本中小企业的信用保证体系及相关要素如图2-5所示，其中，政府为信用担保协会、全国信用保证协会联合会提供资金支持，筹建政策性金库，并执行对信用担保协会的监督职责。中小企业则通过申请信用担保，获得信用担保协会的保证契约，获得担保资格。通过这一流程，中小企业可以获得金融机构贷款。

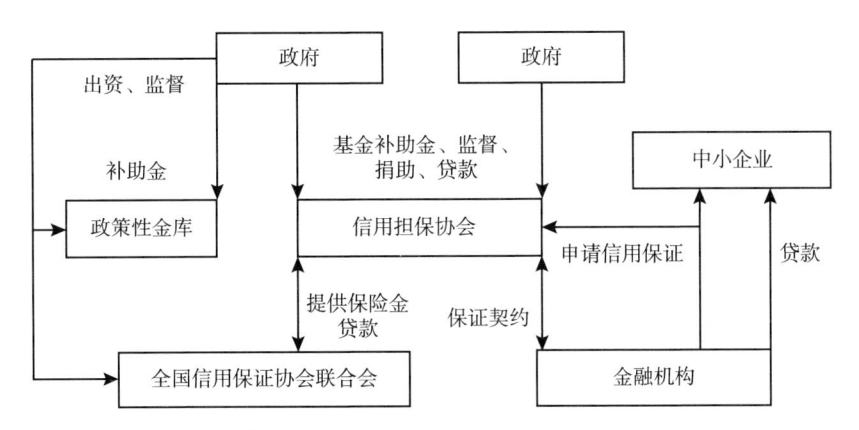

第2章 国外科技金融发展现状和经验

图2-5 日本中小企业信用保证体系

资料来源：许运凯，吴向阳. 日本中小企业信用担保体系的特点及启示［J］. 新金融，1999（11）：36-37.

2.2.1.3 政策性金融机构

日本对于科技中小型企业的直接资金投入比例已达发达国家中最高，其中政策性金融机构在中小型企业融资方面达到约10%[①]。1950年以来，日本针对科技中小型企业的发展成立了以日本开发银行、商工组合中央金库、国民生活金融公库、中小企业金融公库、中小企业信用保险公库为代表的诸多政策性金融机构。这些政策性金融机构的资金主要来源于日本政府的财政资金，并获得政府的担保。这些机构较之商业性金融机构有更加优惠的贷款期限、贷款利率；为科技中小型企业的创新提供长期资本，能够更有效地解决中小企业发展中的资金问题（见表2-5）。

2008年，为应对国际金融危机带来的影响，日本合并了国民金融公库、中小企业金融公库等5家中小企业金融专门机构，全资成立了政策金融公库。政策金融公库相较于商业银行能够提供更加优惠的贷款政策。截至2013年末，日本政策金融公库为4.7万家中小型企业提供约1.93万亿日元贷款[②]。

[①] 李心丹，束兰根. 科技金融：理论与实践［M］. 南京：南京大学出版社，2013：3.
[②] 中国人民银行广州分行课题组，李思敏. 金融与科技融合模式：国际经验借鉴［J］. 南方金融，2015（3）：4-20.

表 2-5　　政策性金融机构对科技型中小企业发展的辅助情况

序号	机构名称	主要作用
1	中小企业金融公库	提供设备资金贷款，中长期贷款比民间银行低2%~3%
2	国民金融公库	提供小额资金贷款，中长期贷款比民间银行低2%~3%
3	工商组合中央金库	提供贷款，实行税收减免及税赋时间宽限政策，税率一律按27%计算
4	风险开发银行	向风险企业提供低息贷款（日本第一家风投公司）
5	财团法人中小企业投资培育会社	购买初创风险企业股票和可转化债券，为企业融资
6	风险投资公司	为商业银行向风险企业贷款提供80%的担保
7	研究开发型企业培育中心	为高科技研究开发的中小企业提供无担保贷款的债务保证
8	风险企业中心	为风险企业提供无抵押贷款担保

资料来源：石会娟. 发达国家政府发展中小企业的经验及其借鉴 [D]. 保定：河北大学，2004.

相对于风险贷款，日本政府于1951年成立的风险企业开发银行可以认为是日本金融投资的雏形。为了"二战"后日本经济的快速恢复，日本参照了美国科技金融的成功经验，结合自身国情，形成日本相对特有的模式。首先，在组织模式和资金来源上，政府和金融机构在其中扮演着极其重要的角色。主要的风投机构一般都附属于政府以及以银行和券商为代表的金融机构。但是其中需要注意的是，日本风投的投资方向相对比较分散。造成这一现象的主要原因主要有以下三点：一是由于风投机构的主要成员主要来自银行、券商、大型企业等母公司，因此可能对相关知识相对欠缺；二是由于日本的金融市场是以银行为核心，其间接融资渠道应用广泛，但是相对而言直接投资能力发展相对缓慢，因此风投并没有特别好的退出机制；三是由于风投退出机制不完善，风投机构主要为母公司业务做前期准备，因此通常在创业后期进行投资。所以，对日本风投行为，可以理解为是银行业务的拓展。

在日本发展的过程中，由于银行—政府在其中的主导作用，相对美国模式不太健全的资本市场体系使得日本模式下的高新技术企业并没有得到充分的发展。但是鉴于美国自由且相对完善的资本市场具有相对唯一性，

第 2 章
国外科技金融发展现状和经验

因此成果并不特别显著也可以理解。作为亚洲经济发展的领头羊，日本模式依然具有其重要的借鉴意义。表 2-6 列出了自 20 世纪 50 年代以来日本政府对于风投市场的部分相对重要的措施。

表 2-6　　　　　　　　推动风投市场发展的部分措施

年份	措施
1951	成立"风险企业开发银行"
1975	成立通产省下属"风险投资公司""研究开发企业培植中心"
1995	店头市场为满足条件的创业企业成立特殊市场
1997	制定《天使投资税制》；养老金进入风投市场
1998	大阪交易所成立"新市场板块"
2000	札幌证券交易所、福冈证券交易所设立地方性新版块
2005	日本政府实施《中小企业新事业活动促进法》
2008	《天使投资税制》范围扩展
2009	成立政府主管基金－产业革新机构（INCJ）
2012	安倍政府通过《日本再兴战略》
2014	中小企业基础建设机构建立《顺利开展特定新项目投资事业债务担保制度》

资料来源：笔者收集整理。

2.2.2 金融市场便利

2.2.2.1 多层次的资本市场

20 世纪末，受到亚洲金融危机影响的日本，深刻认识到发展中小企业融资的重要性，政府在创业板市场的建立上采取一系列措施，以降低中小型企业上市成本，为更多中小型企业融资带来支持。1998 年，日本建立了"JASDAQ"市场，主要针对科技中小型企业和风投企业。同年，12 月于大阪证券交易所市场建立创业板新市场。1999 年 11 月，于东京建立了"Mother"创业板市场，但该市场针对企业需要通过承销商判断其成长时期和业务范围等多种因素才能上市。随着 2010 年新"JASDAQ"市场的正式启动，日本已经成为世界上拥有创业板类股票交易市场最多的国家，在科技中小型企业的支持方面可谓十分的热情。

经过30年的发展，日本逐步形成了具有多层次、多功能的资本市场，并且资本市场的活跃程度已经跃升至全球前三，而发达的资本市场为高新技术企业提供了多元化的直接与间接融资渠道。股票市场、债券市场、外汇市场、离岸金融市场和金融衍生品市场共同组成了日本多层次的资本市场。日本的不同层次的金融市场分布与主体服务对象如表2-7所示。

此外，债券市场在日本政府放松管制之后也有了较大发展，为了降低企业的融资约束，拓宽企业的融资渠道，日本政府允许满足条件的企业在资本市场中发行无担保债券。基于多层次资本市场的发展，中小型高新技术企业在融资过程获得大量的便利，同时市场的发展也为创业风投的退出提供了更多的可选途径。正是市场的发展，日本科技对经济的推动力不断显现和增强。

表2-7　　　　　　　　　日本多层次资本市场

证券市场构成	证券市场所在层次	面向企业
东京、大阪、名古屋、精度、广岛、福冈、札幌国家交易所的主板市场	第一层次	大企业
东京交易所、大阪证券交易所中小板市场	第二层次	科技型中小企业
Mother创业板市场	第三层次	科技型中小企业
JASDAQ市场	第四层次	科技型中小企业

资料来源：于国庆. 科技金融-理论与实践［M］. 北京：经济管理出版社，2015.

2.2.2.2　民间金融机构

除了政策性金融机构，民间金融机构在日本也为科技中小型企业带来了不可忽视的扶植作用。他们也以较为优惠的利率向科技中小型企业提供贷款。主要的民间金融机构以城市银行、信托银行、地方银行、第二地方银行等分类。截至2016年，日本民间金融机构分类如表2-8所示。

第 2 章
国外科技金融发展现状和经验

表 2-8　　　　　　　　　民间金融机构分类

金融机构分类	机构数量
城市银行（City Banks）	4
信托银行（Trust Banks）	16
其他（Others）	15
外国银行（Foreign Banks）	53
地方银行（Regional Banks）	64
第二地方银行（Regional Banks II）	41
信用金库联合会（Federation of Credit Association）	1
信用金库（Credit Associations）	271
劳动金库联合会	1
劳动金库	13
信用协同组合联合会	1
信用组合	158

资料来源：http://www.fsa.go.jp；日本金融厅。

其中，都市银行在金融系统中占据支配地位，其主营业务与一般的商业银行类似，即存贷款业务，且通常为大企业提供贷款。都市银行吸收存款占日本全部银行存款的1/5，法人存款通常占吸收存款的60%左右。地方银行的分支机构分布广泛，通常以总行所在的大型城市为中心，辐射至都道府县。地方银行主要吸收地方中小企业及个人存款，且主要以中小企业为贷款对象。由于分布广泛，因此众多密集的网点能够令地方银行更好地契合中小企业的融资需求，其中对中小企业的贷款量占贷款总额的70%左右。第二银行则由日本早期的相互银行转化而来，其主要职能为促进当地经济发展、为中小型企业提供多样化的金融服务，并且通常与当地的财政合作以提高公共金融的服务质量。信用金库则是根据1951年颁布的《信用金库法》设立的地方性中小企业金融机构，前身为信用互助合作社，采用会员制，不过参加信用金库的会员仅限于本地的在职工人与中小企业。信用组合则是依据《中小企业互助合作法》设立的互助型组织，服务对象范围同样被限定在本地，其中一部分在1951年后改制成信用金库。

日本相对发达的民间金融机构为中小企业流动性问题提供了帮助,利用地域等优势为中小型企业提供了方便、快捷的贷款,成为日本科技金融发展过程中不可或缺的一部分。

2.2.3 具体实施范例:筑波科技园;绿色川崎

2.2.3.1 以筑波科技园为代表的高新技术园区

1963年,日本在政府资助下建立了第一个科技园区——筑波科技园区。筑波科技园区由日本政府主导建设,成立资金也来自政策性金融机构。这也符合日本以政府为主导,辅以金融机构的科技金融体系。科技园建设完全由政府出资,并将政府部(厅)直属的46家国立科研及教育机构,300余家私营科研机构迁入园区,涉及研究人员13000人,其中外籍研究人员4105人,博士学位获得者5684人,同时,政府将每年国家研究机构预算的一半经费用于筑波科技城建设及科研企业发展上[①]。

当然,筑波科技园区也意识到民间资本的重要性,在未来发展中也会逐渐融入多元化资本,试图建立地方公开团、财团、企业和政府相结合的风投体系,为中小型企业带来更加丰富的融资渠道。

2.2.3.2 日本绿色产业先锋–川崎

川崎市的主要产业为电子、石油等制造业与信息服务产业,其中川崎的制造业规模与产值位居日本之首。但是,鉴于长期以来以"重厚长大"型产业来推动经济发展,川崎曾经在一段时间也面临过大气污染与水质污染的问题。为了解决这些问题,川崎市提出了"环境协调型城市建设基本构想",制定了"川崎临海地区二次规划方针",于1997年开始创建川崎现代城。川崎生态城的建设,凸显出日本以科技金融为基础,以转型升级为导向的政策方针。其中,产学民合作,推动了科技金融的不断创新与发展,引导构建了川崎生态城这一经典作品。其中要点主要包括以下几个方面。

---

① 刘芹,张永庆,樊重俊. 中日韩高科技园区发展的比较研究——以中国上海张江、日本筑波和韩国大德为例[J]. 科技管理研究,2008(8):122-124,130.

第 2 章
国外科技金融发展现状和经验

首先，川崎政府的大力引导是川崎生态城建成的重要保障。为了推动高新技术与环保产业发展，促进临海地区区域间合作，推动构建生态联合体，政府基于"产业再生、环境再生、都市再生"三大理念，以行政、临海地区企业、学者三位一体，形成合力，开始产学民一体化进程，积极推动生产成本企业的发展。其中川崎政府对构建生态城建设的支援措施等可以参考表 2-9。

表 2-9　　　　　　　　　　川崎政府的主要举措

支援措施	援助表现	协调结构	代表项目	项目内容
产学联盟	中小企业向大学研究室委托研究或共同研究；或直接利用专利	川崎市产业振兴财团	产学联合试制开发项目	中小企业与大学研究室研发产品试制
		明治大学川崎市工业团体联合会	川崎地区产学交流会	中小企业与大学研究室的课题解决
经营支援	中小企业面临经营技术上的问题向大学或大型企业进行咨询	川崎商工会议所	技术广场事业	大型企业 OB 为中小型企业提供咨询
		川崎信用金库	川信企业展示会	新技术新产品推荐
技术转移	大学研究机构或者大型企业对中小企业提供专利技术服务；发现新的商业模式	川崎经济劳动局	知识产权交流会	大型企业对中小企业的技术转让
人才培养职能培训	造就人才，进行招聘相关的教育培训，促进人才引进	川崎商工会议所；川崎人才协议会；川崎 IT 学校	就业促进	提供员工技能培训

资料来源：王战，翁史烈，杨胜利，王振. 转型升级的新战略与新对策——上海加快建设具有全球影响力的科技创新中心研究 [M]. 上海：上海社会科学院出版社，2015.

其次，企业的积极配合也是生态城建成的关键。企业不仅合作实践川崎政府规定的"零排放"环保政策，同时，2004 年 14 家川崎企业牵头建立了非营利组织——产业与环境创新中心。该中心下设三个工作组，分别是能源工作组、资源循环工作组以及国际环境特区工作组。不同的工作组针对川崎发展的不同领域和不同方面即各司其职，又协同合作，为绿色企业的发展添砖加瓦。

最后，居民的广泛参与，是生态城建成的根本，川崎市政府推动的是一条教育先行、市民参与、官民并举的道路[①]。可见，川崎市政府将高新技术结合政策与企业实践，成功做到了川崎生态城的建设，其中系统构建与发展模式值得我们学习和思考。

2.3 德国科技金融的发展与经验

德国长期以来一直是欧洲大陆的经济强国之一。2014年，其GDP总量居世界第四，欧洲第一，人均GDP亦居世界前列，这与其雄厚的科研实力和强大的创新能力是分不开的。

世界银行统计数据显示，2015年，德国R&D支出占GDP的比率为2.927%，高于美国（2.788%），更远高于世界平均水平（2.2%）。2015年，德国每万人的研究人员数为9.01人[②]，同样处于世界领先地位。从企业层面看，德国长期以来坚持"限大促小"的发展思路。德国联邦统计局数据显示，2015年，德国近400万余家企业中，约99%的企业属于中小型企业[③]，这些富有创新活力的中小企业，正是德国经济发展和科技创新的支柱所在。

德国的中小企业之所以能持续保持创新活力，与德国成熟的中小企业协同创新模式密切相关，如图2-6所示。可以看出，德国与日本的科技金融发展方式较为相似，政府与银行在科技金融发展过程中发挥着重要的作用，利用相关的政策导向，结合市场手段，使得德国联邦政府、金融机构、大学科技园与中小企业紧密结合，构成了德国成熟的中小企业科技创新体系。

---

① 赵世通. 日本川崎市建设循环型社会的经验 [J]. 求是，2009 (14).
② OECD Database.
③ shttps://www.destatis.de/EN/FactsFigures/Indicators/Indicators，德国联邦统计局.

第 2 章
国外科技金融发展现状和经验

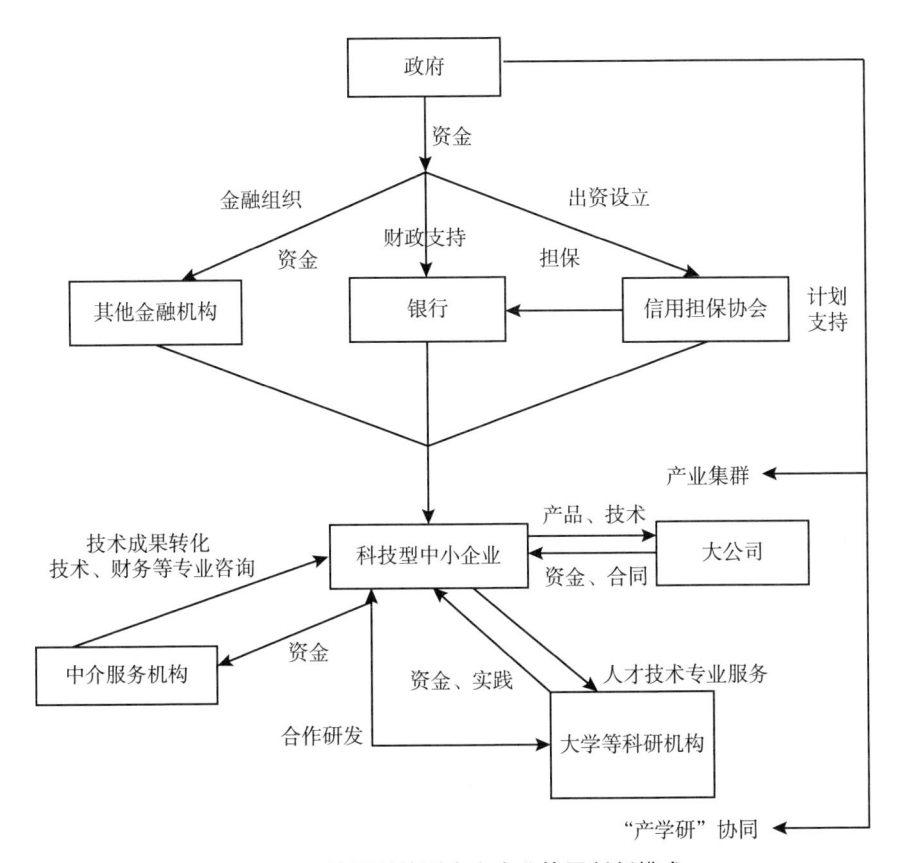

图 2-6 德国科技型中小企业协同创新模式

资料来源：笔者通过相关资料总结而得。

2.3.1 政策实施导向

2.3.1.1 法规与优惠政策

为了营造一个良好的政策法规环境，促进国家科技快速发展，20 世纪特别是第二次世界大战后，德国政府先后制定了一系列符合国情、引导高新技术企业发展的法规政策，建立了一套具有特色且相对完善的科技管理及研发体系。其中，包括为鼓励企业创新颁布的《关于提高中小企业新行动纲领》《联邦政府关于中小企业研究与技术政策总方案》等；为了维护中小企业在市场中的公平地位，制定了《反对限制竞争法》《反垄断法》等；同时各州也相继制定了《中小企业促进法》。表 2-10 列出了德国部分科技政策与法规以及相关解释。

表2-10　　　　　　　德国科技金融部分政策法规

年份	政策法规名称及解释
1990	《基因技术法》：规范德国遗传工程的生产管理
1997	《信息与通讯服务法》：明确互联网服务、内容提供相应责任，为世界上最早的相关法律
1999	《技术政策—经济增长与就业之途》：确定了科技政策纲领与指导方针
2000	《德国联邦政府创新资助政策及举措》：明确了科技政策相应策略与相关措施
2006	《国家高技术发展战略》：强化了科技创新战略的重要地位，持续加强创新能力
2010	《德国2020高技术战略》：出台了一系列高新技术战略创新的整体方案与创新政策
2012	《2020-创新伙伴计划》：促进东西部研发创新合作
2016	《数字化战略2025》：建立以计算机和大数据为基础的一系列数字化体系

资料来源：笔者收集整理。

德国政府从高技术战略国家总体规划层面明确了为中小企业提供金融支持的战略导向，为德国政府及金融机构的一系列金融支持提供了理论依据与顶层支持。

2.3.1.2　政策性金融机构的与中小企业风险贷款、担保

德国绝大多数的工业产值都是由中小企业创造的，并且德国中小企业的资源利用效率相对较高。鉴于此，为了进一步解放中小企业的创造能力，德国政府推出了一系列技术创新计划与优惠政策。德国政府设有研究技术部，与各个州政府共同制定科技政策和相关的科技投入计划。政府还建立了公共风险金融机构，引导民间资本参与，形成合力，推动企业发展。

金融机构方面，德国政府建立了德国清算银行和德国复兴信贷银行两大中央政策性机构，为高新技术企业提供风险贷款与担保业务。不仅如此，地方上各州的政策性银行也为高新技术企业发展提供了重要的支持。通常，两大政策性银行每年可以从德国政府获得超过50亿欧元的补贴，并且将补贴运用于商业银行对于中小企业贷款利息补贴上[1]。由于商业银行能够获得2%~3%左右的利息补贴，因此商业银行能够为科技企业提

---

[1] 黄灿，许金花.日本、德国科技金融结合机制研究[J].南方金融，2014（10）：57-62.

第 2 章
国外科技金融发展现状和经验

供更多的低息贷款,并且分担了企业的利息支付风险。此外,欧洲复兴计划、德国清算银行创业援助、德国政府的中小企业专项贷款等也在其中扮演了相当重要的作用。

德国目前已经形成了一套较为完整的风险担保体系,主要分为三个层次,如图 2-7 所示。该担保体系主要通过两种方式进行运作:一种是由德国政府与联邦州政府直接对企业提供信用担保,但是通常这一形式主要是针对中大型,业务量相对较小而担保额相对较大,一般为 100 万~1000 万欧元;另一种方式则是联邦担保银行通过市场化运作,为中小型企业提供担保,最高担保额度为 100 万欧元。同时,为了分担风险,担保银行承担 80% 的贷款风险,而商业银行只需要承担 20% 的风险即可。显然,这一多层次的担保机制缓解了中小型科技企业的融资问题,支持了科技企业的发展。相应的,联邦政府也给予担保银行一定的政策支持,除税收优惠外,一旦发生违约,政府将承担担保银行损失的 65%(其中州政府承担 26%,联邦政府承担 39%)。由此,德国的担保银行业务得以蓬勃发展,进一步降低了银行的借贷风险,并改善了中小企业的融资环境。2010 年,担保银行撬动了 18.38 亿欧元的银行存款,并为近 7000 家中小企业提供了 7983 笔担保,为中小企业成长做出了重要贡献[1]。

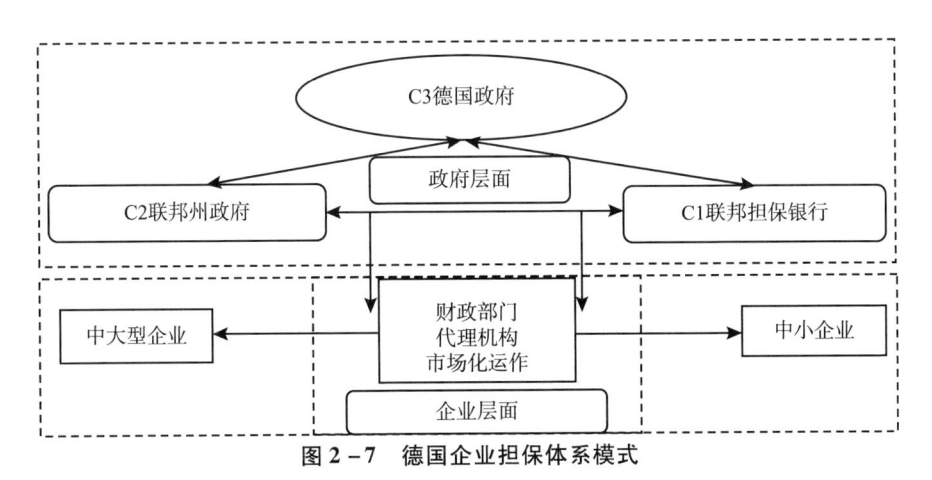

图 2-7 德国企业担保体系模式

资料来源:笔者整理。

---

[1] 黄灿,许金花. 日本、德国科技金融结合机制研究[J]. 南方金融,2014(10): 57-62.

2.3.1.3 全生命周期的政府金融支持

在德国，混业经营的全能银行占据其金融体系的主导地位。因此，德国的许多重要科技金融产品，都是由政府、德国复兴信贷银行（KFW）及众多商业银行联合进行的。通过风险投资、优惠贷款乃至直接资助的方式，为生命周期各阶段的中小企业提供金融支持。下述为其中主要的金融产品。

（1）种子期——高科技创业基金。高科技创业基金（High-tech Start-up Fund）是德国联邦经济技术部联合德国复兴信贷银行（KFW）和若干德国知名工业企业集团在 2005 年所设立的，主要为处于种子期的年轻科技型中小企业（创立一年内）提供风险投资，更重要的是，这一基金还向科技型中小企业提供管理支持和合作伙伴网络服务，极大地提高了中小企业存续的可能。

目前，高科技创业基金已有两个阶段。第一阶段为 2005～2010 年，这一阶段基金总规模为 2.885 亿欧元，共计向约 250 家企业投资 2.72 亿欧元。2011 年起，该基金进入第二阶段——High-Tech Start-Up Fund Ⅱ，在 2012 年又引入两家企业投资者，基金总规模达到 2.935 亿欧元。[①]

（2）初创期——欧洲复兴计划启动基金。欧洲复兴计划启动基金（ERP Start Fund）是德国政府设立的总额 2.5 亿欧元的企业启动基金，由 KFW 的中小企业银行负责运作，为风险相对较高，刚完成种子期发展阶段的科技型中小企业提供资金支持。该基金要求企业已经拥有新产品或新技术，且雇员人数少于 50 人，年营业额不高于 1000 万欧元，在市场上存续时间不到 10 年。

同时，该基金要求企业必须已经有一家私人的主导投资者，基金投资的股权比例和条件将与主导投资者完全相同，但对每家企业的投资规模最多是 500 万欧元。主导投资方被要求参与企业的管理和运作，并向 KFW 披露企业的相关信息，而企业高管也要求入股，以自有资金承担风险并表明对企业未来发展的信心。2012 年，欧洲复兴计划启动基金完成了 153

[①] 孟艳. 德国支持中小企业创新的战略导向、架构布局及启示 [J]. 经济研究参考，2014 (25)：72 - 79.

第 2 章
国外科技金融发展现状和经验

项投资,投资规模为 0.582 亿欧元。[①]

(3)成长期——欧洲复兴计划创新项目。欧洲复兴计划创新项目(ERP Innovation Program)是 KFW 为成长期中小企业的创新项目提供的长期优惠贷款,以使其能放心地投资新产品和新技术,改善产品性能或优化生产工艺。企业投资项目是否属于新产品或新工艺,由工商会等中介组织认定,KFW 和企业开户的商业银行合作完成贷款的具体操作和担保等环节,最终,由 KFW 负责项目的审核和批准。

KFW 提供的长期优惠贷款是一个融资包,包括 40% 的常规贷款和 60% 的次级贷款,且不要求企业提供任何抵押品,由 KFW 承担其全部风险。该贷款期限为 5~10 年,利息极为优惠,并有较长的宽限期。

(4)中小企业创新核心项目。中小企业创新核心项目(Central Innovation Programme for SMEs,ZIM)由德国联邦政府在 2008 年 7 月提出,主要用以支持企业将科研成果转化为实际的生产力,促进产学研结合。该项目的资助不设行业和技术领域限制,以充分尊重市场创新的需求。

表 2-11 显示了 ZIM 的主要类型和管理机构。ZIM 包括两大类,ZIM-SOLO 支持单家企业独立研发,而 ZIM-KOOP 则鼓励企业之间或企业和研究机构的通力合作。管理机构通过竞争和选拔程序选出,负责项目的日常运营。德国联邦政府将对项目管理机构所管理项目的 5% 进行抽查,同时管理机构也要向政府主动汇报项目的运行情况。

表 2-11　　　　　　　　ZIM 的主要类型和管理机构

项目类型	ZIM-SOLO	ZIM-KOOP	
项目名称	独立项目	合作项目	合作网络项目
项目特征	由单个企业独自承担的研发项目	由多个企业或一家企业和研究机构共同承担的研发项目	涵盖网络管理和项目研发的合作网络项目
项目管理机构	EuroNorm 公司,VDI/VDE 创新和技术公司	德国工业研究联合会	VDI/VDE 创新和技术公司

资料来源:Zentrales Innovations Program Mittelstand. https://www.zim.de.

[①] 孟艳. 德国支持中小企业创新的战略导向、架构布局及启示 [J]. 经济研究参考,2014(25):72-79.

ZIM 的资助形式为对研发项目的无偿补助，根据企业大小、项目种类、企业所处区域的不同，提供差异化的资助比例，最高为项目总金额的50%，最低则为35%。此外，为促进创新成果产业化，ZIM 也资助中小企业在对项目成果进行商业开发过程中向第三方机构购买服务或进行业务咨询。资助金额最多为咨询或服务合同金额的50%，上限为50000欧元，对于出口导向的国际化项目上限可达75000欧元。德国联邦财政部提供的统计数据显示，ZIM 是联邦政府预算资助金额最多的中小企业项目。2012年，该项目预算为3.74亿欧元，实际支出规模则超过了5亿欧元[①]。

2.3.2 金融市场便利

2.3.2.1 资本市场概述

德国的资本市场相对比较完备，现今已经拥有柏林、不莱梅、杜塞尔多夫、法兰克福、汉诺威、慕尼黑和斯图加特等八个证券交易所。其中法兰克福证券交易所是世界四大证券交易所之一。

为了契合全球IT行业的发展趋势，法兰克福证券交易所与1997年3月设立了"新市场"，目的是为了给科技中小企业提供一个直接融资平台。但是，由于互联网泡沫的破裂，上市公司丑闻的不断曝光，"新市场"形象不断受损等因素的影响，市场最终于2003年6月关闭。上市条件过低、企业信息不透明、监管不力以及退出机制不成熟酿成了"新市场"关闭这一后果。随后，痛定思痛，德国在原有"新市场"基础上设立了新的类创业板市场："公开市场"。在此市场中，上市公司除了德国本土企业，还吸引了中国、俄罗斯等新兴市场国家的参与。

截至2018年，德国上市企业数量为465家，且资本市场规模为1.76万亿美元，股票交易额与国内GDP比值为40.44%[②]。与此形成对比，欧洲证券市场资本与国内生产总值比值的平均值达到了95%左右，因而可以认为，虽然德国的资本市场推动了中小型科技企业的发展，但是其资本

---

① 孟艳. 德国支持中小企业创新的战略导向、架构布局及启示 [J]. 经济研究参考，2014 (25)：72-79.

② CEIC—全球经济数据库.

第 2 章
国外科技金融发展现状和经验

市场并不十分发达,德国资本市场的发展依然有很大的潜力。

2.3.2.2 成熟的技术商业化平台,促进科技成果产业化

德国有很多技术转移中心或平台,一部分是私人机构,企业化运作;另一部分为各大学下属技术转移中心或技术咨询中心,政府也通过各种行动参与,甚至主导技术交易平台建设。

以德国政府主导建设的 SIGNO 技术交易平台为例,该平台属于非营利性机构,由联邦经济技术部推出,但具体的操作运营转包给尤利希科研公司运作,提高了政府建设平台运作的效率。尤利希公司还负责 SIGNO 高校板块的直接联系工作,处理其相关项目交易和资助拨付。而科隆经济研究所则负责企业和个人发明者之间的联系,并提供技术转移咨询。SIGNO 通过构建技术创新者(包括私人发明者、高校、科研机构等)、投资者和政府机构间的信息网络,将企业和技术供需信息纳入技术数据库,建立网络交易市场,最终实现基于 SIGNO 平台的技术交易活动。而这一系列中介服务都是无偿的。除此之外,它还提供如咨询、专利信息检索等线下服务。

2.3.3 具体实施范例:巴符州创新联盟

可以认为,德国产业成功的要点,在于德国南部的内卡河谷。这片流域面积为 1.4 万平方公里,包含了德国巴登-符腾堡州(以下简称巴符州)中部的大部分地区。这里集聚了众多高校与企业。这里不仅有戴勒姆奔驰、保时捷等知名德国制造企业总部以及有着不断涌现的"隐形冠军"[①]。作为连续五年位列欧盟区域创新指数排行榜首名的地区,巴符州的科技创新主要包含以下特点。

2.3.3.1 应用型科研主导

巴符州科研资源相当丰富,包含 9 所研究型大学,23 所应用型大学,13 家马普协会研究所,17 家弗劳恩霍夫研究所,以及 12 家州立研究所。尽管巴符州拥有一大批国家级研究所,但是从 1985 年起,政府陆续出资

---

① 指在细分市场上有大量份额但是知名度比较低的科技中小企业。

筹办了12家针对专门行业的应用导向型研究所。其中州立自然与医学科学研究所（NMI）为其中最早的一所研究所，其位于德国最大的生物技术产业园区。以此为基础，这家研究所衍生孵化出了18家高新技术企业。企业规模虽然不大，但是每年产值达千万级，并且大多为掌握独有技术的"隐形冠军"。

据了解，NMI设有多个实验室以及技术转移公司，且实验室负责人大多为大学的兼职教授，很多科研人员也是出自这些大学。由于NMI为非营利性组织，因而研究所10%的资金来源于州政府，40%来自德国联邦科技部的专项项目，剩下的50%则来自企业级客户。

2.3.3.2　专业服务于完善的技术转移体系

面对科研与产业的脱节，州立研究所主要通过应用型科研联结了两者。其中史太白国际技术专业机构扮演着重要的角色。1983年，巴符州政府全额投资重建了史太白经济促进基金会，旨在将科研成果尽快地转化为产业发展动力。截至2013年，史太白拥有978家转移、咨询研究中心，并且有1708名全职员工与3544名签约专家，其中包含730位教授。不仅如此，机构合作伙伴遍及50个国家和地区，每年完成10000多项技术转移，转移收入高达1.45亿欧元。[①]

史太白员工多数毕业于史太白大学，既有学术背景又有大量的实务经验。其中项目经理会与大学教授进行合作，寻找合适的技术转化企业；同时根据企业的技术诉求，寻找有能力解决问题的科研工作者，找到三方后再讨论、再创新。当然，在转化过程中可能发生的风险，巴符州政府会为基金会提供财政担保。

2.3.3.3　以创新活力为导向

州立研究机构通过应用型科研以及州政府的投资基金会支持技术转移机构通过服务和教育将科研与产业结合在一起。虽然其主要合作对象为中小企业，但是中小型高新技术企业是技术发展最具有活力的因子，其中，巴符州的"隐形冠军"数量在德国地区排行中居于首位。正是由于NMI、

---

① Steinbeis（史太白官网），https://www.steinbeis.de/en/steinkeis/about-steinbeis.html.

史太白为代表的创新成果与专业技术转化机构的存在，使得一大批中小型高新技术企业创新能力不断加强，并且在发展过程中共同营造了中小企业与大企业广泛协同创新的良好环境，即小型企业研发零部件、中型企业研发功能组件、大型企业负责集成创新，使得德国成为世界上最为强大的制造业强国。

2.4 英国科技金融的发展与经验

作为欧洲传统的经济强国之一，英国具有极为雄厚的科研实力和高效率的创新系统。随着英国不断完善自身创新体系、金融体系，推出新的科技金融政策，越来越多的创新型中小企业在英国诞生，并蓬勃发展。东伦敦科技城便是其中极为令人瞩目的一项成就，自2010年英国政府颁布发展计划以来，仅2011一年就有200多家科技企业将总部设立于东伦敦科技城。如今，它已经成为一个科技、数字和创意等新兴企业聚集的中心，大量致力于开发网络科技新应用、移动应用程序的创意型企业在此活跃，并在移动视频、手机游戏、掌上社交媒体、3D动画等诸多新兴领域中不断创新。

东伦敦科技城的成功，不仅仅是因为其极佳的地理位置，更是因为其毗邻伦敦大学、牛津大学、剑桥大学等国际顶尖学府，在人才和科技成果转化方面有很多优势。与此同时，英国政府的一系列扶植政策，亦是众多科技型中小企业得以迅速发展的重要原因。

2.4.1 政策实施导向

在英国的科技金融体系中，政府和大学起到主导作用。其中，大学主导着科技创新、成果转化，并在一定程度上起到孵化器的作用。政府则主要通过不断完善的引导基金和信用担保政策，帮助科技型企业分别获得权益资本和债务资本的资金支持。大学研发技术、孵化科技型企业、政府扶持企业成长，构成了英国以政府和大学主导的科技金融模式。

2.4.1.1 不断完善的引导基金产品，致力解决小企业融资缺口问题

英国政府长期以来一直关注小企业融资缺口问题（equity gap），亦即很多创新型、高成长性的公司所需求的资本投入量高于天使投资人所能负担的数额，但又低于传统的风险投资基金所需的最小数额，致使其无法获取足够的权益资金。为解决这一问题，英国政府自 2000 年开始，推出了一系列不断完善的引导基金产品，帮助科技型中小企业获得权益资本支持。其中主要引导基金产品如下。

（1）英国高技术基金。为解决小企业融资缺口问题，英国贸工部（DTI）在 2000 年设立了英国高技术基金（UK High Technology Fund of Funds，UKHTF）。这是一项母基金（Fund of Funds），首先，由政府投入 2 千万英镑设立引导基金；其次，吸引高达 1 亿 6 百万英镑的社会资本；最后，由母基金项目经理选择适宜的子基金项目投资。这一设想本身并无问题，但不幸的是，受 2000 年互联网泡沫的影响，这一政策并没起到预计的效果，对小企业融资缺口问题的改善并不明显。图 2-8 所示为 UKHTF 的投资领域，可以看到，信息技术相关领域所占比重很大。

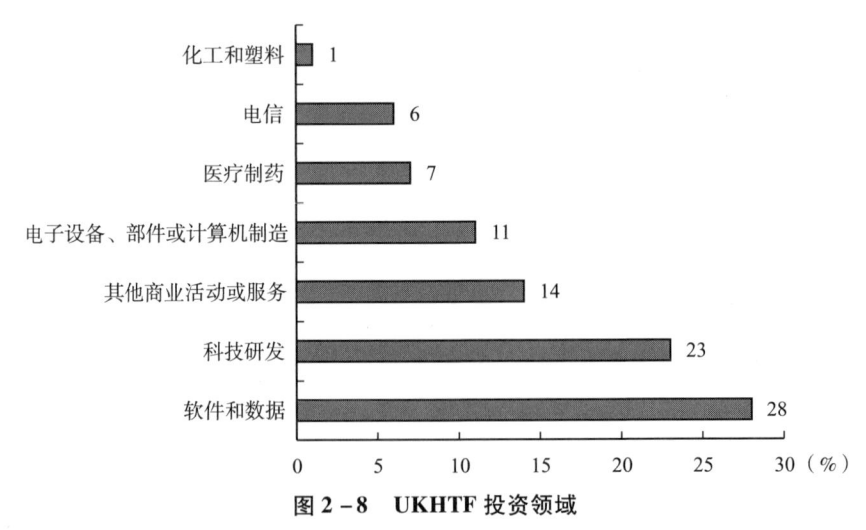

投资领域	比例(%)
化工和塑料	1
电信	6
医疗制药	7
电子设备、部件或计算机制造	11
其他商业活动或服务	14
科技研发	23
软件和数据	28

图 2-8 UKHTF 投资领域

资料来源：BIS UKHTF 政策回顾。

（2）企业资本基金计划。2006 年 7 月开始的企业资本基金计划（Enterprise Capital Funds，ECFs）同样是为解决小企业融资缺口问题。ECFs 沿袭了 UKHTF 的思路，同样由政府先期设立引导基金，进而由有意愿的私人资本投标参与，政府择优选择私人企业募资，并将设立的基金交由其运作。该项目基金投资于有潜力的中小型企业，但投资额度最高为 200 万英镑。截至 2014 年 1 月，该计划下已设立 13 只基金。

（3）英国创新投资基金。2009 年，一项新的小企业融资缺口问题被英国发现，200 万~500 万英镑的资金需求未能得到满足。这等级的数额超过了 ECFs 的投资限额，由此产生了资金缺口。为此，2009 年 6 月，英国政府又设立了英国创新投资基金（The UK Innovation Investment Fund，UKIIF）。这一基金与 UKHTF 形式非常类似，同样是一项引导基金形式的风险投资基金，致力于投资那些通过投资有潜力的创新型企业，进而推动经济增长并创造高新技术岗位的基金项目。其旗下的基金主要投资于对英国具有至关重要战略意义的技术密集型企业，例如，数字技术、生命科学、低碳工艺以及先进的制造业，其主要投资情况如图 2-9 所示。

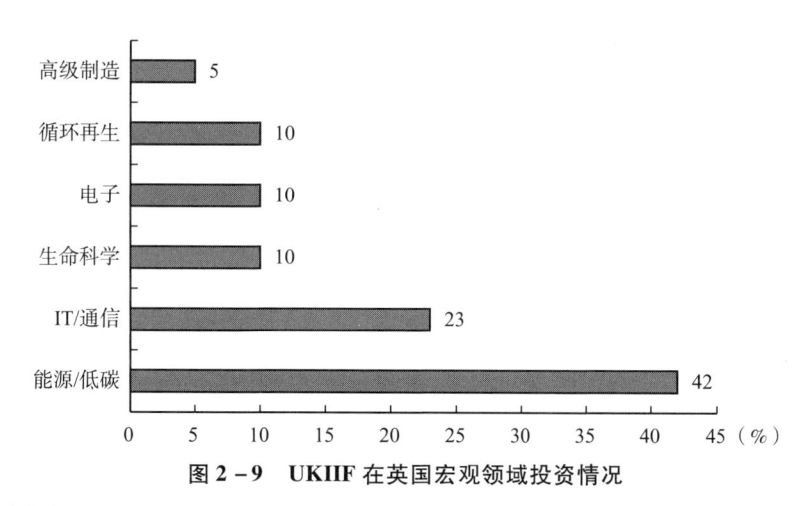

图 2-9　UKIIF 在英国宏观领域投资情况

资料来源：BIS UKIIF 政策评估报告。

该项基金政府投资 1 亿 5 千万英镑，同时吸引了超过 1 亿 8 千万英镑的社会资本。UKIIF 有效解决了英国 2009 年的权益资本缺口，同时也一直推动着英国风险投资市场的发展。英国长期以来的引导基金政策，有效撬动了社会资本,帮助科技型企业获得充足的权益资金支持,成果显著。

2.4.1.2 一脉相承的企业融资担保计划,支持银行为中小企业提供债务融资

在债务融资方面,英国政府的政策一脉相承,核心思路是由政府为企业贷款提供信用担保。从1981年的小企业贷款担保计划,到2009年的企业融资担保计划,政府的信用担保有效帮助了科技型中小企业获得债务融资。

小企业贷款担保计划(Small Firms Loan Guarantee,SFLG)是英国政府在1981到2009年1月所实行的一项针对小企业的贷款担保计划。参与这项计划的银行可以向符合资格的英国企业(成立不足5年且营业额少于560万英镑)提供2年期最高25万英镑的贷款。一旦企业违约,坏账的75%由政府负担。

企业融资担保计划(Enterprise Finance Guarantee,EFG)在2009年1月取代了SFLG。其在SFLG基础上放宽了对申请企业的条件限制(营业额限制由原来的560万英镑上升到2500万英镑),同时将贷款年限由2年提高到3年,最高限额由25万英镑提高到100万英镑。这一改变能为更多的企业提供帮助,不仅原先无法提供担保的企业能够适用这项政策,能够提供担保但无法保证银行能即时借款的企业同样从中获益。这项政策同时还能够使银行将企业的透支转变为借款。另外,政府也降低了对企业违约担保的力度,尽管与SFLG一样,政府仍旧对坏账的75%进行担保,但每年的偿付额度仅限于该财年银行贷出款项总额的9.75%,超出部分由银行负担。这一举措有效降低了政府的财政负担,同时由于银行承担了更多风险,对贷款的审核更为谨慎,坏账率有效降低。图2-10显示了贷款发放3年内EFG、SFLG贷款违约情况,可以看出,EFG的违约率明显下降。

从结果来看,EFG成效显著。英国BIS的统计数据表明,2009~2012年,参与EFG项目的企业销售增长33%,而未参与类似项目的企业仅为25%;参与EFG的企业雇员增长率为21%,而未参与类似项目的企业仅为11%。同时EFG的经济效率也令人满意,表2-12的指标表明,政府每支出1英镑,预计能为社会带来33.5英镑的经济利益,这一比率在英国的同类项目里也是较高的。

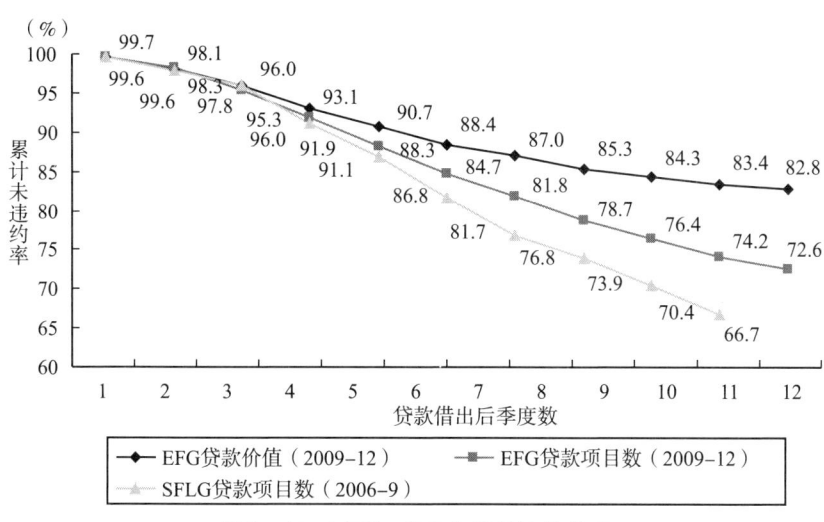

第 2 章
国外科技金融发展现状和经验

图 2-10 EFG、SFLG 贷款违约情况

资料来源：BIS EFG 政策评估报告。

表 2-12　　　　　　　　　　EFG 成本收益比率

	3 Year total ratios
Society BCR（GVA created）	3.1
Society BCR（GVA created and saved）	7.1
Public Money BCR（GVA created）	11.7
Public Money BCR（GVA created and saved）	16.4
Net Economic Benefit per Exchequer Pound BCR（GVA created）	11.7
Net Economic Benefit per Exchequer Pound BCR（GVA created and saved）	33.5

资料来源：BIS EFG 政策评估报告。

纵观英国近年来高新技术领域的蓬勃发展，科技金融政策起到了重要作用。图 2-11 绘制了 1997~2013 年英国专业、科学和技术活动的年固定资本形成总额的变化情况，科技金融政策的作用可见一斑。

83

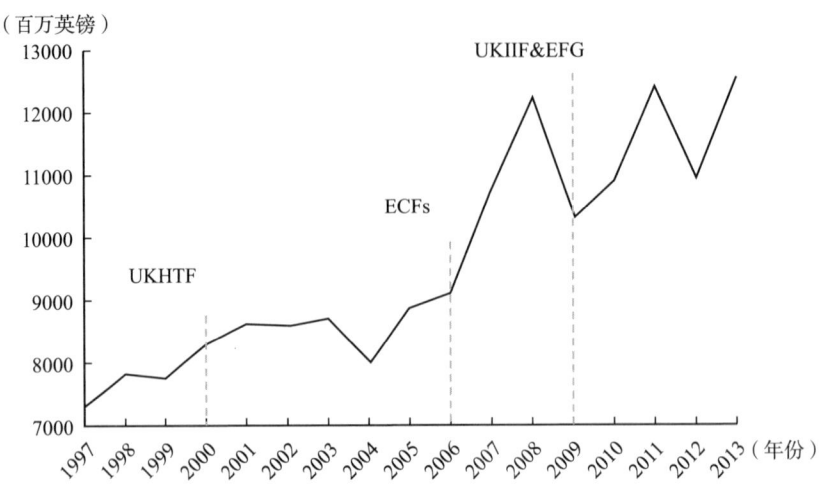

图 2-11　1997~2013 年英国专业科学和技术活动年固定资本形成总额变化

资料来源：英国国家统计局；https://www.gov.uk/government/statistics/。

2.4.1.3　大学主导的市场化运作机制，促进科研成果转化

英国政府解决了科技型中小企业发展壮大的问题，而英国大学主导了科技型中小企业诞生的阶段。以牛津大学科技园为例，其长期以来一直以其丰硕的科研成果、高效的成果转化率而受到各界关注。其卓有成效的科技成果转化方式，是我国高等院校和科研机构应该加以借鉴的。

牛津大学的科技成果转化，主要依托于牛津大学 ISIS 创新有限公司。该公司成立于 1997 年，为牛津大学全资创立一家科技创新公司，负责牛津大学的技术转移、学术咨询以及为客户提供技术转移咨询服务。事实上，ISIS 在牛津大学科技成果转化的过程中起到的是中介作用，并通过一系列中介服务赚取利润。

当一项科技成果进入商业化流程，ISIS 便开始进行管理和运作，并最终将科研成果以衍生公司、技术和市场咨询服务、专利许可等方式推向市场。在这一过程中，ISIS 也会把市场的需求及时反馈给研发人员，或根据市场需要对早期研发成果进行资助，以促使其尽快发展成为成熟的技术，并最终实现商业化，如图 2-12 所示。

第 2 章
国外科技金融发展现状和经验

```
┌────────┐  委托   ┌──────┐  投放   ┌──────┐
│牛津大学│ ──────→ │ ISIS │ ──────→ │ 市场 │
│        │ ←────── │      │ ←────── │      │
└────────┘  资助   └──────┘  反馈   └──────┘
```

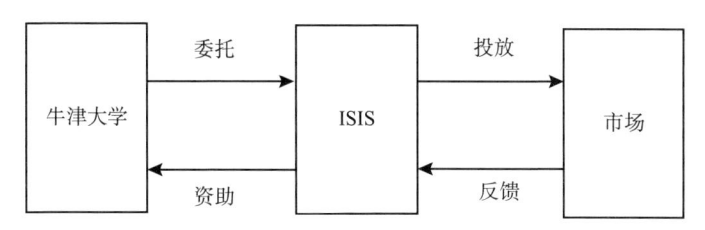

图 2-12 牛津大学科技成果转化示意图

资料来源：汤姆·库克，杨世忠. 大学科技成果转化的牛津模式 [J]. 经济与管理研究，2006 (9)：80-85.

特别的，当科研成果以衍生公司的形式商业化时，ISIS 将负责公司的创立、业务规划、商业计划书的准备、组织结构的确定等工作，并协助公司进行初期管理。而公司股份，则将按照一定比例由牛津大学、科研人员、投资者和公司管理者分配。

这一套成熟的科技成果转化流程，为牛津大学、科研人员及 ISIS 公司带来了丰厚的利润。其中，2009 年，ISIS 为牛津大学及科研人员带来的回报约为 280 万英镑，2011 年为 480 万英镑，2012 年增至 530 万英镑，三年增长 89.29%，呈快速增长势头[①]。

2.4.2 金融市场便利

英国资本市场主要分为三个层次：伦敦证券交易所、创业板市场和交易所场外市场，如图 2-13 所示。其中，伦敦证券交易所主要由以伦敦证券交易所为中心的主板市场（Main Market）和以 AIM（Alternative Investment Market）为核心的二板市场。根据英国 FSA（Financial Service Authroity）规定，企业公开发行上市公司股份必须通过 FSA 的审核批准，批准后才可以上市和交易。而非上市证券的可以通过场外市场寻求资本融资渠道。

伦敦证券交易所分为主板市场与可选投资市场，其中主板市场为英国最大的全球性证券交易市场，同时也是著名的国际金融中心；第二层次则为 AIM，在该市场挂牌交易的证券并不需要 FSA 的审批。英国证券交易所

[①] 杨巍，彭洁，高绩绩，张冲，邰思敏，宋宇飞，陈冬生. 牛津大学科技成果转化的做法与思考 [J]. 中国高校科技，2015 (9)：60-63.

技术变革视角下科技金融创新与发展

```
                          英国资本市场
          ┌──────────────────┼──────────────────┐
       主板市场            二板市场            三板市场

   ┌─────────┬─────────┐                    ┌──────────────┐
   │全国性交 │区域性交 │    伦敦证券交易所   │未上市股票交易场│
   │易市场： │易市场： │    AIM(Alternative  │外交易市场      │
   │伦敦证券 │曼彻斯   │    Investment       │ISDX(ICAP      │
   │交易所   │特、格拉 │    Market)          │Securities &    │
   │         │斯哥交易 │                     │Derivatives     │
   │         │所等     │                     │Exchange)       │
   └─────────┴─────────┘                    └──────────────┘
        │         │
        └─────────┘
    由主板与AIM分离：技术板市场场
```

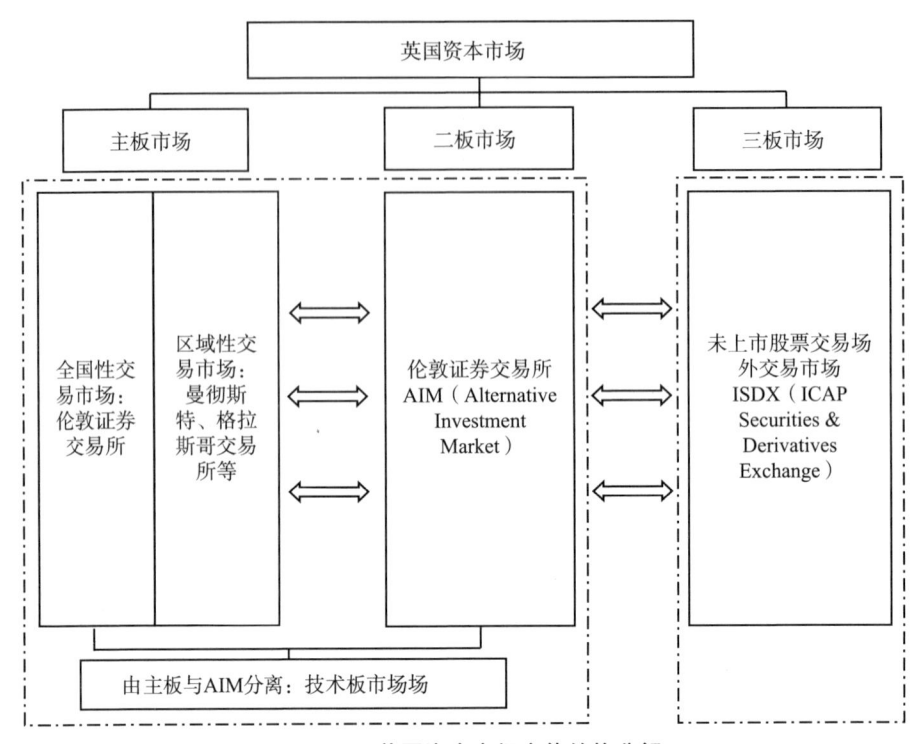

图 2－13　英国资本市场主体结构分解

资料来源：伦敦证券交易所；http：//www.londonstockexchange.com/。

基于促进中小型企业的发展，协助广大中小企业通过资本市场获得资金支持的目的，特别在伦敦证券交易所设立的 AIM，AIM 则直接受到伦敦证券交易所的管理和监督。针对高科技型中小企业，同时也更好地为科技型中小企业提供融资支持，伦敦证券交易所和 AIM 中高科技公司分离出 TechMark 市场与按照区域划分的 LandMark 市场。而针对医药公司，则单独划分了 TechMark Mediscience 板块。

可以看见，伦敦的场外资本市场相对美国政府并不是十分发达，同时多层次的资本市场也主要以伦敦证券交易所的内部多层结构构成。英国的场外市场主要由大型投行根据英国的《1995 年证券公开发行条例》《2000 年金融服务与市场法案》等为基础为非上市证券提供交易服务。这些投行通常是作为企业证券交易的做市商，通过互联网等渠道对非上市公司证券进行报价交易。这其中最著名的是 OFEX 市场。OFEX 市场建立 1995 年，

第 2 章
国外科技金融发展现状和经验

由 JP Jenkins 筹建,并且拥有一套完整的挂牌、交易系统。自 2004 年之后,OFEX 市场便由 PLUS 集团运营。但是随后 PLUS 与 AIM 在竞争的过程中逐渐落入下风;2012 年,PLUS 改名为"Polemos",并且旗下的 PLUS Stock Exchange、PLUS Trading Solution Limited 被 ICAP 公司收购;而 PLUS 旗下的 PLUS Derivatives Exchange Limited 被 Pipeline Capital Inc. 收购[①]。ICAP 在收购 PLUS 之后,ICAP 更名为 ICAP Securities & Derivatives Exchange (ISDX)。ISDX 也分为两个板块:主板市场与成长市场。为了避免重蹈 PLUS 公司的覆辙,对挂牌公司提出更高的财务标准,ISDX 着意建立一个相较于 AIM 更为精品的板块。

以 AIM 市场为例,实际上市场对英国高新技术发展与高新技术产业的作用功不可没。以信息技术、生物科技为代表的高新技术领域在 AIM 市场中获得了相当规模的资金,其中 AIM 市场中获得资金支持最多的就是生物科技行业。不少在 AIM 市场上市前处于连续亏损和微利状态的生物医药类企业,在 AIM 市场上市后变成为了"明星股"。以和黄中国医药科技有限公司 (HCM LN Equity) 为例,作为 AIM 市场市值最大的生物科技公司,HCM 主要以我国传统的中医疗法为基础,开发治疗癌症与免疫力下降的疗法,其主营业务是处方药业务,并且拥有规模为 2200 个医疗销售代表的销售网络,覆盖了中国 300 多个城镇与 18.7 万家医院。在上市前的连年亏损,到上市后扭亏为盈,继而净利润高速增长,AIM 市场在企业发展中扮演着举足轻重的作用。

2.4.3 具体实施范例:东伦敦科技城

东伦敦科技城是位于伦敦东区,集科技、数字、创新为核心特征导向的科技中心。东伦敦科技城成立于 2011 年,到目前为止,已经有超过 1600 家公司企业进驻东伦敦科技区。作为原本的重工业贫民区,东伦敦科技区目前已经焕然一新,作为一个新兴的高科技企业集聚体,东伦敦科技城已经成为除了美国硅谷之外另一个国际科技创业中心。伦敦科技城不

---

① Polemos Plc, Annual Report And Financial Statement For The Year Ended, 31 December 2012.

但吸引了 Google、Intel、Facebook 等（如表 2-13 所示）科技企业，同时大量科技投资机构与配套企业也不断进驻东伦敦科技城，形成合力，促进科技金融发展。这一部分将从东伦敦科技城的源起、崛起与升级三个视角，阐述东伦敦科技城的变迁和发展。说到源起，伦敦东部靠近港口地区，曾经是一个贫民窟，且建筑多为19世纪中叶的建筑风格，地区的主要行业是传统加工业：服装、家具制造、印刷等。这一区域临近码头且居民大多是以出卖劳动力的居民和外来移民。近年来，随着一部分新锐设计师将工作室搬至此，东伦敦逐渐成为世界知名艺术中心。

表 2-13　　　　东伦敦科技城主要企业与机构列表

性质	企业名称	相关职能
科技企业	Amazon	开设数字媒体发展中心
	BT	设置东伦敦的超级宽带
	Cisco	在奥林匹克公园建设创新中心
	Facebook	同意建设东伦敦开发者基地
	Google	次时代软件服务创新中心
	Intel	建立中央处理器研究中心
	Qualcomm	同意建设知识产权引导公司
	Ve Interactive	电子商务解决方案提供商
教育相关机构	Imperial Innovations	帝国理工学院技术转化公司
	Loughborough University & University College London	与 Olympic Legacy Company 合作，加强高校学术与企业间合作
	London Metropolitan University	拥有自己的企业加速器与孵化器："Accelerator London"
金融机构	Barclays	针对科技企业建设特殊扶持银行
	KPMG	在 2013 年 1 月建立专门的办公室为初创期企业提供专业的会计与税务服务
	Silicon Valley Bank	同意建立基于英国银行体系、为技术与生命科学企业提供金融服务
社区组织	Digital Shoreditch	组织与科技相关的月度会议与年度会议

第 2 章
国外科技金融发展现状和经验

续表

性质	企业名称	相关职能
公共组织	City of London Corporation	帮助筹建 Innovation Warehouse
	Tech City Investment Organisation	UK Trade & Investment 部门支持下构建的促进科技企业发展的集群

资料来源：笔者整理收集。

近年来，靠近老街口的 Shore-Ditch 区，一大批新兴高新技术公司逐渐出现在东伦敦地区，伦敦政府也逐渐将东伦敦区作为城市创新集群的典范。由于这里有大量科技公司成长和发展的地区，因此这里也被称为"小硅谷"（Silicon Roundabout）。如今，这里发展势头迅猛，虽然世界经济发展并不乐观，这里依然保持着较高的增长率，尽管在东伦敦科技区创立的初期，高新技术公司并没有与英国政府以及高校建立相对直接的联系。实际上在 2008 年初，这里只有不超过 30 家科技企业；但是到了 2010 年，科技企业数量已经超过了 85 家。

在政府的支持下，东伦敦科技城进行了"升级"：2010 年，英国政府颁布了一项针对"小硅谷"的发展计划，将包括奥林匹克公园在内的东伦敦建造成高科技技术中心，最终将其命名为"东伦敦科技城"，并且投入 4 亿英镑支持科技城的发展。仅 2011 年一年，超过 200 家的科技企业将总部设在东伦敦科技城，可以说，东伦敦科技城已经成为欧洲一重要的科技枢纽。截至 2015 年，伦敦科技城吸引风险投资规模达 22.8 亿美元[①]。

不仅如此，为了扶持伦敦科技城的发展，伦敦市政交通建设也起到了十分重要的作用。与伦敦科技城相关的公交车线路如表 2-14 所示，地理区域优势与政府扶持优势使得东伦敦科技城周围交通十分便捷，也为地区发展提供了重要助力。

当今的东伦敦科技城，已经成为一个集科技、创新、数字、发展的企业集群，除了策略性定位与充满朝气的发展型企业外，临近还有伦敦大

---

① "UK tech firms smash venture capital funding record". London & Partners. 6 January 2016. Retrieved 2 February 2016.

学、剑桥大学、牛津大学、帝国理工大学等为科技企业提供源源不断的生力军。科技城的主要投资来源于英国本土与相关欧盟国家。相较于美国硅谷传统的科技创新，东伦敦科技区企业所涉及的面更广，视野也更宽：在东伦敦科技区的企业很多都致力于网络技术的新应用、掌上社交媒体、3D 动画、流媒体以及次时代移动设备的开发，活跃着大量具有前瞻性、创新性的新型科技公司①。

表 2-14　　　　　　　　东伦敦科技城公交车线路概况

线路	起点	终点	开通时间
21	Newington Green	Lewisham Centre	3 October 1934
43	Friern Barnet Libracy	London Bridge	3 October 1934
76	Tottenham Hale	Waterloo	3 October 1934
55	Leyton Baker Arms	Oxford Circus Holles Street	25 October 1969
135	Old Street	Crossharbour	24 May 2008
141	Palmers Green North Circular Road	London Bridge	8 November 1961
205	Bow Church	Paddington	31 August 2002
214	Highgate Village	Finsbury Square	1 February 1961
243	Wood Green	Waterloo	19 July 1961
271	Highgate Village	Finsbury Square	20 July 1960
N55	Oxford Circus	Woodford Wells	28 April 2001
N205	Paddington	Leyton Drapers Field	30 August 2013

资料来源：Wikepedia；East London Tech City.

2.5　印度科技金融的发展与经验

印度是典型的政府主导模式，该模式适用于科技金融初期发展阶段或

---

① 徐义国. 基地报告（第 8 卷，金融促进上海科技新中心建设研究报告）[M]. 北京：社会科学文献出版社，2015.

第2章
国外科技金融发展现状和经验

赶超阶段,需要大量的资金投入。从20世纪80~90年代开始,中小企业成为印度经济的重要支撑,在促进就业、加速进出口增长等方面表现突出,同时,还促进印度在国际产业链中发挥日益重要的作用。1993年,印度政府颁布《新技术政策声明》,提出科技大国战略,确定高新技术领域为重点发展领域。计算机软件行业就是其中的典型,印度的软件外包产业位列世界第一,是仅次于美国的全球第二大软件王国。印度信息系统技术公司、维普罗公司等已经成长为具有国际竞争力的企业。根据中小微工业部(MSME)2010~2011年度报告显示,印度中小微企业总计2980万家,从业人数达到6950万人,中小企业产值占制造业的比重为45%,出口占全国的40%。

2.5.1 政策实施导向

1958~2013年,印度出台了推动科技发展的五大科技政策:《科学政策决议案》《技术政策声明》《新技术政策声明》《2003科学技术政策》和《2013科学技术和创新政策》。在这五大科技政策的基础上,印度充分利用政府财政、风险投资及资本市场资源,全方位支持科技企业创新(见表2-15)。

表2-15　　　　　　　印度推动科技发展的五大政策

政策文件	公布年份	主要内容
《科学政策决议案》	1958	明确科学驱动国家发展的创新战略,提出了完善科学研究体系、加强科研能力的框架和措施
《技术政策声明》	1983	提出技术政策的十一项目标,明确要实现技术的本土化,指出科技发展要最优化实现经济、社会、环境的效率和平衡
《新技术政策声明》	1993	奠定科技发展的重点领域在高新技术领域,包括微电子技术、生物工程、超大型计算机、新材料的合成与加工、传感器以及计算机软件等,提出科技大国战略
《2003科学技术政策》	2003	强调最大化利用已经建立起的科研体系,在运用科技推动国内社会和国家经济进步的同时,加强国际交流合作,进一步加强知识产权保护和科研财政投入

续表

政策文件	公布年份	主要内容
《2013科学技术和创新政策》	2013	（1）促进科学氛围在全社会各行各业的扩展；（2）提高各行业青年劳动力的科学应用技能；（3）努力提高科学、研究和创新相关职业对社会人才的吸引力；（4）建立世界一流的科研基础设施，获得印度在一些前沿科学领域的全球领导力；（5）通过将印度科技出版物的全球占比从3.5%增加到7%，以及将印度科技论文在全球排名前1%杂志的登载数增加为目前的4倍，实现到2020年印度科技力量排名全球前五的目标；（6）将科学研究与创新体系的社会贡献与经济增长联系起来；（7）创造可以提升私有部门参与科研的氛围；（8）通过成功范例的复制以及建立新的公私伙伴关系促进科研产出向社会和商业应用转化；（9）通过建立新的机制培养以科技为基础的高风险创新；（10）促进跨越规模限制和技术领域的资源优化型、成本节约型创新；（11）激发人们思维模式和价值系统的改变，使其认识、尊重并奖励通过科技知识创造财富的行为；（12）培育充满生机的国家创新体系

资料来源：笔者收集整理。

值得注意的是，印度的科技政策都是以立法形式确认和颁布的，保证了科技政策和政策性支持的权威性与连续性，从而成为指导印度科技发展的框架性文件。除了五大政策之外，印度政府还实行了一系列支持推动企业创业投资引导的优惠性政策，如《创业投资基金税收豁免指南》等，以推动创业投资的发展。

不仅如此，2007年，印度政府将1999年设立的小规模工业和农业及乡村工业部合并成为中小微工业部，负责中小企业发展及组织项目开发，并通过微、小、中企业发展法案（MSMED），将服务对象延伸至服务行业。2015年，印度内阁经济事务委员会通过《国家超级计算机计划》，由印度科技部和电子信息技术部联合开展，印度高级计算发展中心和印度科学院共同研发，预计在未来7年中投入7200万美元经费，帮助印度跻身世界级超级计算机科技强国之列。

2.5.2 金融市场便利

2.5.2.1 银行主导的融资体系

以印度工业开发银行、印度技术开发与信息有限公司、印度风险资本

第2章
国外科技金融发展现状和经验

与技术金融有限公司等为中心的金融机构对高新技术的产业化、商品化进行系统扶持。为吸引海外的风险投资，印度还制定了相应政策对海外风险资金给予优惠。在贷款方面，为促进银行向科技型企业放贷，印度设立风险资金池由小型企业发展银行管理，鼓励银行优先为高科技中小企业发放贷款，允许银行持有高科技企业股票，同时放宽计算机和软件行业的贷款条件。在一系列的金融扶持下，印度的信息和软件行业走在国际前沿，已经成为印度经济的支柱。

1990年4月2日，印度政府颁布了《印度小工业开发银行法》，并设立政策性银行印度小工业开发银行，专门负责联合其他金融机构对小规模工业部门进行扶持。印度小工业开发银行的注册资本金45亿卢比全由政府投入，资本、资产规模列全球发展性银行第25位。银行还向科技型中小企业提供低于普通商业银行贷款利率的创新式金融服务。值得注意的是，印度小工业开发银行推出的SIDBI科技创新流转基金计划，专门针对中小企业以发展、增长和创新技术为基础的项目，为其在早期阶段提供债务资助和贷款利率优惠（见表2-16）。

2.5.2.2 分级体系优化信贷配置

2006年，印度央行要求，商业银行对中小企业贷款利率要与企业信用等级挂钩，为鼓励更多的中小企业参与评级，政府为首次参与评级的企业提供75%的费用补贴，企业最高可获得4000卢比补贴，评价费用最低可以达到6742卢比，同时，各评级机构还会向中小企业提供5%~12%的优惠折扣。对于评级优秀的企业，银行给予优惠贷款利率，对未评级或者评级低劣的企业，则相应增加风险权重（见表2-17）。

表2-16　印度部分银行对高信用等级企业的贷款利率优惠

银行	利率优惠
Oriental Bank of Commerce	最高等级降1%，高等级降0.5%，平均以上降0.25%
United Bank of India	最高信用等级降低1%；次高等级降低0.5%
Bank of India	第二高等级以上降0.5%，第三高等级降0.25%

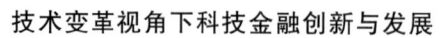

续表

银行	利率优惠
UCO Bank	SE1A 降 1%，SE1B 降 0.75%，SE1C 降 0.5%，SE2A 降 0.5%
TMB Bank	对评级公司评级的客户普遍降低 0.5%

资料来源：贺朝晖. 中小企业信用评级与发展：印度经验[J]. 征信，2012，30（1）：82-86.

表 2-17　　　　　　　SMERA 制造业中小企业评级体系

重点考察风险	具体内容
行业风险	中小企业所处行业在评级中扮演关键角色，是决定企业水平和盈利的关键因素
经营风险	企业经营和管理中可能存在导致客户无法偿还债务的风险，包括市场风险（产品价格、原材料价格、单个产品依赖/替代性、定价灵活度）、经营效率（竞争能力如生产成本、市场地位，关系到企业保持和提高市场份额的能力，实施差异化定价）
管理风险	一是企业主诚信度、品质和偿还意愿；二是偿付能力，包括企业及个人的信用价值等；三是财务能力、企业技术、管理、财务等产生盈利和企业获得成功的能力
财务风险	分析财务指标和经审计的报表，进行比率、趋势分析，考察财务披露、表外项目及其对盈利能力的影响
新项目风险	了解新项目的规模和特点，重点关注多元化扩张情况，新项目的合理性、已有项目实施经验，团队经验和质量等
其他因素	包括环保控制证书、补贴和销售税的影响、记账方法变更、未消化的折旧和经营损失、资产保险状况等

资料来源：笔者收集整理。

在印度评级市场，主要有邓白氏（D&B）、惠誉（Fitch）、CRISIL、标准普尔、SMERA、ICRA、Onicra、BWR 等若干家信用评级公司，其中，CRISIL 是印度最大的评级公司，世界排名第四，主要从事评级、研究、风险和政策咨询；其在印度的市场份额超过 50%。

2005 年 9 月，印度中小企业评级公司（SME Rating Agency of India Limited，SMERA）成立，其主要目标是为中小企业提供全面的、透明和

第 2 章
国外科技金融发展现状和经验

可靠的评级，使得更多资金更容易从金融市场流入中小企业。经过多年的实践发展，印度中小企业评级公司与印度银行协会联合开发了一套完整的风险评估系统，从行业风险、财务风险等六个方面进行评级，不仅考察企业的财务状况，也考察企业的创新能力、发展前景，使资源流向优秀的、有前景的科技企业，降低了交易成本、提高了流入中小企业的信贷量，实现资源的有效配置。表 2 – 18、表 2 – 19 概括了 CRISIL 公司与 SMERA 公司对中小企业信用等级的具体分类。部分公司有与 NSIC 合作进行性能表现评价与信用评级，主要包含企业性能表现与财务能力两个维度。

表 2 – 18　　　　　CRISIL 及 SMERA 中小企业信用等级

CRISIL SME 评级		SMERA MSME 评级	
SME 1	最高	MSME 1	最高
SME 2	高	MSME 2	高
SME 3	平均以上	MSME 3	平均以上
SME 4	平均水平	MSME 4	平均水平
SME 5	低于平均	MSME 5	低于平均
SME 6	不足	MSME 6	不足
SME 7	低	MSME 7	低
SME 8	违约	MSME 8	最低

表 2 – 19　　　　　NSIC 性能表现和信用评级等级矩阵

		财务能力		
		高	中	低
性能表现	最高	SE 1A	SE 1B	SE 1C
	高	SE 2A	SE 2B	SE 2C
	中	SE 3A	SE 3B	SE 3C
	弱	SE 4A	SE 4B	SE 4C
	差	SE 5A	SE 5B	SE 5C

资料来源：贺朝晖. 中小企业信用评级与发展：印度经验 [J]. 征信，2012，30 (1)：82 – 86.

印度中小企业评级具有鲜明特点：（1）基于行业属性，参照同一产品线上的其他同业公司条件，对中小企业进行评级；（2）基于企业规模，参照同规模其他相似企业确立信用水平；（3）关注企业主个人信用水平，将企业主个人情况纳入信用评级指标体系。

按照印度央行规定，商业银行提供贷款利率应与其信贷对象的风险水平相适应，具体而言，250万卢比以上的贷款须取得评级机构的评级，1亿卢比以上的贷款如未评级，一律采用150%风险权重（Basel Ⅱ规定未评级权重为100%）；对非银行金融机构（NBFC）开展业务规定信用资质要求，未评级的不能向公众吸收超过1亿卢比存款；规定企业发行商业票据最低信用级别要求，发行额度与信用等级挂钩；商业银行向央行融资时，抵押品须满足相应的信用等级要求。

2.5.2.3 自由的资本市场

1875年，印度成立孟买证券交易所（BSE），是亚洲历史最为悠久的证券交易所；1992年，印度国家证券交易所成立（NSE），是印度最大的交易所，交易量仅次于纽约股票交易所和纳斯达克交易所。除主要的两家主板交易所之外，印度还成立21家区域性证券市场，培育了9644家上市公司。印度证券机构主要由证券交易所和证券投资商组成，所有交易市场全网联通，实现终端交易，且监管制度严格，即使是中小企业也能方便的进行融资。表2-20总结了2010~2015年间各类企业在印度资本市场的融资规模情况。

表2-20　　　　　印度上市企业IPO融资募资额　　　　　单位：亿卢比

年份	IPOs	FPOs	OFS	QIPs	融资总额
2010	33098	13084	0	23474	72143
2011	5893	4578	13518	1713	26172
2012	6497	0	28024	10818	46073
2013	1205	7456	6859	9402	29381
2014	3019	0	26935	28429	58801
2015	14772	0	19882	14358	48952

资料来源：Prime Database。

第2章
国外科技金融发展现状和经验

与我国证券市场相比,印度证券市场与国际接轨程度更高,采取信息公开制取代实质审查制,上市的企业进行信息备案后,由专家打分,投资人则根据专家打分自行确定是否投资,极大地方便了印度中小企业在证券市场融资,降低了交易成本。企业还可以通过国内公发、私募、外国直接投资、ADR/GDR等多种方式募集资金。值得注意的是,印度非常鼓励外国机构投资者对印度二级市场投资,对外国风险投资国内中小企业也给予很多优惠政策。

2.5.3 具体实施范例:班加罗尔地区

班加罗尔在20世纪50年代被印度政府选定为印度高新技术发展基地。大量的研究机构与企业的入驻使得班加罗尔逐渐积累了雄厚的科学研究能力和科技发展基础。现今的班加罗尔已经成为全球主要的软件服务中心;不仅如此,印度境外的科技公司也逐渐将班加罗尔设为一个重要的研究据点。由于在班加罗尔地区工作的工程师人数占到印度总工程师人数的30%左右,所以这又被称为"印度硅谷"。这一部分将通过政策环境、人力资本、市场需求、成本优势以及集中优势五个维度对班加罗尔地区进行一个分析阐述。

首先,为了发展班加罗尔地区,印度政府主要实施了以下政策:(1)建立班加罗尔经济特区:经济特区建成后,借助民间资本已经政府支持,逐渐形成一个适合高新技术企业发展的经济特区。(2)外资引入:基于相关措施的实施,在20世纪开头的8年时间里,班加罗尔吸引到的外国直接投资约为38亿美元,占印度全国外资比重的7.15%左右,在印度城市中仅次于孟买和新德里。(3)公共建设:在班加罗尔地区发展初期,由于基础设施的落后,使得软件公司面临"Last Mile 通信障碍"。为了解决这一问题,印度政府投资建设了高速数据传输的微波通信网络和卫星通信系统,满足了软件及互联网厂商的诉求,也增加了科技企业进驻意愿。(4)优惠政策:为了促进地区发展,政府颁布了一系列税收优惠政策,例如,免除软件进口关税、免除公司所得税等。除此之外,班加罗尔的政策还包括简权、升级维护现有通信设施、自由经济政策等。班加罗尔地区的主要扶持措施及内容见表2-21。

表 2–21　　　　　　　班加罗尔地区实施的扶持政策与内容

主要措施		措施内容
税收政策	关税	软件出口零关税、零流通税、零服务税；免除进口的双重赋税
	所得税	软件出口企业零所得税、软件出口收入 5 年内免所得税；风投项目利息收入免收所得税
	货物与劳务税	软件园企业保税区采购免收货物税；1999 年起对软件服务企业免收劳务税
进出口政策		进口计算机无须许可证；10 年以下二手货物不再要求许可证；2000 年开始对过去的企业资质从一年一审变成四年一审
投资政策		外资控股可达 75%~100%；允许进口计算机企业资产要求从 2 亿卢布降低至 100 万卢布
产业扶持政策		2000 年起，计算机相关外围产业只征收 0.25% 税收；免收硬件行业 4% 的续约劳动合同税
政府采购政策		强制性国家采购国产 IT 产品

资料来源：王伟，章胜晖．印度班加罗尔软件科技园投融资环境及模式研究［J］．亚太经济，2011（1）：97–100．

其次，从人力资源角度上看，班加罗尔地区人力资本储备十分丰富，研究机构与学术机构云集。整个 Karnataka 州拥有 70 个理工学院，而班加罗尔地区拥有班加罗尔大学、印度科学学院、印度信息科技学院等著名研发型院校。其他院校还包括印度天文物理学院、印度国家生物学中心、印度统计学院等。

从市场需求维度来看，虽然印度经济体量相对于美国、中国、日本等国家较小，但是印度的中产阶级正在崛起。2010 年年收入所得 4400 美元以上的印度人口高达 5.6 亿人左右，且超过 160 万的印度家庭年收入超过 10 万美元。可以预见，随着印度经济的发展，需求的提高将使得市场需求不断加强，也为班加罗尔地区的发展提供了契机。

从成本优势维度来看，众多印度人英语水平较高，国际化程度较高，人力资源的质量较好；同时，基于印度发展中国家的国情，印度的人力成本相对较低。为了节省成本，企业更愿意将一些项目外包给印度企业。印度从业人员从 Call Center 发展到软件编写，再到提供委外服务，现阶段已经可以提供整套的 IT 解决方案了。对于教育以及软件作业标准的要求，使得印度 IT 行业飞速发展。

最后，从集中优势来说，虽然班加罗尔由软件园与硬件园组成，但是软件产业占了班加罗尔产业园产值的 80% 左右。从从业人数来看，班加罗尔拥有将近 11 万人的外包员工；另外还有 11 万左右的人员在美国、英国、欧洲、日本和中国企业从事编程、芯片设计、计算机维护等工作。在 2004~2005 年的软件出口市场中，美国加拿大占比 63%、欧洲占比 23%、亚洲及其他地区占比 10%，可以说班加罗尔以软件生产、服务为主，使得印度成为世界软件加工基地。

2.6 韩国科技金融的发展与经验

韩国在建国初期经济发展面临着巨大的挑战。然而，在 20 世纪 70~80 年代，韩国的经济获得了"奇迹式"的全面发展，一跃成为先进的工业大国。以三星、LG、现代、大宇等一众以高新技术为代表的厂商不断出现，令韩国企业的国际影响力不断提升。取得这样成果的驱动因素是多方面的，其中韩国科学技术发展是促进其经济发展的重要因素之一。

韩国政府在发展过程中一直推进科技型中小企业的发展，并且将发展中小企业作为推动国家出口、技术进步与产业改革的重要作用力。与印度相似，韩国政府在发展科技金融过程中发挥着极其重要的作用。自 20 世纪以来，韩国政府先后出台了一系列法案与法规，推进政策性科技金融的发展，如《技术开发促进法》等。在政府的支持下，韩国的 R&D 投入占比、技术人员比例、三方专利[①]数量均呈现总体上升趋势。以三方专利数量为例，2000 年，韩国三方专利数量为 907.98 件，到了 2014 年已经上升到 2713.05 件。本质上而言，韩国科技能力的提升完善的推动机制与发

---

① 三方专利：指在美国、日本和欧洲专利局三方都提出了专利申请并至少在美国专利商标局获得发明专利权的同一项专利，一般认为这个指标能很好地反映一个国家的科技实力。

展环境;换句话说,就是科技与金融融合的协同发展机制,这其中包含政府的财政激励机制、信贷机制、保险机制、融资担保机制、资本市场机制等。

2.6.1 政策实施导向

韩国促进技术与金融相结合主要从两个角度入手:政策性金融与一般性金融。同时,政策性金融可以分为财政政策与金融政策两个角度。在韩国长期发展过程中,韩国已经逐渐建立了相对完善的科技资金支持体系,例如,金融支援制度、新技术产品支援制度等。

2.6.1.1 财政政策

韩国对于科技发展的财政资金主要投入相对大型的国际级技术开发项目。20世纪60年代,随着韩国经济转型的不断深化,韩国逐渐从低技术、劳动密集型产业逐渐向技术含量较高的重工业发展,从而建立由国家财政资金投入且主导的科技发展机制。随着"科技立国"发展战略的提出,政府研发投入不断增加。进入21世纪以后,R&D占GDP比重从2000年的2.18%上升到2015年的4.23%(如图2-14所示),15年间比重基本增长了一倍。

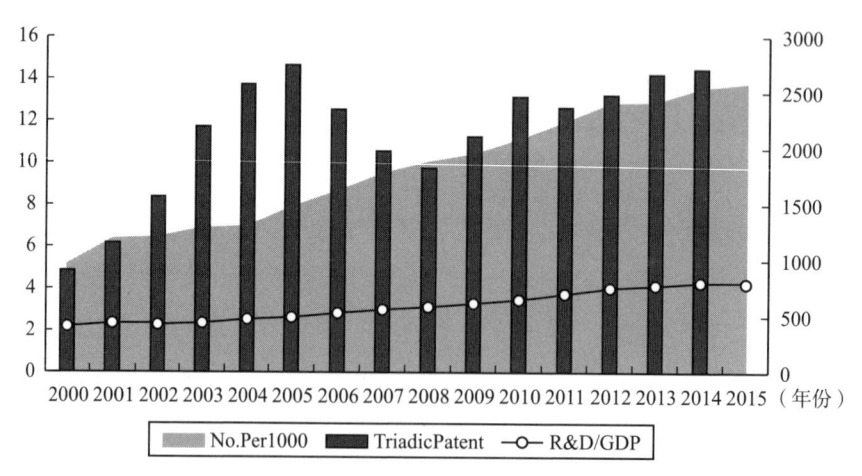

图 2-14 韩国科技发展的主要状况

注:No. Per1000 代表每千人专利数(左纵轴单位:件);TriadicPatent 代表第三方专利数量(右纵轴单位:件);R&D/GDP 代表研发投入占 GDP 比重(左纵轴单位:%)。

资料来源:OECD,https://data.oecd.org/。

第 2 章
国外科技金融发展现状和经验

在政策层面,《技术开发促进法》设立的赞助与补助项目支持了韩国特定的科技发展项目;《工业发展法》则规定了基础技术开发战略方案,其主要内容包含能源技术开发、限定研究开发基金、优秀发明补助金等;《租税减免规制法》则规定了大量韩国国内无法生产的材料与产品在进口时均有关税减免;1997 年颁布的《科技创新五年计划》对国内高级研究机构进行了统筹安排,这一阶段期间的计划成功推动了科技创新与经济发展;2001 年制定的《科技框架法》可以认为是韩国科技进步的根本大法,制定了韩国科技发展的主体框架与方向;2013 年颁布的《第三期科学技术基本计划(2013~2017)》,以"以创造性的科学技术为钥匙,开启充满希望的新时代"为发展蓝图,强调将继续追求经济增长,提高人民生活质量,促进研发成果技术转移和商业化,推动就业创造。政府主导的一系列政策确保了政府科技投资的数量、质量,完成了经济发展的目标。

2.6.1.2 金融政策

(1) 政策性贷款。除了相关的政府财政政策,韩国政府通过执行相关金融性政策,建立引导基金,向中小型科技企业提供专门的资金支持。现阶段韩国建立的相关基金数量和品种相对较多。例如,工业发展基金、技术开发基金、科学技术振兴基金、产业技术开发基金、中小企业创业基金等。通常,基金都通过相对严格的立法设立,例如,1992 年设立的科学技术振兴基金就是根据《科学技术振兴法》确定的。据统计,韩国财政经济等 12 个部门曾设立了 91 种基金,每年可以向中小企业提供大约 4.9 万亿韩元的资金用于中小企业的发展[1]。

通常而言,产业基金并不是通过直接的财政投资,政府一般以科技信贷的形式,向指定银行提供资金,同时银行以政府借款利率为基准上浮 1~1.5 个百分点,为企业提供贷款。政府部门可以确定主要的支持产业与支持的相关企业,通过指定银行,为相关科技企业提供资金支持。在贷款过程中,银行需要遵守相关规定,为贷款承担责任。以政策性基金为基础提

---

[1] 李善民,杨荣. 韩国科技与金融的结合机制研究 [J]. 南方金融,2014 (2): 40-45.

供的贷款通常利率较低，期限较长，且支持对象主要是以技术开发、信息技术为主，增长潜力较大的中小型科技企业。

（2）金融机构的协同参与。韩国商业银行在促进科技金融发展过程中也发挥着非常重要的作用。韩国商业银行主要通过中央银行、全国性商业银行与地方银行等机构对中小型科技企业提供帮助。中央银行主要通过窗口指导等制定银行业导向，鼓励全国性商业银行与地方性银行对中小企业提供贷款，且规定银行对于中小企业的贷款比例必须达到一定的额度。同时，银行对中小企业的贷款额度作为再贷款优惠利率的考核依据之一。因此在韩国中央银行的引导作用下，商业银行贷款也体现出了政策性贷款的作用。

（3）政策性信用担保体系。信用担保体系于1961年引入韩国，目前韩国信用担保体系相对健全，并且已经形成了主要以2个全国性担保基金（韩国信用担保基金、韩国技术信用担保基金）与14个地方性担保基金协同发展的担保体系。其中，韩国信用担保基金基于1976颁布的《韩国信用担保基金法案》，其主要目标是通过信用信息的甄别与有效的管理向缺少抵押物与信用记录的企业提供信用担保服务。韩国信用担保基金能为韩国大部分中小企业提供贷款担保，作为一个全国性的担保基金，4%的违约率虽然相对国际水平较高，但是基于韩国中小企业的发展环境考量，依然是一个可以接受的违约水平。韩国技术信用担保基金则是基于1989年《科技型企业金融支持法案》建立，且法案在2002年修订为《韩国科技信用担保法案》，其主要任务是促进中小企业的技术进步。其包含的主要服务是：技术鉴定、顾问服务、技术转移与技术扶持等。该基金的建立对于企业扩大生产力有着显著的积极作用。

（4）风险投资的推动机制。韩国政府根据《风险投资企业培育法》，对相关企业进行筛选和确认，当一旦被政府确认为风险投资企业，则目标企业则会得到政府的资金支持、设备支持与人力资源支持。通常而言，被认定为拥有风险投资企业资质的，其潜在增长预期较快。韩国风险资本投资通常分为四类，如表2-22所示。

第2章　国外科技金融发展现状和经验

表2-22　　　　　　　　　韩国风险投资企业主要类别

企业类别	主要特征
风险资本投资企业	成立时间不足7年、投资额占有资本金20%以上的企业
研究开发投资企业	研发经费支出超过自有资本金5%以上的企业
新技术开发企业	专利产品出口额占总产品25%以上的企业
技术评价企业	被国内技术评价机构认定为技术优秀企业

资料来源：Korean Venture Capital Association。

1997年后，为了加快引导社会资本对初创企业的投入，韩国政府设定对风投基金的注资可达30%，但是政策规定其中50%以上的资金必须投资于创业企业。到了2010年，韩国母基金的规模已经高达2万亿韩元。

同时，韩国政府规定，属于研究开发计划的项目，均可以向韩国技术银行申请贷款。贷款到期后，成功的项目则需要还贷，失败的项目则可以免除贷款。为了减少中小型科技企业的还贷压力，通常将企业的贷款利率控制在较低的4%~5%。韩国的风险投资为韩国科技发展提供了良好的资金支持，企业的科研基金投入不断增加，同时也推动了韩国经济的发展，提升了出口创汇，国家的财政收入也显著提高。表2-23描述了韩国2006~2014年的风险投资市场概况。

表2-23　　　　　　　　　韩国风险投资市场概况

年份	创业风投基金存量（家）	新投资项目数量（个）	新投资金额数（十亿韩元）	累计金额（十亿韩元）	投资强度
2006	400	635	747.3	4757.6	1.19
2007	350	617	733.3	4877.5	1.19
2008	333	615	991.7	5076	1.61
2009	336	496	724.7	5644.8	1.46
2010	366	524	867.1	6574	1.65
2011	393	560	1091.1	7613.5	1.95
2012	417	613	1260.8	9460	2.06

续表

年份	创业风投基金存量（家）	新投资项目数量（个）	新投资金额数（十亿韩元）	累计金额（十亿韩元）	投资强度
2013	431	688	1233.3	9374.1	1.79
2014	431	755	1384.5	10479	1.83

资料来源：中国科学技术发展战略研究院网站。

根据表2-23中数据，虽然在2008年后韩国投资强度与风投基金存量有一定程度的减少，但是随后几年各项指标均出现了明显的回暖。可以看到，在2014年，韩国风险投资基金存量已经上升到431家，并且新增投资项目数量也上升到了755个，相较于2009年时的496个项目提升了52.2%。

2.6.2 金融市场便利

韩国建立了相对完备的资本市场体系，主体构成包括证券交易所、创业板市场、第三市场、场外市场与并购市场等，为韩国上市企业提供了并购、收购、转让、推出的全方位服务平台。为了鼓励中小型高新技术企业的发展，1996年，韩国建立了二板市场KOSDAQ市场，保证中小型科技企业的融资来源，同时也为风险投资提供了更为直接的投资渠道，促进科技成果的市场转化。

与其他国家不同，KOSDAQ期初并不是由证券交易所建立的，其主要由OTC市场转化而来，随后，OTC市场与韩国证券交易所合并，且其主要形式是会员制。KOSDAQ的相关政策法规主要由韩国金融经济部、金融检察委员会制定，并且由这些部门行使监督职能；日常业务则由KOSDAQ委员会与证券市场公司进行管理。

KOSDAQ的上市条件相对较低，市场主要把企业划分为风险企业、非风险企业、共同基金与国外企业四类，其中风险企业的上市标准相对较低，且高技术风险企业上市基本没有相关财务标准，条件十分宽松，但是外企申请在KASDAQ上市则需要至少符合非风险企业的上市标准。除了特殊情况外，KASDAQ市场可以认为是一个纯粹的委托交易市场，没有专门的做市商，并且设有涨跌幅限制。

KASDAQ 市场在开市以来，上市公司的数量与规模不断增长。截至 2012 年，KASDAQ 上市公司数量为 1005 家，且总市值已经达到了 109 万亿韩元，市值的年平均增长速度为 11.35%。可以说，在政府的支持下，KASDAQ 市场已经成为高技术领域创投公司的重要融资市场。

2.6.3 具体实施范例：科技信用担保基金（Kibo）

韩国科技信用担保基金主要根据《新技术企业财务援助法》建立，后更名为 Kibo。Kibo 主要为科技创新型中小企业提供多样化、个性化的融资担保，扩宽了中小型企业的贷款途径。Kibo 的组织主要设有政策委员会与执行委员会，共拥有 7 个部门和 3 个办公室。Kibo 的核心业务是为中小型科技企业提供融资担保，同时还包括科技成果评估业务、与担保业务相连接的投资业务以及索赔管理业务；同时也进行如业务咨询业务、认证业务[①]等。

Kibo 的资金主要来自政府的法定财政拨款以及相关金融机构的捐助。按照《新技术企业财务援助法》，每年企业均可以从政府获得财政资助；金融机构则按照如下公式向 Kibo 进行捐助："月平均融资余额 × (1/1000) × (1/12)"；相对的，风险投资公司则为："月平均融资余额 × (3/1000) × (1/12)"。

Kibo 的业务体系主要有若干环节（业务体系概况如图 2-15 所示）。其主要流程可以概括为：中小企业通过电话和网络向 Kibo 的技术中心提出申请；Kibo 中心通过评估与筛选，了解申请企业的技术状况，选出符合要求的企业，同时 Kibo 收集相对关键的企业文件和档案，以便于更深层次的观察；调查后，Kibo 对企业做出评估分析，以确定是否为企业提供担保保证；最后满足条件的企业将与 Kibo 签订担保协议，Kibo 向银行发送电子信用担保函，银行则向目标中小企业提供贷款。

总体上看，韩国 Kibo 担保基金提升了韩国科技型中小企业的创新能

[①] 例如，对绿色科技和绿色企业的认证和对创业型和创新技术型企业的认证。

力与发展水平，截至 2016 年，Kibo 已经为高新技术企业提供了累计 850 亿美元信用担保，且已经成为韩国最大的技术融资机构。

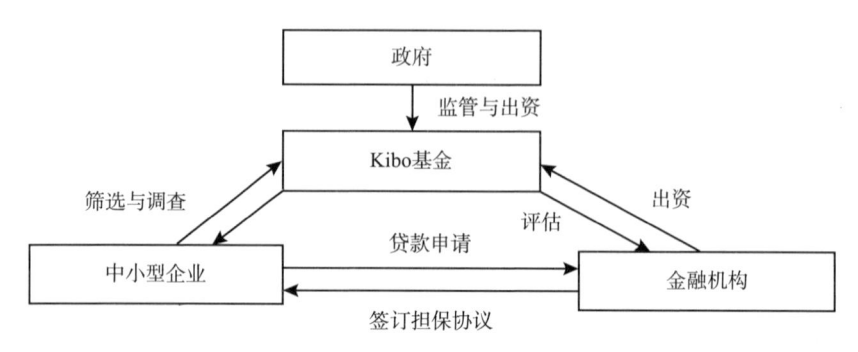

图 2-15　Kibo 业务基本流程

资料来源：李善民，杨荣．韩国科技与金融的结合机制研究［J］．南方金融，2014（2）：40-45．

2.7　瑞士科技金融的发展与经验

瑞士以高效的科技创新体系与位居世界前列的科技创新水平而闻名，2006 年，瑞士被评为最具竞争力国家，这与瑞士强大的科技创新能力密不可分。在相关指标的测算中，瑞士在科研机构质量、大学与机构间的有效合作等相关项目中均位居榜首；在全球 26 个创新能力指标中，瑞士有 10 个指标排名第一。因而瑞士现有的科技管理机制与科技金融耦合系统对于我国未来发展有重要的借鉴意义。

2.7.1　政策实施导向

为了进一步加强科技发展，保持瑞士科学技术的世界领先水平，自 2011 年以来，瑞士政府已经出台了一系列着眼于国家长远发展的改革政策。其中，不仅包括科技管理体制改革，对基础教育、高等教育、技术创新与职业教育进行统一化管理，同时也对国家的能源政策进行重大调整，大力发展清洁能源与可再生能源。

第 2 章
国外科技金融发展现状和经验

2.7.1.1 部门专业化整合

为了促进科技发展,加强科技与金融之间的耦合效应,2011年,瑞士联邦委员会决议通过《研究与创新促进法》,瑞士政府的创新责任由"单纯促进科学和创新"演进到"将科学和创新政策与科学和创新过程整合成为一个整体的发展进程"。同时,瑞士政府调整机构间设置,将联邦教育与科研总署、联邦高等理工学院事务合并至联邦经济部,且更名为联邦经济教研部(WBF)。瑞士科研与技术创新等管理归属于两个不同的部门,瑞士联邦一直以来都关注两部门融合的事宜,这一次将两个部门统一,有利于协调统一教育和科研之间的联系,促进瑞士企业快速发展。

2.7.1.2 政府专项扶持

部门改革不断推进的同时,政府财政也在一些重点领域进行投资。2011年起,瑞士政府批准联邦科学基金会实施为期五年的土地和健康食品可持续利用(生产)计划,投入资金为3000万瑞士法郎。其中,对于土地可持续发展利用计划主要内容包括在现行的法律框架下,对国土资源进行全面地测算与调查,同时弄清现阶段土地的生态功能,为土地资源的利用提供相当的科学依据;健康饮食与食品的可持续发展计划的目的则是为居民提供优质、健康的食品供应,提高环境资源的效率。根据瑞士2012年教育科研与科学创新计划,瑞士联邦政府将在未来累计投入51.8亿瑞士法郎以扩大科技经济增长。

2.7.1.3 教育产业基础

作为瑞士科技发展的关键,瑞士的科技教育产业也具有鲜明的特色,其基础教育、职业教育与高等教育均衡发展,特别是职业教育为瑞士科技发展奠定了重要基础。超过2/3的学生在瑞士完成9年义务教育时都转向了职业技术培训,而继续上大学的比例并不高,这与瑞士拥有一套完整的、严谨的职业技术培训系统息息相关;其不仅涵盖数百个工种,各行业企业、工商工会、行政机构等对于员工的职业培训也极其看中,所以"瑞士制造"成为受各国市场欢迎不无原因。

2.7.1.4 国际资源利用

作为瑞士创新发展的重要助推剂,国际资源在瑞士也得到了重要的运用。瑞士本国由于相关因素限制，人口有限，虽然技术水平较高，工人数量比例较高，但无法掩盖总体数量不足的实际问题。在这样的大背景下，瑞士政府欲保持国家的科技竞争力，外来资源的利用显得尤为珍贵。瑞士凭借"中立政策"与优良的工作环境与优厚的薪酬待遇，广纳国际人才，大批国际学者、技术人员纷纷涌入瑞士。根据瑞士联邦移民局统计，截至2013年，84%的瑞士外来人员拥有高等教育学历，且外来人员在瑞士从事最多的几个行业包含：信息技术行业、化学制药行业、机械行业、食品行业与企业咨询行业，可见涉及的主要行业均为科技含量较高的行业。

在政府与社会各界的协同支持下，瑞士金融科技业在2016年继续增长。在过去一年，190家金融科技公司在瑞士开展业务，相比于2015年增加了17%。这些公司中约60%奉行国际企业对企业（B2B）的营销战略[1]。卢塞恩应用科学与艺术大学的一项研究也显示，瑞士为金融科技行业提供了极佳的条件，对27个商业中心分析得出的排名结果：苏黎世和日内瓦占据了第二位和第三位，仅次于位列榜首的新加坡。

2.7.2 金融市场便利

2.7.2.1 多层次资本市场

瑞士作为世界金融中心之一，其拥有一套完整、快捷、先进的金融体系。瑞士证券交易所（SIX Swiss Exchange）作为其中重要的一环，是世界上技术最先进的证券交易所之一，其在1995年由苏黎世、巴塞尔、日内瓦三家证券交易所合并而成。由于瑞士证券交易所是面向国际的，其上市企业中外国企业占比高达25%，这一比重高于欧洲的所有证券交易所[2]。瑞士证券交易所的主要指标如表2-24所示。

---

[1] Thomas Ankenbrand, Andreas Dietrich, Denis Bieri. IFZ FinTech Study 2017 [K]. Switzerland: Hochschule Luzern, 2017.

[2] 外国企业上市比例和伦敦证券交易所接近，均为25%，均高于其他所有欧洲证券交易所。

第 2 章
国外科技金融发展现状和经验

表 2-24 瑞士证券交易所主要指标

年份	市值指标	成交量指标					
	总市值	国内企业市值	国外企业市值	债券市值	ETFs	基金	结构化产品
2005	1237105	1103260	109398	186879	13519	3888	32311
2006	1480108	1607154	126957	174443	18984	3220	47798
2007	1443006	2125300	122549	172071	28814	3641	75390
2008	918175	1619248	9621	201012	39479	3947	60376
2009	1100673	864235	3044	171452	50571	4859	37093
2010	1145883	906133	3408	164082	71678	5944	39731
2011	1018810	822850	3201	175663	101938	5841	51763
2012	1129090	586756	3982	187078	76083	6818	31888
2013	1370298	702298	7443	166780	90728	6859	30333
2014	1485894	834019	10807	178937	90841	6717	26831
2015	1505346	1042500	10502	188239	96319	8076	26891
2016	1429318	954252	43149	153189	103763	8584	16373

资料来源：SIX Swiss Exchange。

从瑞士证券交易所基本指标中不难看出，虽然 2008~2009 年金融危机对瑞士证券交易所的市值与成交量均形成了一定的冲击，但是在随后的几年中，各项指标均出现了较大幅度的回升。截至 2016 年，市值指标从 2011 年左右的最低点上升了 40.29%。作为一个仅拥有 800 万左右人口的国家，发达的资本市场为科技企业的上市与相关配套服务提供了相当的便利。以苏黎世为例，作为全球几大金融中心之一，为中小型科技企业发展创造了有利的环境。不仅如此，瑞银集团与 2016 年与瑞士信贷、瑞士电信、零售业巨头 Migros 等合作，投资 380 万瑞士法郎建立创业加速器，投资以吸引 Fintech、机器人、无人机的技术创业者前往苏黎世发展。

2.7.2.2 不断发展的风险投资

科技金融领域的风险投资规模正在不断增加：2016 年，科技金融领域的全球投资增长了 11%，规模已经达到了 174 亿美元，其中绝大部分流向了中国市场（44%）与美国市场（35%）。① 在欧洲市场上，瑞士创业公司在 2016 年一共筹集了 3400 万美元，高于西班牙、意大利、卢森堡、丹麦和挪威。考虑到瑞士只有 800 万人的市场，这一成绩已经相当不俗了。因而，关注瑞士风险投资市场，对中国有很好的参考意义。表 2-25 描述了瑞士风险投资市场中投资者的主要情况。

表 2-25　　　　　　　　　　瑞士的主要风险投资者

企业名称	主要属性	主要业务与产品
Swisscom Ventures	隶属于瑞士领先的电信运营商的企业风险子公司，致力投资成长型公司	金融科技、软件、云计算、分析、通信、娱乐、大数据、物联网、电信和安全领域
Lakestar	Lakestar 主要投资互联网和技术公司，并专注于可以快速达到全球规模的业务模式	Lakestar 的金融科技产品组合包括比特币交易平台 ShapeShift，美国保险科技公司 Oscar，香港领先的互联网金融公司 WeLab 等
Redalpine	Redalpine 专注于信息技术和生命科学公司的萌芽和早期阶段，为具有颠覆性商业模式、高度可扩展的欧洲初创公司提供风险投资	Redalpine 的金融科技产品组合包括德国的数字银行 N26、瑞士的保险公司创业公司 Knip 和瑞士商业软件 bexio
Swiss Startup Invest	Swiss Startup Invest，原 CTI 投资公司，是一家非营利组织以及瑞士领先的投资者和初创公司融资平台	Swiss Startup Invest 的投资者包括谷歌瑞士，诺华创业投资基金，Swisscom Ventures 等；它还支持了一家汇款平台 Tawipay 以及一家注册公司 Apiax
Go Beyond	其目标是将天使投资转变为面向各类投资者的新的可扩展资产类别	投资业务涉及五个行业：技术、互联网和移动、工业、消费及影响
SICTIC	SICTIC 是一家非营利组织，旨在将"智慧投资者"与瑞士的早期技术创业公司联系起来	SICTIC 的金融科技部门 SICTIC Fintech Angels 于 2016 年 6 月推出，旨在将投资者与瑞士的早期金融科技创业公司联系起来
btov Partners	btov Partners 是一家欧洲风险投资公司，专注于对数字创业公司的早期投资，以及对工业技术型初创公司的早期及后期投资	公司主要投资于金融科技、消费者互联网、软件、市场、工业人工智能、互联网、网络安全等多个领域

---

① 胡金华. 2020 年金融科技收入至 40 亿澳元　澳大利亚 Fintech 企业进军上海路演 [N]. 华夏时报，2017-9-12.

第 2 章
国外科技金融发展现状和经验

续表

企业名称	主要属性	主要业务与产品
Investiere	一家在线投资平台，也是瑞士最活跃、最有经验的风险投资方之一	Investiere 已投资 Qumram——一家为银行、保险、医疗保健和政府等严格监管行业提供网络安全的创业公司，以及基于网络的电子投票及投资者关系平台的 Sherpany

资料来源：Fintechnews Switzerland. Switzerland's Top Fintech Investors [N]. Fintechnows CH, 2017 - 9 - 12.

瑞士风险投资规模的不断增加使得瑞士科技企业蓬勃发展，根据瑞士金融科技（Fintech Switzerland）近期发布的一项研究显示，全国66％的顶尖金融科技初创公司出自苏黎世，其中包括大量由风险资本支持的初创企业，包括比特币钱包、贮存库供应商 Xapo 等。

2.7.3 具体实施范例：瑞士国家科技基金会

瑞士国家科技基金会（SNF）是瑞士最为重要的科研促进机构，对于瑞士众多科技工作者来说，SNF 实际上是唯一的国家资助机构，因而对于瑞士科技发展 SNF 有着十分特殊的意义。SNF 每年从联邦政府获得经费约为2亿瑞士法郎，基金的核心工作是对于研究者提交上来的项目进行评估，其资助活动以资助单个特定的项目为主要形式，资助的重点方向是基础研究、跨学科研究计划与青年学者研究计划。

按照资助的类型来分，SNF 资助的项目大概可以分为未限定研究主题的自由基础学科研究与确定主题的导向性研究与国际合作研究。其中，对自由基础学科研究的资助范围主要包括对项目本身的资助、个人资助、出版资助、学术会议资助、国际合作资助等。SNF 在2006年对于这两类项目的资助比例分别为84％与16％左右[1]，可以看出，政府对于自由技术创新的大力支持。基于资助资金分类，SNF 的资助基金主要包括一般性资助基金与专业性资助基金，其主要的分类情况如表2-26所示。

---

[1] 鲍悦华，陈强. 瑞士科技管理及其对我国的启示 [J]. 中国科技论坛，2008（4）：140 - 144.

表 2-26　　　　　　　　　国家科学研究基金分类

分类		主要特征
一般性资助基金	科研资助费	用于支持一些有水平的研究人员与研究组，每项资助期限为 1~3 年
	青年科研奖学金	被指定授予 35 岁以下，完成学业后赴国外进修的科研人员
	出版物基金	用于资助有学术价值的专著，使其能够顺利发表
	人才基金	要求资助对象是绝对从事研究工作的人员，且数额有一定限制
专业性资助基金		这项计划是根据实际情况，为解决国家紧迫性问题而给予定向的积极资助的计划

资料来源：吕蓓蕾. 瑞士国家科学研究基金会简介 [J]. 国际科技交流，1987（8）：42-43.

结合 SNF 概况分析，可以看出，瑞士对于科技研发与投入主要有以下几点特征：首先，重视基础学科的研究；其次，在 2011 年部门改制的行为中可以看到，瑞士联邦政府十分重视产业研相结合，削减部门间技术交流与协同合作体制障碍；最后，瑞士出色科技评估机制也为科技发展提供了重要的保障与基础。因而，作为已经进入改革开放深水区的中国，瑞士经验对于提高我国科技发展水平，促进科技金融发展有着非常重要的借鉴意义。

2.8　以色列科技金融的发展与经验

以色列在政治环境方面受到的压力远大于其他创新潜力名列前茅的国家，缺乏最理想的创新环境，但是，以色列在经历了四次中东战争、海湾战争、贸易抵制等背景下仍然坚持创新，其科技对经济的贡献率高达 90% 以上，科技创新密度为世界最大，以色列人口占全球总人口的 0.2%，但是却拥有 162 位诺贝尔奖获得者。每一万名雇员中就有 140 位科技人员或工程师，大于美国与荷兰之和。2013 年，人均风险投资额是美国的 3 倍、欧洲的 57 倍、中国的 113 倍。[①] 在 NASDAQ 上市的以色列

---

① 方晓霞. 以色列的科技创新优势、经验及对我国的启示 [J]. 中国经贸导刊（中），2019（2）：25-26.

第 2 章
国外科技金融发展现状和经验

企业数量仅次于美国,科技创业的密度堪比硅谷。自 20 世纪 90 年代中期以来,以色列就被称为"中东硅谷",其高科技产业出口额已占全部工业出口的 70% 以上,每年约有 200 家新兴公司涌现。在如此背景下,以色列是如何排除万难,以创新促发展呢?其中的原因值得我们去理解和借鉴。

2.8.1 政策实施导向

2.8.1.1 支持性法律与财税政策

以色列于 1985 颁布了《产业创新促进法》,以具有强制力的法律形式规定了国家科技创新的相关政策。同时,提出了产业创新需要以"科学为基础、出口为导向";企业只要符合一定的条件,均可以申请政府的相关基金,以支持鼓励中小企业的发展。不仅如此,以色列同样一直着力打造宽松友好的创新环境。根据《以色列公司法》的相关要求,在以色列成立公司是全世界最为容易的。世界银行的《经营环境报告》指出,在以色列成立一家公司平均只需要 13 天时间,且费用仅为当地人均收入的 3.5%,效率明显高于其他国家。

不仅如此,以色列政府根据不同的技术领域下创新的特点和需求,制定了多层次产业支持政策,并且具有较为明显的效果。这里不得不提到的就是以色列政府在《产业创新促进法》框架下建立的研发支持基金。作为适用范围最广、规模最大的扶持计划,一般企业在向首席科学家办公室提出申请后,通常 70% 以上的企业可以核准通过,并且项目预算基金约合 3.8 亿美元。为了规范企业的经费申请与申请后行为,以色列政府规定了以下三个条件:一是要求基金支持研发项目必须由申请企业亲自实施,不得委托第三方;二是项目的成果转化过程必须在以色列境内完成;三是研发所形成的技术专利成果不得转让给第三方。此外,《产业创新促进法》规定,已经获得创新研发基金支持的企业不得再申请以色列政府的其他项目。在项目成功转化成专利并且取得商业成功后,企业需要向政府以专利费的形式按照一定比例按年度偿还政府资助资金。

税收方面,以色列"认定企业计划"由以色列投资中心负责实施。在以色列投资法中,与认定为非创新企业需缴纳 36% 的公司税相比,只要被认定为创新企业，只需缴纳25%的公司税，其中15%的税款从公司利润支付的红利中扣缴，并界定如果"被认定企业"25%以上的股权或债务为国外投资拥有，该公司即获得外资公司资格，可根据出资份额中国外投资人的部分获得10%～25%的优惠税率，减轻了企业的税收负担。2011年，为了刺激风投，修订的《天使投资法》对天使投资给予税收优惠。

2.8.1.2 以"首席科学家办公室+以色列工贸部"为架构核心

以色列政府为帮助中小企业在企业成长期走出困境，政府于1994年成立了以色列小企业局（ISEA），现已改名为以色列中小企业局（ISMEA），形成由中小企业局和地方小企业发展中心（SBDCs）组成的中小企业管理和服务体系。中小企业局从以色列工贸部获取财政预算，主要职能是为企业的创建和发展营造有利的环境和提供教育培训服务，在每年政府经费的1000万美元中，教育培训费占了一半，中小企业局目前发展组织（OECD）、地中海中小企业协会（MEDASME）、联合国经济委员会（UN-ECE）和欧盟展开了合作，其下设的小企业发展中心为中小企业在专业咨询、培训、协助融资、信息指导和商业网络搭建等方面提供"一站式"服务。

以色列工贸部除了对中小企业局的支持还拥有首席科学家办公室OCS，OCS是以色列工贸部特设机构。在1996年首席科学家办公室的预算金额就超过了3.7亿美元，有超过1000家公司从中获得资助。企业获得首席科学家办公室资助的主要方式如图2-16所示。

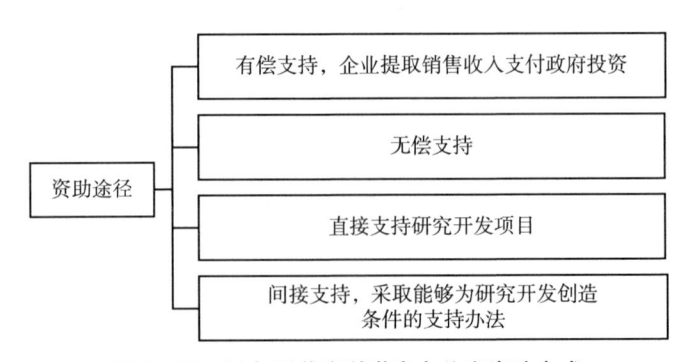

图2-16 以色列首席科学家办公室资助方式

资料来源：李晔梦.以色列的首席科学家制度探析［J］.学海，2017（5）：170-173.

第 2 章
国外科技金融发展现状和经验

目前，以色列政府各部共设 13 个首席科学家办公室，首席科学家办公室又下设各种委员会，由各个领域的科学家组成，充分利用科技人才资源，除了监管以色列孵化器，OCS 还负责执行对外科技合作协议，审批研发项目等，成为以色列中小企业的依赖，是以色列科技与金融结合重要的特色战略地。以农业首席科学家办公室为例其主要具有以下特点，如表 2-27 所示。

表 2-27　　　　　　　　农业首席科学家办公室管理特征

正确处理行政权力与技术权力的边界	（1）直接隶属于全国农业科技管理委员会，农业和农村发展部等行政部门在农业科研项目的管理上没有决策权； （2）首席科学家负责接受项目申请书，并向科技管理委员会提交报告，跨部门的科研项目由工贸部首席科学家办公室统筹到农业部首席科学家办公室，整体由首席科学家办公室统筹管理科研项目
由专业科学家对技术推广进行指导	（1）以色列遍布国家农技推广服务中心，负责收集科研成果、制定政策方针和战略、管理技术开发和试验项目和协调交流活动，与 9 个区域的农机推广服务中心形成供给和提出需求的管理模式； （2）首席科学家办公室专业委员会和推广服务中心的委员会形成业务对口关系，就科研项目进行探讨

资料来源：盛立强．以色列农业 OCS 制度对我国的启示 [J]．科技管理研究，2013，33(20)：49-52.

在这样的管理机制上，以色列建立了多层次的 R&D 机构：政府部门下属机构形式的研发中心，地区性研发机构、企业研发机构、大学研发机构或技术转移公司，其中以色列的政府下属研究中心值得我国进行模仿和借鉴。我国的国有科研机构主要以研究为主、缺乏开发与应用环节，有的已经转型为企业研发机构，以色列政府下属研发机构具备这样适当的政府引导作用的同时，功能性也更加完备。以色列还通过生物技术计划、通用技术研发计划、磁石计划等形成科技计划导向机制提高社会研发水平。

2.8.1.3　产业研发基金体系与相对成熟的风险投资体系

以色列拥有以色列——美国跨国产业研发基金（BIRD），与新加坡合作的 SIIRD 基金、与韩国合作的 KORIL 基金、与加拿大合作的 CIRDF 基金以及 2011 年推出的汇率转化后约人民币 2 亿元的"印中计划"等多种类型的双边合作基金。以 BIRD 为代表的基金体系充分体现了以色列在融资政策上对国际合作的大力支持。"全球企业合作计划"则资助跨国公司与创业企业开展研发和产业化合作，多方面的国际合作构建以色列的融资市场。

除了 BIRD 相关双边产业基金，以色列还制定了创新企业促进计划（TNUFA）与 HEZNEK 计划。具体而言，TNUFA 是以色列政府为了向个体技术企业家、创业家以及相关的初创期企业提供资金资助，协助形成技术产品原型的前种子基金（Pre–Seed Fund）。基金在协助其建立产品生产原型的同时，还为其提供商业规划、商业蓝图构建等配套服务。通常来说，TNUFA 是以色列企业建立企业的第一步，研发人员仅需要通过个人身份即可申请 TNUFA 的资助。于 2002 年设立的 HEZNEK 计划则是在 TNUFA 计划的基础上，更加专注企业发展过程的风险问题。在 HEZNEK 计划实施过程中，该基金可以通过政府贷款的形式向符合条件并且获得政府获准的企业提供研发不超过研发预算 50% 的资助，并且企业可以在项目协议规定期限内回购政府持有的股份。

同时，活跃的风险投资也为科技型中小企业的发展取得成功起到非常重要的推进作用。以色列本土第一家风险投资公司成立于 20 世纪 80 年代。由于市场发展相对缓慢，直到 1990 年以色列才出现了第二家风投公司。同时在以色列政府的鼓励和引导下，民间资本与国际资本也不断加大对以色列高新技术企业的投资。在 1991~2000 年，以色列风险投资金额增长了近 60 倍[①]。一般来说，以色列的风险投资的种类与特点如表 2–28 所示。

表 2–28　　　　　　　　　　　以色列风投分类表

风险投资类型	风险投资特征
种子资本	对种子资本的统计中，2000 年，以色列超过了欧洲和美国，占比 47%；主要针对高科技公司最缺乏资金支持的早期阶段
引导基金	90 年代以后，逐渐随着经济管制的放松而得到发展

① 范文仲，周特立. 以色列科技创新支持政策［J］. 中国金融，2015（16）：66–68.

第 2 章
国外科技金融发展现状和经验

续表

风险投资类型	风险投资特征
创业基金	YOZMA 创业投资基金,与国际战略合作伙伴共同投资初创企业,开创了以色列高度国际化的风险投资业; 成立 CEO 俱乐部,帮助企业与国际创业投资者交流

资料来源:苏启林. 以色列创业投资发展现状与经验借鉴 [J]. 外国经济与管理,2001 (12):13-17+47.

风投造就了以色列企业的快速崛起和发展:自 2000 年以来,大约有上千家以色列公司被国际企业收购,其中 2006 年就有 76 家高科技公司被并购。以色列高科技公司出售给国际集团的交易总量超过 500 亿美元。2011 年,以色列政府修改了法律,支持社会机构资金参与风险投资,扩大了风险资本来源,其风险基金更倾向于投资早期的创业企业。可以看出,以色列不断发展的风投行业推进了科技行业的快速发展,不断促进产业的迭代升级。

2.8.1.4 政府引导调节下的高科技企业孵化器

1991 年,以色列境内涌入了一大批没有市场经验的苏联高素质科技型人才,面对大量的人才和创新孵化项目,以色列开始从国家层面建立孵化器。2002 年,首席科学家办公室启动了孵化器私有化进程,主要目的是强化孵化器的专业和财务实力,由国家精心组织安排。

在种子期,工贸部下属机构 TNUFA 实施"初创企业促进计划"以及技术孵化器计划,政府通过孵化器向创业企业投资,股权由孵化器与创业者合理分配。在成长阶段早期,政府通过修改法案扩大了社会资本来源,同时以色列的特拉维夫证交所也放宽了上市条件。在孵化器上,以色列政府体现了政府的适当参与所取得的卓著成效,其为了应对市场失灵而存在,回避政府行为对微观经济行为的直接干预。其原理如图 2-17 所示。

A 点为政府资金与私人基金的交接点,在 A 点到达低谷的时候,企业出现现金流短板,销售模式还不成熟,因此风投不愿进入,当现金流开始上升,风投有意向进入,即 B 点。也就是说,A 点和 B 点之间是企业最为危险的时候,针对这样的特点,以色列的金融政策给予了更多的财政

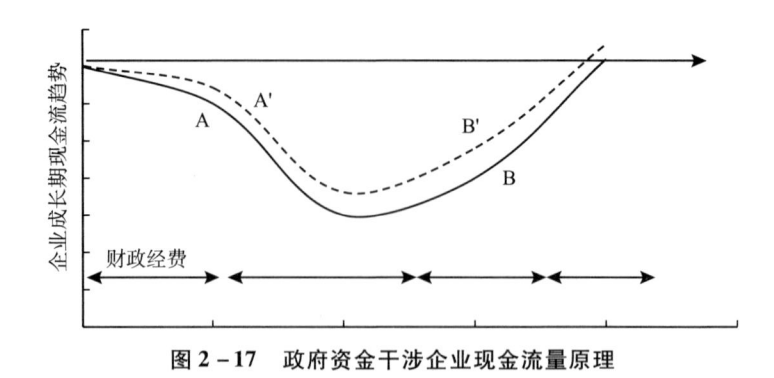

图 2–17　政府资金干涉企业现金流量原理

支持，支持种子项目，将转折点 A 移到 A′，同时利用 BIRD 计划等孵化培育，吸引风投，使得风投进入的时间提前，即 B 点前移至 B′，整体缩短了企业的危险期，提高了中小企业的成活率。

截至 2011 年底，以色列共有 26 个孵化器，20 年间共成熟孵化了超过 1500 个项目，平均每年成熟孵化 75 个项目，其中 57% 吸引了私人投资者，47% 仍处于营业状态。① 以色列工贸部下属机构 TNUFA 为初创企业实施了"初创企业促进计划"，提供资助。如果孵化成功，政府收回初始投资；孵化失败，政府承担投资损失。具体的操作规定为以下几个方面。

（1）进入孵化的初始阶段，企业股权分配为，创业者 50%，公司其他人员 10%，政府以外出资人 20%，政府孵化器企业 20%。

（2）企业在两年的孵化期内，创业者和公司其他人员可以无条件得到政府提供的工资，这样无条件无偿的资金主持无疑是对创业团队巨大的鼓励。

（3）企业孵化失败，政府宣布企业解散，创业者可无需缴纳费用；若孵化成功，在政府享有股权的基础上，企业必须将销售收入的 3% 作为税金缴纳。

（4）在创业企业成功的 5 年内的任何时候，创业者本人或其他风险投资者可无条件购买政府持有的股权，并解除纳税义务。

在"孵化器计划"的指导下，政府已经资助了超过 1900 家公司，风

---

① 宋洋. 以色列技术孵化器成功经验与启示［N］. 中国科学报，2019 – 02 – 28（006）.

险投资总额也已经超过了 730 亿美元。1600 多家企业已经孵化成熟并且离开了企业孵化器。在完成孵化的企业中，超过 60% 的企业已经获得私人企业融资。同时，孵化成功的企业已经获得了 4 亿美元的民间投资。孵化的涵盖范围也非常广泛，其中主体涉及的领域包括生物科学、清洁技术以及信息技术企业。在已经孵化成功的企业中，医疗器械企业、生物技术与制药企业、清洁能源技术、信息通信技术方向的企业分别占比 40%、8%、15% 与 35%。剩下的企业也包含如新材料、机械等，但是占比相对较小[1]。

2.8.1.5 以色列国家担保基金

完善的担保体系在中小型高新技术建立发展的过程中扮演着十分重要的角色。为了缓解初创型高新技术企业融资难问题，扩大中小企业的信贷业务，以色列政府出资 2.2 亿美元，设立了以色列国家担保基金，并且由设立在中小企业局的 5 人核心委员会管理。以色列财政部与工业贸易部也通过简单的列席监管，派驻代表对国家担保基金进行管理，提高基金运行的效率。

在为企业提供担保的过程中，以色列国家担保基金主要通过银行这一中介为企业提供贷款担保。国家担保基金本身由以色列的 4 家银行经营，高新技术企业通过规范的筹划与提交详细的经营计划向银行提出贷款申请，而银行则在基金担保下对企业进行评估。基金每年对超过 3000 个项目进行担保，最高额度为 13 万美元，为平均每一个中小企业提供超过 6.5 万美元的担保贷款，基本涵盖了处于前种子期的中小型企业。银行与政府担保基金对风险的分配主要服从"二八"，即银行承担风险的 20%，而剩下的 80% 主要由政府担保基金承担。

2.8.2 金融市场便利

特拉维夫证券交易所成立于 1953 年，也是以色列境内唯一一家证券交易所。它的存在为以色列经济发展起到了重要的推动作用。截至 2016 年，

---

[1] 潘利. 为有源头活水来——以色列实施"科技孵化器战略"促进创新发展的经验借鉴[J]. 广东经济，2016（6）：34-36.

特拉维夫证券交易所上市企业数量为451家，市值高达2139亿美元，日交易额为3.3亿美元。特拉维夫证券交易所主要指标的历年情况如表2-29所示。

表2-29 特拉维夫证券交易所相关指标

时间	日交易额（百万美元）	资金筹集（亿美元）	市值（亿美元）	上市公司数量（家）	新上市企业数量（家）	TA-100指数变化（%）
1992	59	19	296	378	95	61.9
1993	123	31	508	558	186	17.0
1994	104	18	327	638	82	-30.7
1995	37	7	365	654	19	15.7
1996	33	8	359	655	7	-2.4
1997	59	22	464	659	12	26.8
1998	62	21	409	662	14	-12.4
1999	86	15	654	654	13	62.7
2000	115	33	666	665	37	3.2
2001	64	13	570.7	649	14	-16.4
2002	51	12	422.8	624	9	-30.6
2003	80	7	696.5	577	4	73.9
2004	147	36	870.7	578	25	21
2005	223	32	1127.7	584	32	21.1
2006	326	96	1407.3	606	44	22
2007	505	58	1980.5	654	62	37.6
2008	547	5	1067.3	642	2	-50.6
2009	432	2	1894	622	4	90.1
2010	547	36	2271	613	22	22.3
2011	482	18	1571	593	11	-25.7
2012	279	11	1618	540	3	9.7
2013	324	21	2033	508	6	23.8
2014	339	4	2006	473	6	-4.7

续表

时间	日交易额（百万美元）	资金筹集（亿美元）	市值（亿美元）	上市公司数量（家）	新上市企业数量（家）	TA-100指数变化（％）
2015	373	10	2436	461	11	1.7
2016	330	76	2139	451	8	-1

资料来源：特拉维夫证券交易所，www.tase.co.il。

除了特拉维夫证券交易所，以色列科技企业也通过境外资本市场进行融资。其主要目标市场包括NASDAQ、EASDAQ、伦敦证券交易所等。不仅如此，2016年，特拉维夫证交所与纳斯达克携手帮助以色列初创企业发展，其包括提供退出前期服务，如战略咨询、专有合作网络、投资收益二级市场和债权融资服务。合作协议包括实施NASDAQ的INET技术，其为能够每秒处理100万条信息的超快速系统；通过该系统，特拉维夫证券市场的投资者能够快速投资以色列国内外的股票、金融衍生品、固定收益产品等资产，为投资创造了新的机会和新的活力。

2.8.3 具体实施范例：YOZMA风险投资基金计划

YOZMA计划以YOZMA风险投资公司命名，且这一计划是以色列政府为了推动国内科技型企业发展所指定的一项政府引导基金计划。YOZMA在希伯来语中代表着"首创"。在促进以色列科技产业发展的进程中，政府引导设立如"首席科学家办公室"、Athena创业投资基金，并且也取得一定的成效，但是，国内投资者积极性依然不高，企业的资金需要依然得不到有效的满足。因而，在1992年，Yigal Erlick向政府申请拨款1亿美元设立国内第一只政府引导资金——雅戈尔·埃里克（YOZMA）基金。

YOZMA基金主要分为两个部分：一部分是以2000万美元为基础，专门为初创企业提供直接投资支持，通常投资与早期的创业企业；第二部分是以8000万美元为基础，与国际知名金融机构设立了十余只基金。到了2000年，YOZMA参股的十只子基金都实现了政府资本的退出；并且，随着YOZMA基金的发展，随后更多的资本涌入，YOZMA基金规模已经从

1992年初的2.1亿美元增加到40.35亿美元，YOZMA基金的具体情况如表2-30所示[①]。

表2-30　　　　　　　　YOZMA基金管理规模

子基金名称	管理基金规模（百万美元）	
	规模（1992）	规模（2002）
Eurofund	20	90
Gemini	25	550
Inventech	20	40
JVP	20	675
Medica	20	130
Nitzanim – Concord	20	280
Polaris	20	945
Star	20	900
VERTEX	20	250
Walden	25	175
总规模	210	4035

资料来源：Avnimelech & Teubal, "Creating venture capital industries that co-evolve with high tech: Insights from an extended industry life cycle perspective of the Israeli experience".

在以色列政府的引导下，以色列不断涌现出新成立的风险投资机构；到了2008年，以色列的风险资本投资金已经高居世界首位，为美国的2.5倍，中国的80倍，可以说，YOZMA基金的建立成功打造了"第二个硅谷"。YOZMA基金取得如此成功，与基金本身的运营模式有着重要的联系。

YOZMA子基金的运作主要包含三个阶段，即：出资阶段、投资阶段与退出阶段。通常来说，在出资阶段，政府会投入基金40%的份额，剩下的60%份额则通过民间与国际资本进行融资；在投资阶段，政府与民

[①] Gil, A., Morris, T. Creating venture capital industries that co-evolve with high tech: Insights from an extended industry life cycle perspective of the Israeli experience [J]. Research Policy, 2006, 35 (10): 1477–1498.

第 2 章
国外科技金融发展现状和经验

间、国际金融机构则通过安排专业的管理人员对投资进行科学化、系统化管理；在退出阶段，政府则根据之前的条款进行有效退出。具体运作模式如图 2-18 所示。

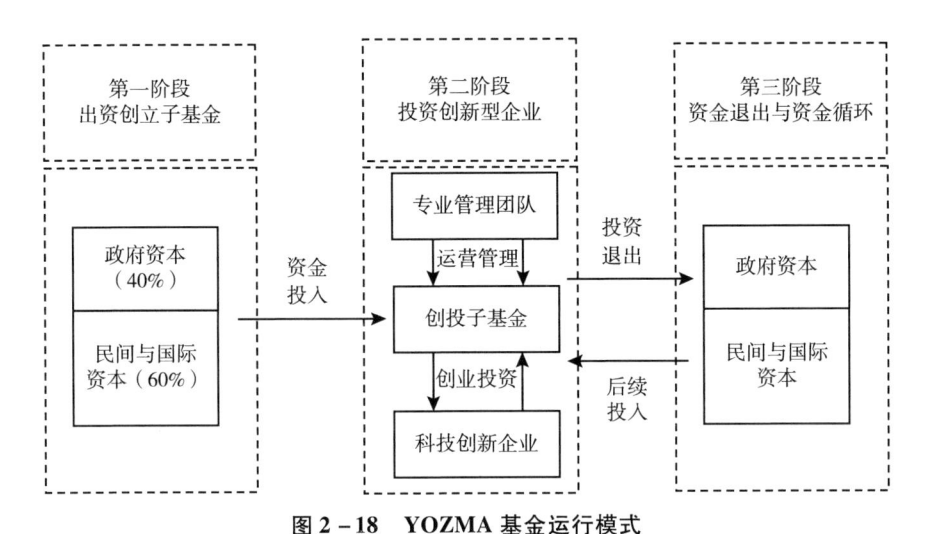

图 2-18 YOZMA 基金运行模式

资料来源：Avnimelech, Teubal. Creating venture capital industries that co-evolve with high tech: Insights from an extended industry life cycle perspective of the Israeli experience [J]. Research Policy, 2006 (35): 1477-1498.

基于以上的运营模式，政府着重从以下几个方面入手推动基金发展：一是在投资安排上，主要以政府引导的直接投资为主；二是在子基金股权安排上，政府对其中投入的 40% 比例的股权承诺退出；三是在组织安排上，子基金采用有限合伙制度，政府出资人与民间、国际金融机构按照一定的比例承担义务，也为基金和企业运营发展提供专业的服务支持，当然，政府不参与企业的主体管理行为；四是在基金的融资渠道上，力求突破海外市场，吸引国际资本加入风投。

2.9 新加坡科技金融的发展与经验

新加坡科技金融模式以政府为主导，包括多层次的金融服务体系和完善的政策支持体系。在金融服务体系中，政府主导或干预行为主要呈现于融资服务和咨询服务中；而政策支持体系涵盖了从"Idea"到"企业上市"的全过程，典型的科技金融支持手段为新加坡政府实行的创新与能力债券。

2.9.1 政策实施导向

新加坡以标准、生产与创新局（简称标新局，SPRING Singapore）为代表，出台了一系列有利于中小企业进行科技创新的政策，这也是新加坡以政府为主导的中心。利用政府的资金和政策调控指引新加坡科技金融的发展。其中，标新局设立的初期孵化（Nurturing Start-ups）以及创新与能力券政策（Innovation & Capability Voucher）最为典型。

2.9.1.1 全过程的企业孵化体系

初创企业（starts-ups）在发展的不同阶段都需要得到不同的支持。新加坡标新局和其他合伙人会通过不同层次对初创企业给予帮助。

新加坡标新局对初创企业相关方都设有不同的政策。对于初创企业有股权投资（equity investment）、初创企业拨款（ACE startups grant）、技术商业化（technology enterprise commercialisation scheme）；对于合伙人则有孵化器发展项目（incubator development programme）、天使投资人税收减免政策（angel investor tax deduction scheme）。此外，针对处于不同生命周期的企业，以导师制为基础的新加坡初创企业孵化流程还会进一步通过资金注入等扶持手段，促成企业最终上市。初创企业的具体孵化过程如图2-19所示，首先在导师的指导下，创业者制定相关创业计划，并由此获得一定的初始资金。在企业孵化器中，原有的创业计划不断商业化的过程中，初创企业不断发展，进一步获得资金支持，成为优质的中小企业，并最终上市。这一过程中，导师制与政策支持起到了十分重要的作用。

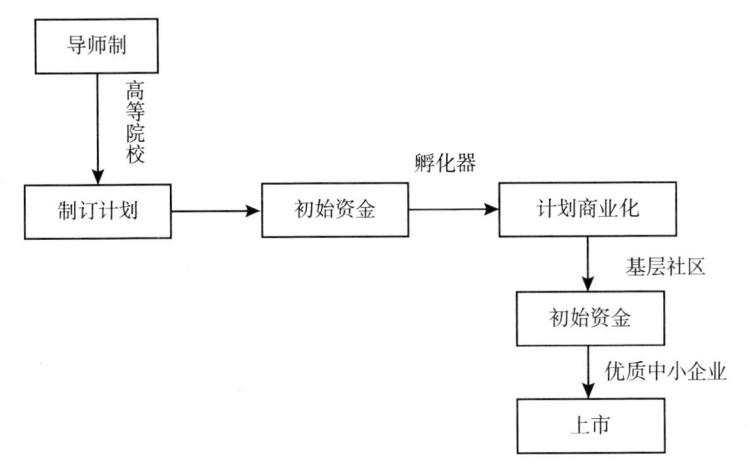

第 2 章
国外科技金融发展现状和经验

图 2-19 初创企业的孵化过程

资料来源：SPRING Singapore. www.spring.gov.sg.

2.9.1.2 独特的创新与能力券政策（innovation & capability voucher）

创新与能力券政策的前身是创新券政策（innovation voucher scheme）。创新券政策由标新局于 2009 年 3 月成立，为中小企业的科技创新提供更多的服务，促进中小企业将知识结构与创新融合。

2012 年 6 月，为了适应经济与社会转型，促进中小企业竞争力和创新力，标新局将创新券政策的扩展至生产力、人力资源管理和财务管理三大领域，形成了现在的创新与能力券政策。创新与能力券政策与创新券政策相比在涵盖内容、申请时间、步骤方面都有很大的提升。具体区别如表 2-31 所示。

表 2-31　　　　创新券政策以及创新与能力券政策比较

项目	创新券政策	创新与能力券政策
实施时间	2009 年 3 月	2012 年 6 月
涵盖内容	创新	创新、生产力、人力资源与财务管理
主要目的	连接知识机构，鼓励企业科技创新	鼓励企业在四大领域不断升级并提高竞争力
申请方式	按照指定地址邮寄申请书	在线提交 + 入口管理

续表

项目	创新券政策	创新与能力券政策
申请时间及步骤	每年3、6、10月（8个步骤）	随时提交（3个步骤）
处理时长	4~6周	2个工作日
年次数与面值	3次（5000新元）	2次（5000新元）
申请数	1张（1年）	每个领域可以申请两张（6个月）
服务提供商	19家	22家

资料来源：肖久灵，汪建康．新加坡政府支持中小微企业的科技创新政策研究［J］．中国科技论坛，2013（11）：155-160．

更新后的创新与能力券政策，在申请流程方面做到了极大简化，尽可能地降低了中小企业提高的时间成本，同时领取次数也有所增加，为中小企业带来更多选择。

对于咨询项目，每张创新与能力券价值5000美元，可被用于服务申请以提升自己在该领域的能力。咨询项目具体内容如表2-32所示。

表2-32 创新与能力券政策具体内容

咨询领域	具体内容
财务管理	计划与预算、现金流和运营资本管理、中小企业财务管控、财务资产和增长规划
人力资源管理	人力资源规划、招新与筛选、补贴和福利、绩效管理、学习与发展、职业管理
创新	可行性研究、技术支持、商业诊断、合规诊断
生产力	ISO 9001、生产力诊断与评估、改进项目、服务诊断和规划、顾客期望

资料来源：SPRING Singapore；www.spring.gov.sg．

新加坡创新与能力券的主要流程是中小企业向标新局申请领取创新与能力券，政府提供该券相当于提供小额贷款，中小企业可以持有该券向指定服务提供商购买短期服务。从表2-32中的四个领域进行提升和创新。服务提供商在规定期限完成合作项目中的咨询服务。期限结束后，服务提供商将创新与能力券向标新局提现。

整体过程可以看作新加坡政府向中小企业无偿提供创新资源的过程。

其中，创新与能力券充当了一种新型货币的角色。在标新局的主导下，加强了中小企业和科研机构等服务提供商之间的产学研关系。提高了资源的有效利用，促进了中小企业的发展。

2.9.1.3 政府资助和财务咨询服务

新加坡政府为了扶植中小企业发展，从1970年开始，就设计了政府发展协助计划（government development assistance programmes）。针对企业的不同发展阶段进行投资，从税收、贷款方面给予优惠。

同时，新加坡政府针对中小企业的发展还提供财务管理咨询支持，加强中小企业财务管理，较好控制企业现金流，辅助中小企业确定自己的经营策略。

2.9.2 金融市场便利

2.9.2.1 金融机构

新加坡为了方便中小企业融资，每年都逐步提高中小企业融资比例，并确定了中小企业金融机构在银行业中的重要地位。先后成立了如华联银行中小企业银行（OUB SME banking）、太平洋金融公司、淡马锡"信贷工厂"等专业针对中小企业的金融机构。此类金融机构向中小企业提供分期付款、商业抵押、股票贷款等各类融资服务。

新加坡政府对银行针对中小企业提供的贷款给予了支持，其中最具代表性的是本地企业资助计划（local enterprise finance scheme，LEFS）。LEFS是一项针对中小企业制定的固定利率财务计划，贷款期间利率固定，每月结算利息。固定的利息给中小企业带来更多决策空间，降低了他们的贷款风险，有助于他们不断创新。融资种类也分为短期、长期以及工厂贷款、机器贷款等不同形式的贷款。但是申请企业需要满足一系列如固定资产数额、雇佣人数的限制，以满足受贷对象必须是中小型企业。

除LEFS外，新加坡国际企业发展局还设立了国际化融资计划（international finance scheme，IFS）。不同于LEFS，IFS的资助对象是计划开展海外业务、到海外发展的公司。由于业务面向海外的企业风险较内地企业更高，银行贷款风险更大，IFS的存在就是针对这类难以获得融资的中小型企业。当公司业务失败，国际企业发展局帮助银行承担70%的风险，因此也提高了商业银行向企业贷款的信心。

2.9.2.2　风险投资基金

新加坡风险投资基金是以政府干预为主导的典型。新加坡风险投资基金具有多样性，涵盖了本地、外资、合资等多种形式，其中以股本投资为主。风险投资基金主要注入新公司或处于成熟期的公司，以高新技术产业为主。此外，新加坡风险投资基金最初5~10年不收取费用。

2.9.2.3　新加坡股票市场

新加坡为中小企业融资在股票市场采取了重大举措。1987年2月成立的新加坡证券交易所自动报价系统（SGXDAQ市场）。专门针对规模无法达到新加坡股票交易所（SGX）的中小企业而设置。此举借鉴了美国的NASDAQ市场，为中小企业融资带来了另一种渠道。

同时SGXDAQ市场对于企业上市标准十分灵活，极大地降低了中小企业上市融资难度。而且SGXDAQ市场和主板市场界限并不十分明确，在SGXDAQ市场上表现好的企业经过两年可升入主板。

2.9.3　具体实施范例：新加坡—苏州工业园区

新加坡由于自身限制，更多地以国家力量推动工业园区额输出，将自身在科技园区建设、规划与管理的技术输出至亚洲的其他地区，在实现本国"区域经济发展"的同时，也为其他国家发展做出贡献，实现了社会技术的外溢发展。

新加坡通过对裕廊科技园区建设，积累了大量的园区建设经验，因而在此基础上，将园区建设走出国门，运用自身优势以及亚洲其他国家的比较优势，以裕廊科技园为基础，运用"裕廊模式"，建立科技园，从而实现"区域经济发展战略"。至此，在新加坡政府的助力下，新加坡在亚洲多国建立科技园区，并且经过了20多年的发展，新加坡科技园区已经形成了总面积达到12万平方千米的科技园区，相当于171个新加坡。

新加坡科技园区的发展不仅归功于新加坡政府的大力支持，同时园区建设技术与商业模式，以及园区的文化理念在科技园区扩张过程中发挥着

第 2 章
国外科技金融发展现状和经验

重要的作用。其中主要模式以及相关企业内容如表 2-33 所示。

表 2-33　　　　　新加坡园区扩张的主要内容及相关企业

业务形式	模式内容	主要企业
地产开发	参股科技园建设，固定收益；获得园区土地使用权	胜科工业、星桥国际
园区服务	交钥匙工程、项目服务；提供项目规划管理服务	裕廊国际、腾飞集团
公共事业	提供水务、能源、物流等相关基础设施的解决方案	胜科工业、吉宝企业
科技金融	股权投资；房地产基金管理	吉宝企业、腾飞集团

资料来源：文皓，曾国屏. 开放型经济的外溢发展问题初探——社会技术视角的新加坡科技工业园案例 [J]. 特区经济，2014（5）：127-130.

这一部分主要以苏州工业园为主要案例进行分析。在国家层面，1994 年，中国政府与新加坡政府合作建立中新协调理事会（JSC），由国家副总理担任主席；在地方层面，苏州市政府与新加坡贸易与工业部建立了工作委员会。经过国家政府与地方政府面的铺垫，苏州工业园建成，同时为了促进双边合作，国务院设立了一个地方性行政组织——苏州工业园区管理委员会（SIPAC）。可以说，苏州工业园区全面借鉴了新加坡科技园区建设的经验和模式。

首先园区的主要开发主体是中新苏州工业园区开发有限公司（CSSD），其中新加坡占股 65%，中方占股 35%，且园区建设由新加坡政府主导进行，且园区一、二、三期项目主要由裕朗国际负责。新方主要通过 SIPAC 与 CSSD 对苏州工业园区进行技术转移，且技术转移的方式主要分为以下三种：一是中方派出人员赴新加坡进行学习；二是新方派专业的管理与技术人员直接对园区进行监督与管理；三是新方派出专家赴中方对相关人员进行培训。

CSSD 在吸收新加坡园区技术的同时，也对外进行了输出。CSSD 于 2008 年成立股份有限公司，且中方占股分配为 52%，新方为 28%。CSSD 借鉴新加坡模式，将新加坡经验与苏州工业园区相关优势进行整合，已经得到了快速发展。目前，CSSD 已经拥有 40 多家子公司，且总资产高达 200 亿元。可见，新加坡科技园模式以相关技术的输出，总体上使得国家经济以及国家优势得以发挥,对我国未来科技金融结合以及科技发展过程有重要的借鉴意义。

2.10 国外模式总结

科技发展与金融创新是国家经济发展的重要引擎,如何让科技创新资源与金融市场相结合,形成合力,促进产业转型,是发展我国科技金融的重要课题。以欧美国家为代表的发达国家在过去发展科技金融过程中已经积累了大量经验。基于国家自身比较优势与相关要素分配,各国建立了富有特色的发展模式,走出了一条属于自己的科技金融发展之路。根据各国的科技金融创新模式的特点,科技金融发展模式的种类、内容与代表国家如表2-34所示。

表2-34　　　　科技金融发展模式种类、特点与代表国家

发展模式	模式特点	代表国家
资本主导	相当完善的资本市场,资本市场、风险投资与风险贷款在科技型中小企业发展过程中发挥着非常重要的作用	美国
银行主导	银行在科技金融发展过程中发挥着主导作用,科技企业的主要融资渠道为间接融资;紧密的政企关联能显著减少企业的信息不对称	德国、日本
政府主导	政府在科技金融发展过程中的主导性资源配置作用;适用于科技金融发展初期,是我国目前的主要发展模式	以色列、印度、韩国、瑞士、新加坡、
大学——政府协同主导	大学在高新技术企业孵化过程中起到主要作用,在科技金融发展过程中提供专业的技术支持与服务管理,当然也要结合政策支持与金融市场支持	英国

2.10.1 资本主导模式:美国

资本主导模式指在科技金融结合的过程中,其资金的来源主要是金融

第 2 章
国外科技金融发展现状和经验

市场。资本主导模式存在的前提是国家需要拥有发达完善的金融市场和较高的流动性，科技型企业获得资金的主要渠道是资本市场，风险投资、风险贷款等是科技型企业获得融资的主要方式，而发达的资本市场又会通过良好风险分散结构为各种规模的科技型企业提供安全稳定的资金，通过市场来促进科技与金融的完美结合。而政府在资本主导模式中仅起到辅助的作用，往往是通过立法、对市场的监控或建立基金的方式进一步拓宽科技型企业的融资渠道，推动科技金融的发展。

美国是资本主导模式的代表型国家，完善的金融市场是其模式的根本，其资本市场、风险投资市场与风险贷款市场在科技型中小企业发展过程中起到了非常重要的作用，并通过建立多层次的金融市场为各种规模的科技型企业在各个生命周期提供了稳定且充足的资金，又通过建立风险分散的金字塔结构降低了投资风险，促进了科技金融的结合。美国政府主要扮演辅助的角色：通过立法，降低科技型企业在资本市场中获得资金的难度；通过财政支出对中小企业进行支持；建立基金为科技型中小企业提供资金。在资本主导的大环境和政府的支持下，美国硅谷银行为美国科技金融的发展做出了较大的贡献，在科技行业方面，硅谷银行专注于了解科技企业尤其是生物与信息技术企业的发展，其金融产品都是很有针对性的；硅谷银行以其充足的资源为科技金融的发展打好了坚实的基础。

总结该模式的优势有以下几个方面。

（1）具有层次分明、结构合理和功能完善的资本市场为科技型企业提供安全稳定的资金。就美国来说，其资本市场可以分为三个层次，分别是主板市场、二板市场和场外交易市场，前两个层次分别以纽约证券交易所、全国证券经纪商协会自动报价系统（NASDAQ）为代表。资本市场的高流动性和完善的风险分散机制使企业能够得到安全稳定的资金支持。

（2）由于市场的筛选机制，促进了科技型企业之间的竞争，提高了企业的质量，使企业能够直接在资本市场上获得融资。首先，资本市场对于上市企业有基本的准入要求，即使纳斯达克的门槛很低，但是也需要达到一定的要求才可上市，这就加强了科技型中小企业的管理者进行有合理经营的意识，提高了科技型企业的质量。另外，如上所述，美国的资本市场分为三个层次，三个层次的市场是相互独立而又相互联系的，每个层次之间都有上下变动的通道，当企业的自身状况满足了更高层次的市场的准入要求时，便有机会进入高层次的市场，这也就加强了企业之间的竞争，确保了上市公司的质量。

（3）各种规模、各种盈利规模和不同生命周期的企业都能够在资本市场上上市，大力推动了科技金融的结合。在美国，NASDAQ是科技型中小企业融资的主要渠道，其上市门槛很低，可以让各种规模各个阶段的科技型中小企业上市融资，主要针对处于种子期和初创期的中小科技型企业。在美国最具发展潜力的科技型中小企业中，高达90%的企业在NAS-DAQ上市。

（4）投资主体的多样化加强了技术和资金在金融机构和企业之间的流通（信息流）。在美国，风险投资的主体主要有企业、政府、投资银行、养老保险基金、天使投资者，这样使得科技型企业与各类型主体间的联系更加紧密，加速了科技成果、技术和资金在投资主体和企业之间的流通。

存在的不足有以下几个方面。

（1）受金融危机的影响较大，金融危机的发生容易使整个系统崩溃。很显然，在资本主导模式下，促进科技金融发展的主导者便是资本市场，科技型中小企业的主要资金来源是资本市场，银行在该模式中发挥的作用较小。而资本市场一旦出现危机——如金融危机的发生将会极大地影响科技型中小企业的融资，便会导致整个系统的崩溃。

（2）受资本市场逐利性的影响，资本一般都会流向具有高回报收益的行业和产业，因而其他具有重要社会意义但是资本收益相对较少的产业会资本所忽略。此时，政府的作用至关重要。政府在促进不同的资金流向高投资回报的个别高新技术产业的同时，也需要引导资本为部分投资回报效率不太高，但是能给社会带来巨大价值的产业提供融资服务，从而促进科技金融和谐发展。

2.10.2　银行主导模式：日本、德国

银行主导模式即银行在科技金融的发展中起到了重要的作用，一般存

第 2 章
国外科技金融发展现状和经验

在于银行是企业融资的最主要的来源国家,且该国家的金融市场往往发展的不是很完善,银行和政府通常扮演着风险投资者的角色。与资本主导模式中科技型企业从资本市场直接融资不同,在银行主导模式中,科技型企业主要依靠间接融资来获得资本,信用贷款和信用担保是该种模式中典型的方式。在这种模式下,银行与企业间的关系更加紧密,政府则发挥着更加主动的作用,通过为科技型企业提供信用担保来降低科技型企业的融资难度,或通过立法来增加科技型企业信用贷款的额度。

日本和德国是银行主导模式的典型国家。日本通过建立政策性银行和引导民间银行为科技型中小企业的融资带来了很多便利,同时政府通过建立信用保证体系,降低了中小企业融资的难度,最终形成了以中央银行为主导者、民间金融机构为中心、政策性金融机构辅助发展的科技与金融结合体系。而德国则拥有发达的以混业经营银行系统,在全国的经济发展和运行中占有着主导地位,同样也为中小企业提供信用贷款,德国政府和联邦州政府则通过提供信用担保,或建立担保银行通过市场化运作来支持科技企业的融资,促进了科技金融的结合,同时也分散了风险。最终形成了以国家总体规划为指引,政府和银行通力合作,在企业发展的全生命周期内为其提供金融支持,再辅以完善的风险分担体系和成熟的技术成果交易平台的科技金融融合体系。

总结该模式的优势有以下几个方面。

(1)发达的间接融资市场有利于企业资本形成和平稳快速发展。在银行模式下,科技型中小企业的融资方式主要是间接融资,日本的主银行制和德国的全能银行(混业经营)制都形成了发达的间接融资市场,向科技型中小企业提供着全方位、多样化的服务,并且辅以完善的信用担保体系和优惠政策,降低了银行贷款的风险,扩大了融资企业的范围,方便了科技型中小企业的融资,有利于企业的平稳快速发展。

(2)银企关系比较紧密,减少了两者之间的信息不对称问题。在银行模式下,银行是科技型中小企业融资的主要来源,银行对贷款企业的经营状况等都需要进行详尽地了解,这种双方的沟通减少了两者之间的信息不对称问题;另外,在这种模式下,银行一般会采取占有科技型企业股份或参与企业管理的方式来降低贷款风险,这就使得银行和企业之前的关系更为紧密。

存在的不足有以下几个方面。

(1)银行主导模式融资的门槛较高、周期较长,高新技术企业特别是中小型企业会有较大的压力。由于银行对投资有风险的项目还是较为谨慎,因此对贷款企业有着一定的信用要求,对信用较高的企业才会放贷。而由于银企之间信息不对称的现象的存在,银行在放贷前会对企业进行较长时间的调查和信用评估,这就不利于企业快速融资。

(2)银行主导的间接融资相对来说对处于种子期和初创期的科技型中小企业的投资相对不足,因而在此过程中,以日本中小企业厅为代表的政府机构需要弥补原有银行主导下中小企业融资能力不足的缺陷,进一步拓宽了中小企业原有的融资渠道,从而促进中小企业健康发展。此时,德国的经验更具有参考意义,作为占据目前全球"隐形冠军"总数47%的德国,其对中小企业的支持值得我们深入思考。

2.10.3 政府主导模式:以色列、印度、韩国、瑞士、新加坡

在政府主导模式中,政府对科技金融的发展尤其是资源配置上起到了主导的作用,而不是市场主导经济的发展。从科技金融的发展阶段来看,这种模式普遍存在于发展初期和赶超阶段。因为在科技金融发展初期,政府的指导和调控对科技金融的发展方向十分重要,且能够降低科技金融推行的难度;从科技行业特征来看,这种模式也更适用于需要大量资金注入的行业。引导基金、立法、信用担保、贷款贴息、提供财政支持是政府主导模式的国家常常采用的支持方式。

以以色列为例,以色列虽有着政治经济环境不稳定的缺陷,但在科技金融和创新发展上却始终保持着独特的风格。政府是以色列科技金融结合机制建设中非常重要的指挥者,与其他模式的国家不同,以色列建立了国家层面的孵化器,直接参与科技企业孵化的全过程。基金与风险投资是以色列科技企业获得融资的主要渠道,政府通过种子基金与政府引导的风险投资,从资金与管理帮助等方面支持着处于初创期的科技型中小企业。印

度则主要通过政府立法促进着科技金融的发展;新加坡主要通过政府立法、支持中小企业贷款、基于财政支持和咨询服务等方式支持着科技型中小企业的发展;瑞士在保持原有优势的同时,通过强化政府部门整合,引入外国智力资源投资,修订原有科技发展的相关政策与法律,继续维持瑞士本身科技发展的先导地位。

该模式的优势有以下几个方面。

(1) 把握发展方向,提供强力支持。在科技金融发展的初期,政府主导模式可提高科技金融的结合效率,降低科技金融在国内推行的难度。

(2) 政府的直接财政投入为科技型中小企业的发展带来了直接的资金,其他政策的推行也为其融资降低了难度。政府能发挥强有力的主导作用,把握科技金融的发展方向,提供良好的政治环境。

存在的不足有以下几个方面。

科技型中小企业的融资渠道不畅,金融机构不愿意介入其中。在这种模式下,科技型中小企业的资金来源主要是政府财政支持,融资渠道较为单一。由于投资中小企业特别是科技型中小企业的风险较大,因此金融机构一般不愿意参与科技型中小企业的投资。此外,政治发展不稳定会很大程度上影响科技金融的发展。由于在这种模式下,政府对科技金融的结合起到了非常重要的作用,因此政治环境和政局的变化就会给科技金融的发展带来很大的变化。政府主导模式的国家如以色列,便经常发生战争,导致政局动荡,这就影响了其科技金融的发展速度。

2.10.4　大学—政府协同主导模式:英国

大学主导模式是指在科技金融的发展过程中,大学起到了主导作用,主要体现在大学主导着科技创新、成果转化,并在一定程度上起到孵化器的作用,并且大学主导了科技型中小企业的诞生阶段。政府则主要通过不断完善的引导基金和信用担保政策,帮助科技型企业分别获得权益资本和债务资本的资金支持。英国则是典型的大学主导型国家,建立了东伦敦科技城,形成了大学研发技术、孵化科技型企业、政府扶持企业成长的科技金融模式。

该模式的优势有以下几个方面。

（1）有利于人才和科技成果的转化。以英国为例，在英国，大学主导了科技型中小企业诞生的阶段。以牛津大学科技园为例，其长期以来一直以其丰硕的科研成果，高效的成果转化率而受到各界关注，牛津大学负责科研成果产出，并通过牛津大学ISIS创新有限公司走向市场。因此，大学模式将人才、科技成果和产品化市场化联系了起来，使人才转化为科技成果、科技成果转化为产品更加方便。

（2）能够为科技型中小企业的发展提供专业的指导和支持。科技型中小企业的核心产出便是技术，大学主导模式可以为科技型中小企业提供技术上的支持和指导，提高其核心竞争力，提高产品质量。当然，政府在引导以及构建配套政策上也发挥着重要的协同作用。

但是，该模式依然存在部分劣势：

首先，由于英国创新与大学结合相对紧密，使得应用型创新作为产业创新的主导方向。在科学研究中，一般首先形成理论，再基于理论进行应用型创新，而大学就是不同学科理论的源头。若是使得大学过多地以应用为导向，有可能会削弱大学本身理论创新的动力。此外，大学过于接地气，很可能在科研大地中产生一些不净的"土壤"，例如，有可能会过度"世俗化"部分学生的观念，这实际上可能对学界的发展产生一定的影响。因此，如何发挥产学研结合的推动作用，同时保持高校在科技金融发展过程中的独立性，是该模式下政府与高校需要考虑的问题。

2.10.5 基于国外科技金融经验的启示

2.10.5.1 坚持政府引导与市场运作相结合的方式

科技金融创新和市场相结合会存在传统公司金融框架下信息不对称的问题，这会一定程度上导致市场失灵与资源错配。这就需要政府在这一过程中发挥重要作用，尽可能抑制这一现象的发生。政府通过自身特有的资源优势，对科技金融进行扶持，对已有市场的缺陷进行补足。实际上，政府引导是科技金融体系发展的必要条件。从上述九国的科技金融体系发展过程来看，首先，政府政策支持的是完善的法律环境，从而保护中小企业

第 2 章
国外科技金融发展现状和经验

的发展。其次,政府专门设立相关部门管理高新技术企业,向企业提供政策性支持。此外,政府的引导基金也是未来政府为科技机构提供服务最有效也是最广泛运用的一种方式。为了切实发挥市场的重要作用,本书建议,未来政府在发展科技金融体系的过程中,要对引导基金的比例加以控制,为了吸收更具有活力的民间资本与海外资本,打造"政府+民资""政府+外资"以及"民资+外资"的新型科技金融模式。

2.10.5.2 发挥银行在科技金融体系里中流砥柱的作用

由于不同国家面临的外部环境、内部环境不同,因此单纯地借鉴他国的科技金融发展经验肯定存在适用性问题以及面临我国问题时候的局限性。我国作为一个以金融中介为主导的国家,可以看到,经济体制与金融系统具有其自身特点。实际上,结合现阶段我国金融体系的特点,我们更应该发挥银行这一传统金融中介机构中流砥柱的作用。为什么这么说?实际上,在国家政策大力推进科技金融发展的大背景下,全国已经建立上百家科技支行,但是以现有的规模还是很难发挥其应有的作用,可以认为,已经建成了与科技行业联通的支行体系依然存在一定的问题,科技支行尚需要在原有的基础上进行创新改革,才能真正发挥其作用。

美国硅谷银行以及德国银行体系的成功都启示我国需要建设更具有专业性的科技银行体系。相较于传统的、综合性较强的银行体系,科技银行在产品设计、风险控制、人才培养方面具有专业性优势,因而应当是未来我国科技金融发展过程中的金融主体。

2.10.5.3 完善信贷担保体系,加快科技保险发展

国外经验表明,投资中小型科技企业的风险相对较大,银行、风险投资机构需要担保,保险的协同合作才能够为企业提供信贷。因此,多数国家都会为相关的科技类信贷提供专业的担保和保险服务。首先,我国需要完善担保模式,规范担保机构的设立和运作,并且政府需要设立政策性的担保基金、再担保基金为担保机构增信。此外,还需要扩大科技保险的范围,进行科技保险的产品创新。

2.10.5.4 培育政府引导基金,激活风险投资市场

在科技金融创新过程中,风险投资市场的作用始终不能忽视。实际

上，各国都无一例外地将风险投资市场与中小型科技企业结合作为科技金融体系的重要组成部分。目前我国各地区已经建成了多只政府引导基金，例如，最早的苏州工业园区政府引导基金。未来，我国将在此基础上，建立更多形式、服务对象覆盖面更广、更高层次的政府引导基金。具体而言，建议政府可以吸收民间资本与海外资本，以拓宽引导基金的"源"。同时，政府还需要对这些引导基金提供更多的政策支持；在此过程中，政府不一定需要既担任"所有者"又担任"参与者"的角色，引导基金可以引入具有专业知识的创投机构，以提高引导基金以及创投子机构的成功退出率。

第 3 章
国内科技金融发展现状和经验

3.1 国内科技金融发展概况

当前国际竞争日益激烈，科技金融逐渐在国家发展与加快产业升级、提高供给侧改革质量的过程中扮演着重要的作用。在中央政府引导下，我国科技工作坚持"自主创新、重点跨越、支撑发展、引领未来"的指导方针，结合创新驱动力与供给侧改革，通过体制创新与制度创新，将发展科技作为工作重点与发展要点，结合金融的重要作用，走出一条适合中国科技发展与金融市场特点的发展道路。我国现阶段科技金融发展概况主要包含以下特征。

3.1.1 逐渐完善的政策环境

作为发展重点，促进科技金融的相关政策与法案近年来陆续出台。国务院于2006年出台了《实施〈国家中长期科学和技术发展规划纲要（2006~2020年）〉的若干配套政策》，切实从国家层面推动科技金融发展；2010年，科技部会同中国人民银行、中国银监会、中国证监会、中国保监会五部门联合出台了《促进科技和金融结合试点实施方案》，在理论层面为科技金融健康发展提供了指导方向；结合国外相关政策，2011年财政部与科技部发布了《国家科技成果转化引导基金管理暂行办法》，探讨构建以创投基金、风险担保以及科研单位绩效奖励的多元化促进体系，推动促进科技转化过程与提高转化效率。在这样的大背景下，2011年底，中国人民银行联合证监会、银监会与保监会选定以中关村、长沙高新技术园区等16个试点地区，实践科技与金融结合的发展模式。

3.1.2 科技金融服务区域不断辐射

为了推进科技金融结合相关进程，政府联合企业、金融中介与投融资机构与各类资源，打造适应地方性发展的科技金融创新服务平台，整合地区科技金融资源。同时，也为中小型科技创新企业提供发展途径与专业化服务提供商。四川省高新技术产业服务中心是我国最早的科技金融服务提供中心，随后全国各地的科技金融服务中心如雨后春笋般迅速成立。截至2017年11月，以科技金融中心命名的服务中心已经超过250家[①]。这些中心以政府支持引导资金为基础，以科技项目为主要目标，以提供政府扶持、银行信贷、创业投资金融要素为主要手段，满足不同高新技术科技企业的融资、咨询、评估、管理等相关需求。此外，来自各界的专家也加入了由科技部与银监会共同建立的"科技型中小企业信贷项目评审科技专家咨询服务平台"，为科技企业提供专业的指导与服务。

3.1.3 多层次的科技金融服务

为了扩宽科技型企业在资本市场的融资渠道，我国已经形成了由创业板、中小板与场外交易市场相结合的多层次资本市场体系。截至目前，75%以上在创业板与中小板上市的企业为科技企业。同时，场外市场的发展也切实改善了中小企业外部融资环境。2012年，证监会扩大了非上市企业转让试点范围，从由北京中关村科技园扩大至上海张江高新技术产业开发区、天津滨海高新区、武汉东湖高新技术产业开发区这三个国家级高新区。以天津滨海高新区为例，截至2016年12月28日，滨海新区提前完成企业股改、挂牌、上市各项工作目标，累计新增启动股改企业96家，已完成全年任务的106.7%；累计新增完成股改企业80家，已完成全年

---

① 郝莉曼. 我国科技金融服务中心超250家[N]. 人民日报，2017-11-23.

任务的100%；新增沪、深交易所上市及新三板挂牌企业40家，已完成全年任务的108%；累计培训有股改上市意愿企业450家，已完成全年任务的100%[①]。

3.1.4 企业科技创新能力显著提高

在政策环境与多元化的金融市场便利协同促进下，我国高新技术产业快速发展。图3-1总结高新技术产业固定投资层面的相关数据，可以看出，高新技术企业固定投资额度不断增加，新增固定投资额从2005年的1400亿元左右上升到2015年14000亿元，虽然2016年受整体经济形势的影响略有下降，但年均增长率仍保持近7%，同时项目数量也呈逐年递增趋势。

对于高新技术产业的经营状况如图3-2所示。高新技术产业相关企业从2005年的17000家左右增长到2015年的30000多家，同时高科技产业利润总额也超过了10000亿人民币左右。这不仅凸显了企业层面快速发展的趋势，同时也体现了政策面与资本市场面对于高新技术企业发展提供的政策便利与金融支持。

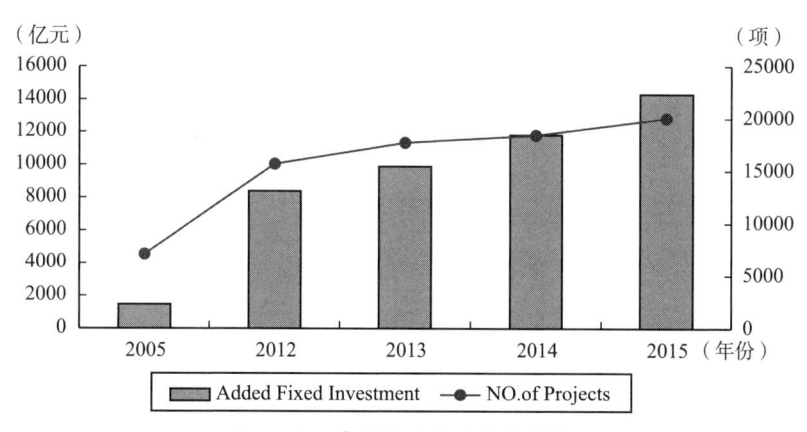

图3-1 高新技术产业投资概况

注：Added Fiexed Investment表示新增固定投资；NO. of Project表示项目数量。
资料来源：《中国高技术产业统计年鉴2016》。

---

① 韩昱君，魏炳锋，2016年天津滨海新区新增挂牌企业40家[N]. 天津日报，2016-12-30.

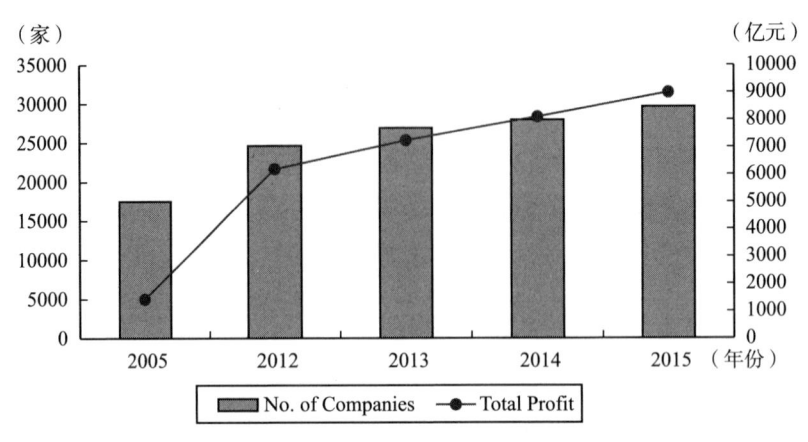

图 3-2　高新技术产业经营状况

注：No. of Companies 表示高新技术企业数量；Total Profit 表示总利润。
资料来源：《中国高技术产业统计年鉴 2016》。

可以见得，在国家政府与资本市场构建的协同发展框架下，我国以科技金融相结合的主要工作和工作成果逐渐显现。但是，我们也不能回避在发展中面临的一些问题，例如，金融服务体系依然不完善、中小型科技企业融资难、成果转化难、转化效率低，等等。因而，未来任务依然艰巨，道路依然艰辛。本章将通过阐述国内各省份地区科技金融协同发展的主要案例，分析地方部门是如何构建发展模式，制定发展政策，如何兼顾公平的同时推进改革，促进科技金融发展。本章将主要从我国科技金融发展的政策引导、科技信贷、创业投资、科技担保与保险、多层次资本市场这五个维度出发，对我国国内各地区科技金融发展情况做一个论述。

3.2　北京科技金融发展与经验

北京市作为首批科技型中小企业融资平台，为了响应国家号召加快科技创新的脚步，2009 年在中关村科技园区建设了国家自主创新示范区。从此，中关村模式成为全国科技金融创新的先驱者，科技金融发展的目标

第 3 章
国内科技金融发展现状和经验

升级为"进一步强化金融对建设具有全球影响力科技创新中心的支撑作用,加快建设国家科技金融创新中心"。北京模式是以"园 – 区"为品牌、政策服务为支撑的政府主导模式。

目前,北京在中关村示范区的引领下,已经走在了全国自主创新的前列,作为中国政治经济的中心区域,北京市科技型中小企业的融资渠道通常可以分为科技相关信贷、科技股权投资、资本市场运作等,第三方机构也为企业融资提供了重要的帮助;此外,在构建科技企业融资体系的过程中,政府的指导性政策发挥着非常重要的作用。

3.2.1 政策引导

为了"优化金融创新环境、完善市场体系、加强统筹引导",北京市出台了一系列政策,北京市政府在相关国家政策的指引下,自 2009 年以来,中关村示范区颁布了共计 62 项科技金融政策,目的就是促进科技创新、科技与金融的结合。从融资方式、融资担保到天使投资、银行信贷等各方面给予充分的支持。

2010 年底,中关村科技创新和产业化促进中心(中关村创新平台)于北京正式成立,平台下设立科技金融专项工作组。以财政部、国家发展改革委、科技部、中国人民银行、中国银监会、证监会、保监会、国家外汇管理局、人民银行营业管理部、北京银监局、北京证监局、北京保监局、北京市金融局、北京市发展改革委、等国家与市级部门共同组成工作组,协同实施推进北京市科技金融发展工作。

此外,北京市人民政府办公厅于 2010 年出台了第一个针对首都科技金融创新发展的文件《北京市人民政府关于推进首都科技金融创新发展的意见》。该文件结合北京市实际情况,提出以加快建设中关村科技金融创新中心为首要目标、带动全市完善科技信贷支持体系、拓展科技企业市场融资体系、发展股权投资服务体系、完善科技保险创新体系、发展科技企业信用增强体系、构建科技金融组织保障体系的八个具体目标。此文件明确了北京作为国家重点科技金融发展平台的发展方向,从科技金融的各种方面提出具体要求,不仅标志着北京科技金融发展开启了一个实质性的阶段，也为日后各个针对科技金融具体方面的政策提供了基础。

以中关村示范区为例：中关村示范区针对不同层次科技企业设立了不同的针对性政策，以保证所有企业能够良性发展，避免出现发展两极化现象。其中最具代表性的两个政策分别是瞪羚计划和展翼计划。

"瞪羚计划"是专门针对科技型中小企业融资难的问题，改善中小企业融资环境而由中关村管委会设立的计划。业界通常将高成长的科技型中小企业成为瞪羚企业，并且设置了瞪羚企业的经济指标界定：以企业申请"瞪羚计划"上一年度实现的技工贸总收入规模及技工贸总收入和利润的同比增长率作为界定标准。企业的技工贸总收入规模为1000万~5亿元之间，其中又分三个级别：总收入在1000万~5000万元之间，收入增长率达到20%或利润增长率达到10%；总收入在5000万~1亿元之间，收入增长率达到10%或利润增长率达到10%；总收入在1亿~5亿元之间，收入增长率达到5%或利润增长率达到10%。[①] 针对瞪羚企业设立不同优惠政策，包括简化反担保程序，提供园区贷款贴息，加快协作银行贷款审批程序。

展翼计划则是针对发展规模未达到瞪羚企业的标准的科技型中小企业设计的政策。针对这类企业设置星级贴息比例，简化反担保措施，加快银行贷款审批，针对发行直接融资产品的企业提供社会筹资利息30%的补贴，对于企业同一笔贷款最多享受三年补贴支持，企业同一笔担保融资能申请一种方式的贴息和贴保费支持的优惠政策。

目前北京处于以中关村示范区为主要科技金融发展平台，以中关村创新平台设立的科技金融专项工作组提出的政策为中心，突出中关村示范区的试点及指向作用，以科技担保体系和多层次资本市场为媒介，以对接科技和多样化资本为基础的科技金融体系。在未来的发展中，北京依旧会发挥自己科技金融带头人的作用，向其他地区辐射优质科技创新渠道，引导其他地区共同提高。

政策体系的协调和推动对于北京市科技金融产业融合发展起到了巨

---

① 中关村国家自主创新示范区-瞪羚计划，http：//www.zgc.gov.cn/.

第3章
国内科技金融发展现状和经验

大的促进作用。除了以上提到的政府部门设置、纲领性政策与定制化的政策计划外,为了把握我国当前政策的主体导向,本部分简要阐述了近年北京市科技金融政策,以对政策进行一个相对集中的梳理,主要结果如表3-1所示。

表3-1 北京市近年科技政策概况

政策分类	政策名称	主体内容
国家政策	《关于强化实施创新驱动发展战略进一步推进大众创业万众创新深入发展的意见》(2017)	(1)大众创业、万众创新深入发展是实施创新驱动发展战略的重要载体;(2)加快科技成果转化;(3)拓展企业融资渠道;(4)促进实体经济转型升级;(5)完善人才流动激励机制;(6)创新政府管理方式
	《"十三五"农业农村科技创新专项规划》(2017)	(1)健全农业科技创新体系;(2)构筑农业科技创新先发优势;(3)夯实农业科技创新物质基础;(4)壮大农业高新技术产业;(5)提升农业科技国际合作水平;(6)增强县域科技创新服务能力;(7)强化科技扶贫精准脱贫
	《"十三五"国际科技创新合作专项规划》(2017)	(1)深化对外科技合作;(2)推进"一带一路"科技互通互联;(3)加大对外开放;(4)积极参与国际组织牵头的大科学计划与工程;(5)丰富科技支援内涵与方式;(6)加快培养创新人才;(7)优化创新全链条;(8)构建区域创新新局面;(9)努力推进"双创"
	《"十三五"国家科技人才发展规划》(2017)	(1)加快科技人才队伍结构的战略性调整;(2)大力培养优秀创新人才;(3)重点引进高层次创新人才;(4)营造激励科技人才创新创业的良好生态;(5)体制机制创新;(6)相关组织措施
	《关于支持科技创新进口税收政策管理办法的通知》(2017)	(1)确定免税主体范围;(2)减免税审核确认;(3)确定免税进口有关用品的税款担保;(4)免税进口用品的管理;(5)政策执行衔接
	《中国科学院关于新时期加快促进科技成果转移转化指导意见》(2016)	确定了(1)基本原则;(2)资产管理相关问题;(3)人员管理相关问题;(4)考核机制问题;(5)条件保障问题

续表

政策分类		政策名称	主体内容
北京市政策	科技法规规章	《北京市深化市级财政科技计划（专项、基金等）管理改革实施方案》（2016）	（1）加强对科技计划（专项、基金等）的统筹协调；（2）优化各类科技计划（专项、基金等）布局；（3）加强配套制度建设；（4）明确和落实各方责任
		《〈中国制造2025〉北京行动纲要》（2015）	（1）持续推动"三转"调整，着力释放产业发展活力；（2）大力推进"四维"创新，全面提升产业发展能力；（3）聚焦发展五类产品，全力打造"北京创造"品牌；（4）组织实施八个专项；（5）加大改革创新力度
	规范性文件	《首都科技领军人才培养工程实施管理办法》（2017）	确定了（1）资格条件；（2）选拔过程；（3）支持条例；（4）管理过程
		《北京市科技新星计划管理办法》（2017）	确定了（1）资格条件；（2）选拔过程；（3）支持条例；（4）管理过程
	其他科技政策	《北京市中小企业公共服务示范平台管理办法》（2017）	确定了（1）申报条件；（2）申报和认定；（3）示范平台管理
		《北京市小型微型企业创业创新示范基地管理办法》（2017）	确定了（1）申报条件；（2）申报和认定；（3）示范平台管理

资料来源：北京市科学技术委员会；http://www.bjkw.gov.cn；括号内为年份。

科技政策无论从国家层面，或是从北京市层面，都凸显出政府对于建设综合性科技金融服务政策体系所作出的不懈努力，且政策体系具备以下特点：首先是多产业化：科技政策不仅包括科技创新产业，同时对于农业、制造业等第一产业、第二产业也进行扶持，扩宽科技化创新的"元"；其次是多动力化：科技金融的发展不仅需要由国家、产业推动，同时政策体系将人力资源作为科技金融发展的重要动力，努力做好人才引进工作与人才培养工作，为科技发展提供生生不息的后备军，培育好科技创新的"力"；最后是多层次化：政策体系机遇企业的生命周期理论，对处于不同生命周期科技企业提供不同的政策支持，构建与即时企业特征相称的企业服务平台，构建好科技创新的"境"，从而能够对企业进行"个

第3章 国内科技金融发展现状和经验

性化"政策支持,从而令企业更好更快地发展。

3.2.2 科技信贷

北京市是金融机构高度集聚化的地区,辖区内银行业法人金融机构数量115家,资产总额合计196601亿元。其中包括工农中建四大国有银行,且四大行总部也设于北京。此外,一些外资银行也在北京地区设立营业机构;截至2016年,北京市本外币存款余额达138408.9亿元,同比增长7.7%,其中中小企业贷款同比增多,大中型企业的贷款同比减少。按人民币贷款企业规模分,全年大型企业贷款增加1556.5亿元,同比少增682亿元;中型企业贷款增加444.8亿元,同比少增73.1亿元;小型企业贷款增加748.4亿元,同比多增249.3亿元;微型企业贷款增加367亿元,同比多增165.2亿元[①]。北京地区科技信贷呈现出以下特点。

3.2.2.1 科技银行开拓科技信贷渠道

中小型科技企业通常具有轻资产、少抵押物、偿债能力有限、缺乏流动性的既有特点;同时,企业与金融机构间信息不对称情况问题严重,因而,作为对企业业务范围、经营模式、产品特点等并不熟知银行业金融机构对科技企业贷款通常并不具备很高的积极性。从另一个角度说,为了控制风险与降低自身的运营成本,银行也很难向企业提供大量的贷款。鉴于此,北京市为了建设科创中心,加速科技企业的发展,必须突破现行的银行体系,其中建设专门的科技银行便是一条重要途径。

科技银行是指专门性扶持中小型科技企业发展而成立的主营中小型科技企业贷款业务的银行。其中,北京市首家定位与科技金融发展的科技银行中关村银行于2017年7月16日正式开业。中关村银行由用友网络、碧水源、光线传媒、东方园林等11家中关村知名上市公司共同发起建立。中关村银行业务重点服务于"三创",即创客、创投与创新性企业,且最大的特色为科技金融。中关村汇聚了近20000家高新技术企业、全国超过40%的天使投资案例与投资资金,以及超过1/3以上的创投案例均发生在中

---

① 货币政策分析小组,北京市金融运行报告[R]. 中国人民银行营业管理部,2015.

关村；此外，中关村地区也是全国科技型上市企业最为密集的地区。值得注意的是，中关村年收入2000万以下的企业当年获得融资的数量不足其中的3%，因此可以说，每一年中关村有大量企业的信贷需求无法得到满足，这更凸显了中关村银行在中小型科技企业发展过程中所扮演的重要作用。[①]

中关村是我国重要的科技创新中心。根据定位，中关村银行大楼设立于中关村园区中，主要面向科技创新型中小微企业以及个人其通过自身的业务模式与产品创新，打造综合性的科技金融服务平台。资料显示，即使是重点科技创新中心的中关村每年依然有2000亿左右的中小企业融资缺口，一方面是"资产荒"的现状，即钱在找企业；另一方面则是"资金慌"的事实，企业在寻求资金。这也形成了现有科技金融体制的重要矛盾，可以说明，现阶段依然缺乏有效、系统、科学的科技与金融耦合发展机制，这也是中关村银行成立的重要契机。

在完善科技金融服务体系方面，中关村银行不仅为科技型中小企业提供科技贷款支持，同时也将支持企业间并购重组。通过专业性很强的金融服务，让企业做大做强，形成规模优势。此外，也积极参与与提供科技企业的融资担保、支持产权抵押、科技保险、贸易融资、投贷联动等新型金融产品，为科技型中小企业提供多元化、定制化的金融服务。

3.2.2.2 知识产权质押助力科技信贷发展

长久以来，国家与地方政府都十分重视科技信贷制度的建立与发展，同时也出台了一系列促进科技信贷的相关政策与制度。2013年4月，国家知识产权局、银监会、国家版权局联合下发了《关于商业银行知识产权质押贷款业务的指导意见》，旨在指导商业银行充分利用科技企业的相关知识产权与专利为企业提供信贷以支持企业发展。

在中央层面的大力推进与引导下，北京市于2009年1月成为首批知识产权质押融资试点单位；此后的2014年5月，北京市下发了《关于加快推进中关村国家自主创新示范区知识产权质押贷款工作的意见》，以加快建立知识产权质押贷款机制，通过市场手段，促进知识产权的市场转化

---

① 刘天思. 全国首家专注服务科技创新的银行——中关村银行开业[N]. 央广网，2017.

第3章
国内科技金融发展现状和经验

和金融服务创新,实现科技和金融的高效对接,支持科技创新创业企业加快发展、做强做大,优化中关村示范区创新创业环境。意见简要阐述了工作目标、限定了知识产权的抵押范围、政策实施原则、组织领导等。2016年北京市政府又下发了《关于进一步推动首都知识产权金融服务工作的意见》,对原有指导意见进行了扩充与完善。

作为开始知识产权质押的首批试点,北京市在实行知识产权质押的元年年底,有56家企业累计获得知识产权质押贷款6.78亿元,企业从属行业涉及电子科技、生物医药、节能环保等高新技术领域,知识产权质押贷款有力地支持了这些企业的持续发展[①]。

3.2.2.3 "园区"机制的科技信贷与金融服务平台

为促进科技和金融的结合,加快科技创新,北京中关村科技创业金融服务集团有限公司创立了中关村科技金融综合服务平台(以下简称"中关村金融服务平台"),并在2009年正式投入运营。中关村金融服务平台以互联网技术为基础,整合金融服务资源,为科技型中小企业提供全方位多样性的金融服务。

科技企业融资信息不对称,是科技型中小企业融资难的主要问题。中关村金融服务平台在利用互联网技术整合银行、税务、工商、科技企业等各相关人信息后,建立了信息归类和共享机制,降低信息不对称的可能。同时引入专业信用评级机构,为各个科技企业信用打分降低金融机构融资风险。

中关村高新技术企业的融资体系是基于企业信用体系建设形成的。中关村企业信用促进会成立于2003年,主要由中关村高新技术企业、金融中介、信用担保、金融保险等机构组成的社会法人。机构的成立遵循"以信用促进企业融资,以融资推动企业发展"的发展战略,为中关村企业发展提供重要支持。截至2016年,已经有约5000家企业会员;促进会的简称也切实为中关村科技金融体系的构建和完善做出了重要的贡献。

基于《中关村国家自主创新示范区科技型中小企业信用贷款扶持资金

---

① 李希义,朱颖. 北京市知识产权质押贷款的措施和经验[J]. 中国科技投资,2010(1):35-37.

管理办法》,政府为了满足中小型科技企业发展过程中的融资问题,通常管理委员会对通过审核的企业提供一定额度的贷款支持;为企业高新技术企业提供贷款的银行提供一定的补偿。其中主要实施办法如下:(1)对于期限在3个月以上定期还本付息的企业,会享受一定比例的贷款补贴,且补贴额度与企业"星级"相关,星级越高,代表企业信用水平越好,相对的贴息比例更高。例如,一星企业的贴息比例是20%,而五星企业比例可以提升至40%,但是单个企业贴息总额不超过60万元。(2)对于贷款期限三个月以上但是利率上浮幅度不超过30%的企业,管理委员会会对合作银行提供一定的风险补贴:累计贷款总额在0.1亿~1亿元之间的,提供贷款额度2%的补贴;超过1亿元的则补贴3%。正是在这一信用先导机制的驱动下,中关村信贷市场发展十分迅速[①]。

3.2.2.4 投贷联动的新模式

投贷联动作为我国科技金融发展中的"新成员",其本质是通过股权投资与银行信贷相结合,使得进行"投贷"的商业银行能够享受由高新技术企业带来的高增长红利。其目的是通过结构化的设计,降低银行对"轻资产、少抵押"的高新技术企业的授信风险,降低企业与金融中介的信息不对称,从而使得投资的收益与风险相互匹配。

现阶段投贷联动的模式主要分为以下几种:(1)商业银行与第三方投资机构合作模式。这种模式下,商业银行通过与第三方机构签署战略合作协议,对推荐的授信客户进行调查,根据各自的流程进行决策,从而共同决定是否对企业股债权投资。(2)商业银行直接进行投资模式。这种模式起源于国家开发银行与农业发展银行。两家银行通过向中国邮政储蓄银行定向发行转型建设债券,利用所筹集的项目资金投入、股权投资与建立地方性融资基金。目前这一模式仅适用于两大政策性银行,其他银行由于政策限制并不能适用。(3)商业银行通过设立子公司进行投资。我国大部分商业银行通过设立子公司的模式,与其他商业银行进行合作开展投贷联动业务。

---

① 中关村企业信用促进会. http://www.ecpa.org.cn/.

第3章
国内科技金融发展现状和经验

实际上，截至2016年，北京市辖内银行开展投贷联动业务供给40.06亿元，内部投贷联动贷款为7.71亿元，投资0.37亿元；外部投贷联动贷款31.98亿元，同比分别增长63.42%与2000%。可以说，北京通过投贷联动这一新方式，为"高精尖"企业"补气输血"[①]。

3.2.3 创业投资

3.2.3.1 北京市风险投资现状

北京市一直是风险投资最活跃的区域之一。2016年，全国风险投资项目为9124项，其中北京市拥有2862项，占全国总数的31.4%；全国风险规模为7449.4亿元，其中北京市投资规模高达2493.37亿元，占全国总额的33.5%。北京市风险投资的主要情况如表3-2所示。

表3-2　　　　　　全国风险投资与北京市风险投资对比

分类	年份	全国	北京	分类	年份	全国	北京
投资项目数（项）	2005	594	188	投资规模（亿元）	2005	717	538.73
	2006	1054	335		2006	1483	978.57
	2007	1615	431		2007	927	191.96
	2008	1616	442		2008	1077	337.97
	2009	1687	426		2009	1413	710.58
	2010	3334	776		2010	2178	817.18
	2011	4839	1146		2011	3256	1109.80
	2012	3747	851		2012	2426	442.6
	2013	3489	969		2013	2375	710.67
	2014	5281	1897		2014	3639	1534.11
	2015	8613	2709		2015	4314	1253.01
	2016	9124	2862		2016	7449.4	2493.37

注：数值根据早期金额投资、VC、PE投资规模总和与案例数量计算。
资料来源：清科数据库。

---

① 于士航.2016年北京市科创企业投贷联动超40亿元[N].北京日报，2017.

北京市创投规模增长明显，处于全国领先水平。但是，从2016年的情况看，北京市创投规模出现了一定下降，但是总体向上趋势在未来应该会保持不变。从资金的具体规模来看，北京市风险投资机构规模在5000万~5亿元规模的创投基金数量较多，且创投基金的资金来源一半以上来自企业。

此外，北京市风险投资具有投资领域广泛这一特点。其中，北京市在互联网、电信及增值业务、IT等新兴高技术产业领域皆表现出明显的区位优势，处于全国领跑地位。而在相对成熟的生物技术/医疗健康、机械制造领域，投资北京市的项目则显著减少。这一情况再次从另一个角度印证了北京市作为科技创新中心和高新技术发源地的功能定位，高新技术产业发展初期，北京市凭借其地区优势，产生众多新兴技术并吸引大量风险资本，当技术和产业相对成熟，其他省市在土地资源和人力资本价格上的相对优势，将吸引相关产业外迁。北京市创投机构规模分布与资金来源构成如表3-3所示。

表3-3　　　　　　北京市创投机构规模分布与资金来源构成

北京市风险机构规模分布

分布	5000万元以下	5000万~1亿元	1亿~2亿元	2亿~5亿元	大于5亿元
北京	11.11%	33.33%	22.22%	22.22%	11.11%

北京市风险投资机构资金来源

来源	国有独资投资机构	个人	企业	政府	其他
北京	30%	8%	51%	11%	0%

资料来源：清科数据库。

3.2.3.2　北京市天使投资情况

北京市天使投资机构以中关村为代表，其中，中关村43位企业家于2008年成立了中关村天使投资联盟，主要关注板块包括环保、软件、能源等高新技术集聚产业。天使投资联盟主要由决策委员会作为中枢机构，采用团体责任制。通过委员会的审核评估对初创企业进行投资，并且采用

第 3 章
国内科技金融发展现状和经验

"投资+指导"的方式，对企业发展提供帮助。当投资金额大于一定数量时，委员会会对企业项目进行全程跟踪辅导，以确保资金的利用效率。仅2016年上半年，中关村地区天使投资案例高达379起，涉及金额高达23.4亿元，占全国天使投资金额的45%左右。[①]

3.2.3.3 政府股权投资引导基金与补贴政策

创业投资引导基金是由政府设立的一种政策性基金，按照市场化方式扶植创业投资企业的发展。2002年，中关村管委会出资设立的"中关村创业投资引导资金"，是我国第一只由政府出资设立的具有"引导"名义的创业投资引导基金。《国家中长期科学和技术发展规划纲要（2006~2020年）》鼓励有关部门和地方政府设立创业风险投资引导基金，引导社会资金流向创业风险投资企业，投资于种子期和起步期的创业企业。

北京市于2008年7月正式启动中小企业创业投资引导基金。目前，引导基金财政资金规模为9.2亿元。截至2014年底，引导基金同国内创业投资机构共同出资设立了30家参股创投企业，协议出资总额为48.44亿元，其中引导基金协议出资额约12.25亿元，带动社会资本36.19亿元。[②]

引导基金积极引导社会资金重点投资于符合北京城市功能定位和相关产业政策、产业投资导向的创业期科技型、创新型中小企业。截至2014年底，引导基金参股创投企业已对123家中小企业进行了股权投资，投资额超过16亿元。[③]

《中关村国家自主创新示范区创业投资风险补贴资金管理办法》指出，中关村将对符合要求的创投企业提供一定的创业补贴，且补贴额度一般为企业初始投资额度的10%左右，但是单笔额度不超过100万元。针对政府引导自己参股的企业，政府会对非整部参股部分进行补贴。补贴额度有以下规定：创投企业对于单一企业一年累计补贴额度不得超过100万元；对于同一创投企业补贴额度不得超过200万元。

3.2.3.4 股权众筹的新模式

作为一种互联网融资模式，众筹的起步时间较晚。其中，成立于

---

① 清科数据库.
②③ 于士航. 2016年北京市科创企业投贷联动超40亿元 [N]. 北京日报, 2017-5-5.

2001年的ArtistShare被公认为是首家众筹网站。这家众筹平台主要面向艺术家及其粉丝,通过组织粉丝资助的方式资助唱片的生产工程。而目前国内较为权威的众筹网站包括人人投、爱投资、微众筹、众筹网等。以其中众筹网为例:众筹网成立于北京,是专业的一站式综合众筹融资服务平台,是网信集团旗下的众筹模式网站,为大众提供筹资、投资、孵化、运营一站式综合众筹服务。

众筹行业在2015年已经成功筹集了超过100亿元,实现了快速高增长。其中,股权众筹是众筹的主要形式。2015年全国众筹平台数量达283家,相比2014年增加99.3%;全国众筹行业共成功筹集114.24亿元,同比增长超500%。[①] 2015年12月国务院颁布了《关于进一步显著提高直接融资比重、优化金融结构的实施意见》,明确提出了股权众筹是众筹试点的一项重要工作。

3.2.4 科技担保与保险

近年来,北京市科技金融部门以推进科创中心建设为主要契机,努力缓解中小型科技企业的融资约束问题,促进科技金融产业协同发展。北京市财政通过引入贷款贴息、担保、科技保险等方式从第三方机构层面为科技型中小企业提供融资支持,与传统科技金融耦合发展形势形成补充。

融资担保是指在银行向银行融资过程中保障银行债权的一种企业融资支持方式,其主要以信用为基础。科技的融资担保目的是改善中小型科技企业的融资环境,增强科技型中小企业的融资能力。通常根据担保机构的性质和担保目标,担保机构可以分为政策性担保机构、商业性担保机构与互助型担保机构。其中,政策性担保机构一般由政府设立,且由政府直接进行控制和管理;商业性与互助型担保机构是市场操作型,由非政府独立法人进行管理。

3.2.4.1 北京市担保机构发展现状

北京市信用担保行业从1997年最早成立的首创投资担保公司开始,

---

① 孙立欣.2015众筹行业年报[R].上海:网贷之家,2016.

经过了萌芽期、发展期、完善期等十几年的探索,已经逐步形成了多层次、多方参与、担保品种相对丰富的担保市场。

北京市担保行业的总体规模在过去几年不断增加,总体呈现稳步上升的趋势。根据北京市担保协会工作报告,在北京市各项担保业务中,近几年业务量增幅普遍超过30%,特别是非融资性担保有了显著提高。2006~2016年,北京市担保机构数量变化如图3-3所示。

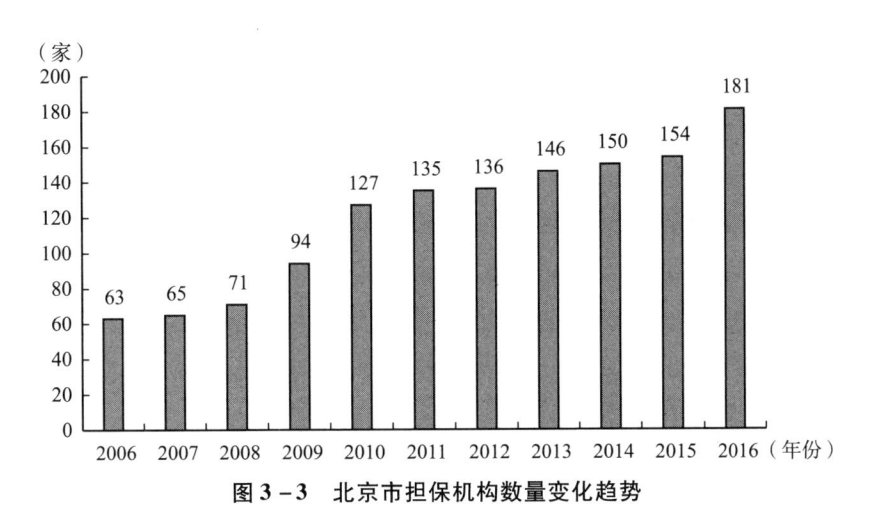

图3-3 北京市担保机构数量变化趋势

资料来源:中经未来产业研究中心数据库。

3.2.4.2 北京市担保机构经营现状

在新增担保额方面,北京市全年新增担保额共计1526.72亿元,同比下降4.34%,出现了总体小幅下降的趋势;其中融资担保新增规模为925.5亿元,同比增长9.1%;非融资担保规模为601.22亿元,同比下降19.58%。北京市担保在保余额为2530.11亿元,同比增长11.19%;其中,融资担保的在保余额为1380.80亿元,占总余额规模的54.57%,同比增长9.69%;非融资担保余额为1149.31亿元,同比增长13.06%[①]。北京市历年在保余额规模变化如图3-4所示。

---

① 中经未来产业研究中心数据库。

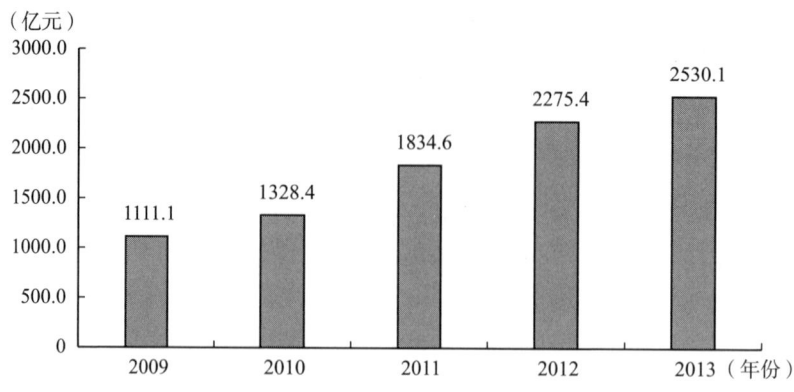

图 3-4 北京市历年在保余额规模变化

资料来源：中经未来产业研究中心数据库。

3.2.4.3 北京市科技保险

2007年7月20日，北京市政府与科技部和保监会签署了"科技保险创新试点城市（区）备忘录"，北京成为全国首批五市一区的科技保险试点城市之一。科技部和保监会批准华泰财产保险股份有限公司、中国出口信用保险公司、中国平安保险（集团）股份有限公司和中国人民保险公司四家试点保险公司经营的高新技术企业产品研发责任险、高管和研发人员的健康保险和意外保险、出口信用保险等22个科技保险的试点险种。

2010年6月21日，中国人民银行、银监会、证监会和保监会四部委联合发布了《关于进一步做好中小企业金融服务工作的若干意见》，强调要为科技型中小企业创新险种，发挥科技保险的风险保障作用。2011年，北京市发布了《关于金融支持本市中小微企业发展的若干意见》，提出发挥保险资金的融资功能、保险公司的机构投资作用以及资金融通功能，引导符合条件的保险公司参与北京市中小微企业投融资体系建设。

2012年后，北京市加强科技保险与中关村示范区的联系。分别出台了《中关村国家自主创新示范区首台（套）重大技术装备试验、示范项目保险补贴专项资金管理办法（试行）》《关于中关村国家自主创新示范区建设国家科技金融创新中心的意见》《关于落实中关村国家自主创新示范区建设国家科技金融创新中心的实施方案》等针对中关村示范区中科技型中小企业各个相关方的科技保险，意在通过中关村示范区带动北京市周边科技保险的发展。

2017年11月21日,科技上市企业数字政通发布公告称,拟参与设立北京首家专业科技公司,公司名称暂定为"科创科技保险股份有限公司",其注册资本为10亿元。实际上,相比于一般的寿险财险公司,科技保险公司的承保对象以及规范更为明确,且合法经营的高新技术企业、科研机构与院校都可以进行投保。近年来,我国的保险行业飞速发展,截至2018年底,我国的保险业保费收入已经超过了3.5万亿元,其中北京市占比高达5.7%[1],此外,科创科技保险有限公司将采用先进的云计算、移动互联网、大数据以及物联网等高新技术,实现产业融合,为保险公司提供众多满足产品需求的服务,充实需求来源,实现优势互补,资源共享。

3.2.5 多层次资本市场

在科技企业进入成熟阶段之后,企业风险基本变得可控,股权融资与银行贷款逐渐成为企业发展的主要资金来源。资本市场是天使投资、风险投资退出机制的重要载体,因而推动企业上市是推动科技型中小企业持续发展的重要环节。

截至2017年4月30日,北京市辖区内共有上市企业290家,占全国上市公司总数的9.05%,总市值为129224.10亿元,占上市公司总市值的24.51%;其中,北京辖区内有主板公司153家、中小板公司48家、创业板公司89家。在沪深两市分布情况,北京辖区内上交所上市公司126家,总股本为21738.60亿股,占上交所的53.74%,总市值为106561.95亿元,占上交所的35.48%;深交所上市公司164家,总股本为1740.68亿股,占深交所的10.34%,总市值为22662.15亿元,占深交所的9.99%[2]。

目前,我国科技资本市场主要由主板、创业板与中小板市场、股权交

---

[1] CSMAR数据库.
[2] 证监会北京监管局.2017年北京辖区上市公司概况[R].北京:证监会北京监管局,2017.

易托管中心、产权交易中心等组成。由于主板上市的要求相对较高,因此我们这里着重介绍以创业板市场为代表的能够适应中小企业发展不同阶段的资本市场。

3.2.5.1 创业板市场

创业板市场是指专门协助高增长企业特别是高新技术企业进行筹资和资本运作的市场,也被称为二板市场、增长型市场等。目前,国际上比较著名的创业板包含美国的纳斯达克、香港证券交易所创业板、韩国科斯达克以及伦敦 AIM。现阶段我国的深圳证券交易所设立了创业板,且已经成为创新型企业借力资本市场、促进自身发展的重要平台。

截至 2016 年 10 月 31 日,创业板共有 690 家上市企业,占上市公司总数的 20%,其中 638 家拥有高新技术企业资格,600 家拥有核心专利技术,252 家拥有国家火炬计划项目,83 家拥有国家 863 计划项目,60 家为国家创新试点企业。总市值达 5.5 万亿元,占 A 股总市值的 9.5%。以 2009 年为创业板基年计算,创业板规模年复合增长率达 23%,年利润复合增长率达 15%[①]。

3.2.5.2 北京四板市场

北京四板市场,即中关村股权交易中心成立于 2013 年 12 月 28 日,是北京市政府为了加强建设北京市区域股权交易市场,健全国家多层次资本市场体系建设的重要组成部分。其在促进首都区域经济发展的同时,以市场化的手段进一步配置创新资源。作为以创新性为导向的国有企业,中关村股权交易中心以健全完善多层次资本市场为主线,以促进中小微企业发展为目标,以构建创业创新综合金融服务体系为抓手,充分融合国有资本的支撑放大作用和中关村先行先试的引领加速功能,充分打造中关村股权交易中心的权益交易、登记托管、资产管理、股权投资、资本市场培训等核心服务体系,以发展多层次资本市场的塔基功能,其具体业务如表 3-4 所示。

---

① wind 咨询。

第 3 章
国内科技金融发展现状和经验

表 3-4 中关村股权交易中心具体业务

业务名称	业务概述
权益交易	面向首都双创企业，通过设置标准板、科技创新板、大学生创业板、孵化版等挂牌体系，打造集培训、咨询、路演、融资、转板等于一体的综合性服务体系
登记结算	面向非上市企业股权、债权及其他各类私募金融产品；通过开展权益登记、股权管理、资金结算、财富管理、工商代办等综合服务，打造首都最具公信力的私募金融产品基础设施提供商
资产管理	以私募债券基金为载体，资产配置灵活多样，涉及货币工具、债券工具、另类投资及海外资产等多个维度。对外配合市场运行及中小微企业需求，充分发挥降低企业融资成本、疏通经济发展"血脉"的功能作用；对内充分发挥资产管理与协同创新的功能定位，努力将平台打造成为耦合集团各功能板块、提升整体收益的创新中心和利润中心
股权交易	以私募股权基金为载体，聚焦科技创新、文化创意、健康医疗、国企混改、互联网等新兴领域，通过投资引导，以输血促造血，以规范促发展，努力打造伴随企业早期成长周期的全产业链、完备的投资配套体系
资本市场培训	面向主板、创业板、新三板及四板等企业资源，充分发挥"多层次资本市场 + 企业教育 + 互联网"的基因优势，联合政府、高校、资本市场中介机构、风险投资机构及创新型孵化器等，为企业提供培训、咨询、路演、挂牌仪式、科技媒体、财经公关等一站式综合性服务，努力打造全国领先的中小企业创新服务平台

3.2.5.3 涉及资本市场的相关配套政策

此外，国家也抑制鼓励企业依托资本市场促进企业发展，除了上述涉及部分，还包括政府对于上市企业的政策补贴。依据《中关村国家自主创新示范区支持企业改制上市资助资金管理办法》，中关村将对企业的境内外上市提供优惠政策，包括：向获得《中国证监会行政许可申请受理通知书》的上市企业提供 50 万元资助；对境外成功上市企业同理。不仅如此，中关村分别于纽交所、纳斯达克、港交所与德意志交易所签署战略合作协议；根据《中关村国家自主创新示范区支持企业改制上市资助资金管理办法》中的相关规定，对于参与转让挂牌系统的企业给予 60 万元的补助；对于主板股份转让的券商，依据取得《中国证券业协会挂牌报价文件备案确认函》，给予 20 万元补贴。

除了资金资助以外，中关村联合证券业协会、深交所、相关券商建立社会化的企业培育工作体系,每年多超过 600 家企业进行培训,推动企业进入代办系统挂牌。同时中关村还建立了代办股份转让试点金融服务联盟,进一步推动代办股份转让业务的发展。截至 2017 年初,已经有超过 300 家中关村企业在境内外上市,总市值已经超过了 1700 亿元。①

同时,《中关村国家自主创新示范区发展规划纲要(2011~2020 年)》还强调:实施中关村并购重组计划,将有条件的企业通过这一途径做大做强。现阶段中关村与相关部门合作,构建企业、监管部门、金融机构的多方服务平台,支持企业通过并购重组加快企业发展,提升企业实力。近年来,中关村企业并购重组业务相对活跃,截至 2015 年,中关村发起并购交易 487 起,同比翻番;同时披露金额高达 1862 亿元,同比增长 42.8%,并购案例数和并购金额分别约是 2010 年的 11 倍和 32 倍。

3.2.6 案例:中关村国家自主创新示范区发展模式

为了解决中小企业融资难的问题,响应政府建立具有全国影响力的科技金融中心的要求,打造属于中关村独特的科技创新品牌,北京市于 2009 年创立了中国第一个高科技园区,中关村国家自主创新示范区。

3.2.6.1 中关村示范区先试先行的带头作用

中关村示范区具有得天独厚的地理位置,科技创新丰富的历史北京,多样的科技资源,先进的创业成果,已经在近几年的发展中成为中国科技创新的"领头羊",在聚集科技金融资源,完善技术和资本高效对接的机制、科技金融政策先行等方面取得重大成果。中关村示范区在全国率先设立了创业投资引导基金、创业投资企业封信补贴政策、成立创业投资促进工作平台,搭建了科技型中小企业的贷款担保平台、设立担保贷款绿色通道等一系列科技金融创新工程。种种尝试不仅进一步完善了政府资金、民间资金、同金融机构和科技兴中小企业的结合,也为全国其他地区的科技金融发展起到了示范性作用。

中关村示范区作为国家政策试点区也突出了北京政策性金融导向的科

---

① 中关村科技园区管理委员会. http://zgcgw.beijing.gov.cn/.

第3章 国内科技金融发展现状和经验

技金融特点。目前中关村示范区已经建成了"一个基础、六项机制、十条渠道"的科技金融体系。"一个基础"指的是以企业信用体系建设为基础,以信用促进融资,以融资促进发展;"六项机制"是指信用激励机制、风险补偿机制,以股权投资为核心的投保贷联动机制,银、政、企多方合作机制,分阶段连续支持机制,市场选择聚焦重点机制;"十条渠道"包括天使投资、创业投资、境内外上市、代办股份转让、担保融资、企业债券和信托计划、并购重组、信用贷款、信用保险和贸易融资、小额贷款。

2013年,北京市社会科学院、中关村创新发展研究院和北京方迪经济发展研究院联合对借鉴美国硅谷指数的中关村指数进行了进一步完善,为监测中关村批复以来中关村科技创新发展情况,以2008年为基期,根据每年实际发展数据测算并合成综合指数,形成新的中关村指数。全面衡量了创新创业环境、创新能力、产业发展、企业成长、辐射带动、国际化六大方向。既能体现出中关村示范区发展的实际情况和中关村特色科技金融体系,也对全国其他地区的科技金融发展带来了前瞻性和战略引导的作用。图3-5描述了2015年中关村地区创业投资情况,可见无论从投资数量还是资金规模,中关村地区均表现出强于其他地区的科技创新活力。

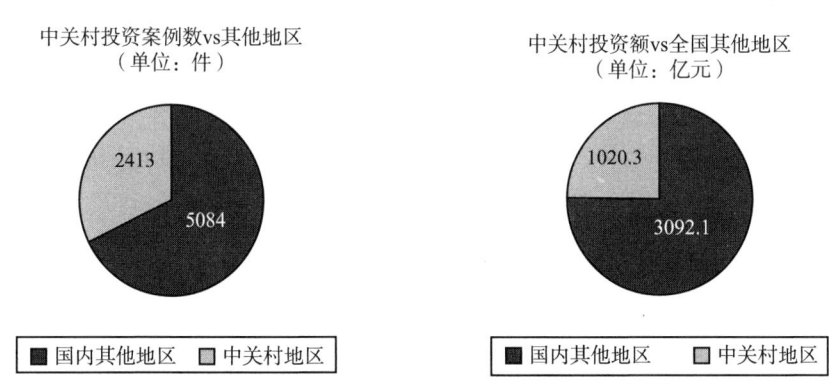

图3-5 2015年中关村创业投资情况

资料来源:中关村创新发展研究院. 中关村指数2016分析报告[R]. 北京:全国大众创业万众创新论坛,2017.

3.2.6.2 全面发展科技金融，成为中国科技创新主力军

中关村示范区集合了大量优秀人才，为科技创新带来多样化思路。从学历结构看，拥有本科及以上学历的从业人员已经达到94.9万人，占从业人员总数的比重增长至50%以上，拥有硕士和博士学历的从业人员数量达到18.3万人和1.8万人，分别较上年增加了17.0%和21.3%；留学归国从业人员达到1.9万人，同比增长22.7%。中关村从业人员数按学历分布如图3-6所示。

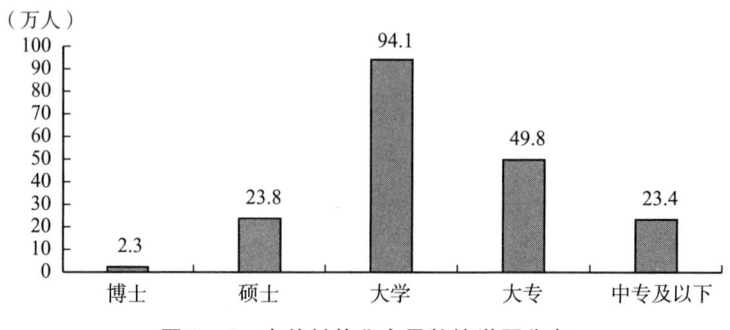

图3-6 中关村从业人员数按学历分布

资料来源：中关村创新发展研究院. 中关村指数2016分析报告［R］. 北京：全国大众创业万众创新论坛，2017.

科技和资本对接机制逐步深化，多种融资方法共同推动科技创新发展。中关村示范区创业投资，股权、债权融资，科技信贷等各种融资方式为科技创新助力。2015年，中关村新增上市企业27家，其中境外上市5家，截至2015年12月末，总数达281家，累计首发融资2590.3亿元；截至2015年12月末，"新三板"挂牌公司783家，同比增长92.3%。截至目前，176家中关村企业成功挺进创新层，居全国首位；截至2015年底，中关村股权交易服务集团（原北京股权交易中心）服务企业总数2147家，同比增长193.3%；备案私募债27只，备案金额32.5亿元。

创新服务不断更新，打造中国顶尖科技孵化器。北京市作为我国较早建立孵化器的城市，目前孵化器的发展水平已处于国家前列，来自科技部火炬中心的数据显示，北京市目前已经拥有国家级科技企业孵化器36家，

其中中关村示范区拥有的国家级科技企业孵化器就有30家,各类孵化机构共计100余家,孵化总面积超过320万平方米,还涌现出车库咖啡、创36氪、创业家、创业邦等17家创新型孵化器。[①]

3.3 上海科技金融发展与经验

坐落于长江三角洲的上海,凭借地理优势,成为国际、金融、贸易和航运中心。资源的聚集吸引了来自全球的商业、科技方面的资源,研发人才和管理人才也随着国际公司的进驻相继涌入。Sappin Global Strategies 公司发布的全球具有发明力城市排名（2014）上海排在第15位。该排名对教育基础、投资环境、创新影响力、创业环境、高质量工作和专利进行了评分,在几项指标中,上海在投资环境和创业环境方面得分最高,创业环境超过了伦敦和波士顿,仅次于硅谷、纽约和深圳三个城市,投资环境方面也超过了伦敦和斯德哥尔摩等工业成熟的城市。

截至2018年5月底,跨国公司在沪设立研发中心431家,占全国的1/4,来自世界500强企业的研发中心占比高达约全国1/3,上述两比例均占全国最高。在研发投入强度最大的1000座城市的排名表上,上海仅次于东京和硅谷。

3.3.1 政策引导

3.3.1.1 依赖金融中心优势和以市场化为导向的科技创新战略

2011年,中国保监会、中国银监会、中国证监会、中国人民银行联合下发了《关于确定首批开展促进科技和金融结合试点地区的通知》,将上海列入其中。同年12月,上海市出台了《关于推动科技金融服务创新,促进科技企业发展的实施意见》,提出了科技金融发展的目标任务:立足国家科技创新发展战略,面向战略性新兴产业发展和高新技术产业化,依

---

① 中关村创新发展研究院.中关村指数2016分析报告[R].北京:全国大众创业万众创新论坛,2017.

托上海国际金融中心建设优势,抓住建设张江国家自主创新示范区的契机,以市场化为导向,以体制机制改革为动力,力争通过3年左右的创新试点,建立健全与上海科技企业和高新技术产业化发展相适应的科技金融服务体系与政策环境,丰富业务产品体系,拓宽科技产业化投融资渠道,切实解决当前科技企业创新发展的融资瓶颈,促进上海科技与金融融合发展,初步把上海建成全国科技金融服务中心,发挥上海在我国科技金融服务体系建设中的示范引领作用。

意见提出了九点建议:完善科技企业信贷服务体系;建立健全科技型中小企业信贷风险分担机制;加大科技融资担保支持力度;扩大科技企业直接融资;积极发展"天使投资"和风险投资;加大科技金融服务的创新力度;健全科技与金融相结合的服务平台;完善科技金融信用服务体系;加强科技金融服务的组织协调。这一实施意见的出台为自贸区和杨浦、张江等高新技术区的协调发展指明了方向,鼓励了科技成果和中介信息服务平台的结合以及金融机构和科创企业的合作,作为一个总的战略方针构筑了上海市科技金融发展的未来结构。

一直以来,上海市科技创新体系都是以多主线为模式:由科委、教委、中科院、企业自主等系列,多主线的模式使得各部门缺乏交流,难以实现高效的资源聚集效应,同时,上海市"科教兴市"以来一直强调政府的主导作用,科技创新的项目确认、组织协调等一直由政府安排,使得科技创新体系缺乏主动性和风险意识,在此基础上,上海市以市场化为导向的战略方向尤为重要。

在高校、科研院所方面。上海在创新科技的主体资源优势上一直落后于北京,2017年北京的两院院士人数和"千人计划"人数分别为上海的4.2倍和1.5倍;同时期的国家重点实验室和国家工程实验室也远低于北京的数量。针对上海的这一弱点,科技金融信息服务平台于2015年9月28日发布了《市财政局等关于改革和完善本市高等院校、科研院所职务科技成果管理制度的若干意见》,除了加大支持高等院校和科研院所科技成果转化的中间环节,完善科技成果的管理,还有更为实际的意见:对上海市高等院校、科研院所科技成果转化所获得的收益,全部留归单位,纳入单位预算，实行统一管理，不再上缴国库；实施科技成果转化"投资损失"免责政策，消除单位和科研人员后顾之忧；上海市高等院校、科研院所可自主决定采用科技成果转让、许可、作价入股等方式开展科技成果转移转化活动，涉及的科技成果使用和处置，行政主管部门和财政部门不再审批。三条极富实践意义的意见，针对行政管理部门的放权管理和科技成果转化利益的归属关系变革，提升了上海R&D各部门的积极性和自由度，形成激励示范，促进科研机构的发展，奠定了走向市场化的一步。

3.3.1.2 国际金融中心的定位提供发达的金融平台

上海如今已经正在"4+1+1"的科技金融服务体系。"4+1+1"即四个中心（经济、金融、贸易、航运中心），自贸区建设和全球科技创新中心建设。2011年12月，国家发改委发布了《"十二五"时期上海国际金融中心建设规划》，提出到2015年"基本确立上海的全球性人民币产品创新、交易、定价和清算中心地位"。在大的金融环境上，上海有四个优势：（1）上海已经形成了包括股票、债券、货币、外汇、OTC衍生品等在内的全国性金融市场体系，是国际上少数市场层级完备的国际性金融中心；（2）上海的PE、VC等新型金融机构增长迅速，截至2015年，在沪金融机构超过1400家，在2014年，金砖国家开发银行总部确定在上海落户，成为首个总部设在上海的国际金融组织；（3）在沪各类外资金融机构总数超过4000家，占上海金融机构总数的30%以上，其中总部设在上海的外资法人银行占全国一半以上，金融市场的国际化程度为全国最高；（4）自由贸易区的建设目标是成为具有国际水准的投资贸易便利、货币兑换自由、监管高效便捷、法治环境规范的自由贸易园区，"一行三会"发布了51项金融支持自贸区建设的政策措施，并且在2014年启动了黄金国际板的交易；同年入驻自贸区的持牌金融机构数量达到116家，自贸区的建设在各方面取得了良好的进展。政策导向与地区优势的结合，为上海科技金融发展起到了重要的推动作用。

3.3.2 科技信贷

上海商业银行对于高新技术企业发展的支持力度不断增加，同时信贷量也逐年增加。2012年，浦东发展银行与美国硅谷银行展开合作，建立浦发硅谷银行，旨在支持和满足科技型企业的融资需求。同时，大量商业银行专门设立了科技贷款融资专营部门，打造专门为科技金融行业服务的专业性网点。除了传统商业银行对于科技金融发展的支持，大量小额贷款公司的出现也为科技金融发展助力不少。

截至2018年上半年，上海市小额贷款公司共有127家，同比增长3.25%，贷款余额为223.37亿元，同比增长2%；2010年4月，境外投资者参与境内人民币股权投资基金设立开始进行试点，上海创投市场中的300多家创投公司为初创公司提供了直接融资的帮助。另外，上海的各级科技部门还与金融机构合作推出信用保证类产品，上海市科委拟建立10亿元规模的科技型中小企业履约保险贷款，受惠范围超过500家企业[①]。

在综合科技金融服务平台层面，上海市科技金融信息服务平台为科技型中小企业提供多样化的贷款服务，主要包含科技微贷通贷、科技履约贷款、科技创投贷贷款、科技小巨人贷款、保费补贴等，部分产品情况如表3-5所示。

表3-5　　　　　　　　上海市部分科技贷款产品

贷款名称	服务机构	贷款内容
科技微贷通贷	上海市科委与金融机构	它通过企业购买履约保险方式，主要为无资产抵押的科技小微企业解决贷款难问题
科技履约贷款	上海市科委与金融机构	它通过企业购买履约保险方式，主要为无抵押轻资产的科技中小企业解决贷款难问题。企业按时还本付息后，可享受保费（担保费）50%的财政专项补贴
科技创投贷贷款	上海市发改委与上海科创中心等机构	贷款对象为上海市创业投资引导基金、上海市天使投资引导基金投资的子基金所参股投资的科技型中小微企业
科技小巨人贷款	上海市科技创业中心与浦发银行	企业通过浦发银行信用评级达到A-或以上等条件的，可获得银行信用贷款，最高额度不超过3000万元
保费补贴	上海市科委	凡获得科技履约贷和微带通贷款企业，在还本付息后一年内，可申请享受已缴纳保费的50%补贴

资料来源：上海科技金融服务平台，网址：http://www.shkjjr.cn/。

---

① 中商产业研究院大数据库。

3.3.3 创业投资

2016年，上海市科技创新创业服务站工作会议上提到，本年上海的科技创新创业工作将着力推动"大众创业、万众创新"，让更多的投资机构、创业服务机构愿意扎根上海，形成敢于冒险、宽容失败的创新创业生态系统。而这样一种宽容失败的精神，也正是对美国硅谷"敢于冒险，宽容失败"精神的一种呼应。从2009年开始，上海市众创空间开始不断增长，2015~2016年更是呈现井喷之势，两年间成立的众创空间占比近50%。截至2017年，科技企业孵化器数量达到183家，众创空间入库数量达到198家[①]。2016年，上海市科技创新服务站对于科技投资与科技贷款客户还将继续提供股权融资和改制上市服务，已促成15家企业和投资机构对接。

创投环境不断完善，高新技术不断发展的成果，不仅归功于间接融资市场的不断发展，直接融资市场也功不可没。成立于2011年的上海国际创业投资有限公司在科技金融直接投资发展过程中扮演着十分重要的角色：通过与大量商业银行建立合作协同关系，利用"投贷+投保"的方式，为上海张江高科技园区、杨浦科技等园中的各类科技型企业提供资金支持。不仅如此，上海国际股权投资基金协会于2011年12月建立了规模为30亿元的上海股权投资发展基金。为了拓展多层次的融资渠道，早在2010年境外投资者参与境内人民币股权投资基金已经开始试点。除此之外，上海对于大学生科技创业也给予相当有力的资金支持。

3.3.4 科技担保与保险

为了分散科技贷款可能带来的风险，2010年，上海科技委与金融办联合设立了"上海市科技型中小企业履约保证保险贷款"三个银行试点，银行主要包括中国银行上海市分行、浦发银行上海分行与上海银行。其中，上海市科委对每家试点银行都提供100万元的风险补偿准备金；每家

---

① 胡润百富，上海市科委.2018年上海众创空间发展白皮书[R].上海：胡润百富，上海市科委，2018.

银行则提供 5000 万元的贷款额度,且太平洋保险公司则为部分贷款提供保险。若发生坏账,贷款无法偿还的情况,则保险公司承担贷款的 45%,银行承担 30%,而准备金补偿剩下的 25%。

此外,上海合作金融平台还推出了各类保证贷款产品:浦东新区牵头试点科技型中小企业短期贷款偿债保险、科技小巨人信用贷、科技微贷同等。同时,上海市各级政府也积极筹备建设区域性融资担保平台。例如,浦东新区通过财政划拨成立的上海掌教小企业信用担保中心,担保中心的起始资金规模为 1.2 亿元。同时,政府也为企业贷款提供担保与财政补偿:在商业银行承担了部分产生的不良贷款后,各级政策可补贴不良贷款 50% 左右的风险,上限可达 60%。2016 年 3 月,太平洋保险联合张江高科技园区开发公司,推出了真正意义上的"创业保障保险"——"科创 E 报",利用金融手段为初创企业发展保驾护航。

3.3.5 多层次资本市场

在丰富多层次的金融服务体系与服务平台过程中,推进科技企业通过资本市场融资,促进中小型科技企业在资本市场上市也是多层次市场中非常重要的一环。根据 2016 年上海市政府颁布的《本市鼓励中小企业开展股权托管交易有关财政专项扶持办法》与《关于推进本市中小企业上市工作的实施意见》,各级政府会给予挂牌上市企业一定的补贴资助。以浦东新区为例,区政府将会为在上海市证监局上市辅导备案的企业提供 30 万元补助;对受到受理函的企业提供 70 万元补助;对于审核后企业给予 50 万元补助等[①]。

早在 2007 年,证监会就向国务院提交了《多层次资本市场建设方案》,其中将中国的资本市场分为三层,概括起来就是:主板市场、创业板市场与场外交易市场。其中场外交易市场(OTC 市场)主要服务于那些有资金需求、符合一定条件但是无法在创业板上市的中小型企业,特别是科技企业。2012 年,证监会出台的《关于规范证券公司参与区域性股

---

① 《浦东新区促进金融业发展财政扶持办法实施细则》(2016 年).

权交易市场的指导意见》中提出建设区域性市场概念，上海股交中心正式批准成立。

作为一个场外交易市场，上海股交中心主要有以下三个职能：（1）解决中小企业融资难问题；（2）培育公司上海；（3）金融创新。到了2015年，上海股交所公司挂牌数量为7711家，且市场企业整体营业收入增长率为150.82%，净利润增长率达40%左右。2016年末，公司挂牌数量进一步上升至9666家，市值达471.53亿元，已累计成交44.89亿股，累计交易金额73亿元。上海股权交易中心的组织架构如图3-7所示。

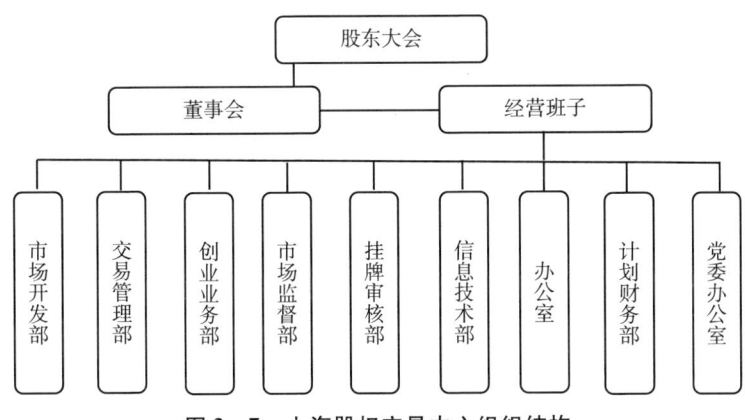

图3-7 上海股权交易中心组织结构

资料来源：上海股权交易中心；http://www.china-see.com。

3.3.6 案例：张江高科技园区发展模式

1992年7月张江高科技园区开园；1999年上海市实施"聚焦张江"战略，坚持创新驱动发展。目前张江示范区总共"一区十二园"，占地面积79.7平方公里。其极好的创业环境吸引了大量的顶尖高科技企业和初创中小企业的进驻，是上海市新技术和专利诞生的摇篮。目前，落于高科技园区的企业以小企业为主，占到了其中80.7%，剩下的5.1%为大企业，14.2%为中型企业。

张江园区的创新集群有从点到线、再形成面的产业集群特征。

（1）张江高科技园区在产业、金融等各个方面均受到了政策的大力支持，"聚焦张江"的战略将多维度的优惠政策也聚焦到了张江，落实到金融体系的政策包括对科技金融机构的扶持政策、科技金融产品创新的政策、直接融资奖励的扶持政策、股权激励吸引人才等政策，如图3-8所示。

图3-8 张江政策体系结构

（2）政府出资成立的张江集团体现了政府与市场结合的意识，是一种管理模式上的创新。张江（集团）有限公司主要负责张江示范区的开发和建设，在科技创新项目的投资上，张江集团与商业银行紧密合作推出了一系列科技金融产品。

（3）"点"式发散横向发展。通过吸引外资巨头企业建立自己的产业支柱，靠成熟的技术，形成从人才、技术到资金各方面的吸引，形成了园区的基础产业模式，以技术吸引其他生产要素。其园区企业集成电路营业收入约占上海的59%，全国的18.4%，是国内最大、最先进的集成电路产业基地。

（4）"线"式流动，纵向吸引。张江确立了以"人才培养—科学研究—技术开发孵化—规模生产—营销物流"为产业链的招商模式，以芯片业为例：张江聚集了芯片设计企业、家封装测试企业、光罩企业、设备企业等总数超过200家围绕芯片产业的核心或者周边企业，形成完整的产业

第3章
国内科技金融发展现状和经验

链集群。

在此基础上,运用上海金融中心多种多样的金融产品和相互合作的金融机构,张江将金融结合到了张江科技园区与银行,直接融资体系和信贷的部分结合成果如表3-6所示。

表3-6　　　　　　张江科技园科技金融结合部分成果

银行服务	直接融资体系渠道	信贷情况
交通银行三大产品: 张江企业易贷通; 漕河泾开发区科技型中小企业信托平台; "携手通"提供1亿元授信包	上海张江(集团)有限公司和上海张江高科技园区开发股份有限公司共同设立张江小额贷款股份有限公司	浦东新区政府出资3000万元财政资金,设立科技企业信用互助专项资金,科技企业信用互助担保基金,提供贷款。对于不良贷款产生的坏账风险企业只用承担40%
浦发银行: "银元宝"合作模式; "张江聚惠计划"; "创智天地二号"等服务产品	张江示范区为准备在"新三板"上市的企业开展实施专项资金补贴,积极构建券商服务平台	浦东新区提供1.7亿元财政专项担保基金
上海农商银行: 调整小企业授信业务的风险权重系数; 专设小企业贷款业务绿色通道退出股权质押贷款、订单融资等适合中小企业的金融服务产品等	科技金融服务平台开发的"投贷宝"等系列产品	提高对商业性融资担保机构的风险补偿,从20%~40%提升到40%~60%
招商银行: 中小企业信贷服务; 上市咨询服务	2016年,招行发布其零售银行的两款Fintech产品,一是招行APP5.0,二是智能投顾系统—摩羯智投;"小企业E家"等产品	推出"履约保险保证保险贷款"试点,逾期不还的贷款由风险补偿金承担损失的25%,保险公司承担45%,商业银行承担30%

资料来源:笔者收集整理。

其中政府与银行等在金融方面实现了多项创新:首先,在"银区合作、支持企业、三方共赢"的原则指导下,张江示范区管理委员会与中国银行上海分行、交通银行上海分行等8家银行签订《战略合作协议书》,

建立了战略合作关系，形成优势互补，8家银行对新的金融模式进行了大量的探索和应用，例如中国银行上海分行提出的"中银信贷工厂"模式，通过流水线一般的审核流程降低了时间和信息成本；张江也促进了科技银行的建立，张江集团为这样专营科技信贷业务的科技银行提供客户信息和信用评价，得到了金融市场的专业化服务的同时也体现了管理机构和金融机构结合的重要性。

目前，张江高科技园区已经汇聚了1万多家企业，其中高新技术企业685家，国家、市、区级研发机构403家，跨国公司地区总部50余家，近20家高校和科研院所，现有从业人员达32万人，高端人才集聚，国家"千人计划"96人[1]，从结果层面看，张江高新技术园区的发展也证明了上海已有科技金融模式的有效性。

3.4 深圳科技金融发展与经验

深圳市依托珠江三角洲经济区和香港特区这一亚洲金融中心，地理区位优势与上海相当，但是在金融机构数量上甚至远超上海，密度居全国之首。其中，深圳高新技术园区除了是我国"建设世界一流高科技园区"的六家试点园区之一，还掌握着香港特区的优秀国际金融资源。截至2016年，深圳已完成股份制改造的企业逾400家，境内外已上市企业逾300家，首发募集资金约2834亿元。其中中小板和创业板公司分别有83家、48家，总计131家排在国内大中城市第一位。在上市后备梯队方面，深圳市有14家企业已通过证监会发行审核，等待挂牌上市；68家企业已向证监会递交股票发行申请文件；65家企业已在深圳证监局辅导备案；341家企业处于改制期或已完成改制尚未辅导。此外，在新三板层面，截至2017年10月17日，全国新三板挂牌企业11615家，深圳挂牌企业794家，排在北京、上海之后，位居第三。[2] 可见，深圳作为我国的创新试点

---

[1] 张江高新技术园区，http://www.zjpark.com/cn/AboutUs.html。
[2] 李曼宁. 深圳全方位扶持企业 IPO 境内外上市逾300家[N]. 证券时报，2016-5-13.

中心，其金融创新活力蓬勃，这使得科技与金融的耦合发展树苗在深圳这片生机勃勃的土壤中能够更加茁壮地成长。

3.4.1 政策引导

深圳作为我国高科技产业发展的先驱，早在 2006 年已经开始探索科技与金融结合创新的发展模式。为了能够促进地区经济、深化地区发展，推动科技创新在经济发展中的驱动力，深圳市政府已经出台了一系列科技金融相关政策，形成了一套完整的政策体系，服务科技金融发展。相关政策如表 3-7 所示。

可见，深圳市政府对于科技企业的扶持政策囊括企业发展的方方面面。2012 年，市政府发布了《关于促进科技和金融结合的若干措施》，强调发挥金融机构的间接融资主渠道作用，拓展科技型企业的直接融资渠道，要求加大对高新技术企业的信贷支持力度。为进一步支持科技和科技金融的协同发展战略，广东省专门设立产业技术创新与科技金融结合专项资金，由省级财政预算安排专项用于引导科技创新的资金。资金重点用于调动信贷机构扩大科技型中小企业信贷规模和信贷额度。2013 年，深圳市通过实施银政企合作梯级贴息资助，撬动银行业资源，主要举措如表 3-7 所示。

表 3-7　　　　　　　　深圳科技创新政策法规（部分）

政策分类	发文日期	部分政策
深圳市委市政府文件	2004 年 1 月	《关于完善区域创新体系推动高新技术产业持续快速发展的决定》
	2006 年 1 月	《关于实施自主创新战略建设国家创新型城市的决定》
	2008 年 6 月	《关于坚持改革开放推动科学发展努力建设中国特色社会主义示范市的若干意见》
	2012 年 11 月	《关于努力建设国家自主创新示范区实现创新驱动发展的决定》
	2016 年 3 月	《关于支持企业提升竞争力的若干措施》
	2016 年 3 月	《关于促进科技创新的若干措施》
	2016 年 3 月	《关于促进人才优先发展的若干措施》

续表

政策分类	发文日期	部分政策
地方性法规	2006年10月	《深圳经济特区高新技术产业园区条例》
	2010年12月	《深圳经济特区加快经济发展方式转变促进条例》
	2013年8月	《深圳经济特区技术转移条例》
	2014年1月	《深圳经济特区科技创新促进条例》
深圳市规范性法规	2015年8月	《深圳市"互联网+"行动计划》
	2016年10月	《深圳市促进科技成果转移转化实施方案》
	2016年11月	《深圳市科学技术奖励办法》
深圳市科技创新委员会	2013年11月	《深圳市科技研发资金投入方式改革方案》
	2015年5月	《深圳市科技创新券实施办法（试行）》
	2017年5月	《深圳市促进重大科研基础设施和大型科学仪器共享管理暂行办法实施细则》

资料来源：笔者根据深圳科技创新委员会（www.szsti.gov.cn）整理。

在促进科技信贷创新融资模式方面，2012年深圳市出台了《深圳市促进知识产权质押融资若干措施》，对知识产权质押融资进行操作指南、风险控制、信贷容忍度、授信评级、授信管理、担保和再担保等方面的指导实施。

《关于支持企业提升竞争力的若干措施》则指出，为了提升企业的竞争力，让企业做大做强，深圳市政府对首次进入世界500强的企业给予3000万元的奖励，对于首次入选"中国500强"的企业则给予1000万元的奖励；设立规模为1500亿元的混合并购基金等。基于经济开发区角度，以《深圳市促进科技成果转移转化实施方案》为例，方案基于推动科技成果信息汇交与发布、促进产学研协同开展科技成果转移转化、建设科技成果中试与产业化载体、增强科技成果转移转化市场化服务功能四个层面，营造系统化、便利化的技术转化过程。同时，深圳市政府也注重尖端人才的培养与引进，根据《关于促进人才优先发展的若干措施》相关规定，深圳市将继续深化拓展的"孔雀计划"：计划中将人力资源分为A、B、C类人才，对不同种类的人才进行不同程度的奖励补贴；对于符合条

第3章
国内科技金融发展现状和经验

件的、从事前沿研究的高层次人才，给予相对稳定的经费支持，对于基础前沿类项目在提供若干周期的资金支持；大力培养与引进紧缺型人才、强化博士后"人才战略储备库"的功能、加快培养与引进国际型人才、努力建设高水平院校与高水平学科等。政策措施营造了深圳尊重人才的社会环境，增强了深圳市的人才集聚效应，也为深圳市的科技金融发展奠定了良好的政策法律环境，具体如表3-8所示。

表3-8　　　　　　　改革方案吸引社会资本具体方式

撬动银行资源	实施银政企合作梯级贴息资助：市政厅每年安排4亿元委托贷款本金，委托银行以6~10倍的资金转贷给企业；每年安排800万元作为合作银行风险准备金；每年安排4200万元给接收转贷的企业贴息
撬动保险业资源	市财每年安排1000万元对已投保高技术保险的科技企业保费资助
撬动社会创投资本	实施天使投资引导项目资助，每年安排1000万元对市政府创业投资引导基金参股设立、以深圳战略性新兴产业早期项目为主要投资对象的天使基金
撬动股权基金	试行股权有偿资助

资料来源：根据《深圳市科技研发资金投入方式改革方案》整理。

3.4.2　科技信贷

深圳市金融行业比较发达，其拥有近百家银行类金融机构。随着深圳金融的不断发展，为了改善中小企业发展中的融资约束问题，深圳市商业银行不断推出创新性的金融产品与契合程度较高的金融服务。截至2018年9月末，深圳市银行资产总额为8.18万亿元，相对于2010年末的3.48万亿元，增长了135.1%；不良贷款率为1.38%，相对于2010年末下降了0.11%[1]。不仅如此，截至2017年，深圳市小微企业贷款余额为8131.86亿元，较年初增长25.71%，增速高于其他行业贷款；中小企业获得贷款率同比上升3.78%[2]。

为了促进科技金融产业的协同发展，深圳市主要从以下几个方面入手。

---

[1] 中国银行业监督管理委员会深圳管理局，http://www.cbrc.gov.cn/shenzhen.
[2] 中国中小企业信息网. http://sme.miit.gov.cn/.

首先，设立科技银行等科技金融专营机构。截至2014年，深圳已经有45家商业银行或金融机构设立了科技金融相关业务处室，其中：中国建设银行深圳分行联合深圳市科技创新委员会联合成立了Z2Z科技银行联盟；民生银行通过打造微贷直营团队，明确了6家小微企业金融支行。

其次，深圳市银行业努力推进投贷联动机制。中国工商银行深圳市分行以股权质押、PE保证等方式，推出投贷联动业务，向中小型科技企业提供贷款与授信；民生银行则利用创投机构集聚平台优势，在对创投机构进行全面评估的基础上，以持有科技上市企业的股权质押提供综合授信，提高了创投机构的杠杆率；浦发银行则主要整合创投基金、天使投资等不同投资形式的投资优势，充分挖掘初创企业的自身价值，对接配套的股权项目，为知识产权质押融资、人才贷款等提供全方位的金融支持。不仅如此，银行为科技信贷提供创新的担保方式，例如，交通银行深圳分行通过与不同科技产业协会建立紧密联系，通过产业协会向银行推荐客户，或者由产业协会、企业与银行三方联合设立担保公司，为中小型科技企业提供担保。

同时，深圳市银行业通过改善金融服务模式，增大企业的信贷支持。2014年，深圳市银监局提出动态提高小微不良贷款的容忍度、推动建立从业人员尽职免责制度等若干项举措，解决银行对中小企业贷款项目的顾虑；中国银行深圳市支行为中小企业提供"新三板上市交易"服务，为深圳4000多家中小型科技企业提供综合性金融服务。

3.4.3 创业投资

经多年培育，深圳拥有一支庞大的"创投军团"，截至2017年，深圳已有的创投机构达到5200多家，累计管理创业资本近1.5万亿元，累计投资项目7000多个，累计投资总额3000多亿元，其中40%投资深圳地区；创业板上市公司中，有深圳创投背景的企业占1/3以上[1]。

深圳"创投军团"的兴起，有赖于深圳市政府"真金白银"的直接

---

[1] 清科数据库。

资助。作为深圳最大规模的政府扶持资金,深圳市创业投资引导基金成立于2009年,2015年8月,政府将引导基金的远期规模设定为1000亿元,并成立了专门的引导基金公司。截至2017年10月底,该引导基金累计评审通过101只子基金,承诺出资587亿元。其中,子基金投资项目累计达到681个,投资规模达到428.57亿元,投资领域涵盖信息科技、生物科技、健康和新能源等高新技术产业。图3-9描述了珠三角地区(广东)创业风险投资全国占比与创业风险投资强度的情况。

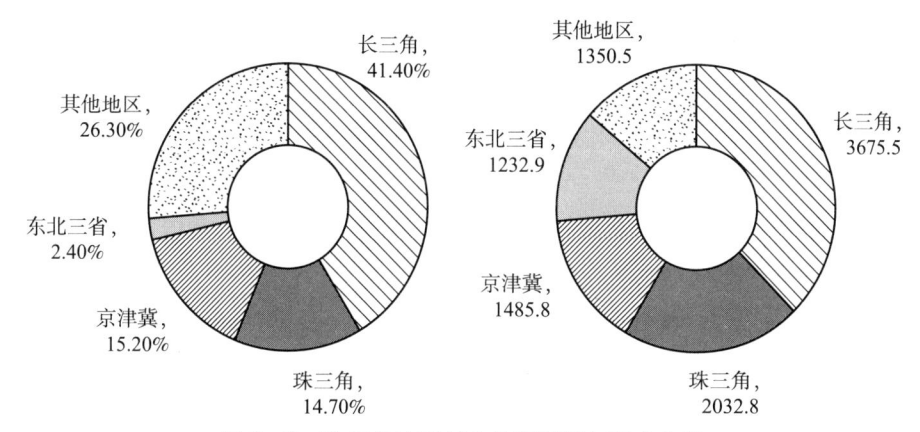

图3-9 珠三角地区创业投资项目与强度分析

资料来源:《2016年中国创业风险投资发展报告》。左图为各地区创投项目数量的全国占比;右图投资强度单位为万元/项。

3.4.4 科技担保与保险

为了促进中小型科技企业发展,构建完整的企业融资担保体系,深圳市人民政府于1999年批准设立深圳市中小企业信用担保中心,现已改为深圳市中小企业信用融资担保集团,注册资本为18亿元。截至2017年6月,在深圳市中小企业信用融资担保集团的培育与扶持下,其客户中已有200家企业成功挂牌上市(包括新三板),行业覆盖智能制造、信息技术、新能源、医疗健康与新消费等,且资金全部投向实体产业。在中小企业担保中心发展的18年间,累计服务的项目超过20000个,累计服务金额超过2000亿元,每年服务企业超过2000家。在提供融资服务的同时,担保集团还对企业进行细分化研究，以更好地把控企业的发展脉络，更好地服务于企业，帮助企业发展，其主要负责"两个发现"，即："发现企业"与"发现企业价值"①。

保险业的发展在发展科技金融产业过程中同样起到举足轻重的作用。截至2018年6月，深圳保险机构累计25家，数量位居全国第三，资产总额达到4.24万亿元，位居全国第二②。深圳市保险业在服务实体部门的方面，兼顾社会发展的大局，不断拓宽保险业服务领域，大力支持中小企业发展，累计为6.14万家中小企业提供了27.3亿元贷款资金的保险支持。在科技保险方面，深圳市从2013年开始计划每年从科技研发资金中安排1000万元以投保高新技术产业与战略性新兴技术产业等。截至2015年初，已经有超过20家企业先后获批了申请资助。保险企业也逐渐成立专属部门支持科技保险分支的拓宽与发展：2016年中旬，由中国太平保险集团参与发起设立的，全国首家科技保险公司——太平科技保险股份有限公司，获得中国保监会批准筹建。

3.4.5 多层次资本市场

上交所与深交所为我国两大证券交易所，截至2017年10月18日，深圳市A股上市企业数量为267家，其中主板企业58家，中小板企业109家，创业板80家③，且在创业板上市的企业大部分企业为科技公司。

为了促进多层次资本市场的发展，深圳市协同建立了区域性非公开科技企业柜台交易市场（简称"深柜市场"），首批企业与项目数量为72家（项）。深柜市场与主板等各层次资本市场协同发展，其主要聚集集中深圳市及珠三角区域内地区的优质中小企业资源，通过项目孵化、挂牌展示、路演推介、规范改制、私募融资、治理督导，为公开资本市场培育、输送优质上市企业资源；同时市场集聚了天使投资、风险投资、创业投资、私募股权投资等各类投资者。

---

① 深圳市中小企业信用融资担保集团 www.szcgc.com.
② 田夫. 深圳共有保险法人机构25家总资产达4.24万亿 [N]. 金融界, 2018.10.10.
③ Wind 资讯。

第3章 国内科技金融发展现状和经验

深圳联合产权交易所则整合了几家产权交易机构，其前身是成立于1993年的深圳市产权交易中心与成立于2000年的深圳国际高新技术产权交易所。可以说深圳已经形成了包含中小板、创业板、新三板、柜台交易、技术产权交易、技术市场等多层次的资本市场体系。此外，为了争取深圳市成为高新区扩大试点，深圳市政府出台了针对新三板的资助政策。对于进入股转系统的高新区非上市股份有限公司改制提供最高30万元的补助，挂牌则最高补贴150万元。截至2018年8月31日，深圳在新三板挂牌的企业数量已经达到685家，在全国所有城市中排名第三。

3.4.6 案例：深圳"大孵化器"战略模式

孵化器作为高新技术产业的重要载体，在深圳市具有重要的作用。深圳市的孵化器发展起源于20世纪80年代末期，发展至现在经历了初创期建设、规模化扩展、多元化发展三个主要阶段。

2003年深圳市"大孵化器"战略提出后，继续探求孵化器发展的最新形式，逐渐形成了具有深圳特色的科技企业孵化器。其特色如表3-9所示。

表3-9　　　　　　　　　　深圳市科技孵化器特色一览表

投资主体多元化，民间资本逐渐成为主力资本	深圳市的科技企业孵化器有政府投资设立、企业投资设立、大学研究所主导设立三种主要形式，目前已经出现部分孵化器融资主体交叉的融资类型
孵化功能专业化，紧扣产业发展方向	专业孵化器对具体专业、管理、技术等方面有着更加具体集中的要求，更加适宜相关产业的发展
孵化服务特色化，打造核心竞争力	建立导师机制向孵化企业提供资金聚拢、人员管理、财务管理、技术支持、创业辅导等全方面孵化服务，提高孵化企业的孵化成功率
孵化资源网络化，联动协作提升服务	积极同北京、上海、成都等地区的孵化器联盟共同组建了中国城市孵化服务联盟，搭建共同合作平台来共享孵化资源，利用网络的信息化功能尽最大可能服务于孵化企业

资料来源：根据《关于促进科技型企业孵化载体发展的若干措施》整理。

2012年为了加强深圳南山区的区域优势，深圳市提出南山"大孵化器"战略规划。综合来看，南山区拥有良好的研发基础。南山区拥有全市90%的科研机构，70%左右的研发基地、国家级重点实验室以及国家级工程中心均设在南山区。在创新人才方面，全市2/3的博士均工作于此，拥有全市所有的院士指导，也吸引着来自港澳地区和外国的科技人才，人才优势巨大。同时，南山区通过不遗余力地推进专利标准化策略，也拥有知识产权的产业优势。但从实际情况来看，孵化器发展同样存在没有明确的盈利模式、孵化与发展资金不足等问题。

此次战略规划的思路主要为四点：注重"大孵化器"硬件建设的同时，重点关注软件建设，促进其协调发展；合理规划孵化器的定位、发展目标与空间布局；探索南山"大孵化器"建设、组织模式与保障措施；了解孵化器写作与支撑网络的建设与运行机制，为孵化网络建设提供参考。在大孵化器建设过程中，南山将传统意义上的"孵化企业"转为"孵化企业＋产业"，将整个南山作为一个大的孵化器发展。同时，南山"大孵化器"的建设主体已经从政府主办到学校、科研机构、企业主办或以上三者与政府合作主办，充分体现深圳市对社会力量的引导。

"大孵化器"战略对参与主体和管理的创新主要为：投资主体由政府为主转变为社会力量为主；管理主体由政府为主转变为企业化为主；管理形式由直接管理为主转变为管理监督与服务输出为主。相应的不同合作模式的孵化器作用也根据战略形成了与管理模式的对应关系：政府主办的孵化器提供全面服务并起主导和引导作用；民投官管的孵化器：突出特色服务；社会力量主办的孵化器：充分发挥灵活性、盈利性强的特点；政府输出管理的孵化器：大力倡导专业服务。

南山区拟研究并出台了《"大孵化器"建设与管理办法》《南山区孵化器管理与促进办法》等，以此为基础，指导和促进孵化器的建设和发展，进而促进南山科技产业的发展。资金支持上规划实施科技产业园区及科技企业孵化器建设扶持计划，引入民间资本，丰富科技风险投资资金系列，通过"深港创新圈"和国际合作计划，引入境外项目、资金、人才等资源和管理经验，树立国际视野，提升南山孵化器整体发展水平等。一

第 3 章
国内科技金融发展现状和经验

系列举措从人才引入、资金支持、平台搭建、机制管理等方面充分发挥深圳南山的核心科技优势，通过孵化器的战略带动经济发展，实现城市转型。

目前南山区拥有国家级高新技术企业 1463 家，占深圳全市的 30% 以上。根据广东省社科院发布的《中国区域孵化能力评价研究报告》显示，南山区创新孵化能力位居全国第一，为科技型企业创新发展提供了良好的发展环境。南山区 2016 年全年新增国家级高新技术企业 582 家，上市公司 13 家，总数达到了 2223 家和 122 家；2016 年新增国家省市级创新载体 108 个，总数达到 893 个；此外，"千人计划""孔雀计划"人才分别增加至 168 人与 1399 人[①]。

随着科技金融体系在深圳市南山区的生根发芽，南山区的科技创新能力得到了显著增强，其中 PCT 国际专利申请量占全国比重的 25.8%，发明的每万人拥有量为 317 件，科技进步贡献率已经超过了 75%。南山区历年专利授权量与申请量如图 3 - 10 所示。

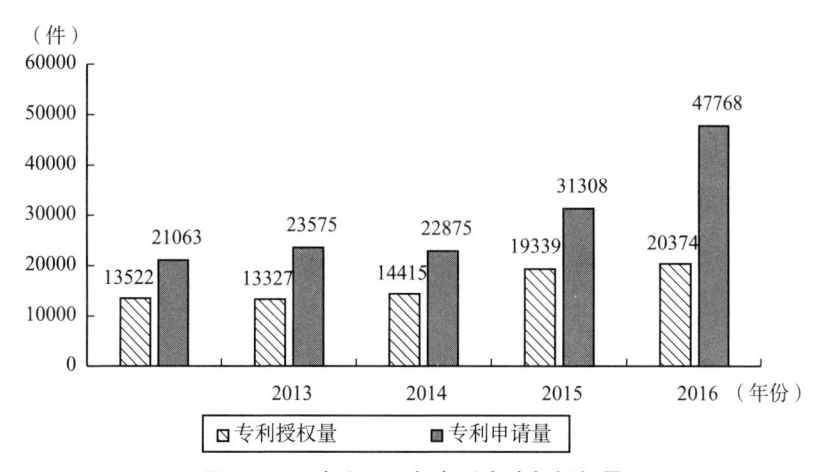

图 3 - 10 南山区历年专利申请与授权量

---

① 深圳市科技创新委员会，深圳市金融发展服务办公室. 2017 深圳市南山区科技金融发展白皮书. 深圳：南山区人民政府、美国企业成长协会（ACG），2017.

3.5 江苏省科技金融发展与经验

江苏省科技金融发展扎实,目前处于中国领先地位。2014年,全省科技工作深入实施创新驱动发展战略,逐步推进创新省份的建设,努力改善经济结构,鼓励科技创新,营造良好科研环境。全省科技进步率达到59%。

2017年1~9月,江苏省全省实现高新技术产值达54735.8亿元,同比增长14.5%;出口交货值超过9900亿元,同比增长9.42%。其中,航空航天制造业实现工业总产值299.44亿元,电子计算机及办公设备制造业实现工业总产值2137.14亿元,电子及通信设备制造业实现工业总产值11978.51亿元,医药制造业实现工业总产值3833.75亿元,仪器仪表制造业实现工业总产值3137.81亿元,智能装备制造业实现工业总产值15288.77亿元,新材料制造业实现工业总产值14866.78亿元,新能源制造业实现工业总产值3193.58亿元,分别占高新技术总产值的0.55%、3.9%、21.88%、7%、5.73%、27.93%、27.16%和5.83%。此外,针对不同地区[①],产值与比重如表3-10所示。

表3-10　　2017年1~9月江苏省各地区高新技术产值及占比

地区	产值(亿元)	占比(%)
南京市	4447.11	8.12
无锡市	5071.22	9.26
徐州市	4194.42	7.66
常州市	4542.97	8.3
苏州市	11725.42	21.42
南通市	6128.51	11.2

---

① 江苏省科技统计网,http://www.jssts.com/.

续表

地区	产值（亿元）	占比（%）
连云港市	1703.03	3.11
淮安市	1530.07	2.8
盐城市	2643.76	4.83
扬州市	3672.91	6.71
镇江市	3830.15	7
泰州市	4636.51	8.47
宿迁市	609.71	1.11

资料来源：江苏省科技统计网。

江苏省政府从政策引导出发，以政府科技风险基金为基础，引导支持科技创投基金、科技银行、科技担保、科技保险，且将资金引导投入科技企业，尤其是中小型企业；同时构建股权转让市场、产权交易市场、促进企业的股权转让和风险资金退出市场；建立多层次的资本市场；建立多方合作与服务中小企业的，与现有科技金融发展相适应的综合服务平台与金融服务体系。

3.5.1 政策引导

3.5.1.1 多部门联动与逐步完善的金融政策

江苏省科技厅与江苏省财政厅、人民银行、银监会、证监会、保监会等政策机构建立起以"一行三会"为中心的协调工作机制[1]。分别从财政投入、科技信贷、创业投资、银企对接、资本市场等多方面支持科技创新的发展。

近年来，江苏省先后下发一系列政策针对科技型中小企业进行科技创新活动给予各方面的支持。财政投入力度加大，江苏省积极响应国家支持科技创新项目的指示，于2007年在全国率先成立了科技型企业技术创新资金，同年，制定了《江苏省科技贷款风险补贴专项资金管理办法（试

---

[1] 银监会、保监会于2018年已合并为银保监会。

行）》文件。近年来，江苏省贷款总量中科技贷款比重超过50%，科技贷款增长速度每年超过20%，处于稳步增长阶段。

江苏省财政厅联合江苏省人民政府金融办公室等于2009年1月19日联合发布《江苏省银行贷款增长风险补偿奖励资金管理办法》，政府设立此奖励资金的目的主要是为了鼓励省内银行业金融机构增加对科技项目的贷款，和对科技型中小企业进行贷款，通过奖励资金的形式对此类金融机构进行风险补偿。

人民银行南京分行于2010年出台了《关于加快江苏科技金融创新发展的指导意见》（以下简称《意见》），在《意见》中，人民银行提出江苏省应明确科技金融发展定位，突出支持科技成果产业化，努力探索开展科技金融创新试点。强调了科技金融在科技创新中的重要作用，为江苏省科技金融发展奠定了基础。此后，江苏省地方科技金融创新进行的有条不紊，无锡在全省范围内率先建设了科技金融创新服务示范区，无锡和苏州高新区列入国家科技保险试点。科技金融创新逐步展开，促进了江苏科技金融的发展。

3.5.1.2 健全服务体系与科技服务平台

江苏省高新技术创业服务中心于2010年正式启动江苏省科技金融信息服务平台建设项目，并于2011年正式投入使用。该信息服务平台主要功能是面向金融机构与科创型企业，提供投融资信息发布、项目对接等金融中介服务。通过互联网与实体相结合的增值服务方式，为不同融资需求的创新主体提供与其创新阶段相适应的创新金融产品或服务，实现技术与金融的有效对接。同时，作为科技金融服务平台的功能补充，江苏工业园区在其内设立了"SIP科技服务超市"，将其界定为一个纯公益类的供需对接交流平台，帮助企业解决其成长过程中可能会产生的服务外包需求。

3.5.2 科技信贷

江苏省科技金融主要以多元化特征为主，在科技信贷方面，江苏省科技部、江苏省财政厅、金融、银监会、证监会、保监会、人民银行等建立经常性工作机制，同国开行等8家金融机构签署合作协议，科技贷款授信

第 3 章
国内科技金融发展现状和经验

额度达 500 亿元。同时,政策还安排科技贷款风险补偿奖励金 9100 万元,使得全省科技贷款份额提升了 30% 以上。近年来,江苏省科技项目贷款规模年均保持 25% 以上的增速。在银行间债券市场方面,江苏省参与了首批中小企业短期融资券试点,且在全国率先制定了《直接债务融资引导方法》;高新技术中小企业融合票据也成功发行[①]。

2009 年江苏省成为全国唯一的知识产权示范省,同时江苏省也开创性地提出知识产权抵押贷款的试点办法。科技企业拥有"轻资产"的特点,因而在促进科技信贷方面,江苏省提倡互保、联保、股权等质(抵)押方式,降低中小型科技企业的融资限制,拓宽了企业现有的融资渠道。江苏省各个金融机构为处于不同发展阶段(如初创期、成长期)企业提供了不同类型的科技信贷形式。机构开发了如"科贷通""创业一站通"等新兴金融组合产品。目前,江苏省、市、县等每年投入的科技资金规模超过 100 亿元,且政策对于每年科技贷款规模增幅超过 20% 的企业提供 1% 的财政补偿,三年来累计对 41 家银行发放了超过 2 亿元的补偿基金。2009 年,江苏省注册成立了再担保机构,机构注册资本为 50 亿元,主要为中小型科技企业提供贷款增信支持。

商业银行在政府与中国人民银行的引导下,开发了多样性科技信贷产品,逐步实现银企资金对接,如江苏银行总行开发了"科技之星"中小企业贷款业务,苏州交通银行科技支行与其他金融中介机构成立了"科贷通""创业通""税融通"等一系列金融服务品种。

2012 年江苏省发布了《省政府关于加快促进科技和金融结合的意见》[②],对科技信贷发展目标做出具体要求。到 2015 年,银行、保险等科技金融专营中介机构数量已超过 100 家,同时,科技贷款结构要求达到 3:7,即对研发机构和种子期、初创期科技型企业的贷款占比不低于 30%,对成长期和成熟期科技企业的贷款占比不高于 70%[③]。

---

① 吴先满等. 江苏科技金融发展与创新研究 [J]. 东南大学学报(哲学社会科学版),2012 (5):64-68+127.
② 江苏省政府. 省政府关于加快促进科技和金融结合的意见.
③ 江苏省政府. 省政府办公厅转发人民银行南京分行关于加快江苏科技金融创新发展指导意见的通知.

江苏省科技信贷政策不只提出发展纲要，还对未来发展目标做出一系列规定，促进银行信贷向科技型企业倾斜。江苏省建立专门的信贷考核指标与体系，主要以科技贷款总量和结构作为高新区金融机构考核指标，代替传统的存款和利润指标，提高信贷风险容忍度。该措施转变了金融机构利益趋向，促使信贷额度向科技贷款聚集。

3.5.3 创业投资

江苏省在近年引导基金发展方面具有较大的突破。2007年至今，江苏省引导基金规模与发展地区呈不断扩大的趋势。截至2017年5月底，江苏省政府投资基金共完成对外投资103.25亿元，发起设立或出资参与16只基金，基金总规模已经超过800亿元，拉动社会投资1550亿元，可影响资金4000亿元。在基金总规模中，财政性资金以外的其他社会资金约630亿元，撬动比例超过6倍[①]。自2007年以来，江苏省成立的最具有代表性的创业投资引导基金的发展情况如表3-11所示。在表3-11中所涉及的引导基金中，最具代表性的是苏州工业园区引导基金和无锡市引导基金。

表3-11　　　　　2007年至今江苏省引导基金设立情况　　　　　单位：亿元

引导基金名称	设立年份	省份	募集完成规模	拟投资区域
无锡新区创业投资引导基金	2007	江苏	5	无锡新区
苏州工业区政府引导基金第二期	2010	江苏	30	全国
连云港市级政府引导基金	2010	江苏	1.5	连云港
江苏省新兴产业创业投资引导基金	2011	江苏	10	江苏省

资料来源：芝文，陆平，张军涛. 科技型中小企业创业投资引导基金引导方式及江苏省实施情况浅析［J］. 江苏科技信息，2013（13）：1-3.

3.5.3.1 苏州工业园区引导基金

苏州工业园区引导基金是由苏州创投集团和国家开发银行共同发起设

---

① 朱彬彬. 打造基金产业集聚区，目标规模再增1500亿——江苏省政府投资基金再出大手笔［N］. 江苏经济报，2017-07-18.

立的，资金规模为10亿元，期限为13年。其中，基金采用公司制结构，国开行与苏州创投集团分别占股50%，委托苏州工业园区银杏投资管理有限公司作为基金管理人，与风险投资机构合作设立关注不同投资领域和不同投资阶段的商业性风险投资子基金，子基金及管理公司必须在园区注册。截至2010年7月，苏州工业园区引导基金与创投企业合作设立了16只子基金（其中8只具有外资背景），规模达到43亿元，合作伙伴包括软银中国、德同资本、智基创投等国内外知名创投企业，成功撬动33亿元的外部社会资本，资金放大系数达到3.3，支持了一大批创新型企业的发展[①]，苏州工业园区引导基金投资行业分布如图3-11所示。

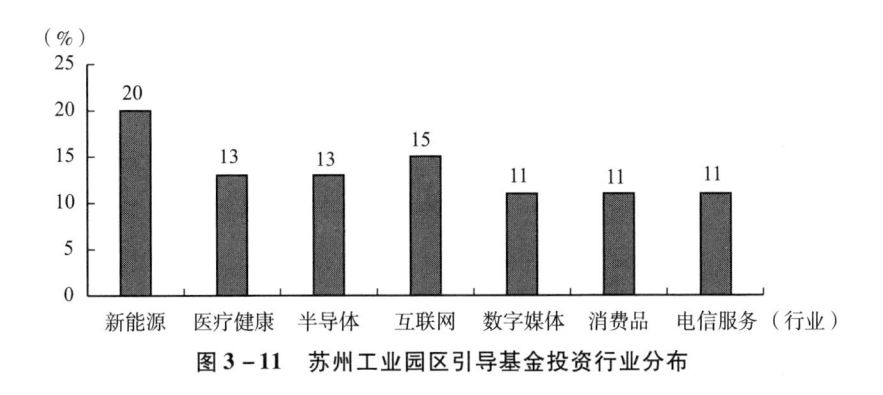

图3-11 苏州工业园区引导基金投资行业分布

新能源 20%，医疗健康 13%，半导体 13%，互联网 15%，数字媒体 11%，消费品 11%，电信服务 11%

3.5.3.2 无锡市引导基金

2009年2月，无锡市政府为吸引境内外各类风险资本投资高新技术产业，推动无锡地区战略性新兴产业的发展，制定了《无锡市创业投资引导基金发展专项资金运行管理暂行办法》，决定设立为期5年，规模10亿元的风险投资引导基金，并委托无锡市国联发展有限公司（简称"国联集团"）和无锡产业发展集团有限公司（简称"产业集团"）共同管理。

无锡市引导基金由市财政安排出资，目前已累计出资2.93亿元，其中国联集团管理2.2亿元，产业集团管理7300万元。国联集团和产业集

---

① 陈晓君. 江苏省风险投资引导基金发展现状研究. [D]. 苏州大学, 2014.

团合作引进了 10 家基金，注册资本 19.38 亿元，到位资金 17.88 亿元，资金放大 6 倍以上。截至 2013 年 6 月底，共投资项目 84 个，投资总额 14.39 亿元。其中投资于无锡本地项目共计 4.66 亿元，是无锡地区引导资金出资额的 1.59 倍；投资于初创期项目共计 2.11 亿元，占无锡地区引导资金出资额的 72%。此外，因首投带动其他基金投资无锡华东装备、无锡小天鹅精密等一批项目累计达 4 亿元。所投项目中 1 家企业已上市，3 家企业启动上市程序，和邦生物、元亮科技等 4 家初创期企业已进入快速成长期。此外，6 家企业已成功退出，共实现纳税 1300 万元，3 个项目已启动退出程序；1 家基金通过内部回购的方式完成了对引导基金的份额回购，900 万引导基金已安全退出[①]。

3.5.4 科技担保与保险

3.5.4.1 科技担保

为了支持江苏省中小企业的发展，由江苏省政府批准成立了江苏省唯一省级信用担保机构——江苏省信用担保有限公司。公司股东为江苏省再担保集团，注册资本 56 亿元，资本市场信用评级为 AAA 级，是构建江苏省中小企业成长服务平台的重要机构。江苏省信用担保有限公司以中小企业为主题服务对象，坚持"三化"——即"市场化、专业化、规范化"，在为中小企业提供融资服务上进行了大量的支持和尝试。机构通过营业、产品、管理上的创新，公司的业务规模与用户数量稳步上升。目前，江苏省信用担保公司注册资本 6 亿元，净资产 8 亿元，担保信用评级 AA + 级，且公司已经为全省超过 450 家企业提供了各类担保服务，金额总计已经超过了 200 亿元[②]。

此外，江苏省信用担保公司与深圳商集企业服务有限公司共同投资成立了江苏省中小微企业成长服务平台。通过提供一站式互联网服务，针对中小创企业，提供企业在发展过程中的各类需求。不仅如此，江苏省中小微企业成长服务平台还深入参与铺设江苏省各类园区（包括经济开发区、

---

① 周岑岑. 无锡市创业投资引导基金的发展浅析 [J]. 江苏科技信息，2013 (16)：6 - 8.
② 江苏省信用担保有限责任公司，http：//home.jscg.cn.

创业园区、孵化器、产业集聚区等），以拓宽中小微企业服务平台的深度和广度。江苏省中小微企业成长服务平台的主要业务分类与分类中包含的业务详情如表3-12所示。

表3-12　　　　江苏省中小微企业成长服务平台产品概况

产品分类	产品名称	产品详情
热门贷款	项目贷	针对特定项目而发放的中长期贷款
	流贷	满足临时性，季节性资金需求
特色贷款	账易贷	纯信用、免抵押
	产融宝	央企、大型国企等为公司上下游中小型企业提供的融资服务
园区贷款	园易贷	园区专享小额短期纯信用贷款
	金园贷	专为园区开发提供的金融产品
财税服务	财税服务	企业所得税优惠备案、加计扣除专项服务等
	代理记账	小规模代理记账、一般纳税人代理记账等
法律服务	劳动人事	劳动合同、规章制度合法性审理等
	公司经营	企业法律顾问、销售合同、合作协议、采购协议等
营销服务	商标服务	商标查询、商标注册等
	营销推广	新闻营销推广、活动策划、创意文案等

资料来源：江苏中小微企业成长服务平台，http://www.jscg.cn.

通过江苏省担保平台的构建，可以充分发挥中小微企业在江苏省科技发展过程的巨大推动作用。担保平台不仅集成了各类金融资源，有效满足了企业的金融需求，同时也为中小微企业拓宽了原有的融资渠道，是科技金融多层次融资体系中不可或缺的一环。

3.5.4.2　科技保险

江苏省南京市政府于2015年03月12号发布了《南京市科技保险创新发展实施办法》，明确提出科技保险公司的发展定位，即科技保险公司是重点为在南京市行政区域内注册登记、具有独立企业法人资格的初创期、成长期科技型企业提供科技金融服务的专营保险业机构。科技保险公司既是独立运作的专营机构，同时又是其上级公司在南京市范围内统筹推进科技保险和政策对接的集中操作部门，是科技金融探索研究、改革创新、推广实践的先行试点和示范窗口。其科技保险发展目标是将科技保险公司打造成为南京市科技创业投融资体系的重要支柱，使科技保险成为南京市科技型中小企业自主创新的重要风险保障。2017年，江苏省实现科技保险保费收入累计突破2500万元，保额超过20亿元。其中保费规定为：对符合补贴规定的企业每年度给予实际保费支出30%~50%的补贴，每个企业每年度最高补贴额度不超过30万元。（1）对小额贷款保证保险给予投保企业50%的保费补贴。（2）购买专利执行保险、侵权专利权责任保险、关键研发设备险、产品责任险、产品研发责任险险种的企业，给予投保企业40%的保费补贴。（3）购买财产险、产品质量保证险、团体健康险、团体意外险、雇主责任险险种的企业，给予投保企业30%的保费补贴。《南京市科技保险创新发展实施办法》的出台强调了科技保险公司的重要性和发展定位，在未来的发展中，江苏省政府会逐步将科技保险公司应用到江苏省其他地区。

3.5.5　多层次的资本市场

江苏省在把握市场改革机遇的同时，支持实体经济发展，在原有支持资本市场发展的多元化体系基础上，进一步鼓励支持企业并购重组，支持债券融资发展，引导证券、期货、场外市场规范发展，以构建多元化、多层次的资本市场。

江苏省多层次资本市场的发展主要体现在以下六个方面。（1）直接融资促转型：江苏省一直鼓励支持实体经济发展，以2015年为例，江苏省全省直接融资实现了"3个1000亿"——股权融资规模超过1000亿元、并购重组规模超过1000亿元、公司实现债权融资超过1000亿元，2016年全省直接融资超过5600亿元。（2）场外市场规模迅速壮大：截至2016年初，江苏全省新三板企业挂牌数量达651家，实现了"两年600家，一年翻一番"的目标，江苏省股权交易中心也有385家公司挂牌。到2017年10月17日，新三板企业挂牌数量上升至1398家，位居全国第三。（3）证券期货机构数量与规模不断增大，实力也不断提升。全省

第3章
国内科技金融发展现状和经验

2016年6家券商资本与净利润同比增长一倍，10家同比增长幅度也在20%以上。（4）私募基金也得到了快速发展。此外，江苏省备案的私募基金数量已经超过1000家，私募基金管理规模超过2000亿元。（5）投资者数量不断增长，机构投资者比例不断提高。随着江苏省资本市场功能和服务的不断完善，江苏省证券期货投资者数量已经超过1000万元，且证券期货机构实现交易额40万亿元，创历史新高。（6）地区多层次资本市场发展日益平衡。近年来，除了南京以外，无锡、苏州、常州、南通等城市发展迅猛（江苏省资本市场分地区情况如表3-13所示）。

表3-13 江苏省资本市场部分地区概况 单位：家/人

地区	上市公司	辅导企业	新三板	证券公司	证券营业部	期货公司	期货营业部	私募基金管理人
南京	59	38	190	2	145	5	24	242
无锡	56	35	204	2	123	1	32	104
苏州	86	60	411	1	192	1	35	306
常州	25	32	104	1	66	1	14	47
南通	29	16	62	0	56	1	10	38
扬州	9	7	50	0	42	0	7	18
连云港	7	0	14	0	16	0	3	0
镇江	9	4	41	0	30	0	1	11
全省总计	306	205	1190	6	749	10	140	798

资料来源：中国证监会江苏监管网，http://www.csrc.gov.cn（截至2016年11月）.

下一步，江苏省将强化资本市场的企业信息披露制度、强化行业风险防范，同时进一步加强稽查执法，维护资本市场的健康稳定运行，同时，推动资本市场系统性、功能性、科学性完善，这不仅为中小微企业发展提供了重要平台与系统支持，同时也为科技金融耦合发展提供了重要的金融基础与市场基础。

3.5.6 案例：苏州工业园区

苏州工业园区作为中国和新加坡重点合作项目，在中央和地方政府的高度重视下，已经取得了令人瞩目的成绩。截至2015年，苏州工业园区各类市场主体、注册资金分别增长65.3%和127.4%，新增注册外资28亿美元。2017年，园区外资项目达4277个，合同外资共计359.59亿美元；内资企业67014个，注册资本进一步上升至7297.2亿元。同时，积极践行国际化发展战略，相继推动苏宿工业园、苏通科技产业园等国际合作项目，扩大园区的辐射范围。产业结构不断优化，特别是战略性新兴产业发展迅猛，2016年8月，三大产业产值近600亿元。此外，截至2016年初，园区内建成各类科技载体超过380万平方米，公共技术服务平台30多个，国家级创新基地20余个，各类研发机构450个。同时，产学研结合不断加强，独墅湖科教创新区累计已有26所高等院校和职业院校入驻，成为全国唯一的国家高等教育国际化示范区。七年新增国家"千人计划"21人，累计137人入选"江苏省高层次创新创业人才"[①]。

近年来，苏州先后出台了一系列科技金融政策性文件，鼓励引导商业银行、证券公司及风险投资等金融机构，共同搭建城市服务科技创新发展的综合性金融服务平台，推动金融产品创新，以加快推进区域内科技金融体系建设。为破解中小企业融资难题，政府逐步建立了多元化、多层次、多渠道的科技型中小企业金融服务链。政府从创新财政科技经费提出支持，设立引导基金，科技信贷科技保险等多方扶植措施，通过完善科技金融信息服务平台，为种子期、初创期、成熟期的科技型企业提供服务，还建立了风险共担机制，由苏州市财政局牵头成立科技贷款风险补偿资金池。风险补偿资金池首期出资1亿元人民币，被纳入补偿基金的企业需通过政府部门指导接收金融机构的贷款，发生损失后按照政府80%、银行20%或者政府40%、银行20%、保险40%的风险分担机制。同时还建立了多种融资平台，苏州工业园区整合各方资源，搭建了科技型中小企业成长融资平台，在担保公司

---

① 苏州工业园区官网，http://www.sipac.gov.cn/.

的担保下,银行等金融机构将贷款贷给科技型中小企业。

江苏省在多部门联动指导下,依靠国家和省内政策为原则,利用多样化方法自主创新,建立从信息、担保、融资等多方面给予支持的科技金融体系。同时以苏州工业和高新区为主要发展对象,以此示范区对其他地区进行指引,加强产学研结合,入驻高等院校,从各方面理论知识为科技创新提供指导,形成区域性完善的科技金融体系。

2017年,苏州工业园区实际GDP值2388.11亿元,同比增长11.04%;公共财政预算收入317.8亿元,同比增长10.3%;进出口总额857.8亿美元,实际利用外资9.26亿美元;城镇居民人均可支配收入6.61万元,增长7.8%;R&D投入占比达3.48%(占GDP),较上年提升0.12个百分点,人均GDP近4.2万美元。[1] 经济主要指标平稳增长,转型升级效率不断提高、发展动能加速转换的良好态势,各项指标均位于全国前列。

3.6 杭州科技金融发展与经验

杭州作为国家首批科技与金融结合的试点城市,充分借鉴已有的成功经验,立足于杭州实际情况,通过制度和政策创新,采用多种融资手段,不断扩大对高新技术企业的融资支持力度,形成了独具一格的科技金融"杭州模式"。"杭州模式"以投融资平台建设为中心,以市创投服务中心、政策性担保、创业投资引导基金三大体系建设为保障,引导各类资本要素向科技型企业集聚,建立"无偿资助—政策担保—科技贷款—引导基金—上市培育"的全方位一体化扶持计划,如图3-12所示。

在"杭州模式"的大力发展下,2017年,杭州地区实现生产总值12556亿元,比上年增长8.0%,其中,杭州第一产业增加值312亿元,第二产业增加值4387亿元,第三产业增加值7857亿元,同比分别增长1.9%、5.3%和10.0%。以杭州常住人口估计,杭州人均GDP为134607元,以当年汇率计算,杭州市人均GDP达19936美元。2017年,杭州市申

---

[1] 苏州工业园区管理委员会. http://www.sipac.gov.cn/zjyq/yqgk/201903/t20190308_1003941.htm.

请专利75709件，其中发明专利申请量25578件，同比增长14.17%。全市授权专利量42227件，同比去年增长2.86%；其中授权发明专利9872件，同比增长14.17%。有效发明专利拥有量43840件，同比增长19.85%[①]。

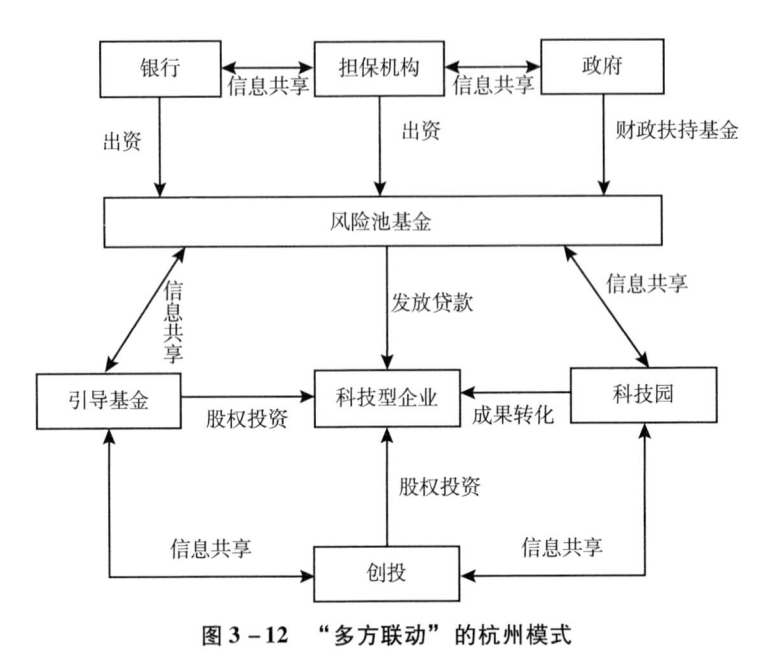

图3-12 "多方联动"的杭州模式

资料来源：叶子敬. 科技金融"杭州模式"6个关键点解读[J]. 今日科技，2013（2）：22-25.

3.6.1 政策引导

为了配套实施国家制定规划的科技金融工作，浙江省先后出台了若干政策文件，其中包括《浙江省科技进步条例》《浙江省技术市场条例》《浙江省专利保护条例》等9份政策文件，在政策层面上已经初步形成了贯穿全省的科技金融政策体系。同时，浙江省科技厅主动加强与各方的协调工作，与财政厅、一行三会等部门构建了协调工作机制；此外，浙江省政府与中国建设银行浙江省分行、中国人保浙江分公司等金融机构签署构建了长期合作机制，在全省范围内初步建成了科技金融协同发展的耦合机制。

---

① 2017年杭州市知识产权保护白皮书. 2017/5/4.

第3章 国内科技金融发展现状和经验

不仅如此,浙江省政府通过科技资助——"梯度式"成长培育计划,加强科技金融的协同发展。其中,加快杭州市高新技术产业、战略新兴产业的发展,杭州自2010年、2011年、2013年先后开展"雏鹰计划""青蓝计划"和"蒲公英计划"。其中:"雏鹰计划"旨在通过减免租地费用、享受科技贷款贴息、放宽注册标准等政策扶持,在杭州重点培育出1000家科技初创型企业,形成具有核心竞争力且拥有领先技术水平的科技型企业集群,同时,政府每年以财政专项基金的形式资助扶持"雏鹰企业",形成"雏鹰企业"培育库;"青蓝计划"则通常指向高校科研院所等在职科研人员,引导鼓励其创办科技企业,实现高校院所与企业、知识与资本、创业与创新的有机融合;"蒲公英计划"的初衷在于引导鼓励更多的在校生和科研人员创新创业,五年实现1万家科技型中小微企业的规模产出。

一方面,三大计划覆盖科技型企业从初创到成长期的全路径,以"创新创业"带动城市就业发展,为杭州未来"天堂硅谷"的建设方向奠定重要基础;另一方面,三大计划加速了"产、学、研"成果转化效率,为不同职业背景、成长阶段的创新创业者提供了相应的扶持计划。杭州市科委定期举办"最具潜力科技型企业"评选,以企业核心竞争力和自主知识产权为评价标准,优质企业不仅可以得到政府奖励,同时,商业银行也会提供一定的授信额度作为奖励,带动了高新技术人才创新创业的投资热情。杭州历年培育企业数如图3-13所示。

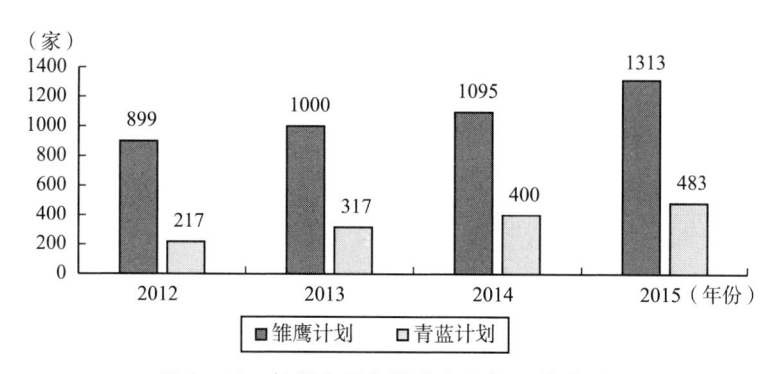

图3-13 杭州市历年培育企业数(按计划)

资料来源:杭州市科学技术局. 关于公布2016年雏鹰、青蓝计划绩效考核结果的通知 [R]. 杭州市科学技术局, 2016.

3.6.2 科技信贷

浙江省政府为了给予科技型企业提供更为优质和直接的金融服务，专门设立了科技部门或是科技支行，包括现有的杭州银行科技支行、中行宁波科技支行等在内的11家科技银行。以杭州银行科技支行为例，2009年7月，杭州银行根据杭州市委、市政府的要求，以科技支行为"试验田"开始了科技金融领域的探索，成立了浙江省第一家科技支行。杭州银行科技支行在体制、机制、产品的商业模式上不断创新，走出了一条专业专注、创新发展的科技金融创新之路，实现了科技创新和金融创新的有机结合。

2009~2014年，杭州银行科技支行累计发放贷款113.24亿元，享受贷款扶持的科技型中小企业达745户，户均贷款660万元，其中300余家客户都是首次获得银行贷款支持。[1] 2014年，杭州银行在原有的专营支行体制和五个单独扶持政策（即单独的客户准入标准、单独的信贷审批授权、单独的信贷风险容忍政策、单独的业务协同政策和单独的专项拨备政策）的基础上，启动了科技金融体制机制改革，进一步巩固机构专营化和业务专业化。

截至2014年底，杭州银行科技支行科技金融信贷客户数3247户，表内及表外敞口用信3000万元以内客户3116户，占比95.97%；科技金融授信总额370.91亿元，敞口融资余额达到211.752亿元；为13家科技型企业办理中小企业私募债业务，融资余额40120万元；科技金融资产证券化业务余额25490万元；为13家科技型企业办理股票质押式回购业务主动授信。[2]

杭州银行科技支行针对科技型企业高风险的特点，除与政府、担保公司等合作建立了"风险池基金""孵化贷"模式外，还与创投公司合作推出了"跟进股权质押贷款"模式，并重点推出了"订单贷""存货质押贷""知识产权质押贷"等无须企业提供外在抵押、担保的创新产品，还通过分享部分企业股权的增值收益，来覆盖科技型企业贷款的高风险，推

---

[1] 罗伯特. 杭州银行科技支行迎来五周年生日 [N]. 杭州日报，2014-7-12.
[2] 叶子敬. 科技金融"杭州模式"6个关键点解读 [J]. 今日科技，2013（2）：22-25.

出了多款选择权贷款产品。考虑到科技型企业的高成长性,科技支行借鉴美国硅谷银行核心的期权贷款业务、银投联贷业务,开发了"成长可贷"系列产品,为78家中小科技型企业累计发放贷款7.34亿元。

为了提升对科技型企业的综合服务能力,杭州银行科技支行还与第三方外部机构开展合作,构建多位一体的服务平台。截至2015年,已经与科技金融专业机构所在地的县(市、区)政府部门、200余家国内外知名创投机构、近50家创业园区和10余家担保公司,以及数十家各类证券公司、会计师事务所、律师事务所、行业协会、行业研究机构等其他中介服务机构建立合作关系。科技支行还通过与50余家投资机构的密切合作,共计为科技型企业引入投资款30多亿元,其中2家企业已经上市,近20家企业已成长为国内细分行业的佼佼者,并已申报或准备2年内申报IPO材料。2015年,杭州银行推出新三板"333"工程,为300家新三板挂牌企业提供30亿元的授信规模。

科技金融板块已成为杭州银行科技支行核心资产的重要组成部分,推动科技金融创新商业模式的转变。在政府带动、财政介入、创投引导、资本放大、风险控制等因素的多方联动下,杭州科技信贷信息成本降低,资源配置合理,有利于提高财政管理和融资服务的效率。截至2016年10月末,浙江银行业投向科技型中小企业和高新技术企业的贷款余额分别为2774亿元与2724亿元。在信贷规模逐渐缩小的大背景下,科技类信贷规模基本与上年持平,可见,科技型中小企业相对于以往获取贷款的渠道与贷款效率均有所提高[1]。

3.6.3 创业投资

为了引导社会资金等资本进入初创型科技企业,特别是其中包含的高新技术企业,同时为了进一步完善创投体系,推动科技创新与金融创新发展,引导产业升级,由杭州市发改委牵头,在杭州市财政局、经济委员会、科技局、国资委等共同领导下,杭州市在全国率先出台了《关于杭

---

[1] 丁锋. 杭州银行的科技金融创新[J]. 银行家, 2016 (4): 20-23.

州市创业引导基金管理办法（试行）》，创造性地设立了具有首创意义的政策性引导基金——杭州市创业投资引导基金（以下简称"创投引导基金"）。

创业投资引导基金是由杭州市政府从以往单一安排拨款资助的科技三项经费预算中，根据国家发改委、科技部的要求，专门设立的不以营利为目的政策性基金，旨在通过扶持商业性创业投资企业的设立与发展，引导社会资金对科技型初创期企业进行股权投资。基金于2008年4月设立，总规模10亿元，按照"项目选择市场化、资金使用公共化、提供服务专业化"的原则运作。其中9亿元用于阶段参股，和各创投机构在杭州本地合作设立子基金，引导创业投资企业关注杭州十大产业及初创期科技型企业，并在约定的期限内退出，该模式由杭州市高科技创业投资管理公司作为受托管理机构负责运作。1亿元用于跟进投资，对创业投资企业选定投资的创业企业，与市场化的股权投资机构共同对其进行投资，该模式由杭州市金融投资集团全资子公司杭州泰邦创业投资有限公司负责运作。

截至2017年7月，杭州市创投引导基金已有合作单位47家，基金总规模达66.11亿元，已投资项目325个，投资金额高达33.13亿元。同时，基于政府引导基金的乘数效应，基金带动社会联合投资金额23.13亿元，资本放大比例高达10倍。其中，在2016年，批复合作单位14家，基金规模19.6亿元。投资项目68个，投资金额4.83亿元，且引导基金已经实现利润114亿元，新增加就业岗位达2万个，税后贡献为47亿元。可以说杭州市创业投资引导基金在过去的一年中成绩斐然[①]。

创投引导基金的科技扶持方式实现了多方共赢。政府管理部门通过引导基金带动社会资本投入到科技型企业，实现资金的循环使用，政府则可以集中精力于公共科技服务、创新环境的发展等方面。企业规范了财务制度和企业管理，还放大了资金使用的年限和强度。金融机构通过创投项目发现一批优质的规模小但深具潜力的科技型初创企业。更为重要的是，

---

① 中华人民共和国财政部. 杭州市创业投资引导基金成绩斐然［R］. 中华人民共和国财政部，2017.

第3章
国内科技金融发展现状和经验

对社会资本（包括各种投资机构、投资人以及社会闲散资金）而言，引导基金的模式让金融资本认识到，从长远来看，金融放款到科技型企业远比只盯着大企业或者房地产项目更有效益，同时引导更多社会资金投入实体经济。

3.6.4 科技担保与保险

除了创投引导基金以外，杭州市还建立了政策性科技担保公司。2006年，杭州市高科技担保公司成立，注册资本1.45亿元，现已成为我国规模最大、运作模式最为规范、口碑最好的政策性科技担保公司之一。杭州市高科技担保公司主要业务目标是为中小企业提供融资担保服务。其推出了信用贷款业务与"联合天使担保"基金融合了多年的贷款担保实践经验，具有很强的借鉴意义。此外，杭州市高科技担保公司还推出了担保期权、知识产权质押、订单质押、政策性拨款预担保、分期还款等产品以满足科技企业多元化的融资需求。

通过不同的融资担保等相关金融产品，科技型中小企业可以以较低的利率获得银行贷款，无须向银行上缴保证金，显著降低了科技型中小企业的融资难度与融资成本。其中相对比较突出的产品与产品的主要介绍如表3-14所示。

表3-14　　杭州市高科技担保公司主要产品概述

产品名称	产品概况
"联合天使担保"基金	杭州市科技局、区、县等科技部门、银行或其他法人主体三方或三方以上，按照一定比例共同承担科技型中小型企业的融资风险；即基金所参与审批的决策者都是风险的承担者，以防止发生关系项目与权力寻租的可能，同时，参与政府部门与金融机构能够分享更多企业信息，减少了信息不对称
担保期权	该产品主要针对具有高增长潜力的高新技术企业。杭州市高科技担保公司安排了部分股权期权，同时与企业协商制定股权的行权价格、期限等。基于期权合约，科技公司可以获得担保，同时享受更低的利率、或者纯信用担保等

续表

产品名称	产品概况
政策性拨款预担保	考虑到财政拨款与国家创新基金等补贴存在时滞,为了满足科技型企业对于资金的迫切需求,杭州市高科技担保公司为科技型中小企业提供了政策性拨款预担保服务。企业可以通过批复文件申请担保,提前获得相应额度,提前期限至少半年,以提高企业效率

资料来源:杭州高科技担保有限公司,www.hzvc.com.cn。

杭州市高科技担保有限公司联合杭州银行开展的风险池合作模式已在整个杭州地区全面铺开,范围和模式得到进一步发展。通过风险池直接提供融资担保金额超过13亿元,扩大融资担保合计超过20亿元。设立"蒲公英天使投资引导基金",首期规模7500万元。积极发挥杭州市投融资服务平台作用,主办或参与承办18场投融资对接会,为超过1200余个项目提供与创投资本或银行贷款的对接服务。截至2014年,杭州市高科技担保公司累计已经为杭州地区中小企业提供融资担保余额超过40亿元,累计受惠企业超过1100家(次)。其业务规模不仅在杭州名列前茅,同时也赢得政府、金融机构、企业等社会各界的认同,也为科技企业的发展提供了重要的支持。

3.6.5 多层次的资本市场

良好的金融市场环境与优惠的市场政策引导促使浙江省多层次资本市场快速发展。截至2016年,浙江省共有证券公司5家,证券公司分公司44家,证券营业部638家;期货公司13家,营业部175家。证券机构代理交易额62.9万亿元,同步增长200%;利润总额190.7亿元,同比增长252%,其他情况如表3-15所示。

表3-15　　　　　　　　浙江省资本市场发展概况

项目	数量
总部设在省内证券公司数量(家)	5
总部设在省内基金数量(家)	2

第 3 章
国内科技金融发展现状和经验

续表

项目	数量
总部设在省内期货公司数量（家）	12
年末过内上市公司数量（家）	299
当年国内股票筹集资金量（A股；亿元）	749
当年国内债券发行量（亿元）	1275
其中：短期融资债券筹集量（亿元）	530
中期票据债券筹集量（亿元）	413

资料来源：根据浙江省证监局、中国人民银行杭州中心支行网站整理。

此外，企业上市进程稳步前行，截至2010年，浙江省共有境内上市企业299家，与2014年相比，增加33家。增量排名全国第二；其中创业板与中小板企业分别为50家和127家，分别占全国同类上市公司的10%与16%，累计融资1475.6亿元，规模为2014年的1.2倍。2018年，浙江省境内上市企业进一步上升至356家，创业板和中小板上市公司分别为128家和66家，上市公司累计融资8066.19亿元。资本市场的金融创新步伐也在加快，浙江省企业上市培育工作也在协同进行与拓展。2012年10月18日，浙江股权交易中心成立，这是继上海股权托管交易中心后，长三角地区成立的又一个区域性股权交易市场，首批进场挂牌企业共55家，总股本38亿股，总市值149亿元，另有托管企业156家，私募债备案企业1家。浙江股权交易中心定位于主板、创业板之后的区域性资本市场，股权交易中心的服务对象是广大中小型、具备成长性、有价值的企业。

相较于主板、创业板等全国性股权交易市场，浙江股权交易中心采取"备案制"，且不对挂牌企业的财务作要求，进入门槛明显放宽。相较于其他区域性股权交易中心，浙江股权交易中心企业挂牌要求更低，让许多中小企业看到了希望（全国各地"新四版"对比如表3-16所示）。浙江省多层次的资本市场持续推进，拓宽了省内中小企业，特别是中小型科技企业的融资渠道，促进了民间资本转化为实业资本，有效地规范了现有企业的治理结构。

表3-16　全国各地"新四板"对比表

区域性股权交易中心	天津股权交易所	重庆股份转让中心	齐鲁股份托管交易中心	上海股权托管交易中心	广州股权交易中心	浙江股权交易中心
成立时间	2008.9.22	2010.10.27	2010.12.29	2012.2.15	2012.8.9	2012.10.18
首批挂牌企业	3	7	14	19	57	55
企业挂牌条件	分为传统板、科技创新板、矿业板，创业板、挂牌条件各异	存续满一年；治理结构健全，具有持续经营能力	存续满一年；股本总额不少于500万元；最近一期未不存在未弥补亏损……国家重点鼓励发展行业中的创新型、高成长企业及高新技术企业	主要面向非上市科技类企业；具有持续经营能力；注册资本中存在非货币出资的，应设立满一个会计年度	"无门槛、有台阶，先挂牌、后收费，远利益、避风险，同呼吸、共成长"的运营原则。"无门槛"：企业有挂牌需求，经营能力持续，治理结构完善	存续满一年；主营业务明确，治理机制健全等
自然人投资者条件	拥有10万元以上个人金融资产；通过中心的投资知识和风险识别能力测试总分达到80分以上	拥有20万元以上个人金融资产；具有一年以上股票投资经验；通过中心风险识别能力测试	拥有20万元以上各人金融资产；通过中心风险识别能力测试	拥有100万元以上个人金融资产；具有两年以上证券投资经验；通过中心风险识别能力测试	股权交易业务：拥有50万元以上金融资产的自然人；私募债券业务：拥有200万元以上金融资产的自然人	

第 3 章
国内科技金融发展现状和经验

3.6.6 案例：杭州银行科技支行

杭州银行科技支行成立于 2009 年 7 月 8 日，是浙江省第一家、全国第三家科技支行。在成立之初，杭州银行科技支行便将自己的业务重心向高新技术企业、初创企业和大学生创业方向聚焦，其目标客户包含新能源、医药、节能环保、电子信息、文化创意、传统行业改造六大行业与相对应的 20 多个子行业。截至 2016 年，杭州银行服务的科技金融客户数量达到 4005 户，融资余额 205.73 亿元，客户数量与融资余额近三年平均增长率达到 88.69% 与 57.22%，户均融资担保量在 500 万元。在扶持企业中，有 182 家企业上市（包含主板与创业板），410 家企业在新三板挂牌[1]。

纵观杭州银行的业务经营活动，其主要有以下三个特点。

第一，在银行传统的存贷款业务方面，杭州银行科技支行将 93% 左右的贷款投向中小型科技企业，远远超过了总行规定的 80% 标准，从中可以看出科技支行的运营宗旨。第二，科技支行以硅谷银行为主要模板，借鉴硅谷银行的经营投资模式，为中小企业提供金融服务。作为商业银行的分支结构的科技支行，在业务执行上与法人地位具有相对独立的地位。基于机构的现实情况，结合中小型科技企业轻资产、技术含量高的特点，科技支行制定了一套与中小型科技企业特点相适应的金融服务与金融产品。其中具有代表性的就是"生命周期服务法"——即针对处于不同生命周期的科技企业提供分门别类的金融服务。例如，针对种子期企业，主要对其提供创业指导服务、提供积极的经验营销、管理、财务、政策等多方位经验与知识。第三，资金来源的适用性。科技支行一半以上的存款来自私募股权投资基金或是投资基金托管的资金，其中包括摩根士丹利等相关机构。在为中小型科技企业提供相关服务的过程中，科技支行与涉及的机构建立了良好的合作关系。

杭州银行科技支行独特的经营模式可以总结为"五方联动"，即支行与政府部门、创业风投机构、担保公司、工业园区联动，形成了科技企业

---

[1] 丁锋. 杭州银行的科技金融创新 [J]. 银行家，2016（4）：20-23.

金融一体化联盟（如图3-14所示）。通过加强与政府、创投机构、担保机构与工业园区的合作，科技金融服务平台在较短的时间内集聚了杭州市内大量的资源，其中包括40余家国内外知名创投机构、20家工业园区、10余家担保公司以及数十家担保公司与相关会计师事务所、行业协会、中介机构等。随着科技金融平台的不断拓宽与发展，以科技支行为核心的杭州科技金融服务平台综合能力快速提升。目前科技支行超过80%的信贷客户都是通过以上合作平台获得。

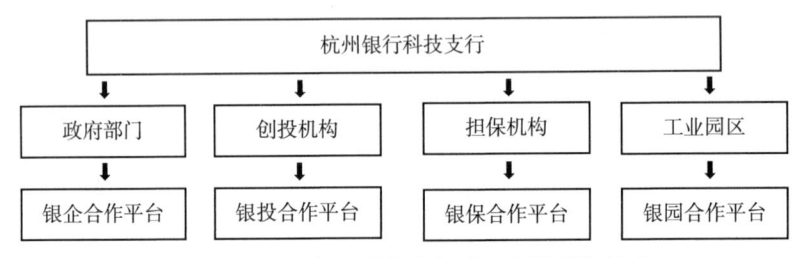

```
                    杭州银行科技支行
        ┌──────────┬──────────┬──────────┬──────────┐
        ↓          ↓          ↓          ↓
    政府部门   创投机构   担保机构   工业园区
        ↓          ↓          ↓          ↓
   银企合作平台 银投合作平台 银保合作平台 银园合作平台
```

图3-14 杭州银行科技支行"五方联动"模式

资料来源：付剑峰，郭戎，沈文京，朱鸿鸣. 如何发展我国的科技银行？——基于杭州银行科技支行的案例研究[J]. 中国科技论坛，2013（4）：92-97.

3.7 武汉科技金融发展与经验

近年来，武汉市科技金融发展一直走在全国前列。武汉市政府一直坚持以科技创新为发展主线，实现金融资源与科技资源的充分对接，加快了多层次、多元化的中小企业金融服务体系的发展，营造了良好科技金融发展环境，资源禀赋更趋向于实业投资，促进了经济的发展。

2016年，武汉全年实现国内生产总值11912.61亿元，比上年增长7.8%，GDP总量在十五个副省级城市位居第四，是中部唯一一个突破万亿元的城市。武汉创新动能增长较快，生命健康、智能制造、信息技术三大战略性新兴产业分别比上年增长19.0%、17.2%和19.0%。规模以上工业高新技术产业产值7270.30亿元，增长11.5%，高出全市规模以上工业总产值5.7个百分点，主要聚集在电子信息、先进制造和新材料三大

第3章 国内科技金融发展现状和经验

领域,共完成产值6555.81亿元,占规模以上工业高新技术产业产值的90.2%[①]。2017年,武汉市地区生产总值进一步上升至3410.34亿元,比上年增长8.0%,同比提高0.2个百分点,分别高出全国、全省1.1和0.2个百分点。三大战略性新兴产业中,智能制造工业总产值比上年增长22.0%,生命健康、信息技术营业收入分别增长18.7%和18.0%。[②]

武汉市科技金融项目相关早在2008年便已开始尝试与探索,2011年11月,武汉市成为全国首批促进科技和金融结合的试点。武汉市围绕着科技金融政策引导、科技信贷、科技创投、科技担保与保险以及多层次的资本市场五个维度,营造良好的科技金融发展环境。

3.7.1 政策引导

3.7.1.1 科技金融政策

近几年,随着科学技术在经济发展中扮演着愈发重要的角色,国家也在代理扶持科技产业发展,寻求和探索科技金融耦合、协同发展的模式和方法。武汉市作为全国科技金融发展的先导试点城市,相对完善的科技金融发展政策体系是武汉市科技金融发展的重要基础与重要推动力。响应国家"大众创业、万众创新"的号召,科技金融相关政策从湖北省一级逐渐向市、县、区逐级拓展,结合当地的主要特征,探索符合地区情况的科技金融发展政策,形成具有针对性的科技金融政策体系。表3-17主要展示从省级到市级相关政策的一些概况。

表3-17 武汉科技金融政策概况

分类	政策名称	颁布时间
省级政策	《省人民政府办公厅关于发展众创空间推进大众创新创业的实施意见》	2016-05
	《省人民政府关于深入推进大众创业万众创新打造经济发展新引擎的实施意见》	2015-12
	《湖北省科学技术厅关于深入推进科技创业的十条意见》	2015-08
	《湖北省人民政府关于加快多层次资本市场建设发展的若干意见》	2015-06

[①][②] 武汉市统计局。

续表

分类	政策名称	颁布时间
市级政策	《中共武汉市委武汉市人民政府关于加快实施"创谷计划"的通知》	2016–05
	《武汉市科技创业投资引导基金实施办法（试行）》	2015–09
	《武汉市青桐基金管理暂行办法》	2015–08
	《促进东湖国家自主创新示范区科技成果转化体制机制创新的若干意见》	2015–06

资料来源：武汉科技金融公共服务平台，http://stf.whst.gov.cn/.

武汉市科技金融发展相关政策体系在满足党中央、国务院的具体部署的同时，拟订发展目标、大力建设创新平台、努力培育创新主体，有效地降低了科技创新的准入门槛。此外，通过整合科技金融的服务资源，优化了科技创新环境，营造良好的企业发展氛围与便利。

3.7.1.2 科技财政投入

武汉市政府注重发挥财政资金的引导与放大功能。通过无偿资助、财政补贴、权益性投资、税收优惠和风险补偿，政府不断完善风险分担机制与风险补偿机制。引导金融机构创新产品，加大对中小型科技企业的支持力度。武汉市于2011年设立了科技金融专项计划，以引导基金、科技保险、科技贷款、科技准备金、科技信息平台建设；2013年该项目专项基金规模增加到1.1亿元。截至2015年，武汉市科技金融创业投资引导基金财政支出累计达6.75亿元，科技信贷补偿专项款达1.5亿元，累计科技保险补贴2400万元，科技金融服务平台专项资金投入500万元。市区两级累计投入科技金融专项资金为10亿元，占市级科技部门可用资金量的20%[①]。图3–15阐述了2012~2016年武汉市财政科技拨款概况。

除此之外，武汉市政府提高统筹资源配置效率，将科技金融财政经费投入从原来的单一配置手段转向"政策引导+增信保障+资金投入"的统筹配置模式。同时，多部门协同合作，以武汉市科技局、知识产权局、经信委等为代表，设立科技信贷风险补偿金、中小企业贷款贴息资金、专

---

① 王元课题组. 中国科技金融生态年度观察（2015）. 中国科技金融促进会年会，2016.

利质押贷款贴息资金、贷款担保保费补偿金等，重点完善科技信贷、科技担保、科技保险、创业投资领域对科技金融发展的作用机制。

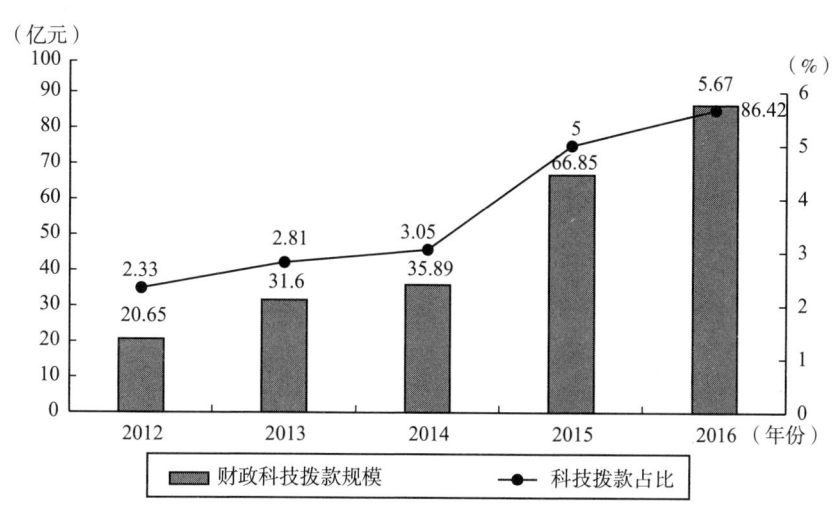

图 3-15 武汉市财政科技拨款概况

资料来源：武汉市科学技术局，www.whst.gov.cn.

3.7.2 科技信贷

3.7.2.1 科技信贷概况

随着近年来国家对于科技产业的扶持，政府各部门通过与金融机构合作，加快了科技金融的协同发展，使得科技信贷贷款余额迅速上升。武汉市通过出台相关鼓励支持政策，鼓励银行等金融机构为科技型企业，特别是中小型科技企业提供定制化、丰富化的服务产品，建立与科技金融相关的商业专营银行，加快科技与金融的耦合发展。

2016年，武汉市银行业科技贷款余额达1741.01亿元，相对于2015年增长了18.6%；银行业支持科技型企业累计达2195家，银行类科技信贷机构已设立达16家，担保机构85家；知识产权、股权质押贷款额度达22.72亿元；信用体系登记服务企业有152家；其中东湖示范区科技贷款余额为487.45亿元，占全市科技贷款27.9%，科技贷款支持企业数量达到410家。

此外，武汉市科技局还通过与银行业相关结构合作，针对科技型中小企业贷款进行"统贷统还"的专项贷款业务。其作为一种商业贷款，有科技局下属的武汉科技投资有限公司向银行统一申请授信额度，再将所申请额度按照一定比例分配给所需企业，提高了中小型科技企业的贷款效率。截至2016年年底，专项贷款业务累计向银行申请贷款16.2亿元，累计为71家中小型科技企业提供了贷款支持。

3.7.2.2 金融超市，为科技型中小企业提供一站式金融服务

武汉金融超市（武汉金融超市投资管理有限公司），是由市属投资平台投资成立，旨在有效缓解科技型中小企业融资困难问题的金融中介机构。其通过聚集银行、证券、保险、股权投资基金等金融机构，试图为高新区企业提供专业、个性化的"一站式"金融服务。首先，其通过设立实体超市、虚拟网站等平台的方式，无偿为科技型中小企业、金融机构、投资机构及其他中介服务机构提供企业宣传、产品推广、信息交流等服务，建立资金供需双方联系；其次，通过培训、咨询方式，提升科技进行中小企业品质；最后，金融超市还直接为科技型中小企业提供融资担保、小额贷款，风险投资等服务。截至2015年，金融机构通过武汉金融超市已受理2176个融资项目，其中1724个项目成功融资，融资金额近70亿元[1]。

3.7.3 创业投资

武汉市政府通过广泛配置风险投资资源，充分发挥出政府引导资金的作用，针对不同生命周期的上市企业，设立天使投资、创业投资、夹层投资、产业投资基金等，打造覆盖全企业生命周期的创投资金体系。截至2016年，武汉市拥有创投企业747家，注册资本累计超过2000亿元；全市政府引导基金累计80.89亿元；政府参与设立的母、子基金累计430家，基金总规模达262.52亿元[2]。

以武汉市科技局与武汉市财政局共同设立的"武汉市科技创业引导基金"为例，基金成立于2008年，武汉市政府于10月出台《武汉市科技创

---

[1] 武汉市科学技术局. 武汉市2016年科技金融发展报告［R］. 武汉市科学技术局，2017.
[2] CSMAR数据库。

业投资引导基金管理暂行办法》，尝试改变部分经费的使用方法，即将财政资金变为创投基金，以参与到创投领域，对中小型科技企业进行股权投资，支持中小企业发展。截至2016年底，武汉市科技创业引导基金已经与国内外众多著名创投机构（例如，硅谷天堂、深圳创新投、清华启迪创投、湖北高投等）共同设立或是拟设立基金达31只，规模近40亿元。其中，引导基金出资8.25亿元，实现了4.8倍的放大，充分发挥了财政引导基金的作用。

2016年全年，武汉市创投基金在原有基础上快速发展，其中16家机构通过管理层合作，申请引导基金阶段设立VC基金10只，天使基金6只，申报总额为5.59亿元。到2015年12月末，引导基金出资设立的子基金已经达到了31只，引导基金同意出资8.25亿元，总体放大倍数达到4.8倍[①]。

3.7.4 科技担保与保险

3.7.4.1 科技担保

鉴于初创期企业高风险的特征，武汉市建立了较为完善的市区合作风险分担机制，帮助初创期科技型企业获得融资。由东湖高新区、武汉市和金融机构共同出资，按照4∶4∶2的比例设立风险担保基金，在此基础上，再以一定比例放大，引入科技保险参与，为孵化器中科技型企业提供融资担保。一旦出现违约风险，则由各方按照事先约定的比例各自分担。这一完善的风险分担机制，为科技型中小企业通过债务融资提供了便利，助推科技型企业发展。通过完善的风险分担机制，为初创期企业提供融资担保。

3.7.4.2 科技保险

武汉自2007年被批准为国家首批科技保险试点城市，先后出台了《武汉市专利保险补贴资金管理暂行办法》《武汉市科技保险费补贴资金使用管理办法》等若干政策，为中小型企业特别是高新技术企业相关科技保险发展提供支持。随着科技保险产品业务的逐渐扩展，科技企业对于科

---

① 武汉市科学技术局. 武汉市2016年科技金融发展报告[R]. 武汉市科学技术局，2017.

技保险的认识也不断提高。其中政府补贴力度不断增强，引导力度逐渐加强，科技保险在武汉市的覆盖面不断扩大，有效帮助中小型科技企业规避和分担在公司发展过程中可能存在的风险。同时，科技保险也不断开拓海外市场。截至 2016 年末，武汉市科技保险险种从 2007 年试点时期已经扩展到现阶段的 17 个险种，涵盖了研发、产品、融资、人身和财产五大类险种。

3.7.5 多层次的资本市场

武汉市致力于加快多层次资本市场的建设，不断提升武汉市金融中心区的功能作用，增强地区竞争力。武汉市多层次资本市场从主板市场、创业板市场到新三板、四板市场逐级铺设，快速发展。

在主板市场与创业板市场里，截至 2016 年年末，武汉市主板市场与创业板市场共有境内外上市公司 70 家；其中境内上市公司 52 家，境外上市公司 18 家。在上市企业中，高新技术企业有 34 家。[①]

2012 年，经国务院审批决定扩大非上市企业股份转让试点，首批扩大试点新增张江高科技产业园区、武汉东湖区新技术产业开发区和天津滨海新区。2013 年 12 月 31 日起，债转股向全国企业接收企业挂牌申请。随着我国建设多层次资本市场进程的不断加快，武汉市也涌现出相当多的上市企业。"新三板"作为"大众创业、万众创新"的主战场，表现出极强的活力。2017 年，武汉市"新三板"挂牌企业达 236 家，较 2016 年新增 43 家。

武汉市股权托管交易中心（后称"四板市场"）也是多层次资本市场重要的组成部门。四板市场定义为湖北的区域性交易市场，主要为具有高增长性的、非公开市场交易的企业提供股权融资渠道。四板市场主要以政府财政政策为引导，同时也为创业板与主板培育上市公司。

武汉市考虑到中小企业的具体情况，将科技板的挂牌程序进行简化，不再要求对企业进行股份制改造，并且推出了企业自推荐制度。四板的出

---

① CSMAR 数据库。

现，大大减少了中小型科技企业登板的成本与周期。待企业发展到一定规模时，再陆续登陆更高层次板块；过程中再通过券商对企业进行股份制改造，帮助企业循序渐进地通过资本市场进行融资。

2014年，武汉市"科技板"启动；2015年4月，首批87家科技企业成功挂牌科技板，可以说，四板的出现为湖北省区域股权交易注入了新元素；2015年5月，上海市博润投资有限公司以1.5亿元为主要创投资本，与10家企业签订协议进行投资。目前看来，四板相关工作实现显著成效，在现有科技金融协同发展的形式下，探索了一条武汉市中小型科技企业发展的新路径。四板不仅成为企业展示自我的一个平台，同时还为企业特别是中小型科技企业提供规范改制、股权托管、挂牌交易等常规服务；此外，四板还将以金融创新为主要方向，适时推出私募债券、资产证券化、收益凭证等产品；将促进场内交易相关机构、管理咨询机构、政府部门机构等与四板挂牌机构进行合作，探索为中小企业创业咨询、管理咨询、政府科技资源利用的服务可能。截至2016年底，四板挂牌企业已达456家，其中"科技板"企业为144家，占总挂牌企业数的31.6%[1]。

3.7.6 案例：武汉东湖高新区

武汉东湖高新区是我国继中关村之后的第二家国家自主创新示范区。在2014年科技部的国家高新区最新综合排名中，东湖高新区位列第三。作为"中国光谷"，东湖高新区是我国国内最大的光纤光缆研发生产基地，我国第一根光纤、第一个光传输系统都于此诞生，众多国际标准、国家标准和行业标准都由它主导制定。其光纤光缆生产规模全球第一，占据世界市场份额的25%，国内市场份额的60%。目前，东湖高新区已经形成了以光电子信息为主导，生物、节能环保、高端装备制造、现代服务业竞相发展的"131"产业格局。

作为中国第二大智力密集区，光谷聚集了42所高等院校、56个国家、省部级科研院所、58名两院院士、20多万各类专业技术人员和80多

---

[1] 武汉市地方金融工作局. 武汉市2016年科技金融发展报告[R]. 武汉市地方金融工作局，2017.

万在校大学生，科研创新实力雄厚。仅 2013 年一年，光谷专利申请量达 13021 件，占武汉市专利申请量的 50.7%，企业总收入达 6517 亿元，同比增长 30.18%。[1]

武汉东湖高新区科技金融发展，立足于其雄厚的科研创新实力，并着力培育良好的创新创业生态。通过"青桐三部曲"，高新区吸引并支持了国内最具活力的创新群体——大学生，为科技创新带来了新的源泉。进而，通过孵化器、金融超市、科技担保、科技保险等一系列方式，帮助科技型中小企业获得资金支持，提升自身品质，为科技型企业成长奠定基础。通过大力推进创新创业，武汉市东湖高新区正成为我国创新创业活动最活跃的地区之一。

在"光谷模式"与武汉市政府的引导下，"青桐三部曲"吸引大学生创新人才，打造青年创业圣地。所谓"青桐三部曲"，即为"青桐计划""青桐学院"和"光谷青桐汇"。"青桐三部曲"通过对大学生创业的大力支持，吸引青年创新人才，加速培育创新企业成长，为武汉带来科技创新的源泉，并逐渐使得武汉光谷成为青年创业"圣地"之一。

"青桐计划"，即为武汉市《市人民政府关于实施青桐计划鼓励大学生到科技企业孵化器创业的意见》。其围绕大学生创业全过程所需，从创业氛围、创业场地、创业资金、创业培训、税收优惠和创业保障六个方面全面支持大学生到科技企业孵化器创业。

其支持对象主要为在校或毕业五年内的大学生（含大专、本科、研究生），主要内容包括"六个方面"政策：一是创业氛围。通过每年选拔 100 名在科技企业孵化器创业的大学生创业先锋，每人给予 3 万元奖励，营造良好创业氛围，积极支持大学生创业。二是创业场地。为解决大学生初期创业场地问题，武汉首次提出并建设了大学生创业特区，为创业大学生提供零租金场地的同时，还提供免费的办公桌椅、文件柜、空调、宽带等基本条件，让创业大学生拎包入驻。三是创业资金。设立了一系列专项资金，支持大学生创业。包括设立不低于 1 亿元的天使投资基金、创业种

---

[1] 武汉东湖新技术开发区政务网，http://www.wehdz.gov.cn/doc/2018/12/15/23684.shtml。

第 3 章
国内科技金融发展现状和经验

子基金,专门用于扶持孵化器内大学生初创企业;安排每年2000万元的大学生创新创业专项资金;每年设立贷款期为2年的1000万元高校毕业生创业小额贷款担保基金并由财政全额贴息;鼓励创投机构对孵化器内的大学生创业企业进行投资,并按照实际投资额给予一定比例的风险补偿金。四是税收优惠。对大学生初创科技企业,其3年内缴纳税收的市、区留存部分,由财政扶持,提供专项资金用于企业研发投入。五是创业培训。成立青桐学院,提供免费创业培训。六是创业保障。设立健全大学生在科技企业孵化器"安居乐业"的创业保障机制,将符合条件的创业大学生纳入武汉市基本住房保障范围[①]。

为实施"青桐计划",武汉市还设立了旨在组织、引导社会力量为大学生创业开展免费培训辅导的创业培训学院——"青桐学院",更创造了全国知名的"光谷青桐汇"活动。每一期"光谷青桐汇"都会邀请众多天使投资人和成功企业家作为创业导师,更有众多年轻创业者带着自己的项目来此路演,其中很多都得到了资助。截至2015年,"光谷青桐汇"已经举办23期,路演项目115项,其中39项项目共完成融资7.8亿元,观摩人数近2万人次。[②]

"青桐三部曲"让武汉市形成了良好的创业氛围,更成为无数青年创业者心中的圣地。借由"青桐三部曲",武汉已成功吸引大学生留(来)汉创新创业,首批100名大学生创业先锋有34人为武汉以外高校毕业的大学生,其中24人为境外来汉创业。可见,"青桐三部曲"已初见成效。

此外,为了配合"青桐计划",武汉市政府大力推进孵化器建设,支持初创企业快速发展。截至2015年,东湖高新区孵化器(加速器)已达到72家(其中国家级孵化器25家),孵化(加速)面积达到420万平方米,在孵企业近4300家。仅2015年一年,便新认定中南民族大学等14所大学生创业特区,新增光谷创业咖啡等14家创新型孵化器和高科医疗器械孵化器、2家国家级科技企业孵化器,新增孵化(加速)面积达67

---

① 中华人民共和国科学技术部;http://www.most.gov.cn.
② CSMAR 数据库.

万平方米①。

3.8 成都科技金融发展与经验

2017年9月,国务院决定推广13项具备复制条件的全面创新改革试验举措,其中四川成都贡献5项,是全国8个全面创新改革试验区贡献改革经验最多的城市。此后,成都高新自贸试验区"面向中小企业的一站式投融资信息服务",即"盈创动力科技金融服务模式",成为全国推广的科技金融改革创新经验之一。

传统高新技术企业存在"技术密集、资金密集""高风险,快发展"以及"轻资产"的特点,需要抵押的传统融资方式对于高新技术企业来说相对困难。作为我国科技金融发展的前沿阵地,成都高新区先试先行,形成了具有特色鲜明的"盈创动力科技金融服务模式"。

成都高新区于1988年开始筹建,是我国首批国家高新技术产业开发区之一。数年来,成都高新区在科技部国家高新区评价中综合排名中连续保持第四名。2015年6月,其更被国务院批准为国家自主创新示范区。

仅2017年,成都高新区即实现GDP 1665.8亿元,增长10%,占四川省GDP总量的4.5%,占成都市GDP总量的12%。截至2015年底,成都高新区共有各类企业6万家,其中上市企业26家,经认定的高新技术企业680家,在孵科技型企业6730家,世界500强企业99家。2017年,成都高新区各类企业超11万家,创新创业企业达1.65万家,高新技术企业1058家,企业注册资本首破万亿元大关,达1.19万亿元。②

目前,成都高新区正围绕国务院确定的"三区一极"(创新驱动发展引领区、高端产业集聚区、开放创新示范区和西部地区发展新的增长极)发展方向,全力打造新一代信息技术、生物、高端装备制造、节能环保、生产性服务业五大主导产业,力图成为国际创新创业中心。

---

① 中华人民共和国科学技术部;http://www.most.gov.cn。
② 成都市统计局.http://cdstats.chengdu.gov.cn/.

3.8.1 政策引导

成都市作为首批科技与金融结合的地方试点，其"先行先试"，探索具有先导性、创新性的科技政策。2014年，成都市科技局联合财政局先后出台了《成都市市级科技企业债权融资风险补偿资金池资金管理暂行办法》与《成都市科技创业天使投资引导资金管理暂行办法》（以下简称《办法》）等系列政策措施。《办法》在原有政策体系基础上进一步探索了科技金融结合的新形式，科技是第一生产力，金融是国家经济的核心。《办法》在成都市为科技企业增信、破解贷款难题的问题上提供了重要解决方式。

首先，在贷款风险补贴上，为有效降低中小型企业的贷款风险，《办法》鼓励金融机构向科技企业提供债券融资；《办法》规定，若科技型中小微企业发生贷款逾期损失时，基于政策合作银行风险补偿金存入银行账户余额为限、最高60%的贷款损失补偿。此外，成都市科技局与多家金融机构洽谈合作，引导机构降低对中小微科技企业的贷款利率，并且出台信用补助评级、担保补助等相关政策，切实解决中小微科技企业的融资问题。成都市科技局、财政局也设立了1亿元债权融资风险补偿金，并通过分别联合成都银行、交通银行、民生银行、高新担保公司，以及相关区、县政府筹集规模达到19亿元的"科创贷"系列融资产品，财政资金扩大倍数达到19倍。成都市科技创新创业服务平台在运营"科创通"业务以来，平台已经汇集了7149家企业、251家科技服务机构、809个科技服务产品，首次将政府扶持政策、科技中介、孵化载体"全聚合"，并且实现了聚集、服务、撮合、孵化的"全功能"。

同时，成都市不断创新财政科技的投入方式，改善了以往非系统性、广撒网的支持方式；政府进一步扩大了财政科技经费"间接投入"与"后补助"的比例。以成都市设立的科技金融专项基金为例，专项基金的资金来源来自政府财政资金，补助方式主要有四种（如表3-18所示）。除此之外，成都市进一步落实了简政放权的中央政策精神，创新科技金融服务模式，通过科技金融创新工具、收购科技中介服务等方式支持中小微科技企业发展。

表3-18　　　　　　　　　政府科技主要补贴方式

补贴方式	概述
天使投资补助	用于引导天使投资、加大对科技企业的投资力度
债权融资补助	用于引导银行、担保机构等加大对科技型企业的贷款力度，引导轻资产贷款，发挥财政资金的放大作用
全国中小企业股份转让系统挂牌补贴	用于鼓励企业公开规范运作，针对企业股改、挂牌交易等行为给予奖励
科技与专利保险补贴	用于科技企业创新发展，降低科技企业在生产、运行、产品营销、投融资方面的风险

资料来源：成都市科技局，http://www.cdst.gov.cn/.

3.8.2　科技信贷

成都市科技信贷业务发展非常迅速。首先是成都市科技支行以及创新业务发展快速。早在2009年，成都银行与建设银行成都分行分别设立了科技支行，成为全国首批针对科技型中小企业的银行专营机构，并且支行随后陆续开展了众多创业业务探索。截至目前，成都市拥有的科技支行共9家，其中包括成都银行科技支行、建行第一支行、兴业银行程度分行、交通银行成都高新支行等，累计已经为企业授信超过300亿元。在此基础上，成都市协同银行机构，探索开展了一系列科技信贷产品的创新与服务，例如，知识产权质押贷款、投融通、信用贷、科税通贷、展业贷等。

其次，中小微科技企业的企业债券产品不断涌现。2011年4月，成都市首只中小企业集合债"11蓉中小"发行，规模为4.2亿元；同年成都市又发行了2只中小企业集合票据，规模分别为1.8亿元与3.2亿元；2014年2月，又发行了首只中小企业私募债券；2017年5月8日，全国首单"双创债"（创业创新债）由成都高新投资集团发行，其主要是为了支持"双创"发展量身定制的新融资产品，债券的发行主体是高新园区、企业孵化器、"双创"示范基地等，且所筹集的资金主要用于园区基础设施建设、偿还银行贷款、通过委托贷款或者股权投资优质诚信的"双创"企业等。此外,成都市还出台了一系列配套政策措施以完善科技信贷体系,例如,担保费用资助、风险补偿、贷款利息补偿等;与众多银行等相关金融机构开展了合作关系,构建了许多公共服务平台,为中小微科技企业提供了便利。

3.8.3 创业投资

2011年,成都市设立了创业投资服务中心,为创业投资、股权投资企业与政府监管部门之间构建了信息沟通与政策诉求的重要纽带,有利于引导创投与股权投资的行业规范,加强企业的自身管理。截至2016年底,成都高新区已聚集金融机构778家,其中股权投资机构达444家,且已经形成了从天使基金到VC、PE的股权投资基金产业链。从投资项目维度来看,截至2016年底,成都高新区以"拨改投"的方式,参与了省信息安全和集成电路产业发展基金等13只政策性基金,目前已经开始运营的10只基金累计已经实施投资项目达到273个,投资资金规模超过67亿元;创业投资天使基金投资项目累计达到46个,再投项目33个。

此外,在2015年,成都市设立了2亿元规模的政府科技创业天使引导资金。资金来源主要是政府的财政资金,且为非营利性资金,主要用于市级应用技术研究与开发。资金通过引导性参股与跟进式投资的方法,引导社会资金资本参与科技企业的创新创业。其中,成都市政府出资1000万元设立了1亿元规模的盈创兴天使投资基金。此外,政府还设立了创业投资风险补助基金。截至2016年末,成都市创新创业平台合作的创投基金达到11只,主要机构与概况如表3-19所示。成都市利用科技创投的方式,完善了成都市科技金融服务体系,发挥了财政资金的杠杆效应,吸引社会资本参与全周期企业孵化过程,从而改变了过去由成都市政府单一的财政投入方式,建成了以政府为导向,多层次、多渠道、多方式的创投新格局。

表 3－19　　　　　　　　　成都市天使投资基金概况

名称	规模	基金	成功案例
成都盈创兴科创业投资合伙企业	10000 万元	成都盈创兴科创业投资合伙企业于 2014 年 9 月 26 日成立，经营范围包括创业投资服务、项目投资、资产管理、企业管理咨询等	医药电商平台、广电通信设备
成都电科鹰熊创业投资中心	10000 万元	成都电科鹰熊创业投资中心是一家由成都生产力促进中心、电子科技大学成都研究院引导，社会资本积极参与成立的专业投资机构，基金规模 1 亿元，已于 2015 年 11 月注册成立	SAAS 云订货服务、骑行爱好者社交平台
合之力蓉盛成都创业投资中心	5060 万元	合之力蓉盛成都创业投资中心成立于 2015 年 12 月，由国内知名天使投资人发起。合力投资受托于合之力泓轩（上海）创业投资中心和合之力泓远（上海）创业投资中心，目前受托管理的基金总额为 2.76 亿元人民币	物流城配车服务、VR 游戏内容
成都盈创泰富创业投资合伙企业	10309 万元	成都盈创泰富创业投资合伙企业（有限合伙）于 2015 年 7 月注册成立，是一家为创业及股权投资企业提供投融资管理及咨询服务的专业管理公司	智能机顶盒终端应用软件、提供 B2B2C 混业营销服务
成都阶梯创业投资合伙企业	10000 万元	成都阶梯创业投资有限公司与成都生产力促进中心、成都鼎鑫浩润投资有限公司、成都国科海博信息技术股份有限公司共同发起成立成都阶梯创业投资合伙企业。合伙企业于 2016 年 3 月 9 日在成都市高新区设立，募集资金一亿元人民币	远程动态心电诊断服务、周边公交站台导航等本地用户生活服务

资料来源：成都市创新创业服务平台，http：//www.cdkjfw.com。

3.8.4　科技担保与保险

3.8.4.1　科技担保

目前，成都市融资担保公司快速扩张，截至 2018 年底，四川省拥有融资担保机构 356 家，且大多数在成都地区；已经累计担保金额 1045.72 亿元，融资担保机构在保余额 1659.58 亿元[①]。

---

① 四川省地方金融监督管理局. http：//dfjrjgj.sc.gov.cn/.

第3章
国内科技金融发展现状和经验

其中，成都高新区将知识产权质押贷款作为其帮助科技型中小企业通过债权融资的重要手段之一，其主要依托于成都高投担保（成都高投融资担保有限公司）这一政策性担保公司进行运作（其运作流程如图3-16所示）。首先，由高新区经贸发展局、科技局定期举行"高新区中小科技型企业融资对接会"，由园区内的科技型中小企业介绍自身融资需求并由金融机构介绍自身所能提供的产品和业务。进而，有融资需求的企业便可以向高新区经贸发展局和科技局报名申请知识产权质押贷款融资，由高新区经贸发展局、科技局向高投担保递送名单。之后，高投担保会与企业协商，就贷款担保方案达成共识。此后，由高投担保会与协作银行、高新区经贸发展局、科技局一同对目标企业进行实地考察。若联合考察后，协作银行与高投担保会都有承揽目标企业业务的初步意向，则由双方分别进行尽职调查，并由高投担保会联系知识产权评估机构对目标企业知识产权进行估值。根据尽职调查结果和估值情况，由高投担保会与协作银行协定担保金额。最后，提交高投担保评审委员会评审。通过后，由高投担保会与目标企业签订合同、出具保函，由知识产权评估机构出具评估报告，最后由银行放款。

而在实际操作中，高投担保会还要求被担保企业的主要负责人或主要股东提供反担保，即对所担保款项承担无限连带责任，以此在一定程度上规避企业的道德风险。同时，如果在上述流程中，高投担保会发现目标企业并不符合贷款条件，但同时也有一定发展潜力，便会持续跟踪企业或将其推荐至旗下的成都高新创投公司，帮助其获得风险投资。待企业继续发展到适宜程度时，再为其提供融资担保。

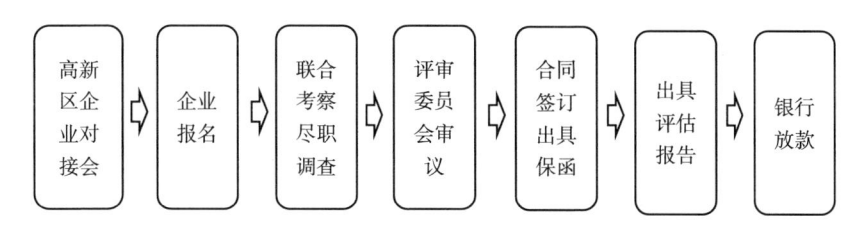

高新区企业对接会 ⇨ 企业报名 ⇨ 联合考察尽职调查 ⇨ 评审委员会审议 ⇨ 合同签订出具保函 ⇨ 出具评估报告 ⇨ 银行放款

图3-16 成都高新区知识产权质押贷款流程

资料来源：成都市高新区政务服务中心，http://egov.cdht.gov.cn/.

3.8.4.2 科技保险

2008年9月，成都市启动了科技保险的试点工作，截至2014年，成都市科技保险保额已经超过了650亿元，且成都市政府提供的保险相关补贴金额达到2700万元，参保企业也从初期的13家到现在的超过570家，且通过融资保证保险已为企业获得超过3亿元的融资；2017年2月，在成都市科技部门的推动下，成都市高新区认定95个科技保险险种。2016年成都高新区累计为70余家购买科技保险的企业提供超过610万元的保费补贴。[①]

科技保险市场的扩大与险种的丰富使得科技金融链条中每一个相关主题的风险相对分散，同时进一步加强了金融市场的传统组成要素与新兴产业的科技企业发展的耦合发展协同性，让科技金融在成都的环境中茁壮成长。

3.8.5 多层次的资本市场

近年来，随着经济实力的不断提升，成都市逐渐成为资本市场快速发展的重要核心之一。截至2018年3月4日，四川省共有A股上市企业118家，其中成都市占73家，行业主要集中于机械制造、生物医药、新材料等。其中如川大智能、银河磁体等都是细分行业的龙头企业。同时，成都市有关部门开始加强对上市企业的培育和支持。在完善原有投融资服务体系的同时，政策还对企业的上市挂牌行为提供补贴和奖励；此外，以成都市科技局为代表的相关部门牵头，设立综合服务平台，对企业上市提供培训、咨询、融资路演的相关服务。现阶段成都上市后备军企业已经超过1500家。

在区域性股权交易平台层面，四川省在经过清理整顿后，保留了12家区域性交易所，其中绝大多数都在成都市设立，包括成都（川藏）股权交易中心、西南联合产权交易中心、四川金融资产交易中心、成都农村产权交易中心等。此外，成都地区也逐渐涌出一些新兴的股权交易中心，

---

① 成都市统计局．http://cdstats.chengdu.gov.cn/．

其中以麒麟众筹为代表。截至 2015 年 10 月，麒麟众筹投资人入驻人数为 1680 位，为社会提供就业岗位 509 个，平台的交易金额超过了 3300 万元。

3.8.6 案例：盈创动力

盈创动力成立于 2008 年 7 月，是成都高新区为吸引创投机构，缓解中小企业融资难问题而成立的。目的是通过其线上、线下资源，为中小企业和金融机构搭建综合性的投融资平台，既希望能够解决中小企业融资难问题，也希望借此实现自身的商业发展。

盈创动力以数据库为核心，同时为中小型企业和金融机构提供服务。其不仅为金融机构提供入驻办公、信息交互等服务，同时也为中小企业提供直接融资和管理咨询服务。盈创动力试图以其物理平台（盈创动力大楼）为基础，通过为金融机构提供办公场所来达到金融机构在空间上的集成。同时，通过线上交流平台，加强入驻机构间的交流，降低彼此的信息不对称性。最终，形成以盈创动力为中心的高新区金融服务网络。

除此以外，作为政策性的、非营利性的融资平台，盈创动力在运营过程中十分注意社会公益性。一方面，仅对入驻的金融机构收取少量的租金；另一方面，对其提供直接融资服务的中小企业不收取或仅收取极低的费用。

盈创动力的运营以数据为核心，其大体可以分为三个步骤：收集信息建立数据库、通过数据挖掘和信息再造完善数据库、向入驻机构提供数据库信息及利用数据库信息为企业提供解决方案[①]。

在盈创动力的日常运营中，通常首先利用高新区、政府和金融部门的信息资源建立基础数据库，进而，收集每一家入驻企业和金融机构的相关信息，进一步完善数据库。为保证数据库信息真实可靠，盈创动力会邀请第三方机构如创业风险投资同业公会对企业提供信息的真实性进行审核，以保证信息无误。完成数据库建立后，盈创动力会通过数据挖掘，根据入驻金融机构的实际需求，对企业信息、行业动态、政策导向等进行深入分析，

---

① 赵昌义. 创新型企业的金融解决方案 2011 中国科技金融案例研究报告［M］. 北京：清华大学出版社，2012.

对数据库进行整体升华，以此为金融机构量身定制最适宜的投资企业。

以数据库为基础，盈创动力分别为入驻机构和企业提供服务。从金融机构角度，盈创动力通过提供数据库信息，举办创投与企业对接会、银企对接会等极大提高了金融机构与企业对接效率，减少了信息不对称，也降低了金融机构所承担的风险。而从企业角度，盈创动力也会对提交直接融资申请的企业进行资信评估，根据结果，为企业提供直接融资服务，如图 3-17 所示。

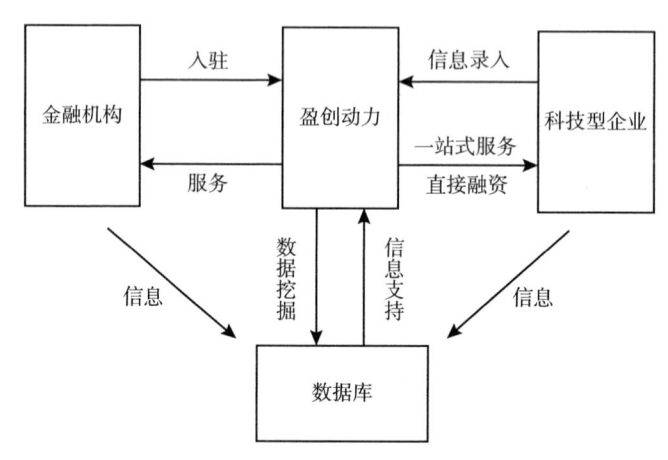

图 3-17 盈创动力运营模式示意图

资料来源：冯榆霞，付剑峰. 金融创新助推科技创新的探索——以盈创动力科技金融服务平台为例［J］. 科技创新与生产力，2012（1）：15-18.

由此，以高新区和政府信息为基础，通过吸引金融机构和企业入驻再次收集信息，最终通过数据挖掘，形成盈创动力数据库。以此为基础，为金融机构和企业提供服务。此即为盈创动力的运营模式。而盈创动力也可以在这一过程中，通过租金、会员费、数据库销售、提供投资咨询顾问服务等来获得收入。当然，作为公益性融资平台，盈创动力也能够得到政府的财政补贴，如工信部为数据库建设提供的 300 万元资助等。

经过一段时间的运营，盈创动力已经取得了显著成效。首先，盈创动力数据库建设已初见成效，数万家中小企业信息的收录，显著减少了金融机构与企业间的信息不对称性，提高企业和金融机构对接效率的同时，也降低了金融机构调研成本和借贷风险,有利于解决中小企业融资难问题。

此外,在空间上,初步实现了金融机构的集聚化。盈创动力目前已建立盈创动力大厦、拉德方斯,总计超过60000平方米的金融资源聚集物理空间,吸引美国凯雷投资、美国VIVO基金、韩国KTB基金、德同资本、银科创投、深创投等40余家国内外知名投融资机构和投资管理机构入驻,注册资本超过100亿元(人民币),聚集投资资金市场规模超过200亿元(人民币)。一定程度上缓解了成都高新区金融服务相对落后的局面。而通过网络交流平台,高新区内入驻机构也在一定程度上减少了彼此间的信息不对称性。从物理平台到虚拟平台,盈创动力网络已经初步构建。

3.9 国内科技金融模式总结

现阶段,我国国内各地区的科技金融发展主体模式属于政府主导型模式。但是不同地区科技金融的发展模式和特点还是存在一定差异的,但各种模式同时也是各种运行机制的结合体。综合上述对我国各地科技金融发展的描述可以发现,我国整体处于以政府主导为主、银行和资本主导为辅的发展阶段中,因此本节我们选择对各地科技金融发展有着较大推动和支持作用、并且具有地区相对差异性特点的科技金融要素进行分类。我国各地区进行分类如下。

3.9.1 政府主导型:北京、江苏、深圳、武汉

政府主导型指的是这些地区的科技金融平台是由政府构建,在此基础上与当地的金融机构和中介机构建立合作,通过政府的引导基金来加快科技金融的结合进程。在这种模式下,政府对科技金融的发展起到主导作用,企业主要通过平台来获得融资,方式是平台对企业和金融机构的申请进行审批,或平台通过建立项目对接的方式来帮助科技型中小企业获得融资。此外,平台会开发构建企业信用体系,并且协助贷款的金融机构对企业开展贷后管理工作。另外,企业可以通过这些平台了解相关法律法规、

各种政策优惠,得到更多专业的支持等。

在我国,北京、江苏、深圳、武汉是典型的政府主导型平台。举例来看,北京具有最为完善的科技金融政策体系。江苏省金融信息服务平台是由江苏省高新技术创业服务中心建立的,起到了整合省内科技金融资源、发布信息、投融资交接等作用,同时江苏省创业投资引导基金的建立为平台吸引了更多民间资本。深圳的高新区创业投资服务广场、深圳市经济贸易和信息化委员会、深圳科技金融服务中心、深圳市中小科技企业发展促进中心等在前期都是由政府主导建立,之后还成立了深圳市科技金融联盟,提供孵化、培训、融资等各方面全方位的服务。武汉市政府在不断出台地方性促进科技金融发展政策的同时,进一步通过政府的力量力推"武汉光谷"的发展,由政府衍生而出的其他促进效应也进一步放大。

3.9.2 企业主导型:成都

企业主导型指的是科技金融的服务平台是由政府连同企业或集团建立的,其特点是服务比较专业化,更能了解企业的需求,提供更加有针对性的服务,降低投资者与企业之间的信息不对称问题,同时又能整合企业各方资源,提高了科技金融的针对性和效率。成都市的科技金融服务平台是由政府与企业建立。作为其中代表,盈创动力则是成都高新区为吸引创投机构,缓解中小企业融资难问题而成立的。其以数据为驱动,特点是以企业数据库为核心,同时为中小型企业和金融机构提供服务;服务体系在利用互联网技术整合银行、税务、工商、科技企业等各相关人信息后,建立了信息归类和共享机制,降低信息不对称的可能。可见,在成都科技金融发展过程中,以盈创动力为代表的企业发挥着举足轻重的作用。

3.9.3 金融机构主导型:上海、杭州

金融机构主导是指由金融机构构建并主导运作的科技金融服务平台,较为典型的是银行进行搭建的平台。银行在平台建设和运营中起到的主导作用,主导展开与其他金融机构、创业投资机构和政府部门的合作,其运作方式为商业化运作,增强了银企关系,降低了银企之间的信息不对

称性。

上海是典型的金融机构（银行）主导的科技金融服务平台，浦发硅谷银行与上海浦发银行、再担保有限公司以及政府之间展开合作，推出了创新型金融模式，由浦发硅谷银行负责审查贷款企业、设计贷款的结构并且负责贷后管理，浦发银行协助硅谷银行的工作，再担保公司为企业提供担保，政府提供补贴保费，共同促进科技金融的结合。而杭州则是以"科技支行"的形式进行推进。杭州银行自2009年起便在政府的要求和支持下成立了科技支行，在体制机制、产品的商业模式上不断探索创新，走出了一条专业专注的科技金融创新之路。在探索过程中，科技支行慢慢开始提升综合服务能力，与第三方机构展开合作，构建综合性服务平台。

3.9.4 各地区科技金融特点总结与启示

通过对我国国内主要的科技金融发展主体进行研究，可以发现，我国城市多采用政企协作模式。鉴于我国科技型中小企业融资能力相对较弱，外部融资的可能性也较低，在科技发展过程中，政府主要起到引导作用，通过设立政策性科技金融服务平台，为金融机构和科技型企业提供相互沟通、相互交流的平台，以减少企业与银行业间的信息不对称程度。在科技金融体制建设方面，则主要制定科技发展规划和高新技术产业规划等政策，同时制定科技发展相配套的金融政策体系。在开发研究方面，模式则注重加大财政投入，支持和鼓励企业的科研院所加强核心技术的研究，促进科学技术与知识产权的转化。根据对我国现有发展主体的科技金融发展模式的研究，可以看出，我国现有模式主要包含以下特点。

3.9.4.1 通常政府为参与主体

科技金融发展过程中不可避免地将涉及信息不对称问题，因而，政府作为信息中介服务平台的重要提供者是科技金融发展过程中重要的参与主体。从现行的科技金融创新来看，例如，投贷联动、科技支行、知识产权质押、"集合贷"等金融产品，以及相关的政府担保、引导资金、科技保险，都可以看到政府参与其中的身影。但是，只有"看得见的手"与"看不见的手"相互作用，发挥市场决定性作用，才能让科技金融更好更快地发展。

3.9.4.2 多元驱动与一体化驱动

在多元驱动方面,科技金融的参与主体涉及多个部门,形成跨部门、跨领域的合作主体,其中设计PE/VC、担保机构、政府部门、银行等。由于多元参与与综合性合作平台的设立,各个主体之间降低了信息不对称问题、改善了风险收益结构,从而形成科技金融发展的一体化驱动力。

3.9.4.3 高科技园区是创新的主要土壤

由于高新技术园区以内中小型科技企业云集,同时科技资源禀赋充足,政府的政策支持也相对密集,因而高新技术园区已经成为我国科技金融发展的主要阵地和土壤。此外,科技支行、科技投融资平台、政府引导基金、科技类PE/VC机构通常都设立在高新技术园区。中国一流的高新技术园区,如北京中关村、深圳高新区、成都高新区、苏州工业园区等都是科技金融创新的异常活跃的区域。

3.9.4.4 以商业银行为主体,但是有区域性差别

由于我国金融资源的配置主要通过商业银行体系进行,因而许多科技金融的创新模式主要依靠金融市场的整合、重组以及相互沟通来提升企业获得贷款的能力。科技信贷是科技金融发展模式中金融体系的主要参与主体;而"投贷联动"的出现则进一步深化和丰富了原有商业银行的业务体系,拓展了银行业对科技企业的扶持途径。

图3-18基于以上分析,从顶层设计、传统融资渠道与新兴融资渠道这三个部分,简要概括了我国现阶段科技金融发展的主要体系。首先,在顶层设计上,政府政策引导下,统筹相关部门,建设相关高新技术产业园区,以形成一套相对完善的政策体系与制度体系;其次,在传统融资渠道层面,通过银行、保险、信用担保、创投与多层次资本市场等传统融资方式,进一步支持科技创新发展;最后,在新兴融资渠道上,企业通过互联网金融、供应链金融、联保融资、众筹等方式,拓展现有融资渠道,更好的革新与深化现有的科技金融体系。

第 3 章
国内科技金融发展现状和经验

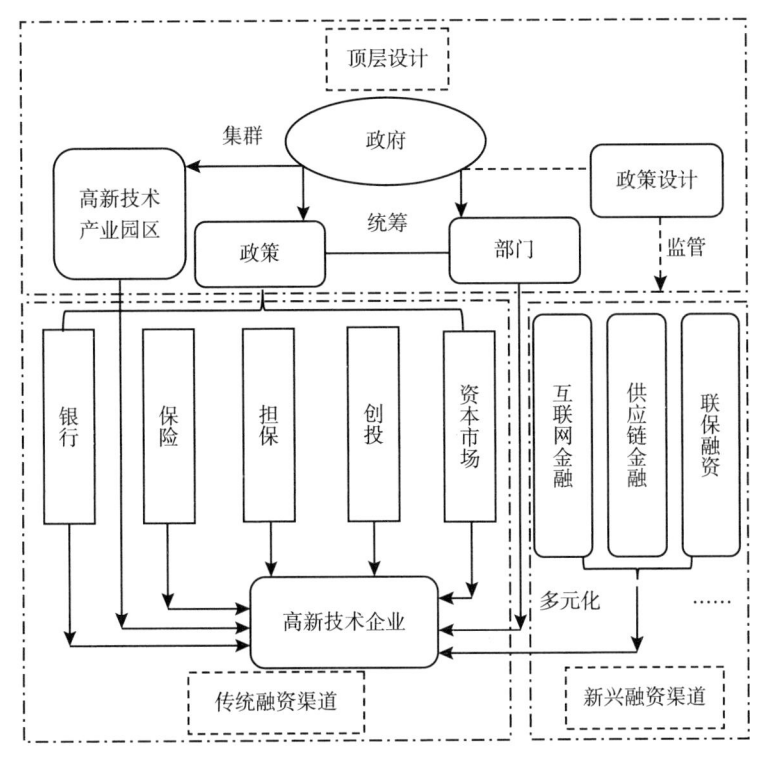

图 3-18 我国现阶段科技金融体系

资料来源：笔者总结归纳整理。

第 4 章
科技金融模式的创新发展

国家科技金融规划的产生源于中小型科技企业的融资问题。科技型企业在其创意期、初创期、成长期的高投入、高风险、少担保的特点与商业银行所追求的信贷风险可控、安全性、流动性与盈利性理念存在矛盾。科技企业对于区域发展通常存在较强的正外部性，但是由于科技企业与传统融资机构间存在较多障碍，因而构建一个由政府、金融机构、民营金融部门、资本市场等组成的多层次金融服务体系显得尤为重要，同时这也是现阶段政府与社会所面临的一个系统性问题。寻找一条科技创新与金融创新耦合发展模式是完善科技型中小企业融资体系的关键所在。

4.1 宏观层面我国科技金融发展总体特征

《"十三五"国家科技创新规划》指出，将"形成各类金融工具协同融合的科技金融生态"作为推动"大众创业、万众创新"的重要措施，重点培育规模壮大的创业风险投资、创新的多层次资本市场以及不断创新的科技金融服务产品。2016 年，我国的天使投资、VC、PE 以及多层次资本市场发展迅速，银行、证券、保险等金融机构推出了一系列创新科技创新的金融产品和服务，使得在以金融支持科技企业创新的机制更为完善，部分的科技金融创新产品和服务在某些地区呈爆发性增长态势，并且已经逐渐成为科技金融创新中心的雏形。

第4章
科技金融模式的创新发展

4.1.1 创新主体规模不断扩大

2016年，科技部制定出台了《专业化众创空间建设工作指引》，促进众创空间围绕结构调整和产业转型升级进行专业化的众创空间布局，促使创业孵化载体成为重要的科技金融服务平台。随着创新孵化载体的不断丰富，由政府提供创新孵化载体的格局已经发生了变化。其中，民营企业创建的创新孵化中心已经占到了总体孵化器数量的65%以上。据统计，2016年，11.3%的投资项目来自市场化的科技孵化器与众创空间。企业家、天使投资人、龙头企业、新兴服务机构等促使了创新孵化器的多样化，投资驱动、产业链服务、地产模式等不同的众创空间都得到了不同程度的发展。

从创新服务要素看，截至2017年，全国共有4298家众创空间、超过3000家科技孵化器、400余家企业加速器以及156个高新区；从创新服务要素看，2016年，新等级的服务业企业数量为446万家，相比于2014年增长了55%。其中，初次创新企业数量占小微企业数量比重为85.6%，新设立的小微企业周年开业率为70.8%。瞪羚企业①、独角兽企业②数量均大幅提升。此外，2016年，我国高新技术产业增加值相较于上年增加10.8%，高新技术产业规模以上工业增加值相较于上年增加12.4%③。具体如图4-1所示。

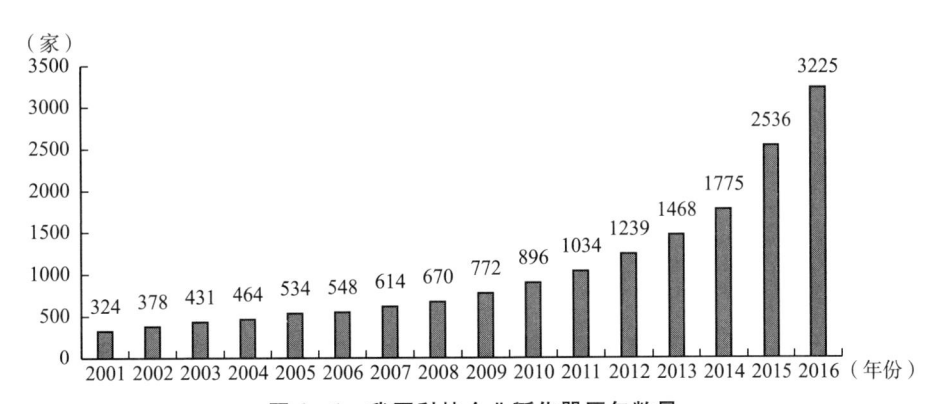

图4-1 我国科技企业孵化器历年数量

资料来源：科技部火炬中心，http://www.chinatorch.gov.cn/.

---

① 瞪羚企业是银行对成长性好、具有跳跃式发展态势的高新技术企业的一种通称。
② 独角兽公司是对10亿美元以上估值，并且创办时间相对较短的公司的称谓。
③ 中华人民共和国科学技术部，http://www.most.gov.cn/.

4.1.2 更加丰富的财政资金引导方式

财政的引导包含从财政资金设立引导资金与税收激励两个方面。在引导基金方面，中央通过财税政策引导市场资金支持创新，先后推出了国家科技成果转化引导基金创业投资引导基金和国家中小企业发展基金等。截至2016年底，全国创业风险投资引导基金共有448只，累计提供资金518.6亿元。引导基金主要通过阶段参股、风险补助、投资保障等方式引导风险投资中小型高新技术企业，带动风险投资规模达到约2400亿元，放大系数约为5，放大效应显著。此外，2016年财政部与科技部联合发布了《中央引导地方科技发展专项基金管理办法》，重点支持地方提高科研基础条件和建设能力、推动地方专业性技术创新平台建设等。

在税收激励方面，2017年，京津冀等8个全面创新改革试验区和苏州工业试点对创业投资企业和天使投资个人给予所得税优惠激励政策。符合条件的企业和个人就可以免除投资额70%达到税前扣除，不足抵扣的部门可以在以后纳税年度结转。税收政策引导了更多的创业风投和天使投资对初创高新技术企业进行投资。

4.1.3 创投活动更为活跃

2016年《关于促进创业投资持续健康发展的若干意见》指出，从投资主体、资金来源、政策扶持、法律法规、政策机制、市场环境、双向开放以及行业自律、服务等八个方面提出了进一步促进创业投资持续健康发展的指导性意见，为创业风投提供了坚实的制度保障基础。2016年，我国创业风险投资行业在募集资金、投资、退出等领域都体现了良好的增长。其中，管理资本总额、行业机构数以及投资额分别相较于2015年增长了24.4%、15.2%和8.6%。部分银行还参与"投贷联动"试点或者开发"投贷联动"产品，推动债权融资与股权融资的深度融合。此外，受到多层次资本市场发展的影响，2016年全年通过IPO退出的项目占比提高了17.3%；通过并购和收购方式退出项目占比达29.7%[①]。

---

① 清科数据库。

第 4 章
科技金融模式的创新发展

值得注意的是，新商业模式与新产业也更加受关注。2016 年，与新商业模式相关的很多项目都难以再用传统的产业统计方法进行分类，学科、产业的交叉融合进一步加快。其中，软件和信息服务行业依然是风险投资最为青睐的行业，产业投资资金额度占投资总额的 47.6%。以共享单车为例，摩拜单车、ofo 等相继完成新一轮融资。

4.1.4 多层次资本市场更加完善

2016 年，多层次资本市场的规模不断扩大，服务的更加多样化，制度创新与产品创新不断深化，资本市场已经逐渐成为为科技型企业提供金融服务的重要途径和手段。

《2016 年国民经济和社会发展统计公报》显示，全年我国境内上市公司通过资本市场累计融资额度达 23342 亿元，其中 A 股 IPO 数量为 248 支，筹集资金 1634 亿元；A 股现金再融资 13387 亿元，同比增加 4618 亿元。同时，上市企业通过上交所和深交所发行公司债、可转债 8321 亿元，同比增长 414 亿元。中小板与创业板融资近 480 亿元；已上市公司通过增发等融资 4800 亿元。数据显示，资本市场快速发展，在资本市场快速发展的同时，也带动了风险投资行业的发展。

此外，2016 年我国海外并购市场十分活跃，全年共发生海外并购 923 件，交易金额达 2210 亿美元。同时，近年来我国不断深化与"一带一路"沿线国家的合作，我国在"一带一路"国家的跨境并购总额也达到了 99.4 亿元。海外并购不仅是企业获得资金和市场的重要手段，同时通过海外并购，企业可以获得相关的关键技术，进一步提升企业自身的技术水平（历年并购情况如表 4-1 所示）。

表 4-1　　　　　　　　　企业历年并购情况

类型	指标	2014 年	2015 年	2016 年
境内并购	数量（件）	3741	5961	4501
	金额（亿元）	18438	25239	21853

续表

类型	指标	2014 年	2015 年	2016 年
入境并购	数量（件）	51	78	12
	金额（亿元）	706	680	114
出境并购	数量（件）	272	382	923
	金额（亿元）	3636	4409	15242

数据来源：普华永道. 中国企业并购市场回顾与 2017 年展望 [R]. 普华永道, 2018.

4.1.5 科技金融产品更为多样化

各大金融机构为了适应科技企业发展的特点，不断推出新型的科技金融产品，使得科技的产品种类更为多样化。例如，商业银行不断推出的"科技智慧贷""科技助保贷""知识产权贷"等，解决了高新技术企业轻资产、少抵押品的问题。

同时，商业银行还积极推动与政府部门的合作，开发更为灵活的复合信贷产品。在拓宽原有信贷产品的同时，银保监会、科技部、中国人民银行等联合出台了《关于支持银行业金融机构加大创新力度开展科创企业投贷联动试点的指导意见》（以下简称"意见"）。意见允许以国家开发银行在内的十家银行作为实行投贷联动的重要试点，为种子期、初创期、成长期的科技型企业提供资金支持。统计数据显示，截至 2016 年底，10 家投贷联动试点银行已经累计发放投贷联动贷款超过 15 亿元[①]。

此外，2016 年中国人保财险在全国各地成立的科技保险分公司已达 5 家，其主要为科技企业提供全方位的科技保险服务。近年来，我国科技保险产品创新围绕着科技创新展开，先后推出了针对科技型企业的传统风险保障、法律风险保障、无形资产保障、综合金融服务和新兴产业保障服务产品。同时，保险机构还与地方政府、银行等保持合作，推出了融合信贷金融服务的保险产品，例如，中山市的知识产权质押、无锡市的科技保险保费补贴等，实际上在侧面进一步增加了科技信贷对科技企业的支持。表 4 - 2 针对不同功能的保险进行了举例说明。

---

① 具体银行信贷产品将在本章专题部分进行阐述。

表 4-2 科技保险产品举例

产品名称	保障内容
传统风险保障类	
高新技术企业财产保险（一刀切）	由于自然灾害或者意外事故造成的保险标的损失
高新技术企业财产保险（综合险）	由于部分自然灾害或者意外事故造成的标的损失
潜在法律风险类	
高新技术企业雇主责任险	工作人员在受雇过程中遭受意外或者患有与业务相关的职业性疾病，所致伤或者死亡的医疗费用与经济赔偿责任
高新技术企业产品责任保险	由于产品缺陷，造成使用、消费该产品的人或者其他任何人的人生上海或者财产损失的赔偿责任
无形资产保障类	
专利执行保险	被保险人就受侵犯的专利权提起法律请求所产生的调查费用和法律费用
侵犯专利权责任险	被保险人非故意实施第三者专利权，依法承担经济赔偿责任，法律费用及合格提出法律无效宣告申请的抗辩费用
综合金融服务类	
专利质押融资保证保险	通过专利质押贷款而未能按约清偿到期债务的借款本金余额利息余额赔偿义务
高新技术企业小额贷款保证保险	投保人未能按约清偿到期债务的借款本金余额和利息余额的赔偿义务
新兴产业服务类	
生命科学产品完工责任保险	医药制造企业提供的产品或者服务银企人身伤害和财产损失的经济赔偿
个人信息泄露责任保险	保障企业由于黑客攻击或者员工故意等行为导致企业所管理的个人信息发生泄露并引起客户索赔的情况

资料来源：中国人民财产保险股份有限公司相关保险条款。

4.2 科技金融的发展与创新

4.2.1 全国各地区科技金融创新信贷产品

为了推进支持中小型企业科技创新的发展，以科技部为代表的其他部门制定了多项支持科技金融发展的重要政策与措施，鼓励各地以银行为代表的金融机构进行科技金融产品的创新。2016年，在中央政府与地方政府的联合推动下，银行与政府部门的合作进一步深化，同时科技金融发展的环境进一步改善。银行不断提高金融创新的能力，不断加大对科技金融的投资力度，且已经研发出大量能够支持科技创新企业的信贷产品和相关服务。2016年，全国以科技贷款为代表的中小企业贷款规模不断提升，银行的投贷联动模式在国内也不断深化发展。

4.2.1.1 "科技创投贷"

科技创投贷是为了进一步促进上海市科技与金融结合的产品，其主要作用就是发挥上海市创业引导基金以及天使投资基金促进科技型中小企业发展的重要作用。上海市发改委、上海市科技技术委员会委托上海市科技创业中心与中国建设银行上海分行共同开发合作针对中小微企业投贷联动的银行信贷产品。"创投贷"的主要服务对象与贷款的主要特点如表4-3所示。

表4-3　　　　上海市"科技创投贷"服务对象与贷款特点

贷款对象	贷款特点
上海市创业投资引导基金、上海市天使投资引导基金投资的子基金所参股的科技型中小企业。这些企业都符合国家发改委、财政部、工信部和国家统计局所指定的《中小企业划分类型标准规定》与《上海市科技企业界定参考标准》	单户贷款额度最高不超过1000万元人民币，其中天使基金参股的企业最高不超过300万元人民币。贷款期限不超过24个月，贷款利率相对于中国人民银行公布的流动资金贷款基准为基础，利率上浮比率不超过10%

资料来源：中国科学技术发展战略研究院、中国科技金融促进会、上海市科学学研究所.中国科技金融年度生态观察（2017版）[R].浦江创新论坛，2018.

实际上，科技创投贷是一种政策引导，并且是相对宽松的股权投资与科技贷款结合的投贷联动模式。其作用机制就在于银行与风险机构合作，对限定范围内的上海市科技型中小企业，在VC、PE投资的基础上，商业银行以债权的形式为企业提供融资服务支持，形成股权投资与银行信贷之间的联动融资方式。

截至2016年，上海市科技创业中心的科技贷款规模约为19亿元，贷

第4章
科技金融模式的创新发展

款企业超过500家。在这其中,科技创投贷完成规模为1.68亿元,支持企业数量22家,可见投贷联动服务的客体依然相对较少,投贷联动的规模以及效果有待提高。具体如图4-2所示。

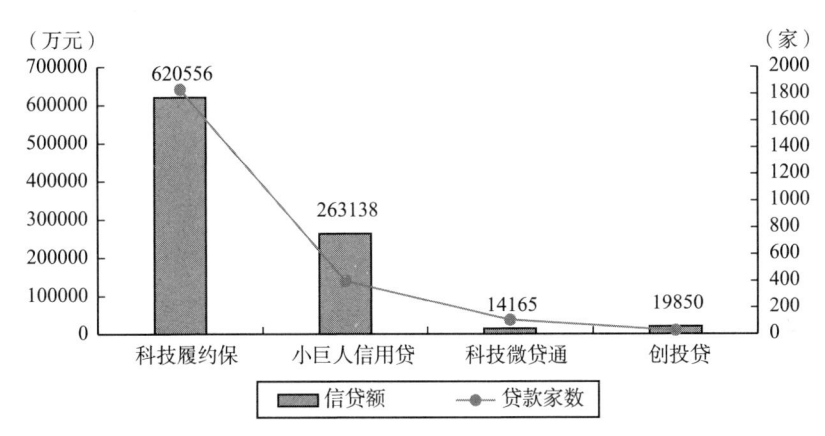

图4-2 上海市科技信贷历年累计情况

资料来源:上海市科技金融信息服务平台,http://www.shkjjr.cn。

4.2.1.2 单一信贷产品

针对科技型企业的主要特点,商业银行进行持续创新,研发能够适应中小型科技企业发展的信贷产品。其中,知识产权质押贷款、股权质押贷款、应收账款质押贷款、订单质押贷款一直是银行现在力推的金融产品。

(1)知识产权质押贷款是贷款人或者第三方依法以知识产权的财产权利出质,将该财产权作为债权的担保,向银行申请贷款的一项业务。截至2015年,全国银行业内专利质押贷款合计达560亿元,而2016年为436亿元。[①] 其下降的主要原因可能是现阶段科技金融体系不断发展和完善,科技型中小企业融资渠道不断拓宽,不同的融资渠道间产生了较强的替代效应,因此企业一定程度上减少了利用知识产权质押进行贷款的欲望。现阶段,国内开展知识产权质押贷款业务的银行主要包括建设银行、

---

① 国家知识产权局. www.cnipa.gov.cn。

交通银行、浦发银行、北京银行、杭州银行、汉口银行等。

（2）股权质押贷款。股权质押贷款是借款人利用该公司股东所持有的公司股份进行质押的担保方式。这种贷款方式可以为那些股份制改造后、股权相对清晰的企业缓解资金短缺的问题。现阶段众多银行针对新三板上市企业推出该业务。截至2016年12月，南京银行新三板质押规模为1.16亿元，股权质押担保企业数15户；中信银行针对主板、创业板上市创新科技企业退出了股权质押服务。此外，邮政储蓄银行也开展了该业务。

（3）应收账款质押贷款。应收账款质押贷款是指融资申请人将符合要求的应收账款出质给银行，由银行在付款之日前以一定的折价比例向卖方以融资的方式预付应收账款，同时以应收账款的债务人支付款作为还款来源的贷款。现阶段办理这项业务的银行主要有国家开发银行、中国农业银行、中国银行、平安银行、广发银行等。

（4）订单质押贷款。订单质押贷款是指贷款申请人与买方申请了有效的订单后，银行依据该真实有效的订单，以订单的预期现金流作为还款来源而提供的授信业务。拥有这项贷款业务的银行主要包括招商银行、中国建设银行、北京银行等。

4.2.1.3　复合信贷产品

本章开始部分提到，处于不同阶段的企业拥有不同的融资需求，国内的一些银行不断创新，以迎合处于不同阶段企业的综合化信贷产品需求。复合类金融产品主要包含交行北京支行的"祝融通"、招商银行的"基础、行业和特色"系列信贷产品、汉口银行的"投贷通"、浦发银行的全程化金融产品等。以北京银行为例，截至2017年，北京银行已经形成了覆盖科技创新企业不同成长阶段的50多种信贷产品，并且产品不断优化升级。其中，创业贷、普惠贷等为创新企业初期提供标准化的信贷产品；成长贷、信用贷、智权贷、节能贷等特色信贷产品为成长期企业提供了多元化的信贷产品。

4.2.1.4　政—银联合信贷产品[①]

针对科技型中小企业贷款风险较大的特点，政府科技部门设立了银行

---

① 笔者根据各贷款服务平台整理。

第4章
科技金融模式的创新发展

贷款风险补偿金机制,并且和担保机构进行合作,建立与银行共同分担风险的机制,鼓励银行对中小企业发放科技类贷款,促进科技产业的快速发展。

(1)江苏"苏科贷"。江苏省科技成果转化风险补偿专项资金贷款简称为"苏科贷",是由江苏省政府、各地区科技部门联合商业银行以低息贷款的方式支持中小型科技企业贷款难问题的一项重要信贷产品。截至2017年中,"苏科贷"已经累计发放贷款达329亿元,支持科技类企业达到4220家;且参与银行10家。此外,江苏省全省用于银行贷款风险补偿的资金规模达20亿元。

(2)成都"科创贷"。成都"科创贷"的设立同样也是为了解决成都地区的高新技术企业融资难的问题,通过政府渠道资金增信,同时联合银行、担保机构和保险形成"多方协同、风险共担"新型信贷融资模式。"科创贷"涉及银行包括民生银行、光大银行、中国农业银行、华夏银行等。从2014年"科创贷"成立以来,已经累计为668家科技企业提供授信达15.29亿元。

(3)青岛担保贷款。青岛市科技局、担保公司以及青岛银行按照4∶4∶2的比例出资,共同组建1000万元的青岛市科技信贷风险准备金池,专门用于青岛市科技型中小企业授信服务的风险补偿。基于准备池的担保作用,截至2016年,青岛市已经累计发放贷款1.1亿元;此外,以中国银行、中国建设银行为代表的5家银行机构积极参与合作,已经累计为110家企业提供3.55亿元的科技信贷;其中初创期17家,首贷企业26家,高新技术企业55家。

(4)银税贷。同时,银行结构还与税务部门进行合作,建立企业纳税信用查询平台,通过平台获取纳税人的基本情况、纳税信息以及相关的财务信息,从大数据视角评估企业的风险和需求,推出更加具有针对性的科技信贷产品。

4.2.1.5 非试点银行投贷联动的积极尝试

上文中已经提到了投贷联动模式的现状,且主要以试点银行介绍为主。世界上,国内有一些并没有被列入投贷联动的试点银行,这些银行也能够通过金融创新、与机构合作，探索各式各样的"投资+贷款"的信贷模式。表4-4罗列了部分非试点银行的投贷结合业务。

表 4-4　　　　　　　　　　非试点银行的投贷结合业务

涉及银行	"投资+贷款"业务
中国工商银行	中国工商银行与其下属投资公司工银国际合作，现阶段已经完成了2笔投贷联动业务项目，累计投资额度达1.75亿元，累计贷款1.3亿元
杭州银汉	杭州银行北京分行主要通过与第三方创投公司开展投贷联动业务，主要以"银行贷款+认股权证"模式为主。截至2017年4月，已经累计为8期客户提供1.2亿元贷款
南京银行	南京银行对于一些符合银行标准的高新技术企业通过贷款+直投的方式对企业进行资金支持。截至2017年3月份已经有4笔项目落地，累计放宽9720万元
招商银行	招商银行主要通过"千鹰展翼"产品为基础，通过"股权+债权""顾问+投资"的模式，为成长型科技企业提供全面的金融服务
邮政储蓄银行	邮储银行开设了专门针对新三板科技类企业的投联贷。银行在放款的同时对贷款进项进行股权投资，目前已经完成了一笔业务

资料来源：中国科学技术发展战略研究院、中国科技金融促进会、上海市科学学研究所. 中国科技金融年度生态观察（2017版）［R］. 浦江创新论坛，2018.

4.2.2　北京银行-北京科技金融发展的先行者

在国务院、北京市政府的一系列政策的支持下，中关村地区已经成为中国最具特色及活力的科技创新中心。作为支持中关村园区发展的先行者，北京银行通过先行先试、创新实践，积极破解科技型中小企业金融服务难题，经过十多年的积极探索，走出了一条中小银行服务科技型中小企业的差异化、特色化道路，实现了多方面突破。

4.2.2.1　北京银行的科技金融创新特征

（1）战略先行，打造科技金融特色品牌。在北京银行发展的20年中，始终坚持"服务实体经济、服务中小企业、服务市民百姓"的市场定位，一直将推动科技金融发展作为战略层面上的目标。紧跟政策导向，创新信

第4章
科技金融模式的创新发展

贷产品，设立科技支行，努力推进科技金融业务的发展。从组织架构、人才、产品、服务等多方面形成了科技金融创新机制。2015年5月，李克强总理视察中关村北京银行小微企业服务网点的时候指出"北京银行是区域银行中做得最好的一家银行"。

（2）突破传统的银行价格，打造具有"北京银行"特色的机制体制。由于科技类企业具有轻资产、技术性较高、投资风险较大的特点，因此金融机构需要针对这些企业设立专营机构。早在1999年，北京银行率先在中关村园区设立了中关村科技园区支行和中关村科技园区管理部，以此打开了科技企业专营部门的开端；随后，北京银行设立首家中小企业服务中心、中关村地区首家科技型中小企业专营支行——中关村海淀园支行；2011年，北京银行设立了中关村地区首家分行级金融机构——北京银行中关村分行。此后，经过多年的发展，北京银行在科技金融领域已经形成了三级管理体系，即总行的小企业事业部、中关村分行的小企业事业部以及科技专营支行。三层架构针对不同的科技金融业务领域，系统上提升了针对科技企业的金融服务效率。

（3）构建多元化的服务产品体系。北京银行经过多年发展，其产品已经基本覆盖了企业发展的全生命周期。产品包括多达50种信贷产品的"小巨人"系列信贷产品；配套政府资金，引入专利、著作等知识产权质押贷款以支持初创企业发展；针对成长企业，与创投、政府、担保机构、保险等部门合作，推出智权贷、节能贷、创意贷等特色化信贷产品；针对成熟期企业，则通过应收账款质押、无形资产抵押、保理等方式帮助企业融资。随着2003年"瞪羚计划"的出台，北京银行推出"瞪羚计划贷款""留学人员创业贷款""软件外包贷款""集成电路贷款"四类针对性强的产品。2007年，北京银行围绕"信用贷款试点工作方案"开发了"信用贷"等系列产品。2013年以来，推出"科技贷"、专属创业企业的"创业贷"，以股权质押为核心的"成长贷"等普惠金融产品，降低科技型中小企业融资门槛。

（4）构建多方合作新局面。北京银行积极发挥作为金融中介机构的作用，与政府、其他金融机构进行合作，构建多方合作的新局面，促进科技金融的多部门协同发展。2002年，与中关村科技园区管委会签订长期金融合作协议，向园区开发建设和中小高新技术企业提供300亿元授信额度；2007年，与中关村科技园区管委会签署了战略合作协议，进一步深化战略合作关系；2014年，与北京市科委签署全面战略合作协议，未来4年为北京市科技企业提供1000亿元人民币意向性授信，与中关村科技园区管委会签署新一轮战略合作协议，未来3年内向中关村示范区科技型企业提供授信800亿元，并联合中关村科技租赁公司发布"银租通"产品。2019年，北京银行业服务科技型企业将着力筑牢"六大保障"体系，即顶层设计战略保障、专门考核机制保障、专营组织机构保障、专业风控能力保障、专属创新产品保障以及专项数据监测基础保障。

（5）突破传统体制，引领科技金融创新新潮流。随着中国进入"双创"的黄金期，北京银行适应新常态的下的新市场与新要求，先后推出了创业贷、创业保、成长贷等创新产品，切实服务好创业创新型小微企业。2013年，北京银行与车库咖啡签订全面战略合作协议，并在车库咖啡设置"银行角"，为车库咖啡及其推荐的创业团队提供包括存贷款、公司注册、日常结算、专属信用卡、公司及个人理财咨询等在内的一揽子综合金融服务，提供"保姆式"的扶持和服务，有力推动了企业成长，超过一半企业顺利获得了股权投资。2015年，北京银行正式启动中国银行业首家"创客中心"，以创新的理念打造高品质服务平台，为创业、成长、机构及导师等不同对象提供投、贷、孵一体化运营服务机制，未来3年为创客企业投贷1000亿元，并按照"互联网+"发展模式，加快线上、线下融合，实现"互联网+创客""互联网+资本""互联网+信贷""互联网+孵化"的融合发展。在"创客中心"，北京银行为创业创新型小微企业推出了一系列针对性的小巨人标准化信贷产品，并在结构融资、信用贷款、供应链、债券融资、并购重组等在内的多元化金融服务基础上，充分发挥与各级政府部门、证券公司、投资机构等单位的协调联动优势，为企业社会形象提升，投资机构引入，进而发展上市提供全方位支持。

（6）"投贷联动"的排头兵。目前北京银行推出了投贷联动专属特色品牌"投贷通"，通过认股权贷款、股权直投、投资子公司的三大业务模

第 4 章
科技金融模式的创新发展

式,推动投贷联动试点。北京银行的"投贷通"凭借着特色的服务模式,相继获得 2016 年十佳金融产品创新奖。截至 2016 年,北京银行全行开展投贷联动业务 126 笔,累计授信 11.61 亿元。

此外,北京银行还与包括中信建投在内的 200 余家创投机构合作,建立客户互荐机制,其中,与中技华软知识产权基金管理有限公司合作认股权贷款 23 笔,金额达 2.1 亿元;认股权+直投业务 1 笔,规模为 2000 万元;与深创投合作直投 1 笔,规模为 2600 万元。①

4.2.2.2 基于北京银行的科技金融发展思考

总结北京银行科技金融发展历程,应对未来发展挑战,主要有以下三点思考。

首先,对金融机构而言,需要坚持先试先行,打造特色鲜明的标杆银行。作为一家中小银行,北京银行始终坚持差异化定位,积极发挥自身区域优势,紧抓中关村战略性新兴产业发展的历史机遇,先行先试,塑造了行业领先的科技金融特色品牌。未来,北京银行将坚持以"科技金融创新"为使命,按照"专业化队伍、针对性产品、适用性流程、批量化渠道"的"四位一体"工作方针,继续完善体制机制,全力支持国家自主创新示范区建设,打造"科技型企业最佳融资服务银行"。

其次,坚持以专业制胜,在科技金融发展的浪潮中独树一帜。随着科技金融的不断发展,银行自身也需要不断提高自身的能力,以迎合不同客户的不同需求。北京银行下一步要继续做专、做大、做强,同时要进一步细分客户群体,以为客户提供个性化的金融服务。此外,银行还需要积极转变传统观念,从投资银行的视角看待中小科技企业,充分利用"投贷联动"的工具优势。

最后,坚持创新驱动,开创科技金融服务新模式。创新是发展的原动力。商业银行要紧跟时代发展的步伐,以创新的产品和创新的模式不断完善自身的科技金融服务体系,加快技术创新,探索传统金融与互联网金融结合的新方式;同时加快产品创新,提升融资服务的专业性和适用性。创

---

① 北京银行. http://www.bankofbeijing.com.cn/.

新文化的建设一样不容忽视，培育和倡导"服务科技、产融互动、尽职免责"的信贷文化，增强关注科技型企业、支持科技型企业的服务意识。

从目前情况来看，商业银行服务支持科技型中小企业发展已取得阶段性成果，以北京银行为例，截至2016年初，银行科技贷款总额达到710亿元，累计为超过1000家科技型中小微企业贷款，贷款额度超过2500亿元，其中，仅中关村示范区内企业贷款额度就超过1200亿元。此外，北京银行还为本地中小板、创业板上市公司以及"新三板"公众公司提供融资服务，提供金融服务的占比分别达到56%、66%、55%[①]。

4.2.3 北京市促进金融科技发展规划（2018~2022年）

2018年11月9日，北京市金融工作局、中关村科技园区管理委员会，以及北京市科学技术委员会联合下发了《北京市促进金融科技发展规划（2018年~2022年）》（以下简称规划），明确了"努力把北京建设成为具有全球影响力的国家金融科技创新与服务中心，加快推动金融科技行业主体、重大项目的创新与发展，在推动金融科技服务于金融监管与安全、风险防范、经济结构调整与产业发展、城市治理、区域协调等方面取得突破性进展，形成'首都特色、全国辐射、国内示范、国际标准'的金融科技创新示范体系"的总体目标。力争到2022年底，形成科技金融的良好生态，为首都"四个中心"建设提供重要支撑，有效助推京津冀协同发展（中关村科技园区管理委员会，2018）。

在产业链维度，北京市主要通过以下措施培育金融科技发展的产业链：一是加强科研院所等基础性研究人才建设，建成一批拥有国内外领先技术水平的跨学科金融科技研究基地，通过系统性教育培训，培养一批金融科技的高端人才。二是引导底层技术创新企业。鼓励、培养底层技术创新型领军企业，支持科技初创型企业发展。三是搭建多元化的成果转化促进模式。借助金融机构拉动需求，充分发挥企业技术成果转化的主体作用，激发科研院所的创新活力。四是搭建协同创新支撑平台等研究组织。五是推

---

① 杨书剑. 北京银行：中小银行科技金融的先行者［J］. 银行家，2016（4）.

第4章
科技金融模式的创新发展

动金融科技重大基础设施建设，加强现有金融基础设施的科技性功能。

从空间布局来看，北京将打造形成"一区一核、多点支撑"的空间布局，支持金融科技企业在特定区域和楼宇聚集，加强全面监管，形成"各具特色、互动协同"的北京市金融科技发展格局。

从制度创新层面来看，一是推动监管创新与风险防范体系构建，探索推动以"监管沙盒"为核心的金融科技监管创新试点落地。二是促进金融科技标准化建设，启动北京金融科技标准化工程，推出北京金融科技创新应用指引。三是构建信息数据治理与价值发掘机制，加强数据治理与个人信息安全维护。四是搭建金融科技国际交流与合作机制，建立与纽约、伦敦、巴黎等城市交流磋商机制，建设北京—巴黎创新中心，支持举办北京金融科技全球峰会（中关村科技园区管理委员会，2018）。

北京市金融科技发展规划如图4-3所示。

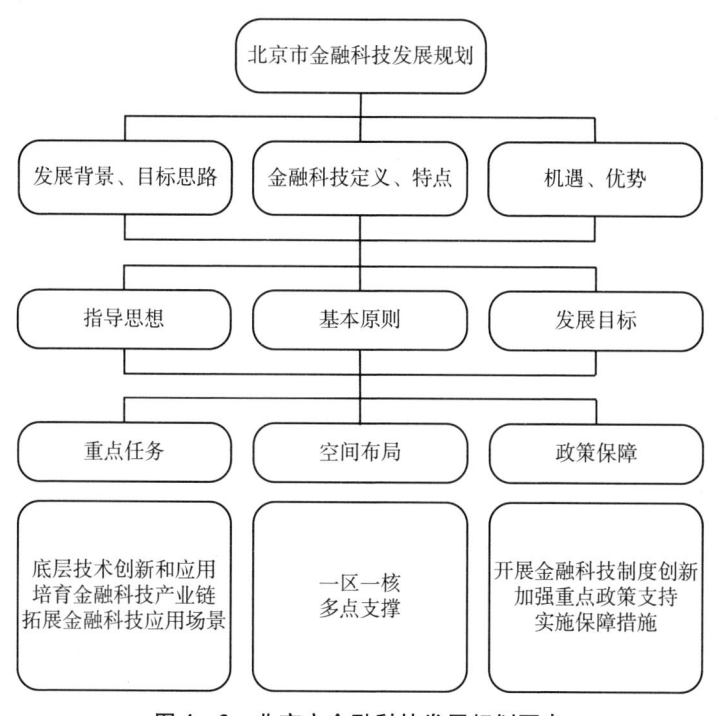

图4-3 北京市金融科技发展规划要点

# 第 5 章
全球科技创新中心的形成路径与金融支持

党的十九大报告指出:"创新是引领发展的第一动力,是建设现代化经济体系的战略支撑"。如何挖掘我国的创新潜能,形成具有中国特色的科技创新中心具有重要意义。鉴于此,本书在阐述全球科技创新中心内涵的基础上,分析了全球科技创新中心转移、发展的历史沿革,并进一步总结和归纳了现阶段以旧金山湾区、纽约湾区与东京湾区为代表的全球科技创新中心的发展现状、形式与特点;与此同时,从国内视角出发,进一步分析和比较了以北京、上海、粤港澳湾区为代表的区域性科技创新中心所具有的共性和特性;最后,结合现有的国内外经验,以金融支持为着力点,探讨了我国建设全球科技创新中心可能的形成路径与其背后金融支持的重要机制。

现阶段,伴随着经济全球化的进一步深化,全球创新资源在空间上的中心化格局也正在不断凸显,创新要素区域性集聚正在逐渐成为全球创新发展的重要舞台和空间载体。同时,全球创新网络伴随着新兴技术的崛起逐渐扩张,不同创新网络节点不断耦合,进一步加速了区域间创新要素的快速流动,强化了创新要素分布的中心化格局,最终促使全球创新网络中的部分关键节点发展成为创新动力强、辐射范围广、集聚水平高的全球科技创新中心。党的十九大报告提出"加快建设创新型国家",明确"创新是引领发展的第一动力,是建设现代化经济体系的战略支撑";而以伦敦、纽约为代表的传统国际大都市纷纷采取措施以实现由"财富驱动"向

第 5 章
全球科技创新中心的形成路径与金融支持

"创新驱动"的逆向转型,且美国经济已经向好,实体经济快速发展[①],凸显了技术创新的重要性。加紧谋划和建设全球科创中心的举措表明,在全球城市体系中,科技创新正成为全球城市的重要标志性功能,以科技创新推动全球城市转型将是世界城市发展的普遍趋势。

作为全球第二大经济体,中国在全球创新网络中建立自己的科技创新中心已迫在眉睫。鉴于此,本章从全球科技创新中心的内涵出发,系统梳理了全球创新中心发展的历史沿革,并对现阶段全球创新中心的典型地区与其对应的发展模式与特点进行了总结;在此基础上,进一步由外及内,对我国现有创新中心的共性与异质性进行了分析,并以金融支持与切入点,探讨了我国建设全球科技创新中心的发展路径。

5.1 全球科技创新中心的内涵、功能与特点

5.1.1 全球科技创新中心的内涵

全球科技创新中心作为一个近几年逐渐进入公众视野的概念,现有学者对其概念与内涵的讨论主要集中在国家与城市(城市群)两个层面。在国家层面,科学进步在世界范围内的非平衡增长,进一步说明了世界科学活动中心在时间序列上可能的发展趋势。汤浅光朝(1962)则提出了界定世界科技活动中心的成果指标,即:当一国科学成果占有世界科学成果产出的 25% 以上,该国可被认为是世界科学活动中心。此后,世界科学活动中心的概念不断拓展,但其核心依然围绕着科技创新的区域性非平衡分布。彼时研究一般以国家为对象,因此,从空间与时间的双维度来看,早期研究的关注点通常集中在特定时期科学技术相对领先的国家。

在城市(城市群)层面,全球科技创新中心的相关概念的兴起始于

---

① 2017 年,整体数据情况来看,失业率从年初的 4.7%~4.8%,降至年底的 4.1%~4.2%,非农人口数大体维持在 20 左右的水平线附近,大于 20 万人的次数为 7 次,最大增加为 26.1 万人,平均一年增加非农就业人口数为 15.1 万人,美国经济显著向好。

20世纪80年代,其中以硅谷、旧金山、纽约、东京、班加罗尔等地区为代表。此后,全球科技创新中心相关研究的视角也逐渐从国家层面转移到城市层面。2000年7月,通过对四个指标维度的刻画,美国《在线》杂志提出了技术创新中心(global hubs of technological innovation)的概念,并评选出46个全球技术创新中心;联合国《2001年人类发展报告》中则提出了"技术成长中心"的这一概念,具体是指集聚了众多科技创新要素(如科研机构、科技型企业、金融机构等)的地区。国内学者也同样提出了"国际研发中心""科技创新城市""国际研发城市"等相关概念。

可见,已有概念均围绕着科技创新所存在的空间发展趋势,但这些概念与全球科技创新中心的具体内涵依然存在一定的差异性。实际上,全球科技创新中心的核心内涵在于:全球创新要素在空间上集聚、科技创新活动的相对集中,且科研实力雄厚,创新活动具有很强的空间辐射性,同时能够在全球创新网络中发挥着领导与支配地位的地区或城市。其中,各类创新资源聚集需要以科技企业、大学和科研机构以及风险资本等作为载体,它们是创新中心形成的重要组织,全球链接能力、专利产出、科技成果转化、技术外溢等是创新能力的重要体现,高端化、现代化、区域化、国际化是全球科技创新中心的突出特征。

5.1.2 全球科技创新中心的功能界定

一般的,从生产活动层面来说,科技创新包含了"产学研用"等多个重要环节,每一个环节的推进都是经济、社会、文化、教育等多领域共同作用的结果。而全球科技创新中心作为科技创新活动的集中区域,其所拥有的功能至少应包含以下五个方面,即:创新集聚功能、创新策源功能、创新驱动功能、创新引导功能和创新转化功能。

5.1.2.1 全球科创中心的集聚链接功能是全球科技创新中心建设的重要支撑

全球创新资源的集聚链接为区域或城市带来成熟的全球创新资源网络,将本地城市创新生态与全球创新网络紧密连接,从而实现知识流和价

第5章
全球科技创新中心的形成路径与金融支持

值流在本地化与全球化之间的有效流动,形成开放创新资源网络。信息、知识、技术、资本、人才资源和其他创新资源在其中自由流动,形成共享,促进合作,为新技术、新商业模式的诞生提供最佳的土壤。

5.1.2.2 科创中心的创新策源功能是构建全球科技创新中心的重要基础

全球科技创新中心聚集了大量高校、科研院所、实验室等硬件基础,在汇聚和激发创新思潮、产生与传播先进科学发明、引领和主导全球科技创新方向等方面起到主要作用。

5.1.2.3 创新驱动发展功能是全球科技创新中心的最终目的

科技创新最终与经济发展相辅相成,技术进步通过改变原有的要素组成方式,提高产品附加值,促进产业升级,最终形成驱动经济发展引擎。可见,全球科技创新中心的驱动功能既是科技创新活动的出发点,同时也是其最终的目的和归宿。

5.1.2.4 创新引导功能是全球科技创新中心构建的核心表现

要成为具有国际影响力的科技创新中心,就必须成为创新网络的主动参与者与引导者,并在全球科技创新合作计划、创新资源配置、科学技术标准制定等方面发挥主导和推动作用。

5.1.2.5 创新成果的转化功能是全球科技创新中心具有的重要特点

要实现这一功能,就必须充分依托资本市场与要素市场,从创新产品、创新企业、创新行业层层推进,打造具有国际影响力的创新要素集聚、辐射、交易、引导、推广的技术创新产业化平台。

5.1.3 全球科技创新中心的主要特点

基于对主体功能的界定,可以进一步归纳出全球科技创新中心具有以下几个典型特征。

5.1.3.1 控制性

全球科技创新中心是各类创新要素联动的重要枢纽,不仅具备强大的信息扩散、技术开发、知识生产能力,同时也具备创新成果的输出能力。由于在全球创新网络中位于关键节点,全球科技创新中心对各类创新要素具有较强的主导与配置作用,并且可以通过国际合作整合和利用全球的创新资源,控制和支配国际市场中的创新要素。

5.1.3.2 层次性

由于全球科技创新中心是世界创新要素流动的巨大市场,不同创新要素间作用大小与影响强弱存在异质性,因此不同的创新中心在整个创新网络中具有不同的地位。处于较高能级的节点创新能力强、辐射范围广、输出规模大;处于较低能级的创新节点则创新能力较弱、辐射范围有限、输出规模较小。此外,层次不同的市场其功能分工同样存在异质性。根据2thinknow的等级分配,全球创新城市从高到低一般分为以下四个层次:支配型(nexus)、枢纽型(hub)、节点型(node)、新兴型(upstart)。

5.1.3.3 链接性

在创新全球化发展趋势下,各个创新型城市需要进一步扩大开放、深化国际合作、积极融入全球创新网络、汇聚和利用全球创新资源。建立起全球创新资源的有效链接是产生聚集和集群效应的重要前提,链接越紧密、范围越宽、层次越深,越有利于全球创新网络的构建。全球科技创新中心的链接性特点为区域或城市带来成熟的全球创新资源网络,将本地城市创新生态与全球创新网络的紧密连接,从而实现知识流和价值流在本地化与全球化之间的有效流动,形成开放创新资源网络。

5.1.3.4 集聚性

现有的集聚特征已经不仅限于某一个特定的城市,其范围已经扩展到某一个特定范围区域(如湾区、城市群等)。在区域中,由于不同科技创新主体存在空间上的共生性,多个科技创新城市的功能相互交叠、协同发展。同时,受到地理学第一定律与通信技术发展的双向影响,城市间的科技企业、高校、科研机构等创新要素将会形成相对集中的创新集群。

5.1.3.5 尖端性

全球科技创新中心的创新引导功能决定了核心产业的尖端性。这一特性主要体现在两个方面:产业形态的尖端性与产业结构的尖端性。其中,产业形态的尖端性是指通过引领性的技术创新,推动现有产业发展,使得

第5章
全球科技创新中心的形成路径与金融支持

相关产业处于价值链顶端,获得高产业附加值;而产业结构的尖端性是指随着新技术、新模式、新业态的不断升级,全球科创中心最终将推动产业结构不断升级,使得相关产业从原有的资本、劳动密集型产业向技术密集型产业转移。

5.1.3.6 包容性

由于全球科技创新中心集聚了各类的异质性创新要素,不同要素间相互摩擦、相互交融,最终推动技术进步与产业革新。在此过程中,对不同创新要素的转化与融合体现了全球科技创新中心的包容性。同时,这一特点还体现了对不同创新文化的包容。文化是孕育创新精神的重要载体,全球科技创新中心作为国际文化交融的集合地,必将具有多元、包容的文化土壤。

5.1.4 依托要素

全球科技创新中心的本质是多元创新要素组成的区域创新系统,它的发展是多元因子相互作用的结果,具体可分为三类九种要素。

5.1.4.1 基础要素为科研创新人才

高素质的科研创新人才是全球科技创新中心形成的核心与关键。人才要素贯穿于全球科技创新中心形成发展的始终,且嵌入在集合要素的各类主体中,是创新驱动发展必不可少的"零件"。

5.1.4.2 主体要素包含企业、科研机构、大学与政府

其中,企业作为国家经济的"引擎",是科技创新的主导者;大学与科研机构则具有知识输出、人才培养与创新实践这三大功能,为企业创新提供生生不息的"燃料";政府则能够发挥社会资源的能动性,成为协调引导不同创新主体的"司机"。

5.1.4.3 环境要素可以概括为文化、资本、设施与服务

它们构成了全球科技创新中心发展的整体背景与基础,且这些要素的作用主要通过集合要素主体对技术创新产生影响,是建设全球科技创新中心的"公路"。图5-1描述了全球科技创新中心内涵的主要内容框架。

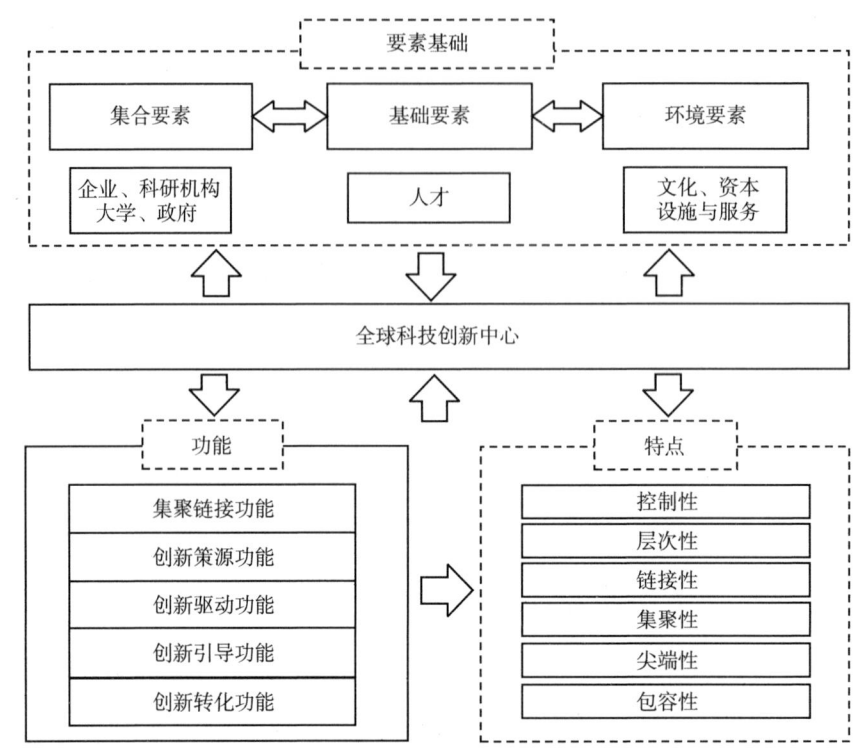

图 5-1　全球科技创新中心内涵的内容框架

5.1.5　发展趋势

肖琳（2015）研究指出，全球科技创新中心呈现出五大新的发展趋势：一是空间布局上，从以欧美为重心向亚太地区扩展。20世纪70年代后，全球科技创新中心逐渐由单极向多极化发展。尽管全球科技创新中心在空间上仍高度集中在欧美发达国家，但随着世界经济重心的东移，全球高端创新要素加速向亚太地区集聚，多中心、多节点的创新格局正在形成。二是创新策源上，从大公司为主向跨国公司和中小企业协作创新转变。创新资源日益突破地域和国家的界限，在全球范围内自由配置。跨国公司在全球科技创新中发挥着主导作用，大量科技型中小企业日益成为研发活动的重要力量，新技术、新成果迅速孕育转化，新产业、新业态不断涌现，并迅速发展壮大。例如，在德国，中小企业占所有企业数量的98%以上。三是创新方式上，从封闭研发向开放融合研发转变。随着互联

第 5 章
全球科技创新中心的形成路径与金融支持

网、社交媒体的迅猛发展和新商业模式的出现,创新活动日益分散化、网络化,越来越多的小微企业和个人成为创新的生力军。营造开放的创新网络,对于全球科技创新中心建设日益重要。四是创新内涵上,从单一科技创新向跨领域全面创新转变。全球科技创新中心的功能从单一科技创新向产业、科技、文化等跨领域全面创新转变,越来越注重科技创新与产业创新、文化创新的紧密结合。全球科技创新中心不仅是重大科技成果的诞生地,也日渐成为产业创新成长的策源地、创新资源配置的枢纽平台。五是创新模式上,从单区域创新向跨区域协同创新转变。大体上,区域协同创新可分为两类:一类是核心城市以较强辐射力带动周边城市发展;另一类是不同区域发挥各自优势错位发展。无论哪种类型,通过不同城市的协作,在更大范围统筹创新资源配置,都对全球科技创新中心起到了重要作用[①]。

5.2 全球科技创新中心发展的历史沿革

纵观近代史可以发现,世界科技创新中心一共发生了四次转移,即:意大利→英国→法国、德国→美国→多元化区域分布。虽然每一次转移的动因并不相同,但全球科技创新中心的演化依然具有一定的规律性。究其根本,社会经济的快速发展与需求导向升级是全球科技创新中心转移的根本动力,同时由经济发展带来的要素基础与社会基础成为科学技术进一步发展的支撑条件。与此同时,科学技术的提升与社会体制改革也是相辅相成的,科技创新中心转移的历史变迁总是伴随着机遇与挑战的双向并存。

得益于 16 世纪文艺复兴时期带来的思想进步思潮与社会变革,意大利成为近代第一个具有代表性的科技创新中心。随后,随着以资本主义为代表的新型生产方式逐渐取代老式封建专制的生产方式,经济发展

---

① 肖林.全力打造具有全球影响力的科创中心 [N].解放日报,2015 – 4 – 28.

对科学技术提出了新的需求，科学发展也不仅仅局限于思维方式提升。此时，"科学—技术—生产"的发展模式逐渐成为社会生产发展的主流范式。

随着资产阶级革命与工业革命的爆发，英国逐渐取代意大利成为新的全球科技创新中心。在这一阶段中，科学、技术与产业间的联系进一步加强，资产阶级也努力通过以资本要素为代表的相关创新要素发挥科学技术对生产力发展的重要推动力。

18世纪~19世纪前叶是全球科技创新发展过程中承上启下的时期。此时，法国作为另一重要的全球科技创新中心，其职业科学家的出现以及科学家薪酬制度的出现进一步稳固和促进了科学制度的发展。但是这一时期依然存在科学制度不完善、社会影响不显著等问题，且科学研究主要关注理论层面，一定程度上忽略了科技成果的转化。彼时德国虽然经济发展水平逊色于英法，但是在科技应用层面突飞猛进。发电机、内燃机等科技创新成果的诞生催生了以电气运用为代表的第二次工业革命。生产力提升使得政府加大了科技投入，新型产业形式与产业结构的形成进一步促进了德国科技水平的发展，德国逐渐成为近代又一个重要的科技创新中心，并进一步强化了"科学—技术—生产"这一社会发展范式。

19世纪末，伴随政府科技政策的实施，美国加速从欧洲引入技术及专业设备，成功建立了"大科学"的科学体制，使得科学技术逐渐取代传统生产要素，成为推动国家经济发展的核心推动力。其中最具代表性的便是美国爱迪生工业实验室的建立，代表了美国将"科学—技术—生产"这一发展范式铭刻在了国家发展的主体上。因此，美国通过科学技术创新迅速崛起，取代了英、法、德成为世界创新工场。

现阶段，随着硅谷、纽约、波士顿、慕尼黑、班加罗尔、东京、北京、上海、粤港澳等新兴全球科技创新中心的崛起，区域逐渐取代国家成为现阶段研究的主要焦点。当前，世界范围内正在孕育新一轮的产业革命，众多国家以地区为基础提出构建全球科技创新中心的设想，可见在经历了四次转移后，全球科技创新中心建设的重心已经从国家层面逐渐转移至区域层面。虽然对象发生了改变，但是其发展规律基本保持一致，即：

第5章
全球科技创新中心的形成路径与金融支持

全球科技创新中心的转移通常以某个重要的社会、经济、科技变革为契机，通过解放创新思想与制度变革，形成具有大规模知识、技术的先进产业，从而形成一批具有大规模技术输入与输出能力的国家或地区，并使得这些国家和地区的科技水平快速提升。科技驱动经济、经济保障发展，最终形成国家性或地区性技术垄断行业，进一步加速该国家或地区的经济增长，最终实现了全球科技创新中心的诞生与创新要素在全球创新网络中的转移。总结如表5-1所示。

表5-1　　　　　　　　全球科技创新中心形成和转移

形成和转移	时间	国家	社会、技术事件	金融支持
初始	16世纪	意大利	文艺复兴	16世纪世界第一家银行——威尼斯银行
第一次	17世纪~18世纪	英国	第一次工业革命	英格兰银行成立、公债发行以及一系列金融改革
第二次	18世纪~19世纪	法、德、美	第二次工业革命	银行的普及以及股份制公司的建立
第三次	20世纪	美国	信息的技术突破	投资银行对实业发展的布局；风险投资的体系的兴起
第四次	20世纪至今	多元分布	新兴技术出现、发展	系统性构成的金融体系的形成支持技术创新

资料来源：笔者整理。

全球科技创新中心的形成与转移具体而言有以下几个特点。

（1）科技创新中心的形成与科技革命的发生密切关联。历次全球科技创新中心的形成与转移均伴随着重大技术变革，这些国家在科技革命的浪潮中抓住了历史机遇，进而占据了世界经济的主导地位与科学技术的领先地位（Freeman & Soete.，1997）。每一次全球科技创新中心的更替都会引致不同国家政治格局的更替与国家霸权的更迭。

（2）全球科技创新中心的空间转移呈现出随长经济周期波动的特点，

是经济波动的具体表现。实际上，长周期的规律性经济波动很大程度上源于在原有的体系中引入了对生产具有重大影响的技术冲击，且波动受到技术冲击的影响具有动态特征。一方面，经济周期实际上就是某一种经济增长模式，或者是经济增长方式由某种方式向另一种方式转变的过程；另一方面，科技创新随时间和空间的变化呈现出动态性，即科技创新中心可能从某一产业、部门和地区转移到另一产业、部门和地区。因此，全球科技创新中心的不断转移也是长经济周期波动的重要表现。

（3）科技创新中心的形成与金融支持密不可分，每一次转移都伴随着金融要素的渗透。

（4）制度创新是全球科技创新中心形成的重要基础。英、法、德、美等国在成为重要的全球科技创新中心之前，均已经具备了相对完善的资本市场与制度环境，并具备了相对于其他地区更具优势的科技创新制度体系。这些制度基础为全球科技创新中心的建立提供了优秀的基础条件。

（5）全球科技创新中心的发展是一个逐渐演进和创新系统不断升级的过程。一个国家或地区成为全球创新中心是一个不断演进的历史过程，同时也是创新系统的内涵性驱动力不断转化和升级的过程。全球科技创新中心具有层次性特点，一个全球科技创新中心在发展的不同阶段具有不同的基础要素、集合要素与环境要素，且其对应的集聚方式、发展路径、竞争优势也具有异质性。基于生命周期理论，全球科技创新中心的发展基本遵循了萌芽期、发展期以及成熟期三个主要阶段，如图5-2所示。

其中，在萌芽期发展阶段，具有代表性的地区包含欧美早期工业区，如英国的威尔士工业区、英国赫尔辛基工业区等；而美国的波士顿、西雅图、新加坡、印度的班加罗尔等则是处于发展期的全球科技创新中心的典型代表；成熟期阶段的全球科技创新中心主要是硅谷、旧金山湾区、包含剑桥、牛津的大伦敦地区、大柏林区等。

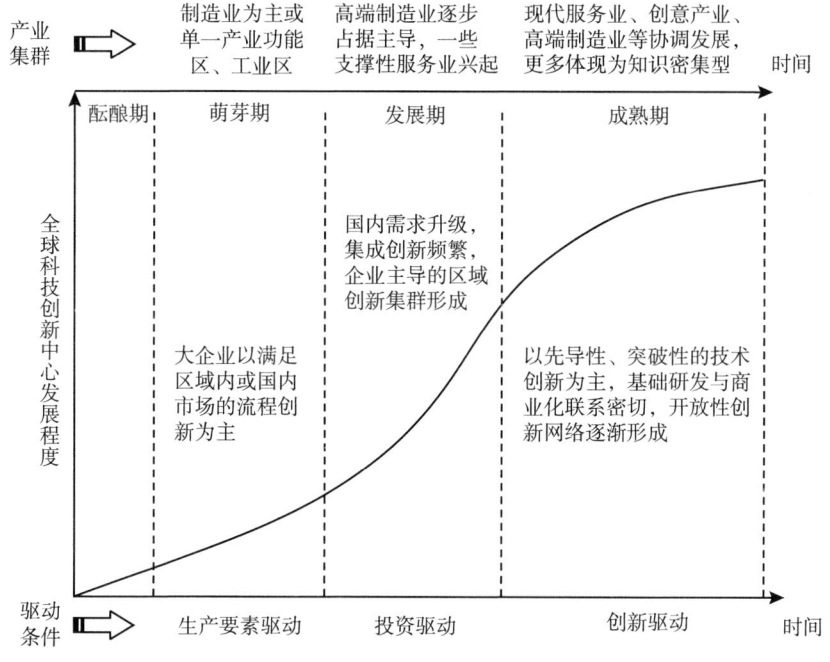

图 5-2 全球科技创新中心发展的不同阶段与特征

5.3 全球科技创新中心的典型地区：以三大湾区为例

20世纪80年代以来，以硅谷、新加坡、班加罗尔等为代表的区域性全球科技创新中心引入大众视野，使得全球科技创新中心的内涵不断被丰富，已不再是单一个体，而是呈现出多主体联动、多层次分布的特点。根据美国2000年《在线》杂志评选出的46个全球技术创新中心和澳大利亚智库2thinknow评选出的2016~2017年全球100座创新城市来看，全球科技创新中心的分布高度集中在美国、西欧发达国家和地区，在国家或区域内部则高度集中在世界大城市群地区。聚焦中国，可以发现具体情况如表5-2所示。

表 5-2　　2thinknow 全球创新城市排名（2016~2017 年）

排名	城市	国家	等级	得分	排名	城市	国家	等级	得分
1	伦敦	英国	支配型	60	28	迪拜	阿联酋	支配型	49
2	纽约	美国	支配型	59	29	米兰	意大利	支配型	49
3	东京	日本	支配型	56	30	北京	中国	支配型	49
4	旧金山-圣荷西	美国	支配型	56	31	斯德哥尔摩	瑞典	支配型	49
5	波士顿	美国	支配型	56	32	上海	中国	支配型	49
6	洛杉矶	美国	支配型	55	33	哥本哈根	丹麦	支配型	49
7	新加坡	新加坡	支配型	54	34	费城	美国	支配型	49
8	多伦多	加拿大	支配型	54	35	香港	中国	支配型	48
9	巴黎	法国	支配型	54	36	圣地亚哥	美国	支配型	48
10	维也纳	奥地利	支配型	53	37	特拉维夫	以色列	支配型	47
11	首尔	韩国	支配型	53	38	斯图加特	德国	支配型	47
12	阿姆斯特丹	荷兰	支配型	53	39	奥斯陆	挪威	支配型	47
13	巴塞罗那	西班牙	支配型	53	40	汉堡	德国	支配型	47
14	悉尼	澳大利亚	支配型	53	41	法兰克福	德国	支配型	47
15	慕尼黑	德国	支配型	53	42	丹佛	美国	支配型	47
16	达拉斯-沃斯堡	美国	支配型	52	43	莫斯科	俄罗斯	支配型	47
17	柏林	德国	支配型	52	44	里昂	法国	支配型	46
18	亚特兰大	美国	支配型	51	45	曼彻斯特	英国	支配型	46
19	蒙特利尔	加拿大	支配型	51	46	赫尔辛基	芬兰	支配型	46
20	芝加哥	美国	支配型	51	47	奥斯丁	美国	支配型	46
21	西雅图	美国	支配型	51	48	波特兰	美国	支配型	46
22	休斯敦	美国	支配型	50	49	都柏林	爱尔兰	支配型	46
23	马德里	西班牙	支配型	50	50	大阪	日本	支配型	46
24	温哥华	加拿大	支配型	50		…			
25	墨尔本	澳大利亚	支配型	50	69	深圳	中国	枢纽型	44
26	迈阿密	美国	支配型	50	72	台北	中国	枢纽型	44
27	华盛顿	美国	支配型	50	97	广州	中国	枢纽型	43

资料来源：2thinknow，www.innovation-cities.com.

第5章
全球科技创新中心的形成路径与金融支持

从国家或区域尺度上看,全球科技创新中心一般集中在世界大城市群地区,尤其是北美和西欧世界大城市群地区,如表5-3所示。

表5-3　　2016~2017年全球科技创新中心城市排名分布

主要城市群	代表城市分布及其排名
美国东北部城市群	纽约(2)、波士顿(5)、华盛顿(27)、费城(34)、巴尔的摩(65)、里士满(84)、普罗维登斯(96)
美国西海岸城市群	旧金山-圣荷西(4)、洛杉矶(6)、西雅图(21)、圣地亚哥(34)、奥克兰(55)
北美五大湖城市群	多伦多(8)、芝加哥(20)、蒙特利尔(19)、魁北克城(57)、匹兹堡(100)
英国伦敦城市群	伦敦(1)、曼彻斯特(45)
欧洲西北部城市群	巴黎(9)、阿姆斯特丹(12)、斯图加特(38)、汉堡(40)、法兰克福(41)、科隆(56)、杜塞尔多夫(62)、布鲁塞尔(64)、海牙(79)
日本大东京城市群	东京(3)、大阪(50)、京都(70)
中国津京冀城市群	北京(30)
中国长三角城市群	上海(32)
中国粤港澳城市群	香港(35)、深圳(69)、广州(97)

资料来源:2thinknow,www.innovation-cities.com.

湾区经济作为共享形成的特有经济模式,可以认为是全球科技创新中心结合空间优势所形成的高级形态,具有更强的国际性与开放性。因此,本章主要以旧金山湾区、东京湾区与纽约湾区为研究对象,考察了三大湾区的发展现状与发展经验。

5.3.1　旧金山湾区

旧金山位于美国加利福尼亚州的北部,主要产业包括金融业、房地产业、科技服务业、医疗保健行业和批发零售业。作为一个拥有20多所世界名校的地区,在硅谷这一创新核心的带动下,旧金山湾区具备较强的高新技术创新能力。数据显示,2017年旧金山湾区的专利授权总数占全美专利授权总数的14.4%。依托于高效、高能的创新驱动，旧金山湾区经济也得到了快速发展。

旧金山湾区作为著名的全球科技创新中心，在提升自身创新能力的同时兼顾培养对外创新资源的吸引力。同时，湾区在借鉴美国其他地区成功发展战略的基础上，通过自我尝试和摸索在湾区内对已有成功检验进行了体验和实践，例如：在旧金山湾区南部的圣何塞市创立环境创新中心，为清洁能源企业提供多方位服务，并创造了大量的就业岗位；此外，在东部的三谷地区成立了劳伦斯利弗莫尔、桑迪亚这两个实验室。为了推进城市间合作，湾区在北部建立了北部湾生命科技联盟，进一步挖掘和激发了区域间的创新潜能。

此外，为了有效解决湾区发展过程中可能面临的公共治理问题，旧金山湾区进一步采用了"专业化"分类治理模式。这一模式由四个主题部分组成，分别是：管理交通事务的大都市交通委员会、管理湾区土地使用的湾区政府联合会、管理湾区空气问题的湾区空气质量管理局以及管理湾区海滨实务的湾区保护和发展委员会。这一治理结构有效打破了原有城市间存在的行政边界，有效提升了湾区内部公共事务管理的系统性和有效性，也为湾区科技创新发展构建了坚实基础。此外，通过设立经济开发公司，湾区为企业构建了有效的政府—企业合作平台，推动了公共资源与非公共资源的有效结合。在多方位措施的推动下，旧金山湾区的创新产出与创新要素吸引力均处于世界领先地位。

5.3.2 纽约湾区

纽约湾区发展于19世纪80年代，不仅是世界经济和文化中心，同时也是世界金融中心。湾区的制造业产值占全美产值的1/3，区内金融要素高度集聚，其中世界市值第一的纽交所和市值第二的纳斯达克证券交易所均坐落于此，全球2900多家金融机构外贸机构也均在此扎根，是名副其实的"金融湾区"。纽约湾区的主要产业包含金融业、房地产业、科技服务业、医疗保健业以及批发零售业等，正是由于具有发达的金融业、制造业基础与突出的产业优势，使得纽约湾区诞生了众多引领科技潮流的高新技术企业。数据显示，纽约湾区的专利授权占全美专利授权总数的4.4%左右。

纽约湾区的创新产业发展离不开多元化的产业结构与发展格局，离不开科技创新的有效驱动以及良好环境要素的系统性保障。纽约湾区以纽约市为核心，分别以费城、华盛顿以及波士顿为三大轴点，可以说，是结合了金融中心、政治中心以及教育中心三类创新基础要素的集聚地，在为湾区培养源源不断的创新人才的同时，为创新构建了良好的政策体系与高效的金融支持。同时，纽约湾区着力培养创新文化，长期以来已经形成了鼓励创新与自由思考的创新文化体系与社会氛围；而发达的交通网络引领了湾区要素的高效流动与合理配置。此外，湾区作为创新中心的网络辐射能力加强，进一步推动了周边地区产业分工，内外结合加速湾区经济、科技的内生性发展。

5.3.3 东京湾区

东京湾区位于位于日本本州岛关东平原的南部，得益于"二战"后自由贸易体系的发展与欧美制造业转移，东京湾区快速发展并形成以东京市为核心，关东平原为腹地，囊括横滨、川崎、千叶、横须贺等几个重大城市，且拥有东京港、横滨港、千叶港等六大港口的大都市圈。东京湾区主要产业包含服务业、制造业、房地产业、批发零售业、金融业等，各类创新要素紧密互动。现阶段，湾区的人口规模占日本总人口的1/3，GDP总量超过全国GDP的1/3，并贡献了全国40%左右的工业产值，专利授权量占全日本专利授权总数60%以上。

东京湾区的发展依托于日本政府的宏观引导、创新驱动下的产业升级以及良好配套的产业体系。日本从1959年开始先后5次制定和出台了一系列政策与法律，通过明确各地区职能定位与空间布局，逐步推动制造业向高端制造业与高新技术产业发展，优化各要素间的正向联动。对高新技术产业的重视则主要体现在东京湾区的高等教育资源集聚、确立企业的科研主体地位以及加强产学研用创新环境建设这三个方面上。此外，湾区健全的港口体系推动了湾区经济工业的发展，通过与现阶段已有技术的充分结合，成为东京湾充分利用世界创新资源的重要渠道，而发达的交通网络为东京湾区的创新发展进一步提供了支持。表 5-4 描述了世界三大湾区发展的主要情况。

表 5-4　　三大湾区发展概况（2016 年）

指标	旧金山湾区	纽约湾区	东京湾区
面积（万平方公里）	1.79	2.15	3.68
人口（万人）	760	2340	4383
GDP（亿美元）	8000	16000	18000
人均 GDP（万美元/人）	10.5	6.8	4.1
GDP 占比（%）	5	9	38
集装箱吞吐（万 TEU）	227	465	766
三产占比（%）	82.76	89.35	82.27
世界 500 强总部数（家）	22	28	60
最具创新力企业（家）	8	3	20
主要产业	电子、互联网、生物等高新技术产业	金融、计算机、航运等行业	钢铁、石化、物流、高端制造业等
代表企业	苹果、谷歌、微软	IBM、花旗、AIG	索尼、三菱、富士通
专利授权占比（%）	14.4	4.4	60.5

资料来源：笔者根据相关资料整理。

5.3.4　经验总结

总结三大湾区的主要情况，我们可以发现，成功的湾区创新发展一般具有以下规律。

5.3.4.1　具备完善的产业配套体系与发达的港口集群

可以看出，现有湾区都充分利用了港口群，加强了湾区与其他国家与地区间的经济交流，为国际创新资源流动提供了地理窗口与国家窗口。同时，有效的产业配套体系进一步强化了港口的原有优势，吸引国际创新资源，使创新要素充分发挥其创新活力，最终推动湾区的创新驱动发展。

5.3.4.2　充分发挥金融要素重要支撑作用

通过回顾世界级湾区发展历程不难发现，湾区独特的地理优势，易于产业集群式发展，这为金融行业发展提供了"天然土壤"，与此同时，发达的金融行业反过来可以支撑和服务于湾区产业发展，形成良性互动，因此，目前世界公认的三大湾区无一不是世界级金融中心。从三大湾区横向对比来看：纽约湾区是全球金融、文化和传媒中心，拥有全球市值第一的纽约交易所和全球市值第二的纳斯达克交易所，金融保险业占比高达20%；旧金山湾区的科技银行业特别发达，其金融、媒体信息、高科技知识在服务业中占有举足轻重的地位；而东京湾区以工业城市群、金融中心、国际航运中心著名，拥有全球市值第三的东京证券交易所，占日本证券交易总量的80%；相比之下，粤港澳大湾区也表现不俗，特别是深港通开通后，三家交易所预计将形成总额达70万亿市值的流通市场，交易量直逼纽交所。

5.3.4.3 重视高等教育发展

高校是科技创新基础要素——人才的主要来源，三大湾区都集聚了世界顶级大学资源，是湾区的产业链、创新链与知识链的始发端口。高等学府的存在进一步加强了湾区核心地带的虹吸效应，吸引世界各地的创新要素向湾区集聚，多维度、多方位推动科学研究从理论、技术项目最终向产业化、商用化过渡。

5.3.4.4 开放包容的湾区文化与制度环境

美国旧金山湾区、纽约湾区与东京湾区能够一直保持创新的领先地位与其开放包容的湾区环境密不可分。对外来人口与外来文化的包容，允许失败的环境氛围，都促使人们勇于创新、敢于创新，充分激发了湾区的创新活力。同时三大湾区重视知识产权保护加强科技研发投入等相关制度环境的建设，为产业发展营造了公平公正的市场环境，显著推动了区域功能的深化与产业格局的转型升级。

5.4 中国科技创新中心发展现状

2016年5月，《国家创新驱动发展战略纲要》正式颁布，进一步明确

"推动北京、上海等优势地区建成具有全球影响力的科技创新中心"。根据2thinknow分析评价出的2017年全球100座高科技城市，北京、上海、深圳与香港特区均进入全球前100，可见，以北京、上海、粤港澳湾区为代表的新一代全球科技创新中心可能将在不久的将来逐渐迸发力量。

5.4.1 京津冀地区：资源集聚中心

北京市作为我国的首都，拥有相较于其他创新中心更强的政策号召力与资源的集聚能力。创新资源的集聚提高了北京市科技创新的水平，对我国创新城市建设具有较强的引导能力与榜样力量。据CNKI专利数据库，北京市2006~2015年专利申请量逐年上升，年增速均在10%以上，最高的年份增速接近30%（如图5-3所示）。截至2017年，北京市每万人发明专利量为76.8件，位居全国第一；同时，北京市科技创新指数也在近年来大幅攀升，其在人力和科技资源、创新投入强度、知识创造水平与技术成果规模均显著高于国内其他城市；《2017年全球创业生态报告》北京也首次上榜并排名第四。可见，北京市创建全球科技创新中心的成绩斐然，而"三城一区"（中关村科学城、怀柔科学城、未来科技城、北京经济技术开发区）的建设进一步助力推进北京全球科技创新中心的建设。

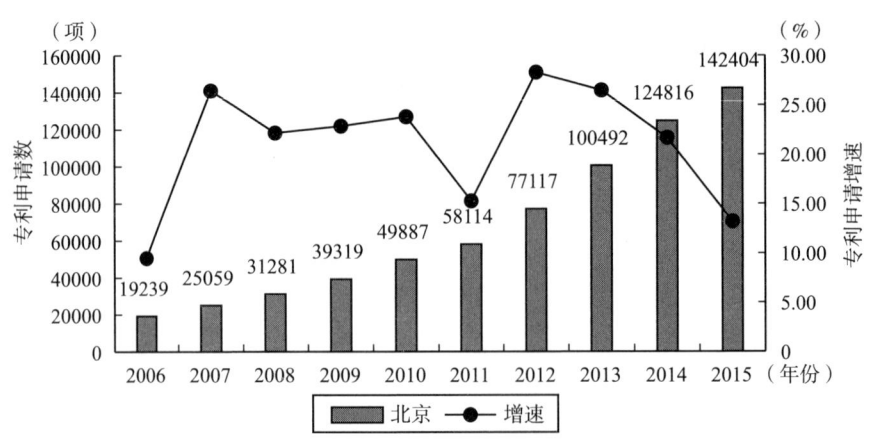

图5-3 北京市专利授权情况

资料来源：CNKI专利数据库。

第5章
全球科技创新中心的形成路径与金融支持

北京市成为我国科技创新中心的典型与创新领头羊是多方位、多维度要素协同作用的结果,其中,金融支持扮演着十分重要的角色。首先,北京市自身的金融资源优势十分明显,其主要体现在规模优势、服务优势以及市场融资能力优势三个方面。通过政策性金融支持、构建科技型中小企业信贷服务体系、投贷联动模式、天使投资、风险投资与私募股权投资、科技保险、第三方金融担保服务等科技金融体系的构建,创新型企业、项目均能在北京获得有效的金融支持。同时,技术进步进一步提高了金融要素的运行与金融资源的配置效率,最终形成科技金融的良性发展。

5.4.2 长三角地区:区域协同中心

在经济全球化的大背景下,协同创新逐渐成为未来创新的主要特点,加强区域间的协同创新是建设全球科技创新中心的迫切需求。上海在创新中心建设中具有得天独厚的空间区位优势,历史的沉淀和积累令上海沿袭了开放合作的传统,技术创新水平也在不断提升。而对于上海而言,建设全球科技创新中心,一方面是上海自身创新驱动发展战略的客观需要,另一方面也是以上海为中心,逐渐形成并不断强化长三角地区(包含上海、江苏、浙江)内区域间的协同创新的条件。根据2017年毕马威会计师事务所报告显示,未来上海有望成为世界顶级科技创新中心,而长三角地区将成为我国创新能力最强、经济发展最活跃,最具市场竞争力的地区。表5-5描述了长三角地区的主体概况。

表5-5 长三角地区概况

指标	2010年	2011年	2012年	2013年	2014年	2015年
专利授权数(件)	192446	319840	563405	616251	562203	670868
GDP(万亿元)	5.118	5.983	6.702	7.54	8.309	9.069
人均GDP(元)	58671.81	68989.67	77557.65	58922.35	75864.91	81102.47
三产比重	44.75%	45.26%	46.21%	46.90%	48.96%	50.87%

资料来源:笔者基于中国统计局以及CNKI专利数据库整理计算。

可见，长三角地区专利授权数量、GDP总量、人均GDP水平以及第三产业比重均逐渐提升，表明长三角地区不仅是我国经济发展水平最高、经济活动最为活跃的地区，同时也是科技活动、科技创新产出最多的区域。因此，上海要建设全球科技创新中心，必须充分发挥科技优势，拓展科技在区域间的辐射功能，积极参与长三角区域合作，构建科技创新的开放网络；上海需要在着力发展自身科技创新发展的基础上，兼顾长三角其他省份的科技创新需求，逐渐向科技创新的服务中心城市过渡。此外，应将人才队伍建设放在首位，并发挥市场在创新资源配置中的主导作用，推动各类创新要素集聚，使创新成果更快地转化为生产力。当然，依然要发挥上海海纳百川的魄力，充分释放以上海为核心的长三角地区的创新潜能。

5.4.3 粤港澳湾区：产业优化中心

湾区是当今世界经济发展的重要载体，也是高科技诞生地和科技企业的成长地。在我国，粤港澳湾区是其中发展的典型。粤港澳湾区覆盖广东省九座城市以及香港特区、澳门特区，土地面积约为5.6万平方公里。2016年粤港澳湾区的经济总量约占全国GDP总量的12.4%。而常住人口约为6800万左右，占全国总人口的4.9%。[①]

通过对比可以发现，粤港澳湾区与三大国际湾区具有很多共性。首先，具有丰富的港口资源，拥有包含香港、深圳、广州等世界级港口以及珠海、虎门、惠州等地方港口，2016年港口集装箱吞吐量高达6520万TEU，远高于其他三大湾区。其次，从文化层面来看，粤港澳湾区与三大湾区一样具备开拓进取、勇于创新的精神。更为重要的是，粤港澳湾区与其他湾区一样都是创新要素与创新资源高度集聚的区域。从数据来看（如图5-4所示），粤港澳湾区的发明专利总量从2012~2016年分别为61764件、71037件、103610件、155074件、193712件，呈现出逐年增长，同时增长速度一直保持着较高水平。与此同时，金融资源的集聚也为粤港澳地区的科技创新提供了肥沃的土壤：除了地区政策引导外，粤港澳

---

① 国家统计局. http://www.stats.gov.cn/.

第5章
全球科技创新中心的形成路径与金融支持

地区还聚集了大量的金融资源，其中包含天使投资、风险投资、私募股权投资、多层次资本市场等。同时，中国两大交易所之一的深交所也坐落于此。从技术的产业化层面来看，粤港澳湾区拥有高校的科技转化实力，截至2017年底，仅深圳便拥有国家高新技术企业10988家，高居全国第二。

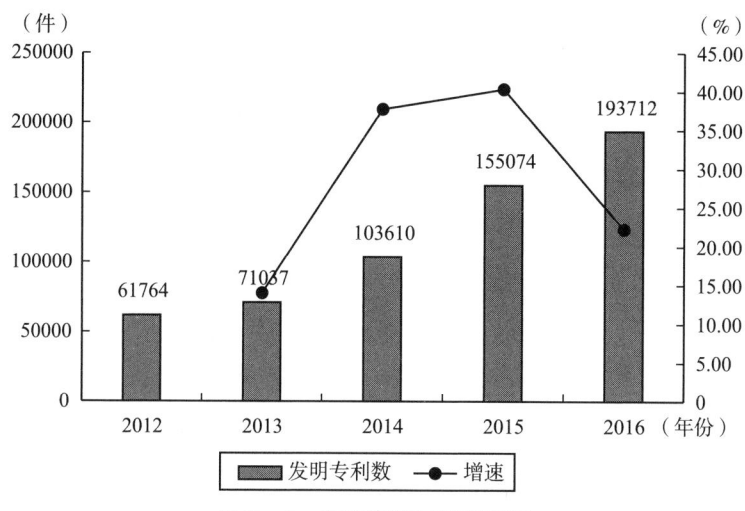

图5-4 粤港澳湾区专利概况

资料来源：CNKI专利数据库。

根据2thinknow的创新城市排名，近年来，粤港澳地区创新发展水平逐渐提升。以在2016～2017年排名前100的香港特区、深圳与广州来看，除了香港特区的排名近年来略有下滑，深圳与广州的排名均呈现出快速攀升的趋势，其中广州的排名从2015年的193名一跃蹿升至当前的97名，可见粤港澳地区创新潜力的不凡，排名变化如表5-6所示。

表5-6 粤港澳地区代表城市排名变化

地区	2011年	2012～2013年	2014年	2015年	2016～2017年
香港特区	15	14	20	22	35
深圳	93	71	74	75	69
广州	232	249	190	193	97
平均排名	113	111	95	97	67

资料来源：2thinknow，www.innovation-cities.com。

因此可以认为，粤港澳湾区具有打造除了美国旧金山湾区、纽约湾区以及东京湾区之后的又一个国际级湾区的基础。但是，相较于其他湾区，粤港澳湾区的短板依然比较明显，主要有以下三个方面：首先，科研基础。由于以深圳为代表的相关经济特区建设时间相对于北京和上海依然较短，因而在科研资源上粤港澳湾区不如北京和上海等地区，国家布局的重大科研基础设施也较少，这将对粤港澳湾区的科学基础研究产生影响。其次，相对于北京和上海地区，粤港澳湾区集聚的教育资源与人才产出可能存在一定的区域内失衡。香港特区虽然集中了以香港科技大学、香港大学、香港中文大学等为代表的世界一流大学，但是深圳的一流大学数量依然较少；而高等教育资源不平衡将最终导致区域间科技创新人才的不平衡。最后，由于在基础科研领域的相对缺失，粤港澳地区的企业间差距可能相对较大，在横向的行业维度可能存在企业发展不平衡的问题。当然，随着粤港澳湾区行政边界的逐渐打破，以及地区基础科研水平的提升，这些问题可以得到缓解；而对于如何打破科技创新与产业转化的壁垒，真正成为全球科技创新中心，粤港澳湾区依然需要进一步探索。三地区金融支持的比较优势如表5-7所示。

表5-7　　　　　　　　　　三地区金融支持的比较优势

地区	比较优势	具体优势
北京地区	产权交易市场	建立了包括物权、债权、股权、知识产权、环境排污权等在内的综合产权交易体系，形成了较为成熟的商业模式和业务品种体系
长三角地区	金融要素市场发展全面	拥有货币、债券、股票、外汇、期货、黄金和金融衍生品等在内的各类市场，各个金融要素市场发展较为全面，是全球金融要素市场最齐备的地区之一
粤港澳地区	多层次资本市场体系完备	在股票市场上，以深交所为代表，形成了主板市场、中小企业板市场、创业板市场以及OTC（非上市公司股份报价转让系统）市场协调发展的多层次资本市场体系架构，较上海股票市场更为完备；同时，拥有港交所，国际化程度更高，金融创新能力更强

第 5 章
全球科技创新中心的形成路径与金融支持

5.5 中国科技创新中心发展路径

考察和分析现有全球科技创新的发展路径后可以发现，已有的全球科技创新中心的形成发展路径可以主要分为以下四类：政府扶持型、市场导向型、自源成长型以及共同驱动型。

5.5.1 政府扶持型

政府扶持型指的是在形成全球科技创新中心的过程中，政府在科技创新中心成长过程中起到了关键性的作用，政府直接通过大量投资，通过自上而下的引导以及政策制度的推动，推进地区科技创新水平的提升与创新发展，其中最为典型的代表是日本与新加坡。例如，日本政府以国家资助为主要形式，通过部署和出台一系列指向性的产业扶持政策，并对相关产业进行税收减免，以促进科技发展。同时，政府还进一步为科技创新提供智力支持。

5.5.2 市场导向型

现阶段，随着交通便利与网络通信技术的日益完善，跨国企业在区位选择上更倾向于选择劳动力成本较小的地区作为其主要目标，以最大化企业利润。这一过程促使发展中国家在市场的力量下形成全球科技创新中心。这其中的典型代表便是印度。廉价人才的有效供给吸引了微软、华为、西门子等国际知名科技企业选择在印度设立分公司。同时，印度政府也提供了一系列优惠政策吸引科技跨国企业的入驻。

5.5.3 自源成长型

人才驱动型科技创新中心的形成更加趋向于自我发掘的内生性发展动力。一般来说，某一地区是人才重镇，集聚了大量的知识型人才、研发能力强的大学以及实验室、科研机构，进一步吸引了全球的优秀创新人才与国际资本，最终使得大量的创新要素集聚，形成了具有国际影响力的全球科技创新中心。这其中的典型代表便是美国：由于这些地区拥有大量的世界顶尖的教育资源与大规模的金融资源，使得创新要素快速地自我繁殖，进而有效地提升了地区的科技创新水平。

5.5.4 共同驱动型

随着近期"贸易战"的兴起，以美国为代表的霸权国家大搞"逆全球化"浪潮，传统全球科技创新中心的路径可能已经无法适应现有的国家环境。因此，在尊重市场规律的前提下，采用政策、市场、教育、金融等多要素驱动的方式可能是未来更适合构建全球科技创新中心的综合性路径。同时，全球科技创新中心的构建与发展方式也需要在多要素的驱动下，形成更具有适应性的科技创新系统，以抵御未来国际事件与经济波动的冲击。

全球科技创新中心的增长路径如表5-8所示。

表5-8　　　　　　　　全球科技创新中心的增长路径

类型	优势	代表城市或地区	成长路径
政府扶持型	具有前瞻性的政府与正确的投资决策	新加坡、德累斯顿	通过自上而下的途径确立主导产业；政府大量直接投资支持
市场导向型	具有明显区位优势，吸引众多跨国公司进驻	班加罗尔、槟城、首尔	通过知识溢出机制，促进城市创新链、价值链、产业链的设高端转变
自源增长型	知识密集，聚集了相当规模的创新型人才	硅谷、纽约	吸引世界一流管理人才和资本；注重知识的产品化过程
共同驱动型	区位由多维度要素共同驱动驱动	未来科技创新中心发展模式	通过政府推动、金融资源集聚、高等教育的自源性驱动等共同推动

资料来源：根据 Mckinsey：Where will the world's primary centers of innovation be? 总结整理。

5.5.5 政策建议

基于多要素驱动路径，本文提出以下几点政策建议。

第 5 章
全球科技创新中心的形成路径与金融支持

（1）首先，培养尖端领域的科技人才，发展前瞻性较强的科技领域，如人工智能、基因技术、航天航空技术。前瞻性领域通常具有挑战人类极限智慧的特点，而尖端前沿的科技创新的基础正在于尖端人才的培养，因此未来，在我国建设全球科技创新中心的过程中，必须将创新型人才培养与引进提升到战略高度，实现我国在前瞻性科技领域的主导。

（2）其次，加强自主创新水平，抓住机遇占领全球科技创新网络的关键节点。现阶段我国在创新成果转化应用层面已经有了长足进步，但是基础科研领域依然薄弱，建设全球科技创新中心，必定要将"产学研用"进行有效结合，而不是"用的好""学不会"的"偏科型"创新中心。

（3）充分发挥金融要素对创新的支持作用。熊彼特在《经济发展理论》中已经强调了金融对创新、创新对经济发展的逻辑关系。我国的金融市场规模已经较大，但是对创新的支持作用依然有限，如何有效利用好金融要素的创新效应依然是一项重要的课题。

（4）建设全球科技创新中心亟须全局考量，制定领先战略。对于当下的中国而言，建设全球科技创新中心不仅仅是某个中心城市或先进地区需要谋划布局的问题，更应该放在全局性层面来进行考量和决策[1]，需要有"敢为天下先"的战略意识，结合本国国情，具有一定的前瞻性和突破性。

（5）优化和完善创新的保护与激励机制。创新成果具有技术溢出与一定的公共品属性，在充分发挥技术溢出效应的同时保护知识产权，对科技创新发展具有重要意义。突破原有的制度桎梏，深化改革，通过制度安排激励创新型国家建设是构建全球科技创新中心的关键。

---

[1] 熊鸿儒. 全球科技创新中心的形成与发展 [J]. 学习与探索，2015（9）：112–116.

第 6 章
科技金融发展评价

6.1 基于 DEA 方法的科技效率分析

6.1.1 引言

伴随创新驱动发展战略在全球范围内的广泛应用，各国都高度重视科技型企业发展及高新技术成果转化等创新相关问题。国内外学者均普遍认为，高效率的技术研发及成果转化是提升创新主体市场竞争力的重要保障。而反观我国实际情况，地区间、行业间技术研发及成果转化效率差异较大，不仅抑制了地区间（或行业间）创新协同效应的正向作用，同时，也造成了各地区（或各行业）创新能力的不均衡。探究如何系统性提升科技型企业技术创新能力，

为此，本节运用数据包络分析（DEA）和随机前沿面（SFA）等方法，基于对各行业及各地区创新效率的评估，深入解读影响我国科技型企业技术创新效率的具体因素，并提出合理化的改进建议。需要说明的是，由于科技型企业的科技创新投入产出存在一定的时滞，因此，在确定科技型企业的技术创新效率的基础上，需要明确该部分研究的时滞模式。但是，基于各行业技术创新特征，很难确定一个统一的"全适用"时滞模式。为此，本节将科技型企业的技术创新时滞模

第 6 章
科技金融发展评价

式划分为三种类型[①],以降低模型的不确定性。

6.1.1.1 基础效率分析模型理论

(1) DEA 模型描述。DEA 模型是基于决策单元(Decision Making Unit, DMU)对投入产出效率进行评价的分析模型,对于每一个 DMU,都有对应的效率评价指数:

$$h_j = \frac{\sum_{r=1}^{s} u_y y_{rj}}{\sum_{i=1}^{mn} v_i x_{ij}}, \quad i = 1, 2, \cdots, m; \ r = 1, 2, \cdots, s; \ j = 1, 2, \cdots, n$$

其中,x_{ij}——决策单元 DMU_j 第 i 种要素的投入量,$x_{ij} > 0$;

y_{ij}——决策单元 DMU_j 第 j 种产出的总量,$y_{ij} > 0$;

u_i——第 i 种投入的权系数;

v_r——第 j 种产出的权系数。

根据非阿基米德无穷小的(BCC)模型(规模报酬可变模型),DEA 分析模型如下式所示,可以计算出各个决策单元的投入产出效率:

$$\min \theta$$

$$s.t. \begin{cases} \sum_{j=1}^{n} \lambda_j x_j + s^+ = \theta x_0 \\ \sum_{j=1}^{n} \lambda_j y_j - s^- = y_0 \\ \sum_{j=1}^{n} \lambda_j = 1 \\ \lambda_j \geq 0, \ \theta \text{ 无约束}, \ s^+ \geq 0, \ s^- \geq 0 \end{cases}$$

当 $\theta = 1$,且松弛变量均为零($s^+ = 0$,$s^- = 0$)时,则该决策单元(DMU)有效,同时,也满足技术效应和规模效应有效。

当松弛变量不全为零时,则该决策单元(DMU)仅为弱有效,无法同时满足技术效应与规模效应有效。

当 $\theta < 1$,则该决策单元(DMU)为非有效,其技术效应和规模效应同样非有效。

---

① 为降低模型的不确定性,本节将科技型企业的技术创新时滞模式划分为三种类型,即科技型企业的研发投入与产出存在 1 年的时间滞后期,而科技型企业的新产品产业化阶段则存在 1 年期、2 年期和 3 年期三种类型。

并且 λ_j 表示相对于 DMU_j 重新构造一个有效的 DMU 组合中 n 个决策单元的组合比例。

由 DEA 模型可知,综合效率＝纯技术效率×规模效率,其中:纯技术效率是指企业受管理或技术等因素影响的生产效率;规模效率则是指企业受规模因素影响的生产效率。

(2) Malmquist 动态效率分析。DEA-Malmquist 指数是一种基于距离函数建立的,通过分析面板数据求解决策单元全要素生产率指数的一种模型,该模型将决策单元（DMU）的 Malmquist 指数划分为"相对技术效率变化"和"技术进步变化"两个指标,其中:"相对技术效率变化"是指技术效率从 T 期到 T+1 期的效率变化,反映效率的优化情况;而"技术进步变化"则是指从 T 期到 T+1 期内,引进新技术或进行技术创新所产生的技术变化。

如表 6-1 所示,如果相对技术变化效率指数数值大于 1,则表示技术效率发生正向改变;反之,则表示技术效率发生相反改变;同理,当技术进步变化指数大于 1,则表明生产前沿面向外移动,即出现了技术进步;反之,则表明技术出现退步现象。对于总指标而言,其绝对数值反映全要素生产率的具体变化情况,如果全要素生产率大于 1,则表明该决策单元的全要素生产率随着时间的演进,出现进步现象;如果等于 1,则表明该决策单元的全要素生产率未发生明显改变,小于 1 则表明全要素生产率发生了退步现象,可根据细分指标进行具体判断。

表 6-1　　　　　　　　　　DEA-Malmqusit 指数含义

分类	技术效率变化（effch）		技术进步指数（techch）
	纯技术效率变化（pech）	规模效率变化（sech）	
>1	短期纯技术有效	规模有效率	技术进步
<1	短期纯技术无效	规模无效率	技术退步

(3) 随机前沿面分析方法。随机前沿面分析方法（SFA）是利用随机前沿生产函数研究基于截面数据的单一产出过程的产出效率问题,其函数模型如下所示:

第6章 科技金融发展评价

$$y_i = f(x_i, \beta) \exp(v_i - \mu_i);$$

其中：y_i 为第 i 个决策单元的产出变量，x_i 为第 i 个决策单元的投入向量要素，$f(*)$ 则表示决策单元的生产函数，即表示技术前沿，β 为该模型的待估计参数向量，v_i 是观测误差和其他随机因素，该随机因素是一个独立同分布的随机变量，且服从标准正态分布，μ_i 作为一个非负变量，并且假设服从半正态分布。

该模型的含义为：受随机干扰项和技术非效率项的影响，决策单元（DMU）难以实现最优的生产前沿面，故将随机干扰项和技术非效率项作为一个白噪声序列（期望值为零），用样本的期望值和随机前沿的期望值的比值确定实际生产的技术效率（TE），如下所示：

$$TE_i = \frac{E(y_i | \mu_i, x_i)}{E(y_i | \mu_i = 0, x_i)} = \exp(-\mu_i)$$

其中：$E(y_i | \mu_i, x_i)$ 是在存在技术非效率项 μ_i 和已知投入要素 x_i 时所产出 y_i 的期望值。如该技术效率的计算结果在 0~1 之间，则表明第 i 个厂商的产出与完全有效厂商使用相同投入量所能得到的产出之间存在差异；如该技术效率值等于 1，则表明该决策单元的生产效率位于前沿面上，故技术有效。

6.1.1.2 衍生效率分析模型理论

在上述基础理论的基础上，引入针对阶段效率分析的衍生 DEA 模型，具体包括：

Two-Stage DEA 模型理论。该模型将决策单元的创新过程划分为两个阶段，所有决策单元的投入划分多个阶段使用，并且前面阶段的产出也作为后续阶段投入使用，逐阶段运行，直至最后的创新产出。

其理论基础是：对于每一个决策单元 $DMU_j (j = 1, 2, 3, \cdots, n)$，都有 m 种初始投入 $x_{ij} (i = 1, 2, 3, \cdots, m)$，但并不是所有投入都会在研发阶段消耗，部分初始投入会进入第二阶段。因此，将初始投入 x_{ij} 划分为研发阶段投入 x_{i_1j} 和两阶段共同投入 x_{i_2j}。此外，假设研发阶段的产出为 $z_{dj} (d = 1, 2, 3, \cdots, t)$，同时作为产业化阶段的部分投入要素；产业化阶段的单独投入记为 x，x_{kj} 表示第 j 个单元的第 k 个额外投入要素；最终产出记作 $y_{rj} (r =$

$1, 2, 3, \cdots, s$)（刘瑜，2017）。

需要注意的是，对于投入要素在两阶段的消耗比例问题，设定将所有单元的共享投入 x_{i_2j} 划分为 $\alpha_{i_2j}x_{i_2j}$ 和 $(1-\alpha_{i_2j})x_{i_2j}$（$0\leq\alpha_{i_2j}\leq 1$），分别作为共享投入要素的研发阶段使用数量和产业化阶段使用数量。该模型如下所示：

$$\text{s. t.} \begin{cases} \theta_j^* = \max\left(\sum_{d=1}^t \pi_d\tau_{dj}\right) + \sum_{r=1}^s u_r y_{rj} \\ \sum_{d=1}^t \pi_d\tau_{dj} - \left(\sum_{i_1}\omega_{i_1}x_{i_1j} + \sum_{i_2}\beta_{i_2}x_{i_2j}\right) \leq 0 \\ \sum_{r=1}^s u_r y_{rj} - \left(\sum_{i_1}(\omega_{i_2}-\beta_{i_2j})x_{i_2j} + \sum_{d=1}^t \pi_d\tau_{dj}\right) - \sum_{k=1}^p \varphi_k\chi_{kj} \leq 0 \\ \sum_{i_1}\omega_{i_1}x_{i_1j} + \sum_{i_2}\omega_{i_2j}x_{i_2j} + \sum_{d=1}^t \pi_d\tau_{dj} + \sum_{k=1}^p \varphi_k\chi_{kj} = 1 \\ u_r, \pi_d, \omega_{i_1}, \omega_{i_2}, \varphi_k \geq \varepsilon \\ j=1, 2, 3, \cdots, n; r=1, 2, 3, \cdots, s; d=1, 2, 3, \cdots, t; k=1, 2, 3, \cdots, p \end{cases}$$

而将上述模型计算的最优变量带入 $\dfrac{\sum_{d=1}^t \pi_d\tau_{dj}}{\sum_{i_1}\omega_{i_1}x_{i_1j} + \sum_{i_2}\beta_{i_2j}x_{i_2j}}$，可以求解研发阶段的效率数值，而代入 $\dfrac{\sum_{r=1}^s u_r y_{rj}}{\left(\sum_{i_1}(\omega_{i_2}-\beta_{i_2}j)x_{i_2j} + \sum_{d=1}^t \pi_d\tau_{dj}\right) - \sum_{k=1}^p \varphi_k\chi_{kj}}$，则可以计算出产业化阶段的效率数值。

6.1.1.3 Tobit 回归模型

Tobit 回归模式是基于正态分布的假设条件，采用回归模型方式，分析各影响因素对创新主体技术创新效率的影响程度，基础模型如下所示：

$$y_i^* = X_i\beta + \varepsilon_i y_i = \begin{cases} y_i^* & y_i^* > 0 \\ 0 & y_i^* \leq 0 \end{cases} \varepsilon_i \sim Normal(0, \rho^2).$$

其中，当 $y_i = 0$ 时，其密度函数如下所示：

$$P(y=0) = Y = P(y_i^* \leq 0) = \Phi\left(-\frac{\beta X_i}{\sigma}\right) = 1 - \Phi\left(\frac{\beta X_i}{\sigma}\right)$$

而当 $y_i = y_i^*$ 时，似然函数的表达式如下所述：

$$l(\beta) = \sum_{y_i>0}\ln\left[\frac{1}{\sigma}\Phi\left(\frac{y_i-\beta X_i}{\sigma}\right)\right] + \sum_{y_i=0}\ln\left[1-\Phi\left(\frac{\beta X_i}{\sigma}\right)\right]$$

第 6 章
科技金融发展评价

6.1.2 文献综述

在现阶段研究中,对于科技投入效率的考量,已经拥有了相对成熟的方法论基础,其中以 DEA 数据包络分析法与 SFA 随机前沿方法为主要代表。例如,吕喜英(2009)在 DEA 二次相对效益模型的基础上,对我国 1998~2007 年科技投入产出效率进行测算,得出了我国在 1998~2007 年科技投入的综合效率较高的结论,并且根据研究结果对科技投入政策提出了建议;何晓威和乔小勇(2009)运用改进的 DEA 数据包络法,对"十五"期间省级高校 R&D 投入与产出有效性进行了识别,并提出了相应的改进思路。文献对 DEA 的改进主要在于引入了阿基米德无穷小的 ε 的 C^2R 模型。陆永明则利用 DEA 考察我国 2002~2006 年 17 个高新技术产业的科技投入产出效率,并且分析了各个行业的规模收益情况,提出现阶段我国高新技术产业需要在提升投入产出效率的基础上,逐渐扩大规模的观点。西格尔等(2003)、查普尔等(2005)分别利用参数方法与非参数 DEA 方法评价了欧美大学科技转化效率与影响因素。SFA 方法由艾格纳(1977)提出,其优势在于可以在原有估算结果的基础上进行假设检验与置信区间构建,但是存在的缺陷也非常明显,即需要先验地设定相关生产函数或者成本函数的形式。在应用方面,赫尔沃伊特(2009)运用 SFA 方法,对 1968~2002 年美国西北锯木行业的产业数据进行了分析,探究了产业近些年技术进步、效率变化、生产效率变化的具体情况,并且利用参数模型进行了回归分析。董梅生(2012)基于 2002~2009 年上市企业的微观数据,集中分析了中央、地方以及民营企业的技术效率,结果发现,三者的纯技术效率存在差异,其中央企的纯技术效率最高。

但是,由于基础 DEA 模型在分析过程中容易忽略中间产品的转化信息以及要素在投入过程中的资源配置信息,无法实现在决策单元是实际生产技术,因而不能提供有效的效率绩效测度。陈凯华与官建成(2011)为了避免基础 DEA 模型所可能造成的问题,分别在固定规模报酬与可变规模报酬的框架下,充分利用中间产品的转化信息与投入要素的配置信息，构建了两阶段生产效率DEA效率测度与分解模型。这一模型在遵循客观的原则上，并不需要事先设定子效率与系统效率之间的组合关系，可以通过事后分解了解相关关系，并且由于模型具有较强的拓展性，因而二阶段（Two-Stage）DEA模型可以延伸至多阶段DEA模型，为多阶段投资与多阶段供应链运作等复杂系统效率测度提供了一条有效的途径。冯锋等（2011）运用二阶段DEA方法，基于我国29个省的省级数据，探究了科技投入产出链的效率，并且发现，投入产出链在不同的省份与不同的区域之间存在差异。通过对不同省份的特性分类，指出了各省的效率测度在地理分布上规律性，并且在最后提出了"靶阶段"效率可以提升整体效率。邵一兵和孙熠（2006）则进一步细化了地区，主要对浙江省地级市的可持续发展效率，利用两阶段DEA方法进行评估。结论指出，浙江省现阶段可持续发展的能力依然有很大的进步空间，因而政府必须加大对浙江省可持续发展能力的重视。当然，DEA模型可以进一步细化，王维国和马越越在利用Malmquist-luenberger指数方法测算我国30个省份在1997～2009年的物流产业效率，同时结合三阶段DEA方法分析物流的外部营运条件对各个省份物流产业效率变化的影响。

此外，为了实证检验和探究具体要素对科技的转化效率，部分文献利用面板Tobit模型，在利用改良的效率测度模型同时，以更全面的视角研究不同要素禀赋的异质性影响。何彬和范硕（2013）利用Bootstrap-DEA方法，对中国大学科技成果转化效率进行评估和分析，此外，研究还利用面板Tobit模型，分析了地区禀赋、资源发展程度以及产业结构等因素对大学在科技成果转化效率上的影响；同时，文章还对比了东部地区、中部地区与西部地区的转化效率差异。董梅生（2012）在分析不同种类企业纯技术效率的基础上，还利用公司内部的管理机理和约束机制作为自变量，利用Tobit模型回归分析效率差异的影响因素。

从现有的效率评价方法来看，现有文献研究科技产出投入效率的方法主要包含DEA方法以及SFA方法，相对来说，DEA方法运用更为广泛。但是，由于传统DEA模型容易忽视投入产出过程中中间产品的效率信息与资源配置信息，因此DEA模型逐渐衍生出二阶段、三阶段DEA模型，

第 6 章
科技金融发展评价

以研究中间品的投入产出效率。

6.1.3 技术创新效率分析指标

如图 6-1 所示，科技创新型企业技术创新过程，主要包括内部创新和外部环境两方面，其中：在内部创新中，企业通过投入人力及资金等科技创新资源，改进现有生产工艺或产品性能；外部环境可以促成研发阶段成果转化为实际的产品或服务，最终获得技术创新带来的商业利润，并最终完成一次技术创新过程。由此可见，一家科技创新型企业的技术创新成功与否，不仅依赖于企业自身的创新要素投入，同时，还将受到外部环境的整体影响。

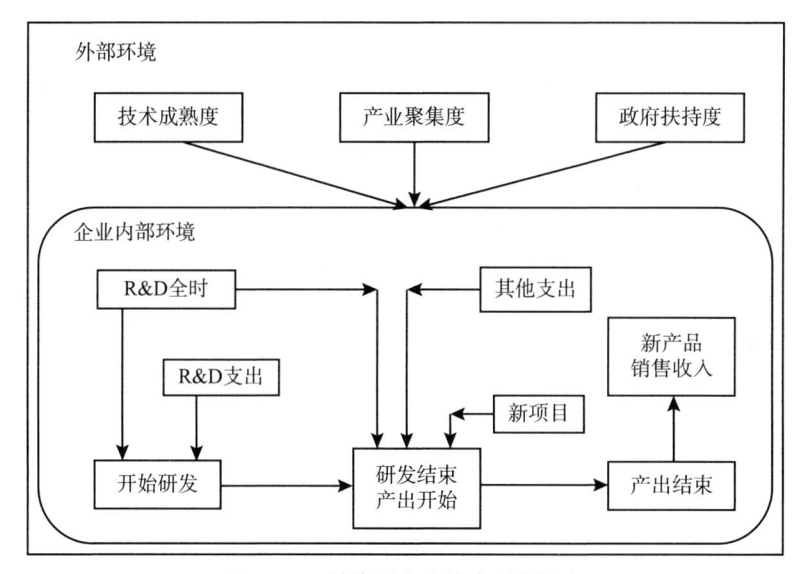

图 6-1 科技型企业技术创新流程

6.1.3.1 科技型企业技术创新内部指标选择

基于前文所述，本章将科技型企业的技术创新指标设计如表 6-2 所示。

表6-2　　　　　　　科技型企业技术创新指标体系

研发阶段	投入指标	R&D 人员折合全时当量中研发人员的投入
		R&D 经费内部支出额
	产出指标	专利申请数量
		新产品项目数
产业化阶段	投入指标	R&D 人员折合全时当量中其他人员的投入
		新产品项目数
		新产品开发经费以及其他费用（包括购买国内技术经费、技术改造经费、技术引进经费以及技术消化吸收经费）
	产出指标	新产品的销售收入

其中：R&D 人员折合全时当量中研发人员的投入①，由参加 R&D 项目人员的全时当量及应分摊在 R&D 项目的管理和直接服务人员的全时当量二者相加而成；R&D 经费内部支出额为内部开展 R&D 活动的实际支出，包括基础研究、应用研究和试验发展等支出，不包括生产及项目投入；新产品开发经费为 R&D 经费内部支出额中用于新产品开发的经费支出；购买国内技术经费则表示为本企业购买其他单位创新成果的经费支出；技术改造经费支出则表示为本企业进行技术改造而发生的费用支出；技术引进经费表示为企业用于购买国外技术的费用支出；技术消化吸收经费则表示为本企业对国外引进项目进行消化吸收所支付的经费。

6.1.3.2　科技型企业技术创新外部因素选择

本章将技术市场成熟度、产业集聚度和政府扶持力度界定为企业技术创新的外部影响因素，其中：

（1）技术成熟度是对技术发展水平的衡量，本章采用发明专利的比重作为技术成熟度的衡量指标。

---

① 数据样本来自规模以上高新技术企业。

第6章
科技金融发展评价

（2）产业集聚度是指在特定地域中，某一特定产业的高度集中程度[①]，本章采用高新技术产业区位熵表示高新技术产业在这一区域的产业集聚程度，具体公式如下所示：

$$LQ_{ij} = \frac{h_{ijk}/t_{ij}}{H_{ijk}/T_{ij}}$$

其中，h 表示地区高新技术产业产值；H 表示全国高新技术产业产值；t 表示地区总产值；T 表示全国总产值；i 表示地区；j 表示年份；k 表示高新技术产业。

（3）政府扶持力度使用政府部门对科技型企业资金支持力度来衡量，具体表达式为：政府扶持力度 = R&D 经费中政府资金/（R&D 经费中政府资金 + R&D 经费中企业资金）。

6.1.4 数据处理分析

6.1.4.1 科技型企业技术创新面板数据

本章基于科布道格拉斯生产函数对技术创新效率进行衡量，数据来源主要来自《中国高技术产业统计年鉴》（以下简称《年鉴》），但需要说明的是，由于《年鉴》取数逻辑与科技型企业技术创新过程有所差异（刘瑜，2016），因而需要对《年鉴》数据进行调整。一是按照购买力平价，对货币相关数据进行调整；二是按照固定资产价格指数，对设备费用等相关数据进行调整；其他数据按照实际发生额计算。

（1）科技型企业的区域面板数据。本节数据涵盖全国 28 个省市地区相关数据，数据时间跨度为 2009～2016 年。由于西藏、新疆及青海地区数据较少，故从数据样本中剔除了上述三个地区的相关数据。计算结果如表 6 - 3 所示。

[①] 李太平，钟甫宁，顾焕章. 衡量产业区域集聚程度的简便方法及其比较 [J]. 统计研究，2007（11）：64 - 68.

表 6-3　　　　　　　　　　　数据处理结果 1

地区	模式	R&D研发阶段当量	R&D内部支出	专利申请	新产品项目	R&D产业化阶段当量	新产品开发经费	其他支出	新产品销售收入
北京	1	56.56	20.40	20.28	23.01	62.32	16.69	14.69	0.65
北京	2	64.57	22.46	25.92	27.21	72.72	18.54	15.60	-0.66
北京	3	72.42	25.24	33.50	37.04	91.36	22.75	16.88	2.31
天津	1	39.88	22.66	4.96	8.43	37.40	16.42	-12.17	10.32
天津	2	50.99	28.97	6.58	6.96	48.59	22.72	-9.95	13.75
天津	3	32.42	22.43	10.83	15.78	53.55	15.07	-10.68	18.17
河北	1	8.94	27.31	21.43	5.71	43.69	25.30	7.26	29.53
河北	2	9.12	30.91	19.59	5.33	50.86	27.12	13.07	32.49
河北	3	10.68	31.07	24.42	12.32	51.99	28.76	16.97	34.17
山西	1	39.03	34.29	17.37	27.08	47.22	28.06	27.18	20.65
山西	2	29.22	24.09	22.99	27.18	46.35	30.80	46.00	28.33
山西	3	29.79	30.99	31.74	35.82	58.61	37.19	65.28	32.57
内蒙古	1	45.44	66.51	53.43	26.80	95.07	73.01	437.33	82.19
内蒙古	2	52.02	69.33	65.81	20.34	107.48	68.75	537.11	79.25
内蒙古	3	24.30	37.74	58.64	24.24	121.98	69.06	676.70	56.79
辽宁	1	14.78	14.26	16.17	9.80	16.40	16.12	44.76	14.00
辽宁	2	20.48	17.92	20.20	5.83	23.78	19.49	51.35	13.66
辽宁	3	16.93	26.82	24.62	12.05	33.63	25.18	74.98	16.08
吉林	1	37.51	35.92	24.79	91.89	22.91	37.08	354.84	24.66
吉林	2	42.99	37.71	28.55	107.15	26.44	40.70	421.31	21.27
吉林	3	50.56	44.96	42.36	130.99	35.82	52.07	439.49	26.02
黑龙江	1	-3.21	8.99	23.75	-2.96	19.17	7.14	-7.11	16.02
黑龙江	2	-2.23	7.05	27.43	0.01	25.87	5.53	-16.72	14.59
黑龙江	3	-0.13	10.77	35.54	2.49	26.84	8.88	-9.64	18.19
上海	1	20.66	11.63	10.90	6.07	49.96	10.59	-8.47	-2.79
上海	2	21.69	12.84	11.76	6.58	58.92	10.60	-2.65	-4.68
上海	3	14.52	15.28	16.42	11.55	72.03	13.45	-1.02	-7.20
江苏	1	42.61	18.19	24.22	15.23	46.22	16.92	5.92	19.89
江苏	2	48.58	19.04	25.94	15.81	52.93	16.74	6.50	20.90
江苏	3	50.62	20.59	33.23	21.22	65.24	19.93	7.45	22.97

第6章
科技金融发展评价

续表

地区	模式	R&D研发阶段当量	R&D内部支出	专利申请	新产品项目	R&D产业化阶段当量	新产品开发经费	其他支出	新产品销售收入
浙江	1	80.07	21.35	20.45	22.62	70.68	19.25	1.15	22.58
	2	92.80	22.39	22.71	24.29	82.68	18.78	3.89	23.78
	3	91.93	22.77	25.98	26.73	101.18	19.27	5.94	22.66
安徽	1	37.96	40.52	38.74	16.85	57.37	30.63	13.81	49.16
	2	39.80	43.25	42.01	14.28	64.03	33.80	12.25	53.23
	3	29.27	44.57	47.49	18.63	76.91	32.41	17.96	52.21
福建	1	46.22	20.14	16.03	12.50	45.26	15.07	46.90	11.38
	2	52.00	20.27	14.28	10.61	52.52	14.24	4.91	9.31
	3	52.26	21.04	16.45	14.10	70.61	12.87	8.88	10.30
江西	1	18.26	17.16	34.22	20.85	34.91	24.18	24.81	28.23
	2	24.28	20.64	37.29	14.52	42.36	17.78	41.99	27.78
	3	27.75	22.55	42.24	17.17	46.71	21.09	43.49	27.31
山东	1	35.32	21.92	24.81	15.86	54.00	17.05	11.40	14.49
	2	40.15	24.38	25.39	16.27	63.10	17.48	13.92	15.68
	3	42.26	25.66	26.89	19.38	77.66	17.90	14.21	11.46
河南	1	22.87	26.97	13.78	7.12	48.58	14.86	0.65	190.17
	2	26.27	26.27	11.71	6.95	56.10	15.62	4.08	222.44
	3	29.05	24.23	13.10	12.14	64.88	11.98	−6.39	262.78
湖北	1	21.70	30.07	30.27	4.75	35.45	21.40	19.30	16.78
	2	27.35	33.50	28.18	2.84	42.87	20.73	31.87	19.69
	3	31.21	37.14	29.32	7.54	54.70	21.99	33.92	19.61
湖南	1	25.27	32.52	30.55	27.36	69.16	34.23	24.13	39.02
	2	32.18	38.01	34.43	29.04	81.48	39.82	22.89	43.45
	3	34.28	38.11	39.53	38.82	82.87	44.66	24.54	46.08
广东	1	11.34	17.72	12.98	7.75	45.92	23.72	48.04	21.20
	2	13.70	18.80	10.45	0.87	53.55	23.88	46.57	20.80
	3	18.88	19.76	15.12	6.26	62.90	25.19	22.98	22.57
广西	1	25.95	44.86	30.40	7.66	36.77	30.20	10.75	30.51
	2	29.30	50.81	32.59	7.91	41.76	32.20	−7.59	30.91
	3	35.95	59.43	38.40	14.23	48.22	40.63	2.27	37.48

续表

地区	模式	R&D研发阶段当量	R&D内部支出	专利申请	新产品项目	R&D产业化阶段当量	新产品开发经费	其他支出	新产品销售收入
海南	1	31.40	21.99	38.42	16.44	75.27	23.73	24.32	39.22
海南	2	29.23	27.48	44.76	19.37	87.58	24.88	34.07	51.67
海南	3	24.39	30.98	60.17	30.65	109.08	28.64	41.90	62.23
重庆	1	19.00	37.06	31.08	20.29	45.89	33.49	5.04	60.36
重庆	2	21.02	37.22	36.25	18.48	52.56	32.41	7.69	73.33
重庆	3	12.06	29.51	33.58	27.29	50.09	26.27	3.89	51.62
四川	1	10.02	22.38	36.23	8.43	76.43	17.76	2.71	40.56
四川	2	8.86	22.30	39.74	5.96	87.21	15.32	4.69	46.56
四川	3	6.20	21.37	48.11	19.70	106.57	17.76	5.01	56.18
贵州	1	11.93	20.84	13.76	3.98	46.73	11.40	2.66	17.84
贵州	2	18.46	21.93	16.05	4.02	58.33	10.23	8.48	15.07
贵州	3	27.37	26.93	23.83	4.55	76.34	12.31	3.72	19.51
云南	1	67.30	31.48	22.35	52.61	59.41	38.71	81.31	8.13
云南	2	80.40	40.27	20.68	55.85	71.77	40.96	111.15	8.78
云南	3	82.19	47.03	27.54	61.83	83.35	50.35	70.71	13.35
陕西	1	9.34	22.79	20.34	0.83	31.56	17.95	8.27	20.29
陕西	2	8.55	25.09	20.30	0.04	36.28	18.72	12.71	18.77
陕西	3	17.05	27.31	24.57	9.61	43.44	22.01	18.56	19.37
甘肃	1	17.63	26.92	19.63	0.65	48.76	11.11	183.44	30.14
甘肃	2	11.65	28.44	20.43	-1.29	47.64	13.37	183.44	31.40
甘肃	3	16.30	37.81	30.73	6.19	59.58	22.24	237.80	34.17
宁夏	1	58.56	32.09	97.62	24.29	69.12	18.93	33.95	30.95
宁夏	2	65.22	34.05	80.30	25.57	71.43	20.32	33.95	29.60
宁夏	3	55.47	22.52	97.80	29.22	85.70	12.59	42.62	5.43

资料来源：笔者测算。

从结果中可以看出：我国各地区投入及产出要素，无论是在地域维度还是时间维度上，其增长幅度均有明显差异，最终表现为投入及产出的不匹配、不协调，影响创新效率提高。

第6章
科技金融发展评价

（2）科技型企业的产业面板数据。按照五大高新技术产业分类标准，对不同产业科技型企业的创新效率进行定量分析。需要说明的是，由于信息化学品制造业的数据缺失严重，因此在分析中剔除了信息化学品制造业。通过对高技术产业的细分行业进行投入产出要素的增长率分析，如表6-4所示，可以发现，不同的高新技术行业投入及产出增长幅度有较大差异，在匹配性方面仍显不足。

表6-4　　　　　　　　数据处理结果2

行业	模式	R&D研发阶段当量	R&D经费	专利申请	新产品项目	R&D产业化阶段当量	新产品费用	其他费用	销售收入
#医药制造业	1	31.51	22.32	16.53	73.20	37.91	18.88	2.76	16.29
	2	36.30	24.27	17.44	85.65	44.10	19.18	5.93	16.97
	3	38.89	26.50	24.38	103.74	56.00	21.65	8.58	18.64
化学药品制造	1	27.36	19.22	13.95	95.19	37.84	16.00	1.58	13.39
	2	31.53	21.04	15.51	110.61	44.54	15.70	3.62	13.82
	3	33.24	22.50	19.69	132.42	56.81	17.82	5.30	15.18
中成药生产	1	28.10	23.34	7.89	73.14	34.38	20.00	8.07	21.43
	2	32.62	24.83	6.57	89.46	39.61	19.88	14.13	23.04
	3	38.90	28.92	16.49	111.77	50.77	23.40	18.46	25.52
生物药品制造	1	42.62	30.51	41.56	42.14	44.17	27.16	8.11	19.96
	2	48.91	33.74	46.39	48.46	51.37	30.14	12.24	20.68
	3	48.83	37.58	59.69	54.55	63.22	34.70	16.37	21.87
#航空、航天器及设备制造业	1	7.78	17.38	25.91	204.80	31.17	13.09	2.65	25.80
	2	10.98	20.30	25.93	249.52	40.18	13.88	8.26	28.61
	3	13.27	25.74	27.76	316.05	43.99	18.84	12.25	29.99
飞机制造	1	3.04	16.58	15.91	218.39	26.00	10.29	1.48	24.08
	2	6.51	20.63	21.25	264.31	34.78	12.98	7.65	26.76
	3	9.33	26.85	22.89	334.37	39.78	17.97	12.91	28.46
航天器制造	1	14.65	20.23	34.61	—	27.34	21.89	25.46	20.89
	2	14.42	20.83	37.61	—	34.19	22.65	36.60	21.94
	3	23.50	28.46	41.34	—	21.34	31.28	-14.80	21.06

续表

行业	模式	R&D研发阶段当量	R&D经费	专利申请	新产品项目	R&D产业化阶段当量	新产品费用	其他费用	销售收入
#电子及通信设备制造业	1	17.25	19.98	18.81	68.20	45.01	21.41	16.52	17.57
	2	19.57	20.92	18.58	74.11	51.89	21.73	10.81	17.69
	3	21.86	21.76	22.42	62.02	61.39	22.94	6.32	17.63
通信设备制造	1	1.48	17.73	11.19	152.00	48.63	25.00	50.86	19.16
	2	2.55	18.34	9.31	169.97	55.70	26.07	46.77	20.29
	3	5.44	18.34	11.91	84.97	58.87	26.71	-5.28	18.30
广播电视设备制造	1	83.60	23.93	29.54	339.06	65.44	34.70	46.73	33.00
	2	96.35	24.28	32.38	348.48	74.40	38.12	52.49	34.04
	3	115.69	25.25	38.96	426.94	89.31	43.06	60.04	36.09
雷达及配套设备制造	1	5.70	19.93	40.84	1234.5	121.92	21.27	9.89	23.70
	2	6.97	16.26	38.22	93.35	143.15	14.49	18.26	21.25
	3	12.23	23.69	48.24	132.02	172.85	24.71	26.02	27.49
视听设备制造	1	23.46	13.24	12.35	45.47	61.59	11.00	1.03	9.26
	2	28.21	15.22	10.40	63.15	73.70	10.65	5.83	10.50
	3	21.75	17.25	10.15	83.15	89.59	13.42	9.99	11.90
电子器件制造	1	46.65	24.50	24.75	83.57	42.20	20.93	24.88	19.55
	2	52.25	25.55	27.69	105.26	47.87	21.46	10.10	18.97
	3	56.33	27.09	33.16	133.93	59.66	22.20	11.02	22.43
电子元件制造	1	55.28	17.47	22.36	22.83	46.75	16.43	7.62	15.48
	2	64.31	18.67	22.36	36.45	54.09	15.39	6.35	14.09
	3	73.93	19.12	28.36	50.61	65.25	16.21	8.10	13.42
其他电子设备制造	1	63.34	29.49	39.59	21.25	57.88	32.50	10.34	31.03
	2	70.14	33.05	41.90	6.87	67.47	36.11	12.52	35.28
	3	73.91	36.39	47.69	9.04	84.59	43.02	11.69	41.84
#计算机及办公设备制造业	1	45.50	8.67	6.96	88.28	76.47	8.67	12.15	14.50
	2	54.46	9.66	5.60	103.98	92.14	5.60	4.74	17.33
	3	52.81	9.24	9.54	124.06	115.37	7.44	-8.10	21.84
计算机整机制造	1	57.24	11.72	11.33	170.63	125.25	15.23	35.57	24.96
	2	69.67	14.56	13.41	195.29	152.19	11.56	34.86	31.60
	3	57.44	14.02	16.52	140.21	184.93	15.33	-0.01	29.60

第6章 科技金融发展评价

续表

行业	模式	R&D研发阶段当量	R&D经费	专利申请	新产品项目	R&D产业化阶段当量	新产品费用	其他费用	销售收入
电子计算机外部设备制造	1	172.61	-8.20	-23.35	465.86	73.49	-18.48	-42.00	14.70
	2	172.61	-8.20	-23.35	465.86	73.49	-18.48	-42.00	14.70
	3	172.61	-8.20	-23.35	465.86	73.49	-18.48	-42.00	14.70
办公设备制造	1	74.80	20.15	39.46	56.01	45.89	16.63	41.90	24.17
	2	92.89	22.77	42.61	54.76	57.23	16.92	46.70	26.92
	3	97.56	26.67	54.21	54.76	71.89	19.63	62.34	29.78
#医疗仪器设备及仪器仪表制造业	1	34.09	21.92	27.66	12.72	38.85	16.93	1.11	15.68
	2	38.83	24.89	30.81	13.03	45.01	18.03	2.08	16.21
	3	41.32	27.05	40.39	17.10	56.81	20.39	6.22	18.34
医疗仪器设备及器械制造	1	47.43	24.89	28.70	39.89	43.13	20.54	15.26	19.04
	2	53.62	27.45	33.03	46.16	49.19	21.45	19.23	18.98
	3	50.14	25.37	40.97	63.09	58.62	21.45	24.50	20.72
仪器仪表制造	1	31.71	21.05	27.50	15.90	37.88	15.69	-1.04	15.53
	2	36.26	24.21	30.18	16.59	44.12	16.92	-0.75	16.27
	3	40.04	27.65	40.39	20.28	56.52	20.17	3.78	18.60

注：-表示数据缺失；#表示行业大类，结果由作者测算。

（3）科技型企业技术创新外部影响因素。本部分对2009～2016年相关指标数据，按照地区汇总后做算术平均处理，如表6-5所示，可以发现：我国各地区技术成熟度大致在30%～70%区间。部分传统技术创新地区的数值较大，这归功于该地区能够长久保持技术创新高投入；而部分地区成熟度数值较小，则可能与该地区经济发展模式或创新模式有关。通常，技术成熟度较小的地区，其企业技术创新往往会选择借助于创新核心区的技术溢出而进行技术改造升级。而从政府扶持力度来看，中西部地区科研投入要依靠政府扶持，东部沿海地区则依靠区位优势，创新投入更多来源于自身资本积累。较为相似的是，产业集聚度也表现出从东部沿海向中西部内陆地区的递减趋势。

表 6-5　　　　　　　　　　算术平均值

地区	技术成熟度	政府扶持	产业集聚
北京	0.652579	0.159014	1.119446
天津	0.554435	0.077744	1.406774
河北	0.549729	0.077428	0.259525
山西	0.49922	0.053356	0.260531
内蒙古	0.554344	0.045884	0.114522
辽宁	0.542358	0.332153	0.448967
吉林	0.544689	0.095281	0.556572
黑龙江	0.472281	0.354501	0.215265
上海	0.703877	0.157114	1.842101
江苏	0.398183	0.027845	2.194019
浙江	0.339525	0.03747	0.644397
安徽	0.428473	0.127825	0.50452
福建	0.458395	0.035024	0.886555
江西	0.414886	0.152725	0.815988
山东	0.500154	0.045511	0.85299
河南	0.367797	0.068012	0.621009
湖北	0.568065	0.107271	0.533867
湖南	0.409924	0.117791	0.473664
广东	0.647857	0.031571	2.449445
广西	0.494114	0.079275	0.377813
海南	0.630003	0.065494	0.21562
重庆	0.398476	0.074545	0.912817
四川	0.412805	0.159807	0.879836
贵州	0.536804	0.21676	0.336232
云南	0.542233	0.093114	0.132096
陕西	0.476911	0.36982	0.503689
甘肃	0.416538	0.175602	0.116845
宁夏	0.594016	0.095116	0.127424

6.1.4.2　基于地区面板数据的投入产出效率分析

为了提高技术创新效率的评价准确性，本部分将科技型企业技术创新

第6章 科技金融发展评价

过程，视为一个封闭的黑箱，通过计算不同地区技术创新效率，并做回归分析，探究各效率影响因素对不同地区技术创新效率的影响。

（1）基于 DEA 方法的区域面板数据分析。按照创新投入与产出的不同间隔（0年、1年和2年），对不同地区科技型企业面板数据进行定量分析，如表6-6所示，三种时间滞后模型的综合效率评价结果基本一致，未发生较大变化；但纯技术创新效率差异性较大，其中，综合效率排名前十的地区中，东部沿海地区累计共有8个，表现出我国科技型企业的技术创新效率从东部沿海到中西部地区呈现出逐步递减的趋势。此外，相对于东部沿海地区，中西部地区规模效率更为突出；而东部沿海地区，则纯技术效率更高。

表6-6　　　　　　　　技术创新效率

地区	模式一 综合效率	模式一 纯技术效率	模式一 规模	模式二 综合效率	模式二 纯技术效率	模式二 规模	模式三 综合效率	模式三 纯技术效率	模式三 规模
北京	1.00	1.00	1.00	1.00	1.00	1.00	1.00	1.00	1.00
天津	1.00	1.00	1.00	1.00	1.00	1.00	1.00	1.00	1.00
河北	0.45	0.51	0.88	0.55	0.59	0.93	0.39	0.40	0.97
山西	0.43	0.64	0.67	0.74	0.96	0.78	0.59	0.73	0.81
内蒙古	1.00	1.00	1.00	0.39	1.00	0.39	0.43	1.00	0.43
辽宁	0.67	0.67	0.99	0.41	0.44	0.93	0.53	0.55	0.95
吉林	0.64	0.70	0.92	0.28	0.37	0.74	0.43	0.50	0.85
黑龙江	0.23	0.24	0.97	0.23	0.28	0.82	0.29	0.32	0.91
上海	0.93	0.94	0.99	0.83	0.83	1.00	0.65	0.66	1.00
江苏	0.79	1.00	0.79	0.80	0.92	0.87	1.00	1.00	1.00
浙江	0.78	0.91	0.86	0.57	0.57	1.00	0.70	0.81	0.86
安徽	0.76	1.00	0.76	1.00	1.00	1.00	1.00	1.00	1.00
福建	1.00	1.00	1.00	1.00	1.00	1.00	1.00	1.00	1.00
江西	0.37	0.40	0.94	0.38	0.44	0.86	0.40	0.43	0.93
山东	0.79	0.80	0.99	0.82	0.82	1.00	0.89	0.89	1.00
河南	0.68	0.80	0.85	0.74	0.76	0.98	0.60	0.61	0.99

续表

地区	模式一 综合效率	模式一 纯技术效率	模式一 规模	模式二 综合效率	模式二 纯技术效率	模式二 规模	模式三 综合效率	模式三 纯技术效率	模式三 规模
湖北	0.45	0.54	0.83	0.47	0.48	0.99	0.44	0.44	0.99
湖南	0.75	0.76	0.99	0.69	0.73	0.94	1.00	1.00	1.00
广东	1.00	1.00	1.00	1.00	1.00	1.00	1.00	1.00	1.00
广西	0.49	0.49	1.00	0.34	0.52	0.65	0.48	0.61	0.79
海南	0.89	1.00	0.89	0.50	0.96	0.52	0.95	1.00	0.95
重庆	0.75	0.77	0.98	0.73	0.79	0.93	1.00	1.00	1.00
四川	0.49	0.49	0.99	0.48	0.48	0.99	0.41	0.43	0.96
贵州	0.58	0.59	0.99	0.78	0.83	0.94	0.46	0.50	0.92
云南	1.00	1.00	1.00	0.86	1.00	0.86	1.00	1.00	1.00
陕西	0.27	0.29	0.94	0.33	0.34	0.96	0.33	0.33	0.99
甘肃	0.39	0.52	0.77	0.73	1.00	0.73	0.39	0.61	0.64
宁夏	0.60	1.00	0.60	0.74	1.00	0.74	0.85	1.00	0.85

（2）基于 SFA 方法的区域面板数据分析。为了检验 DEA 效率分析结果，本部分参照前文方法，将各阶段投入要素按照要素种类分别汇总处理，并基于 SFA 模型处理，综合分析各地区技术创新效率。SFA 模型评价结果，如表 6-7 所示，各待估参数的系数显著，说明三种时间滞后模型的分析结果均为有效。

表 6-7　　　　　　　　　滞后模型处理结果

模式	变量	Coefficient	Standard-error	Z-value
模式一	人力投入系数	0.1704	0.0491	3.47
模式一	资本投入系数	0.7625	0.0456	16.71
模式一	其他要素系数	0.0643	0.0345	1.86
模式一	常数项	-3.848	0.4294	8.96
模式一	gamma	0.2272	0.1087	2.09

续表

模式	变量	Coefficient	Standard-error	Z – value
模式二	人力投入系数	0.2105	0.0613	3.43
	资本投入系数	0.7475	0.0636	11.74
	其他要素系数	-0.0379	0.0464	0.82
	常数项	-2.5347	0.5891	4.30
	gamma	0.4946	0.1762	2.81
模式三	人力投入系数	0.0845	0.0495	1.71
	资本投入系数	0.4739	0.0592	8.00
	其他要素系数	-0.0633	0.0399	1.59
	常数项	3.4735	0.9137	3.80
	gamma	0.9183	0.0324	28.34

根据上述对模型可信度的分析，三种时间滞后模式下的效率结果如表6-8所示。

表6-8　　　　　　　　时间滞后模式下的效率

地区	模式一效率	模式二效率	模式三效率
北京	0.8556	0.7422	0.4843
天津	0.7831	0.6601	0.3477
河北	0.4091	0.3769	0.1758
山西	0.5862	0.4663	0.1264
内蒙古	0.3764	0.4094	0.1121
辽宁	0.4673	0.4100	0.2259
吉林	0.5780	0.4567	0.1555
黑龙江	0.3720	0.3536	0.1642
上海	0.7207	0.6288	0.4177
江苏	0.6977	0.7466	0.7114
浙江	0.8251	0.7733	0.5958
安徽	0.9497	0.9066	0.4987
福建	0.5699	0.5618	0.3454
江西	0.5395	0.5053	0.2431

续表

地区	模式一效率	模式二效率	模式三效率
山东	0.5904	0.6019	0.4740
河南	0.7388	0.6330	0.2986
湖北	0.5003	0.4667	0.2979
湖南	0.7155	0.7071	0.3750
广东	0.8435	0.7677	0.8844
广西	0.5590	0.4750	0.1536
海南	0.8251	0.6301	0.1633
重庆	0.8322	0.7474	0.3158
四川	0.7350	0.7406	0.4549
贵州	0.6869	0.5709	0.2162
云南	0.6620	0.5700	0.1972
陕西	0.3257	0.3393	0.2087
甘肃	0.6653	0.4733	0.1131
宁夏	0.6199	0.4907	0.1079

基于 SFA 模型和 DEA 模型分析结果，发现二者基本一致，均反映出我国东部沿海地区技术创新效率较高的地理性特征，并呈现出从东部沿海地区向中西部内陆地区递减的变化趋势。

（3）基于 Tobit 模型的外部影响因素分析。基于各地区技术创新效率的评价结果，本部分利用 Tobit 模型，定量分析各外部因素对科技型企业技术创新效率的影响程度，如表 6-9 所示。

表6-9　　　　　　　　　综合效率受外部环境结果

参数	变量	系数	标准差	T值	P值
模式1	成熟度	-0.2987	0.1482	2.02	0.045
	政府支持	-0.6519	0.1659	3.93	0.000
	产业集聚	0.1970	0.0314	6.27	0.000
	常数项	0.7998	0.0847	9.44	0.000

续表

参数	变量	系数	标准差	T值	P值
模式2	成熟度	-0.4164	0.1628	2.56	0.011
	政府支持	-0.5844	0.1995	2.93	0.004
	产业集聚	0.1512	0.0334	4.53	0.000
	常数项	0.9022	0.0918	9.83	0.000
模式3	成熟度	-0.2508	0.2251	1.11	0.268
	政府支持	-0.3847	0.2732	1.41	0.162
	产业集聚	0.1480	0.0440	3.36	0.001
	常数项	0.9289	0.1214	7.65	0.000

通过表6-9的数据结果可知，各个地区三类外部环境因素中均对综合效率有显著的影响。在模式一、模式二中，政府扶持的力度与创新成熟度均与综合效率呈反向关系，而产业集聚度与科技型企业的技术创新效率则存在显著的正向关联。在第三类模式中，政府支持与成熟度对地区的综合效率的影响系数虽然为负，但是效应并不显著；而产业集聚对效率的正向作用依然在1%统计水平上显著。

如表6-10所示，政府扶持和产业集聚是影响各地区纯技术效率的主要因素。由拟合结果可知，企业纯技术效率与政府扶持二者呈负相关关系，而与产业集聚呈现出正相关关系。

表6-10　　　　　　纯技术效率受外部环境因素影响结果

参数	变量	系数	标准差	T值	P值
模式1	成熟度	-0.2470	0.1823	1.35	0.177
	政府支持	-1.2133	0.1946	6.24	0.000
	产业集聚	0.1457	0.0396	3.68	0.000
	常数项	0.9883	0.1020	9.69	0.000

续表

参数	变量	系数	标准差	T值	P值
模式2	成熟度	-0.3433	0.2024	1.70	0.092
	政府支持	-1.1600	0.2333	4.97	0.000
	产业集聚	0.1144	0.0431	2.66	0.009
	常数项	1.0616	0.1109	9.57	0.000
模式3	成熟度	-0.6102	0.2667	2.29	0.024
	政府支持	-0.8835	0.3009	2.94	0.004
	产业集聚	0.1505	0.0544	2.77	0.007
	常数项	1.2525	0.1436	8.72	0.000

进一步基于规模效率进行回归模拟分析，其回归结果如表6-11所示。

表6-11　　　　　规模效率受外部环境的影响程度

参数	变量	系数	标准差	T值	P值
模式1	成熟度	-0.1582	0.0907	1.74	0.082
	政府支持	0.1654	0.1003	1.65	0.101
	产业集聚	0.1230	0.0197	6.25	0.000
	常数项	0.9088	0.0520	17.49	0.000
模式2	成熟度	-0.1771	0.1073	1.65	0.101
	政府支持	0.2823	0.1312	2.15	0.033
	产业集聚	0.1097	0.0226	4.86	0.000
	常数项	0.9422	0.0611	15.42	0.000
模式3	成熟度	0.0711	0.1577	0.45	0.653
	政府支持	0.2565	0.1912	1.34	0.183
	产业集聚	0.0777	0.0309	2.52	0.013
	常数项	0.9040	0.0854	10.58	0.000

第6章
科技金融发展评价

从表 6-11 可以看出，在三种时间滞后模式中，依然是产业集聚因素的作用最为显著，其余两个环境因素显著性在三种模式中存在波动。值得注意的是，政府支持在模式二中对规模效率表现出显著的正向作用（模式一中政府支持的 p 值十分接近 10% 的显著性水平），这与纯技术效率分析部分中的结果相反。

由回归结果可知，技术创新效率与技术市场成熟度二者相关性较弱，但与产业集聚度相关性较强，说明产业集聚是促进企业技术创新效率提升的重要因素。值得关注的是，政府扶持力度在纯技术效率部分和规模效率部分的回归系数截然相反，反映出政府在影响科技型企业创新过程中存在着不同的运行机理。

（4）小结。基于 DEA 和 SFA 模型，本节选取全国 28 个省区市的企业技术创新效率进行定量分析，结果发现：各地区企业技术创新效率差异性较大，呈现出从东部向中西部递减的总体规律。此外，考虑到创新效率会受到纯技术效率和规模效率的双重影响，本章基于 Tobit 模型探究了外部环境因素对纯技术效率及规模效应的影响，研究发现：产业集聚度对二者具有正向作用，故而对技术创新的综合效率也呈现出正相关关系；而政府扶持因素在纯技术效率和规模效率中呈现不同方向的影响和作用，故而对创新效率的整体影响也存在差异性。

6.1.4.3 基于产业面板数据的投入产出效率分析

为探究企业技术创新的内部过程，从而打开"黑箱"，本节基于各阶段技术创新效率的衡量结果，利用两阶段效率的比值作为协调度指标，进行各个行业的阶段之间效率分析。

（1）基于两阶段的 DEA 模型的产业面板数据分析。按照对科技型企业技术创新流程的假设，本节利用两阶段 DEA 模型对五大高新技术产业的 17 个细分行业领域在三种时间间隔情形下的条件下进行技术创新效率分析。为便于展示，对每个模式下的效率计算结果，计算平均值作为该模式各个行业的阶段效率，同时，使用散点图作为辅助图展示，如表 6-12、图 6-2 所示。

表 6-12　　　　　　　　　　　　　　　阶段效率

产业	行业	模式一 1	模式一 2	模式二 1	模式二 2	模式三 1	模式三 2	平均 1	平均 2
医药制造业	化学药品制造	0.78	0.56	1.00	0.30	0.52	0.24	0.77	0.37
	中成药生产	0.90	0.46	1.00	0.22	0.54	0.26	0.81	0.31
	生物药品制造	0.82	0.37	0.32	0.14	0.38	0.20	0.51	0.24
航空航天器制造业	飞机制造	0.38	0.22	0.51	0.20	0.22	0.18	0.37	0.20
	航天器制造	0.06	0.24	0.06	0.16	0.05	0.18	0.06	0.19
电子及通信设备制造业	通信设备制造	0.49	1.00	0.34	0.67	0.20	0.62	0.34	0.76
	广播电视设备制造	1.00	0.47	1.00	0.23	1.00	0.28	1.00	0.33
	雷达及配套设备制造	0.52	0.34	0.58	0.12	0.26	0.17	0.45	0.21
	视听设备制造	0.88	1.00	0.46	0.56	0.27	0.72	0.54	0.76
	电子器件制造	0.77	0.58	0.99	0.30	0.35	0.29	0.70	0.39
	电子元件制造	0.85	0.61	0.43	0.35	0.31	0.31	0.53	0.42
	其他电子设备制造	0.80	0.52	0.41	0.26	0.39	0.19	0.53	0.32
计算机设备制造业	计算机整机制造	1.00	1.00	1.00	1.00	0.64	1.00	0.88	1.00
	电子计算机外部设备	0.89	1.00	1.00	1.00	1.00	1.00	0.96	1.00
	办公设备	0.74	0.42	0.21	0.46	0.30	0.26	0.42	0.38
医疗器械制造业	医疗仪器设备制造	1.00	0.31	0.34	0.08	0.41	0.09	0.58	0.16
	仪器仪表制造	1.00	0.38	0.49	0.16	0.42	0.22	0.64	0.25

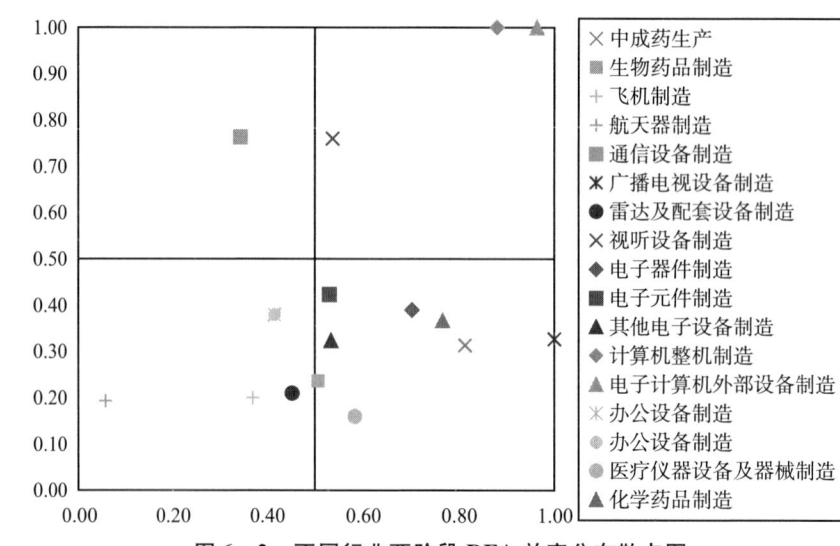

图 6-2　不同行业两阶段 DEA 效率分布散点图

第 6 章
科技金融发展评价

通过表 6-12 和图 6-2 可知，各细分行业领域中，仅计算机整机制造与电子计算机外部设备制造行业，其研发阶段效率为有效；而产业化阶段效率为有效的则是计算机整机制造与电子计算机外部设备制造两种产业。可见，我国高新技术行业的发展速度并不均衡，各细分领域也同样存在较大差异。此外，在 17 类细分行业中，有 12 类行业研发阶段的效率大于产业化阶段效率，说明我国在研发效率逐渐提升的同时，产业化能力可能相对落后，存在与研发效率匹配度较低的问题。

（2）小结。基于两阶段 DEA 模型，分析发现：我国高新技术行业的发展速度并不均衡，各细分领域也同样存在较大差异，其中，广播电视设备制造业应在现有研发基础上，重点关注产品的市场化进程，由此带动技术创新效率提升；而计算机行业则需要大力促进技术创新发展，实现与产业化效率的同步协调，从而提升自身的创新效率；而对于其他行业，则需要在研发环节和市场化阶段同时发力，努力形成创新与市场化二者的协调发展。

6.1.5 结论建议

6.1.5.1 结论

本节通过实证研究发现，我国技术创新效率存在较大的地区差异性，其主要影响因素包括产业集聚度和政府扶持力度，相比之下，技术市场成熟度与技术创新效率相关较弱且不显著。其背后的经济学含义是：我国的高技术产业技术创新阶段大多处于依靠人力投入的阶段，而产业集聚度越大则说明地区的科研人力较为密集，进而产生 Marshall 外部性[1]与 Jacobs 外部性[2]，能够显著地促进科技型企业的发展，但现阶段，由于我国高新技术企业发展仍存在诸多不足，而产业成熟度作为衡量地区产业发展水平的指标，对创新效率的正向影响依然有限。此外，对于政府的扶持力度而言，一方面，在规模效率中呈现出正向作用；另一方面，对纯技术效率呈现出负向作用，说明企业尽管获得政府资金的成本较低，有利

---

[1] Marshall A. Principles of Political Economy [M]. New York：Maxmillan，1890.
[2] Jacobs J. The Economy of Cities [M]. New York：Vintage，1969.

于企业规模研发，但由于该类资金的申请条件较为苛刻以及申请流程的复杂，导致科技型企业在技术创新过程中，其技术创新效率中的纯技术效率相对较低。

从产业及行业性角度来看，我国技术创新效率较高的产业分别是广播电视设备制造业、电子通信设备制造业和计算机办公设备制造业。而在细分行业领域中，与互联网有关的行业领域，其技术创新效率通常较高。实证发现，创新效率相对较低的产业中，企业通常表现出产业化阶段的技术创新效率高于研发阶段的技术创新效率。

6.1.5.2 建议

科技型企业技术创新效率的提升，应从外部环境和内部创新两方面入手。

在改善外部环境过程中，应注重以下三点：一是针对技术市场成熟度的提升，应兼顾基础性研究与企业技术创新的协调发展，形成有效的信息沟通机制，衔接好基础性研究成果转化与企业技术创新产出；二是针对政府扶持力度而言，应重点关注降低企业获取政府资金的时间成本和入选标准，应帮助更多的科技型企业获得技术创新的投入资金；三是针对产业集聚度而言，应积极推动落实产业集聚政策，发挥好区域间技术创新的协同配合。

而在优化企业创新的内部流程中，应重点关注改善产业化阶段的技术创新投入结构，发挥产业化的规模优势，形成规模经济，扩大新产品的销售途径，从而形成更为有效的内部创新要素流动。此外，在优化产业化阶段创新效率的同时，也同样应注重研发阶段的创新效率提升，可通过合作、联盟等产学研结合方式，形成行业内的规模经济，降低企业研发过程中各种非预期结果出现的概率。

6.2 科技金融发展指数实证研究

目前，中国经济呈现出新常态，从 2012 年起，中国 GDP 增速开始回落，2015 年、2016 年、2017 年上半年增速分别为 6.9%、6.7%、6.9%，

第6章
科技金融发展评价

经济增长模式从高速增长转为中高速增长，我国迫切需要经济结构优化升级，从要素驱动、投资驱动转向创新驱动。

从广义上讲，科技金融是促进科技开发、成果转化和高新技术产业发展的一系列金融工具、金融制度、金融政策与金融服务的系统性、创新性安排。在中国经济转型的重要时期，关注科技金融的发展，有利于提高我国科技创新能力，而科技创新与金融市场的进一步融合，以及科技金融结构的不断调整，也更加有利于科技金融产出和创新效率的提升，有助于增强我国科技创新能力。

科技与金融相结合是建设创新型国家的重要手段和基本保证，从整体上看，我国科技金融的状况是怎样的，至今仍缺乏专门针对我国科技金融发展状况的评价系统和指标体系。本章从科技与金融相融合的角度，根据数据可得性制定2001~2016年科技金融发展指数，并从科技投入、资金投入以及科技金融产出三个部分分析我国科技金融体系所存在的结构性问题。

6.2.1 引言

我国四十多年的经济高速增长赢得了世界的普遍关注，而在经济转轨时期，创新成为我国经济增长的主要动力之一，在4.0版工业革命竞争形势日益激烈的今天，科技创新能力已成为决定国家竞争力最根本的因素，而非劳动力成本、自然资源禀赋条件等因素。科技创新是一项高风险的投资，它需要一个有效的金融体系来分担这些风险，加速科研成果的转化与应用。故而，必然对科技资源和金融资源的配置效率提出更高的要求。

6.2.1.1 选题背景与意义

从图6-3可知，如美日等经济发达国家，其研发强度均保持在较高水平；而我国研发强度自20世纪90年代开始快速上升，2014年超过2.0%，与发达国家研发投入强度的差距正在日益缩小；从2016年的数据看，我国研发经费占GDP的比重为2.10%，从改造现有技术设备基础跨越为创造技术阶段。然而与别国相比，我国研发经费比重仍然不足。日本的研发经费比重达到3.14%，美国这一比重则为2.74%。此外，从专利申请数量的对比来看，我国专利水平自2006年以来已经大幅提高，截至2017

年，我国的知识产权申请量已经位列世界第一，证明在专利方面，我国的创新能力已经经历了很大程度的增长。从图 6-4 可知，我国 2015 年的三方同族专利数量虽然上涨迅猛，但是依然与欧美发达国家专利数量存在明显差距，可见虽然我国专利数量正在提升，但是专利质量依然有待提高。

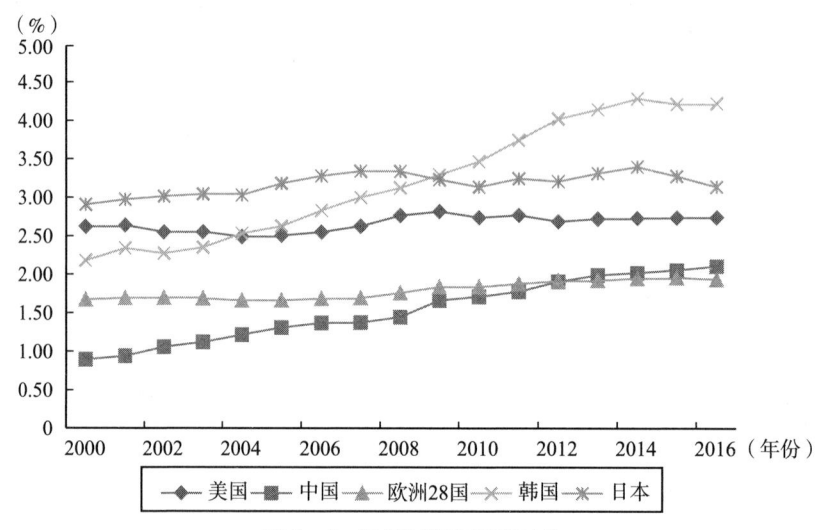

图 6-3　R&D 强度国际对比

资料来源：OECD Database.

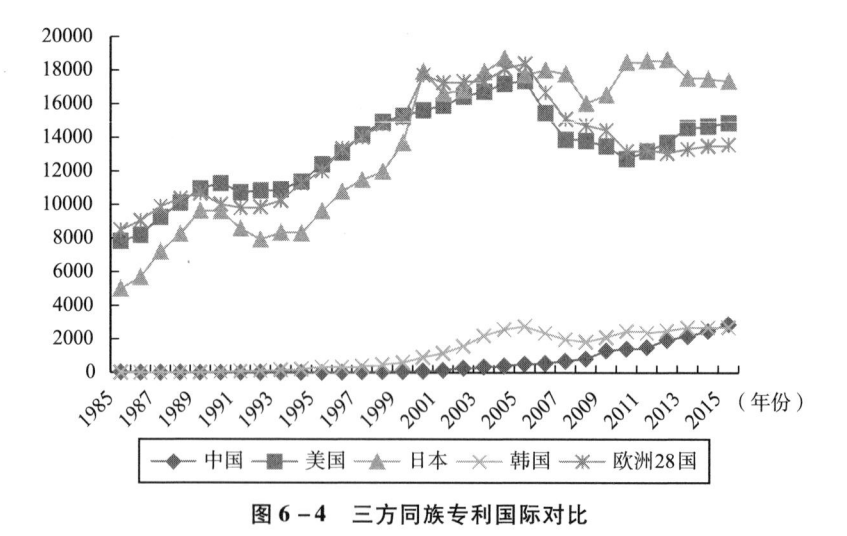

图 6-4　三方同族专利国际对比

资料来源：OECD - Triadic patent families.

第6章
科技金融发展评价

可见，我国创新能力仍然需要金融系统的大力支持，从总体上看，我国科技金融的水平如何，我国各地区科技金融水平如何，以及我国科技金融存在什么样的结构性问题，值得深入探讨，以进行更好的政策制定。

6.2.1.2 文献综述

（1）关于科技金融的文献综述。国内外许多研究学者围绕"科技金融"进行大量的研究工作。大部分研究文献侧重于对科技金融的发展背景、发展历程、发展模式等基础知识的介绍；同时还包括分析科技金融发展对传统金融模式的影响，以及发展科技金融的重要性和必要性。其中代表性的文章由金和莱文（1993）[1]提出，金融和技术创新的结合是促进经济增长的主要原因，揭示金融体系为技术创新活动提供的四种服务，即评估企业家、筹集资金、分散风险以及评估技术创新活动的预期收益。穆恩和施瓦茨（2000）肯定科技创新活动与金融的相关性，没有金融的支持，企业的创新与发展是极其困难的。同时，企业创新失败又会殃及金融系统，从而导致通货膨胀或信用膨胀。在我国，科技金融是伴随着科技体制改革和金融发展不断深化而逐渐产生的。王松奇（2000）[2]研究发现，在过去几十年的实践中，我国形成一套带有计划体制烙印的资本与科技融合方式，处于一种低效率的运行状态，需要从根本上改善科技与金融相融合的基本框架。王海（2003）[3]通过分析1991~1999年我国科技金融的结合效益发现，科技金融结合的效益总体在上升，但上升幅度不高；说明我国科技金融结合运行机制还存在较多的问题，未能使科技金融投入取得较好的效益。廖添土（2007）[4]通过与发达国家比较，提出我国需要加快构建多层次科技金融支持体系，拓宽科技发展的融资渠道。

与此同时，科技金融的发展也处于不断演变之中。科技金融目前还没有一个统一的定义，对科技金融内涵的理解主要集中于狭义和广义的两种概念上。从狭义上讲，科技金融着重突出的是金融机构运用金融手段支

---

[1] Robert G. King, Ross Levine. Finance, entrepreneurship and growth [J]. Journal of Monetary Economics, 1993, 32 (3): 513-542.
[2] 王松奇，李扬，王国刚. 中国创业投资体系研究 [J]. 科技进步与对策, 2000 (9).
[3] 王海，叶元煦. 科技金融结合效益的评价研究 [J]. 管理科学, 2003, 16 (2): 67-72.
[4] 廖添土. 科技投入的国际比较与科技金融支持体系的构建 [J]. 金融电子化, 2007 (5).

持科技型企业的发展,即如何利用投资、融资的方式促进科技型企业做大做强。

从广义上讲,科技金融是促进科技开发、成果转化和高新技术产业发展的一系列金融工具、金融制度、金融政策与金融服务的系统性、创新性安排。在国内将"科技金融"作为一个整体系统进行研究相对较少,特别是缺乏专门针对我国科技金融发展的评价系统和指标体系。科技金融发展指数作为我国科技金融发展状况的"晴雨表",在宏观层面,可以把握科技金融发展的潮流,加深认识科技金融在经济发展过程中的作用;在微观层面,可以反映出各地区科技金融水平,有利于加快和优化科技金融的投入。

(2)财政支持创新的理论研究。从国际研究来看,学界普遍公认,创新行为具有显著的正外部性和公共产品属性,这意味着创新主体无法获得创新带来的全部收益(沃尔特,1982[1]),一旦研发投入使用,社会公众就可以免费获益,从而易产生"搭便车"等问题,需要建立完善的产权制度及交易规则等政策[2]。

而对于财政政策的执行效果,目前学术界也存在争议。一方面,泰米尔·巴约尼和大卫(1998)[3]等学者认为,财政政策通过影响技术研发,进而对经济增长起到正向促进作用,特别是对于科技初创型企业而言,政府资金的扶持可以有效提供企业发展所需资金;另一方面,部分学者认为,实践中,政府财政资助的评估存在诸多困难(克莱特,2000;杰夫,2002),事后评估及资助还明显不利于财政对于创新活动的积极作用(布兰斯和布姆,2004[4])。特别是对于财政资金的挤出效应而言,部分研究认为,研发项目的高投入并不一定导致高产出,而额外的财政支持会促使

---

[1] Willians, Walter, E. The State Against Blacks [M]. New Press, 1982.
[2] Cropper, Maureen L. and Wallace E., Oates. Environmental Economics: A Survey [J]. Journal of Economic Literature, June 1992, 30 (2): 676 – 740.
[3] Bayoumi T., Coe D. T., Laxton D. Liberating Supply: Fiscal Policy and Technological Innovation in a Multicountry Model. Mpra Paper. 1998, 98 (8596).
[4] J. V. Blanes, I. Busom. Who participates in R&D subsidy programs?: The case of Spanish manufacturing firms [J]. Ssrn Electronic Journal, 2004, 33 (10): 1459 – 1476.

第6章
科技金融发展评价

研发费用支出水平的上升。即使对于某些因资金约束而无法从事一个高收益回报项目的企业来说,一旦得到政府资金的支持,可能减少企业的原有投资计划而去依赖政府拨款(拉赫,2002[①])。

(3)资本市场支持科技创新的研究。一方面,资本市场的价格发现和资金融通是其两大功能,对科技企业的融资服务是资本市场发挥作用的重要方面。韩立岩和蔡红艳(2002)、杨亦民和刘星(2006)[②]通过研究股票市场,发现由于产权模糊、约束机制缺乏、行政干预过多等原因,资本市场的资源配置效率并不高,尤其是对科技创新企业的支持作用非常有限。张成栋(2005)、岳正坤和王高(2006)等的实证研究为上述观点做了有力支撑。刘力昌和冯根福(2004)[③]、王新红(2007)等采用DEA方法,对我国股权融资效率和我国高新技术企业的融资效率进行实证分析,研究表明,两者都存在效率偏低的情况。上述研究表明,资本市场在促进科技创新方面还有极大的上升空间。

另一方面,资本市场为科技企业的创新提供有效的配套服务。郑婧渊(2009)[④]认为,我国科技金融结合要从强化信贷投放,发展PE、强调保险功能等方面予以推进。郑立文(2009)从比较金融角度,指出要从完善多层次资本市场建设拓宽权益融资渠道等方式来实现。郭戎(2011)[⑤]认为,推动科技创新,需要在创业投资、资本市场、银行金融机构及相应的技术信息服务机构等方面有所具体创新与发展,并特别强调了创业板的作用。在如何更为有效发挥金融工具或资本市场支持科技创新发展的作用方面,付剑锋、沈京文(2009)对开发结构性产品以便有效破解科技创

[①] S. Lach. Do R&D Subsudues Stimulate or Displace Private R&D [J]. Journal of Industrial economics, 2002, 50 (4): 369-390.

[②] 刘星,杨亦民. 融资结构对企业投资行为的影响——来自沪深股市的经验证据 [J]. 预测, 2006 (3).

[③] 刘力昌,冯根福,张道宏,毛红霞. 基于DEA的上市公司股权融资效率评价 [J]. 系统工程, 2004.

[④] 郑婧渊. 我国高科技产业发展的金融支持研究 [J]. 科学管理研究, 2009 (5).

[⑤] 郭戎. 我国科技金融合作发展存在的问题及相关政策建议 [J]. 科技创新与生产力, 2011.

新融资难题予以了论证。辜胜阻（2007）[1]认为，应大力挖掘多层次资本市场在支持科技创新方面的潜力。李雪斌（2013）[2]则特别强调了新三板市场对科技型中小企业科技成果转化过程中提供持续融资的重要性。

（4）创业投资支持科技创新的研究。在产业层面，图姆和勒纳（2000）[3]对美国20个产业三十年的专利申请、R&D费用和创业投资支出数据做了计量分析，提出一美元的创业资本对专利的贡献率是3.1。并分析了政策变动情况指出，1992年以前，创业资本对于产业创新的贡献为8%，1992~1998年贡献增长到14%。对于自变量的内生性，文中提出的解决办法是以行业GDP作为工具变量以及做变量替换。莫利卡和津加莱斯（2007）[4]用美国跨行业时间序列数据研究创业投资对企业创新和新企业创立的影响，采用学术论文和专利的引用数量作为创新指标。用地方养老金资产规模作为控制变量。文章指出，风险投资对于企业创新有显著的正面影响。

平川和上田（2008）[5]验证了图姆和勒纳（2000）的研究，在20世纪90年代末创业投资爆发性增长的情况下仍然成立，创业投资显著地提高了专利水平和R&D支出。在进一步的研究中，作者更换了衡量创新的指标，以全要素生产率的增长作为衡量创新的指标。但是创业投资并没有显著提高全要素生产率。波波夫和鲁森博姆（2009）[6]首次用跨国的数据研究创业投资对于企业创新的影响，选取了1991~2005年期间21个国家十个制造业行业的数据进行实证研究。实证结果表明：创业投资对于企业创新的影响仅仅在创业投资比较发达的国家是显著的。并且创业投资在低

---

[1] 辜胜阻等. 论构建支持自主创新的多层次资本市场 [J]. 中国软科学，2007（8）.

[2] 李雪斌. 借力资本市场实现科技创新——浅议中小型技术企业筒子和融智问题 [J]. 湖南财经经济学院学报，2013（2）.

[3] Kortum S., Lerner J. Assessing the contribution of venture capital to innovation [J]. RAND Jounral of Ecomonics, 2000: 674-692.

[4] Mollica, Marcos A. and Luigi Zingales. The Impact of Venture Capital on Innovation andthe Creation of New Business, Unpublished Working Paper, University of Chicago, 2007.

[5] Hirukawa, Masayuki and Masako Ueda. Venture Capital and Industrial Innovation, Availableat: http://papers.ssn.com/so13/papers.cfm?abstract_id=1242693.

[6] Popov, Alexander and Peter Roosenboom. Venture Capital and Patented Innovation: Evi-dence from Europe [J]. Economic Policy, 2007, 27 (71): 447-482.

第 6 章
科技金融发展评价

税率和宽松管制的环境下更容易成功。

在企业层面,林和佩纳斯(2007)[①]对荷兰7000家公司的创业投资、内部R&D活动、外部R&D活动数据进行研究,对比分析了有创业投资进入和没有创业投资进入的企业。文章指出,有创业投资支持的公司进行创新活动的概率更高;创业投资提高了被投企业的学习能力;有创业投资支持的公司相比没有创业投资的企业更容易吸收社会资金。Engel 和 Keilbach(2007)[②]运用德国数据进行实证研究得出,创新潜力更高的企业更容易吸引创业投资,而创业投资进入之后,公司的人员增长很快,而创新产出并没有显著变化。其解释为创业投资进入企业后,公司的策略往往从创新改变为产品的市场化,从而实现高增长。

凯斯利(2009)选取了意大利1995~2004年上市的37家接受创业投资的公司并选取37家类似的没有接受创业投资的公司做对比。通过实证研究得出,创业投资进入企业以后并没有改善企业的创新情况,而是投入更多精力在经济和管理方面。斯达克和温加滕(2005)研究了美国1993~2002年823家电子高科技行业的IPO,发现十年内其创新水平很低。在1996年以后创业投资在增长,但创新水平剧烈下降。其原因是因为创业投资家更关注开发产品而不是科技研究。马里韦(2014)认为:风险投资介入后,创新活动增加,创新质量降低;通过让大众认识到专利价值以及方便投资组合中公司之间创新交流使专利引用增加19%;普通合伙人增加了知识溢出效应,然而创业投资网络中公司为了争夺金融资源损坏创新活动。文章采用了专利申请数量以及专利引文数量,并以地方养老金规模作为工具变量。

(5)小结。以上文献表明,金融系统对于科技创新的支持主要体现在财政支持、资本市场的支持、创业投资的支持、银行贷款的支持。因此,本章在构建科技金融发展指数时选取这四方面的相关指标进行统计。

[①] Macro Da Rin, Maria Fabiana Fabiana Penas. The Effect of Venture Capital on Innovation Strategies. NBER Working Paper Series. 2007.

[②] Engel, Drik, & Keilbach, Max. Firm – Level implications of early stage venture capital investment—An empirical investigation [J]. Journal of Empirical Finance, 2007, 14 (2).

此外，目前，武汉、苏州等宣称将发布科技金融指数，然而至今仍然没有一个全国性和地方性的权威科技金融指数来反映我国科技金融发展情况。本章将试图构建一个全面的指标体系来衡量全国以及各地区科技金融发展情况。

6.2.2 科技金融发展指数的构建

6.2.2.1 科技金融发展指数指标选取原则

选取科技金融发展指数的指标，应具有如下的基本特点。

（1）可量化：本章选取的指标都是可以从公开的、权威的数据库获得数据的指标，采用客观的可量化数据进行分析，避免主观因素的影响。

（2）相对量：为了保证各个地区能够进行对比，本章运用的12个指标皆采用相对量进行测度。

（3）多角度：本章尽可能地从多个角度选择能够反映科技金融发展的指标，从而全面、深入地反映科技金融发展情况。

6.2.2.2 科技金融发展指数构成

本章主要参考我国学者《我国科技金融发展指数实证研究》（曹颢等，2009）、商务部《国家级经济技术开发区综合投资环境评价办法（修订稿）》（2009），将科技金融发展指数按照"科技投入-资金投入-科技金融产出"的思路进行设置，分为科技投入指数、资金投入指数、科技金融产出指数三个方面，如图6-5所示。

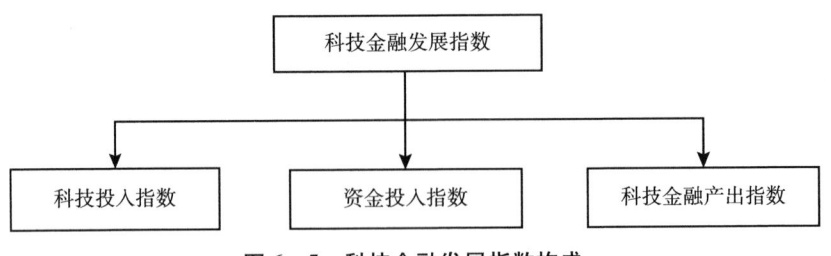

图6-5 科技金融发展指数构成

6.2.2.3 指标选取

本章选取的具体指标如表6-13所示。

第6章
科技金融发展评价

表6–13　　　　　　　　科技金融发展指数选取指标

指标	一级指标	二级指标
X_1	科技投入指标	科技活动人数/人口
X_2		科技机构数/人口
X_3	资金投入指标	科技财政支出/总财政支出比重
X_4		贷款总额/GDP
X_5		R&D经费/GDP
X_6		科技市场投资回报率
X_7		吸引风险投资数额/GDP
X_8	科技金融产出指标	新产品销售收入/R&D经费支出
X_9		发表科技论文数/R&D经费支出
X_{10}		专利授权数/R&D经费支出
X_{11}		出口交货值/R&D经费支出
X_{12}		技术市场交易额/R&D经费支出

6.2.3　科技金融发展指数制定

6.2.3.1　数据来源

（1）本章所用数据主要取自《中国科技统计年鉴》《中国统计年鉴》《中国金融统计年鉴》《中国创业风险投资发展报告》《国泰安数据库》《锐思数据库》《清科数据库》等。

（2）吸引风险投资数额来源于《清科数据库》。

（3）贷款总额数据来源于《中国金融年鉴》。

（4）科技市场投资回报率：通过筛选出的该年该省市科技型上市公司投资回报率的算术平均数计算得出。筛选标准：a. 参照《上市公司行业分类指引》，剔除了批发和零售贸易、金融保险业、社会服务业、交通运输业、房地产业、传播和文化产业等领域的上市公司。b. 剔除了主营业务鲜明度低于0.5的公司。c. 剔除了评选年度有违规行为的企业。d. 剔除了主营业务不在《中国高新技术产品目录2016》规定的高新技术产品范围内的企业。此外，在处理过程中，为了排除极端值的影响，我们对数据进行了1%的缩尾处理。

6.2.3.2 科技金融发展指数计算方法

考虑到统计口径的一致性，主要基于 2009~2016 年我国不同地区数据测算科技金融发展指数，同时对结果进行进一步分析。

(1) 基期年份指标计算方法。首先设定单项指标在基期年份（2009年）的得分，单项指标在基期年份的分值最小值和最大值分别为 0 和 100。在基期年份，最小值 0 代表该地区在该项指标上发展最差，最大值 100 代表该地区在该项指标上发展最好。每项指标得分的计算方法如下：

$$\text{第}\,i\,\text{个指标得分} = \frac{X_i - X_{\min}}{X_{\max} - X_{\min}}$$

其中，X_i 为某地区第 i 个指标的指标值，$X_{\min}$ 为各地区基期（2009年）第 i 个指标的最小指标值，$X_{\max}$ 为最大指标值。然后，将同一类别的二级分项指数加权计算成科技金融发展分指数，科技金融发展的三项分指数再加权计算得出总指数。由于各地区科技金融分指数与总指数都是由每个指标加权计算而得，因此各项指数也在 0 到 100 范围之内。

(2) 非基期年份指标计算方法。非基期年份指标可以反映科技金融发展状况的时间轨迹。对于非基期年份的各项指标的计算，采取如下的计算方法，其中 0 表示基期：

$$\text{第}\,i\,\text{个指标}\,t\,\text{年得分} = \frac{X_{i(t)} - X_{\min(0)}}{X_{\max(0)} - X_{\min(0)}}$$

(3) 指数的权重设置。本章主要参考孙利娟等（2010）的方法，测算各指标权重，主要的计算步骤为：

a. 对指标做比重变换：

$$S_{ij} = X_{ij} \Big/ \sum_{i=1}^{n} X_{ij}$$

b. 计算指标的熵值：

$$h_j = -K \sum_{i=1}^{n} S_{ij} \ln S_{ij},\,\text{其中 K 为常数，且}\, K = \frac{1}{\ln n}$$

c. 计算信息效果值：

$$d_j = 1 - h_j$$

第6章 科技金融发展评价

d. 计算指标 X_j 的权重：

$$W_j = d_j / \sum_{i=1}^{n} d_j$$

权重计算结果如表 6-14 所示。

表 6-14　　　　　　科技金融发展指数指标权重

指标	科技投入指数		资金投入指数					科技金融产出指数				
	X1—R&D人员/人口	X2—R&D机构数/人口	X3—科技财政支出/总财政支出比重	X4—信贷总额/GDP	X5—R&D经费支出/GDP	X6—科技市场投资回报率	X7—吸引风险投资数额/GDP	X8—新产品销售收入/R&D经费支出	X9—发表科技论文数/R&D经费支出	X10—专利授权数/R&D经费支出	X11—技术市场交易额/R&D经费支出	X12—出口交货值/R&D经费支出
权重	5.34%	10.56%	2.81%	8.33%	17.44%	5.11%	7.33%	4.56%	12.66%	8.89%	3.03%	13.94%
	8.16%		42.77%					47.01%				

6.2.3.3　科技金融发展指数计算

按照全国 31 个省、自治区和直辖市（未包括香港、澳门、台湾地区），计算 2009～2016 年的全国各地区科技金融发展指数，如表 6-15 所示。

表 6-15　　　　　　科技金融发展指数

地区	2009 年	2010 年	2011 年	2012 年	2013 年	2014 年	2015 年	2016 年
北京	60.99	64.99	66.11	58.53	60.66	73.08	76.95	79.41
天津	29.35	28.48	28.27	30.73	30.26	29.72	31.83	29.79
河北	8.01	9.28	7.71	7.38	7.17	8.17	9.76	11.28
山西	11.74	13.33	11.13	13.10	13.04	15.88	16.22	18.87
内蒙古	6.69	7.93	6.46	6.84	6.61	6.73	7.79	9.42
辽宁	15.25	15.81	16.07	16.11	13.75	14.29	14.30	18.25

续表

地区	2009年	2010年	2011年	2012年	2013年	2014年	2015年	2016年
吉林	14.05	14.08	13.01	12.96	12.04	12.30	12.33	14.43
黑龙江	15.62	14.43	16.16	15.11	14.32	14.37	14.64	15.84
上海	39.12	44.38	41.37	41.09	39.42	41.22	49.92	42.78
江苏	30.32	33.36	34.67	36.41	32.81	30.43	31.65	30.72
浙江	27.67	29.24	29.92	33.49	31.67	31.56	35.90	34.12
安徽	11.14	13.20	17.06	17.38	17.30	18.11	20.02	20.94
福建	23.90	25.47	25.12	24.36	24.52	23.81	27.22	25.44
江西	9.19	11.08	10.97	12.31	12.75	13.06	17.10	18.49
山东	14.82	15.87	16.03	15.75	14.81	15.14	15.98	15.88
河南	8.15	8.89	9.56	12.09	16.82	17.96	20.89	18.80
湖北	14.98	16.25	14.03	15.01	13.64	14.16	15.36	15.86
湖南	10.13	9.94	10.07	11.23	11.53	11.71	12.84	12.76
广东	35.16	38.98	35.88	35.53	34.51	34.78	36.14	36.55
广西	12.26	10.44	10.19	11.49	13.47	14.33	18.06	16.47
海南	25.91	23.36	23.18	25.94	23.04	23.24	22.16	20.22
重庆	16.13	17.86	21.76	22.44	24.48	26.25	29.33	28.46
四川	15.51	16.93	17.82	19.09	21.00	18.65	19.47	19.12
贵州	15.10	15.49	15.23	16.66	16.84	20.88	23.65	19.41
云南	16.25	16.39	14.28	15.45	13.61	15.45	16.16	15.21
西藏	27.54	20.00	32.38	15.35	19.42	17.24	21.87	32.11
陕西	14.61	15.32	14.52	13.87	15.25	15.49	17.62	19.52
甘肃	16.57	18.52	16.54	22.34	17.37	18.42	20.90	23.28
青海	16.82	16.58	17.31	16.15	17.72	17.12	19.90	26.72
宁夏	14.90	16.28	12.05	11.81	13.08	14.13	15.69	17.73
新疆	16.50	16.68	16.98	16.36	18.26	15.78	19.89	19.64

第6章
科技金融发展评价

6.2.4 科技金融发展指数分析

6.2.4.1 我国金融发展指数的分析

（1）从横向来看，北京拥有最高的科技金融发展指数，占据我国科技金融发展的龙头地位，其创新指数远远高于其他地区，以中关村国家自主创新示范区为代表，科技创新活动活跃；而沪深两地则是我国科技金融发展的重要城市，依托两地证券交易所，资本市场高速发展，特别是在上海建设国际金融中心和深圳建设创新之都的背景下，科技与金融相互融合进一步加深，取得了较大发展；相比之下，天津、江苏等地区作为科技金融城市的第二梯队，经济实力及综合创新能力相对较好，满足了科技金融发展的客观需要。而云南、新疆等地区受地理区位因素限制，经济实力和创新能力相对不足，但伴随西部大开发等国家战略实施，东北部及中西部地区未来发展潜力巨大。

（2）从纵向来看，虽然2011年我国各省份科技金融发展指数存在一定的调整，但是整体上升发展的趋势依然没有改变，表6-16、图6-6给出了我国重点省份科技金融指数的具体情况。

表6-16　　　　　　我国重点省份科技金融指数分析

地区	2009年	2010年	2011年	2012年	2013年	2014年	2015年	2016年
北京	60.99	64.99	66.11	58.53	60.66	73.08	76.95	79.41
天津	29.35	28.48	28.27	30.73	30.26	29.72	31.83	29.79
上海	39.12	44.38	41.37	41.09	39.42	41.22	49.92	42.78
江苏	30.32	33.36	34.67	36.41	32.81	30.43	31.65	30.72
浙江	27.67	29.24	29.92	33.49	31.67	31.56	35.90	34.12
湖北	14.98	16.25	14.03	15.01	13.64	14.16	15.36	15.86
广东	35.16	38.98	35.88	35.53	34.51	34.78	36.14	36.55
四川	15.51	16.93	17.82	19.09	21.00	18.65	19.47	19.12

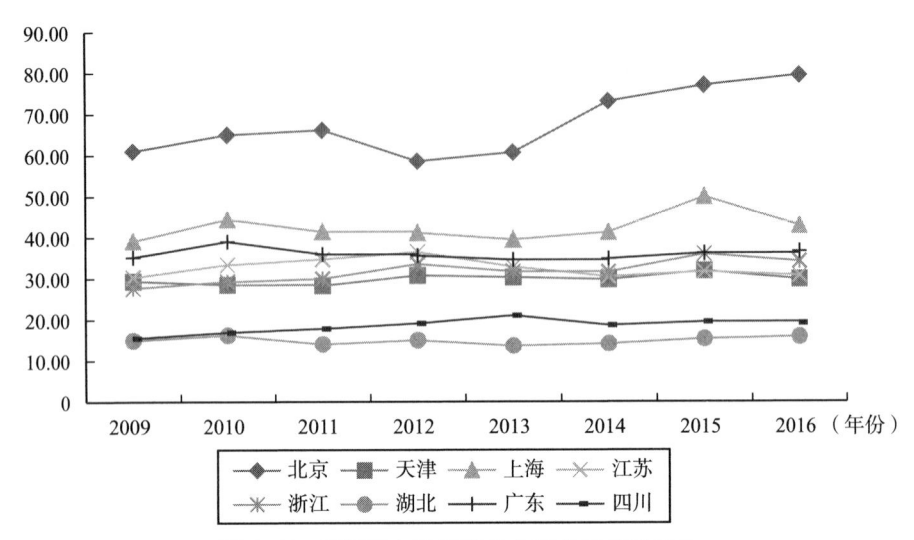

图 6-6　我国重点地区科技金融发展指数对比

如表 6-16 和图 6-6 所示，我国重点省份的科技金融发展水平在 2012~2013 年有所下滑，但此后有所回升，并在总体上呈现出上升趋势。下降的主要原因可能在于我国的经济发展阶段。众所周知，近年来我国的经济增长逐渐从快车道过渡到较为温和的慢车道，受其影响，我国重点地区的科技金融指数有所下降。近年来，随着我国创新驱动发展战略的实施，科技投入、资金投入不断攀升，使得各地区科技金融指数又回到合理区间，表现出增长趋势。

6.2.4.2　我国金融发展指数分指数研究

（1）科技投入指数。表 6-17 与图 6-7 显示，我国重点城市的科技投入指数均较为平稳，同时也处于稳定的上升通道。其原因主要是因为各大城市从事科技活动的人员与机构不断增长。而在多个地区中，北京的科技投入要远远高于其他城市，其主要原因是因为北京原有的科技资源禀赋殷实，例如，大量的科研院所以及全国 985、211 高校，其次是上海、天津等地区。相对而言，四川在重点省份中科技投入量最少，这与其区位以及其原有的科技要素禀赋有一定关联。

第 6 章
科技金融发展评价

表 6-17　　　　　　我国重点省份科技投入指数对比

地区	2009 年	2010 年	2011 年	2012 年	2013 年	2014 年	2015 年	2016 年
北京	14.75	14.73	14.73	15.00	14.87	15.06	14.95	15.46
天津	4.48	3.95	4.45	4.57	4.74	5.08	5.26	5.22
上海	5.32	5.23	5.35	5.46	5.61	5.76	5.84	5.92
江苏	1.94	2.05	2.25	2.62	2.89	3.09	3.16	3.34
浙江	1.88	2.05	2.26	2.59	2.80	2.98	3.20	3.32
湖北	1.65	1.66	1.77	1.86	1.94	1.89	1.85	1.71
广东	1.57	1.72	1.91	2.22	2.29	2.35	2.33	2.52
四川	0.94	1.07	1.08	1.15	1.21	1.32	1.30	1.34

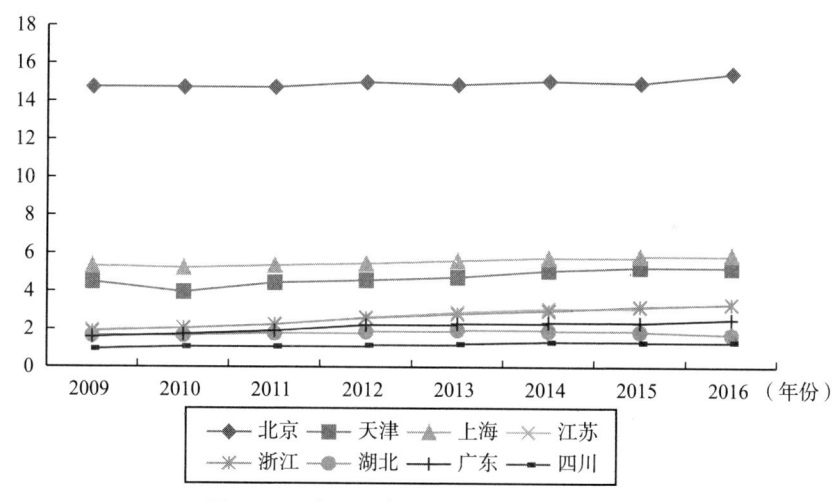

图 6-7　我国重点省份科技投入指数对比

（2）资金投入指数。资金投入指数变化趋势与科技金融发展总指数走势具有一致性。从总体上来看，近年我国重点省份的资金投入指数呈增长趋势。从横向对比来看，北京市的资金投入远远高于其他地区，其后排序依次为上海、天津、浙江。而四川、湖北其资金投入则相对较少。具体如表 6-18、图 6-8 所示。

表 6 – 18　　　　　我国重点省份资金投入指数对比

地区	2009 年	2010 年	2011 年	2012 年	2013 年	2014 年	2015 年	2016 年
北京	28.89	31.22	31.02	29.03	29.69	33.31	35.04	34.62
天津	13.79	14.06	14.61	15.08	15.10	14.57	15.38	15.72
上海	17.25	19.66	19.69	20.40	20.64	21.65	24.34	22.63
江苏	10.03	10.62	10.12	10.82	11.21	11.44	11.80	12.48
浙江	12.06	11.70	12.22	12.86	12.80	13.67	14.63	14.62
湖北	8.64	8.71	7.28	7.77	7.50	8.40	8.60	8.60
广东	8.72	9.47	9.98	10.23	11.04	11.71	12.63	13.12
四川	6.88	7.45	7.04	6.96	7.70	7.95	8.82	8.63

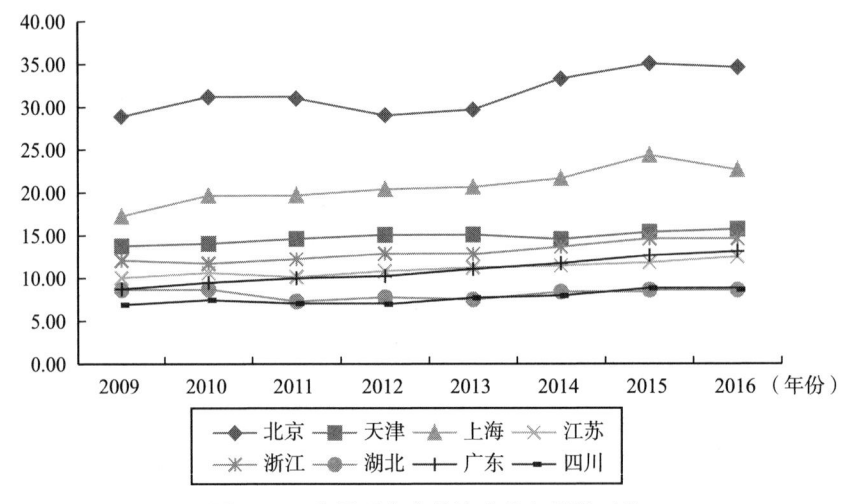

图 6 – 8　我国重点省份资金投入指数对比

近年来，风险投资领域逐渐火热，图 6 – 9 描述了我国私募股权的投资案例数以及投资规模数。可以看到，在 2016 年前，我国的私募股权案例数量与设计金额成指数型增长方式，这与当时该行业所处的生命周期阶段以及国家政策的扶持息息相关。随着市场对这一行业认识的深入，这一领域热度也回归合理，因此在 2016 年无论是私募股权的案例数以及金额均大幅回落，市场也趋于理性。

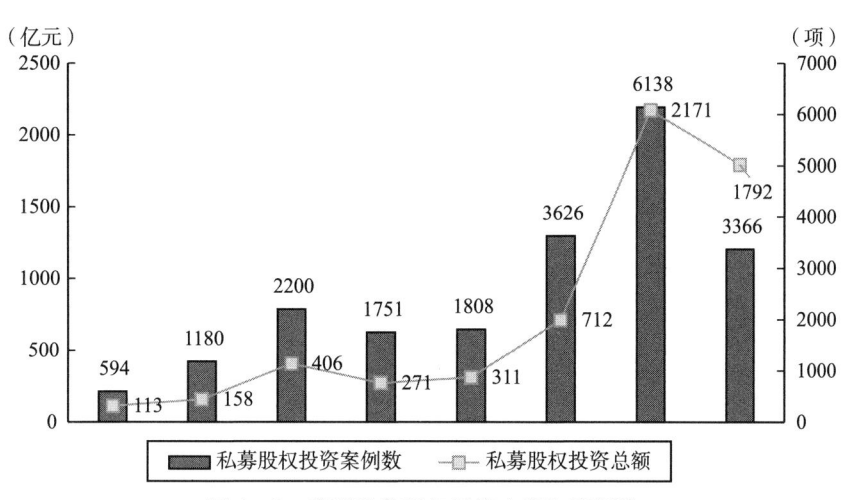

图 6-9 我国私募股权投资金额与案例数

（3）科技金融产出指数。从表6-19、图6-10中可以看出，整体上各地区科技金融产出在2006年以后处于下降的状态（除四川以外），说明R&D经费支出，并没有有效地刺激科技产出的增加。而在横向对比中，广东的科技金融产出指数则领先于全国，而其科技投入与资金投入则较少。说明广东的科技金融效率较高。其部分原因是广东较北京和上海，更加具有创新活力，创新效率更高。其"自下而上"的政策传导机制与灵活、完善的科技型中小企业投融资服务体系值得学习。其次，江苏、上海的科技金融产出指数也较高，其原因是江苏吸引了很多科技成果转化项目。可见江苏已成为我国一个科技金融创新的重要地区。

表 6-19　　　　　　　我国重点省份科技金融产出指数对比

地区	2009年	2010年	2011年	2012年	2013年	2014年	2015年	2016年
北京	6.16	7.78	4.86	4.67	4.67	4.94	4.64	4.60
天津	7.94	5.26	6.04	6.84	6.99	6.66	6.49	5.70
上海	12.34	12.50	10.48	8.95	7.33	6.60	6.54	5.64
江苏	15.29	13.61	17.64	18.00	14.62	12.29	12.64	11.15
浙江	9.97	16.64	10.33	11.70	11.24	9.72	10.68	9.25

续表

地区	2009年	2010年	2011年	2012年	2013年	2014年	2015年	2016年
湖北	3.59	3.18	3.43	3.90	3.47	2.91	3.97	4.11
广东	21.36	26.83	19.31	18.33	16.83	16.28	16.04	15.55
四川	5.89	5.57	7.37	8.94	10.30	7.43	7.20	7.57

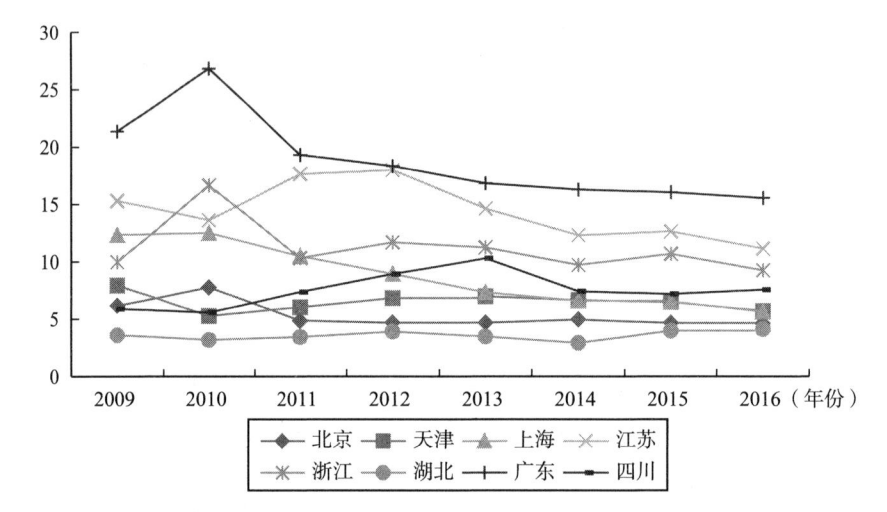

图 6－10 我国重点省份科技金融产出指数对比

6.2.5 结论与建议

6.2.5.1 利用区域特点，发展科技金融

我国科技金融发展差异明显。北京的科技金融发展情况处于全国领先，其次，上海、广州科技金融基础设施比较完善，科技金融资源丰富。第三梯队的天津、江苏、浙江、湖北、四川等地，科技金融发展迅速，产出效率高，潜力较大。

首先，政府应该聚集科技金融资源，发挥地域特点。一方面，发挥类似北京、上海、广东等地区的优势，将高端科技研发项目聚集于一线城市，发挥其科技金融资源丰富的优势；另一方面，将科技成果转化外移，发挥第二梯队的成本优势，借鉴成功地区的科技金融发展模式，迅速发展

第 6 章
科技金融发展评价

科技金融。其次,缩小地域间差异,培育新的科技金融发展沃土,充分发挥西北与东北的基础优势,发展落后地区的科技金融与企业创新。

6.2.5.2 解决科技金融结构问题,提高科技金融效率

总体上,尽管我国近年来科技金融投入一直保持较高水平,但从产出结果来看不甚理想,这在一定程度上反映出我国金融供给与科技型企业融资需求之间存在结构性矛盾,金融市场的资源配置功能有所减弱,影响或抑制了科技金融的功能发挥。

6.2.5.3 广东科技金融发展模式值得进一步探究和借鉴

从各指数结果可以看出,尽管广东科技金融投入增长并不是最高,但是,在科技金融产出方面,与总体的下降趋势相反,广东科技金融产出迅速增长,以深圳为代表的科技金融发展模式值得进一步探究和借鉴。

6.3 科技创新与科技金融协同度研究

科技创新与金融创新的协同发展对于科技企业提升具有重要的推动作用,因此,要提高科技型企业的综合实力,必须要正确处理好二者之间的协同关系,发挥整体优势。科技创新与金融创新,作为两个独立运行的生态系统,伴随科技金融发展,二者相互影响、相互融合,逐渐形成科技金融统一、独特的生态系统环境。本节将基于耦合、协同相关理论,对科技创新与科技金融协同度进行理论分析与实证检验,通过构建科技创新与科技金融协同测度,评价目前我国科技金融与科技创新的协同程度,并给出相关意见建议。

6.3.1 理论分析基础

6.3.1.1 科技创新系统与金融创新系统协同视角的建立

回顾技术创新的发展历史,每一次重大科技革命的背后均会产生不同程度的金融创新,二者同生共长,互动交融。同时,金融与科技本身也在不断自我升级完善，逐渐形成了科技与金融"内部自我发展、外部相互融合"的动态平衡关系。

（1）科技创新系统与金融创新系统的定义。

第一，科技创新系统。熊彼特（1934）在其经典著作《经济发展理论》中提出，生产要素的重新组合是创新的重要途径，即基于一个新的视角把现有的生产条件、生产要素通过某种新的组合方式将其构建成新的生产体系，具体方式包括开辟新市场、引入新技术、采用新原料、引用新产品、建立新管理体系五个方面[①]。布莱恩·阿瑟（2014）在此基础上进一步演化，将这种关系定义为共生进化，认为技术是"被捕捉并加以利用的现象集合"，而科技创新则需要在知识积累的基础上，通过技术开发者自身经验提出新的现象组合[②]。

而伴随创新环境的不断变化，科技创新范式也从"封闭"到"协同"，从"独立"到"系统"（李其玮等，2016）[③]，系统理论开始逐渐被学术界广泛应用，并积累了大量的研究成果。阿德纳（2006）研究认为，科技创新不再是单一个体可以独立完成，需要依靠外部环境变化及相同环境内其他个体的互补性协作共同完成，而这种互补性的合作模式就是科技创新系统的产生[④]。在该系统中，微观个体占据不同但彼此相关的系统位置，一旦一个系统元素发生改变，其他个体也会相应变化，可以将其理解成为一个松散互联的开放式网络。

第二，金融创新系统。按照国际清算银行的定义，"金融创新是按照一定方向改变金融资产特性，如收益、风险、期限、流动性组合的过程"[⑤]。而金融创新系统的提出，源于周小川在《金融时报》中首次将生

---

① Schumpeter, J. A. The Theory of Economic Development [M]. Cambridge: Harvard University Press, 1934.
② 布莱恩·阿瑟. 技术的本质 [M]. 杭州：浙江人民出版社，2014：68.
③ 李其玮，顾新，赵长轶. 创新生态系统研究综述：一个层次分析框架 [J]. 科学管理研究，2016，34（1）：14 – 17.
④ Adner R. Match your innovation strategy to your innovation ecosystem [J]. Harvard Business Review, 2006, 84 (4): 98.
⑤ 王仁祥，俞平. 金融创新理论研究综述 [J]. 经济学动态，2004（5）：90 – 94.

第6章 科技金融发展评价

态学引入金融领域,提出的"金融生态"概念。李杨[①](2005)提出金融创新系统是集金融主体、外部环境及生态调节功能为一体的生态系统,且各主体间以及主体和系统整体之间彼此保持动态平衡的相互关系,具有较强的风险性及环境复杂性(吴桢,2015[②])。

(2)科技创新系统与金融创新系统协同视角的建立。金融创新系统与科技创新系统耦合的非线性决定了金融创新与科技创新互动决策的协同性,究其原因,主要是由于金融与科技系统结构上的非线性特征导致部分功能之和不能代替整体功能(童藤,2013;王宏起、徐玉莲,2012)。因此,在金融与科技创新的动态决策过程中,金融与科技必须相互沟通,相互配合,才能有效降低两个子系统之间的矛盾、摩擦及重复行为。此外,科技创新系统与金融创新系统的协同,还应包括系统内各构成要素之间在不同环节、针对不同企业的协同关系,强调各主体与客体之间的相互协同作用。如创业板市场的建立,就是金融创新主体资本市场与技术创新主体企业之间的协同;而政府设立的扶持科技型中小企业发展政策实际上就是金融制度创新与企业技术创新的协同。

6.3.1.2 科技创新系统与金融创新系统协同的参与主体及其形成原因

(1)科技创新系统与金融创新系统协同的参与主体及构成要素。从参与主体来看,科技创新系统主要作为需求主体,包括政府、高新技术企业、科研院所及个人,而金融创新系统主要作为供给主体,包括政府、金融机构和个人。按照金融主体分类,金融创新系统可进一步分为两个子系统,其中:公共科技金融的投融资主体为政府财政部分或其他非营利性政府机构,其通过政策性贷款、补贴、引导基金等投资方式促进科技创新发展,更加注重资金投入的效率及可持续性;而市场科技金融的主体则包括风险投资等金融机构,通过投资于科技创新项目从而获得未来投资收益。

从构成要素来看,金融创新与科技创新的协同发展离不开要素之间的流动和相互作用,主要包括资本、技术、信息和人力资源。实质上,金融创新

---

① 李杨,王国刚,刘煜辉.中国城市金融生态环境评价(2004-2005)[M].上海:上海出版社,2005.

② 吴桢.金融生态环境影响金融主体发展的区域差异研究[D].甘肃:兰州大学,2015.

与科技创新的协同过程，就是通过参与主体之间，以及主体与环境之间的网络连接，基于系统资源的流动性功能，形成相应的资本流、技术流、信息流、人力流。最后，通过这些资源在系统中的不断循环往复，相互流动，最终形成金融创新系统与科技创新系统的协同耦合。

（2）科技创新系统与金融创新系统的协同动因。金融创新与科技创新的协同发展，有其深层次的结构性原因。一方面，高新技术企业及金融机构作为创新主体，为追求自身利益最大化，获得因专业化分工或规模经济所带来的外部经济性，即由于创新的"溢出效应"推动了各创新主体间的协同发展；另一方面，从外部动因来看，各创新主体为避免各类资源在融合过程中所产生的风险以及受到客观因素影响，对金融创新与科技创新协同发展的需求也在不断提高。

第一，基于"资本增值"的协同。佩雷兹（2007）从演化经济学角度在其经典著作《技术革命与金融资本》中对技术创新与金融资本的协同发展做出了深刻阐释：金融资本家出于逐利考虑，投资于高新技术项目，客观上降低了技术交易成本，并且有助于先进技术的广泛传播。部分金融资本面对创新收益递减及市场饱和状态，逐渐从原有部门脱离，寻求投资回报更丰厚的投资项目，在此阶段，金融资本与生产资本高度融合，促成了金融创新体系与科技创新体系的协同发展。从技术革命的发展历程来看，科技创新为金融提供了运作工具及利润空间，因此，作为资本逐利者，金融机构必然会参与到科技创新的相关活动中，为进一步适应科技创新需要，金融体系本身还会不断地深化、发展，在产品结构或组织行为上适应企业的创新需求。同理，资本利益也驱动着科技创新水平的不断提高，通过使创新主体获得高额的创新收益，从而提升了创新主体的创新积极性和创新热情。

第二，基于"资本供求"的协同。科技金融的实质是推动科技创新与成果转化的金融资源配置，由于技术创新具有不可逆性，且表现出风险递减的典型特征，科技金融的实际作用就是推动"风险—收益—流动性"的金融交易结构与技术创新的资金需求相适应，即按照技术创新的不同阶段采取相适应的金融融资工具。从技术创新的流程上看，科技研发前期风险

第 6 章
科技金融发展评价

高、回报低,主要以财政性投资或政策性金融为主;而科技研发后期,金融资本逐渐进入,开始了金融资本与科技资本的协同过程。从资本供给方来看,高新技术企业利润率相对较高,同时,风险投资的高额投资回报也起到了积极的示范作用。而从资本需求方来看,金融资本的支持可以有效解决技术研发所需的资金短缺问题,同时,可以通过引入外部资本吸引先进人才及外部先进管理经验。

第三,基于"风险分散"的协同。对于科技创新而言,新技术的推广和应用具有较大的不确定性。为保证科技创新的平稳运行,不仅需要外部资金支持,同时,还需要充分发挥金融的风险管理功能。因此,科技创新与金融创新基于"风险分散"产生了明显的协同现象。理论上,科技创新过程必然伴随较高的流动性风险及收益性风险,而金融创新可以有效提高流动性效率,为高新技术项目的资金需求提供帮助,从而缓解科技创新企业的流动性资金压力。而伴随金融市场的发展,采用多元化的投资组合策略可以有效降低技术创新中的收益性风险,从而撬动社会资金对技术创新项目的资金支持。

第四,基于"政策导向"的协同。伴随经济体制改革与金融创新发展,我国始终在科学技术发展与金融创新支持相结合的道路上不断摸索、前行,同时,政府及相关主体对于金融创新促进科技发展的认知也在不断深化。理论上,金融资源的分配主观上与国家政策导向密切相关,同时,金融投资方向与国家产业政策调整呈现显著的正向关系。面对科技创新的高风险,仅依靠市场发现功能并不能完全解决科技创新的投资需求,需要政府积极引导,将科技创新与金融市场及金融产品创新相结合,通过宏观调控等积极手段,改善储蓄在各投资项目间的合理分配效率。按照政策导向的推动作用,金融创新与科技创新协同发展的政策导向,可分为政策激励和政策约束。通过规范化科技工作,促进金融信贷及资本市场发展,使金融创新与科技创新的发展趋于科学化与规范化。

6.3.1.3 科技创新系统与金融创新系统协同发展的运行机理

根据哈肯(2004)提出的协同理论,大量子系统以复杂的方式相互作用，形成复合系统，并自发形成时间、空间或时间上的有序结构[①]。基于该理论观点，本章将科技创新与科技金融系统视为一个复合系统，其由不同属性的科技创新子系统与科技金融子系统复合而成，两个子系统之间存在着复杂的非线性关系，如图6-11所示。

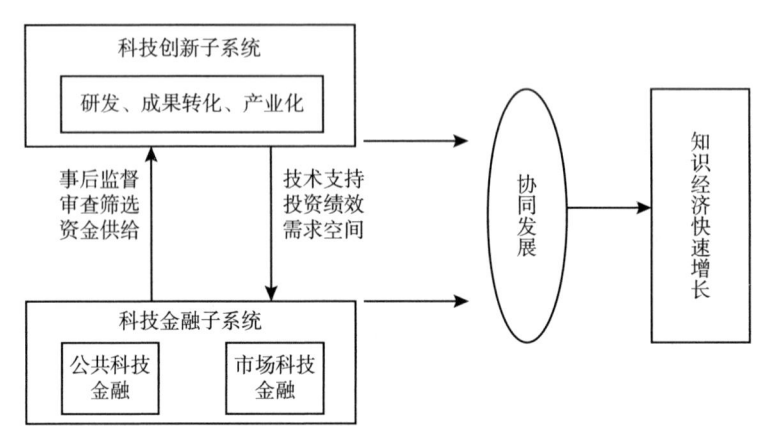

图6-11 科技创新与科技金融相互作用

如图6-11所示，科技创新子系统在研发、成果转化及产业化过程中，需要资金的大力支持，而有效的金融支持使科技创新成为可能。出于市场盈利或持续性经营目的，科技金融子系统在提供资金的同时，通过事先审查、事后监督的管理方式，保证科技创新子系统最优的持续性状态。反过来，科技创新活动的有效推进，是科技金融不断完善的重要前提，同时，科技创新水平的高低直接决定了科技金融的投资利润及产出效率。由此看出，科技创新与科技金融子系统是一个并行、互嵌的演化过程，二者相互渗透并相互制约，如果两个子系统之间能够发挥整体的系统优势效应，则会带动整个复合系统的优化升级。

根据协同学中的序参量原理和支配原理，序参量的不确定性与系统复杂性成正比关系，因此，确定科技创新与科技金融子系统各自序参量，将

[①] Haken H. Synergetics. Instruction and Advanced Topics, 3nd edition [M]. Berlin: Springer, 2004: 24-45.

第6章
科技金融发展评价

有利于掌握科技创新与科技金融复合系统的发展演化方向。本章借鉴王宏起、徐玉莲（2012）的界定方法，将科技创新产出与科技金融投资绩效确定为复合系统序参量，如图6-12所示：科技创新产出与科技金融投资效率以税收、投资利润为驱动，创新产出和绩效进一步创造资金供给，两者协同发展，并形成科技创新复合系统的序参量。

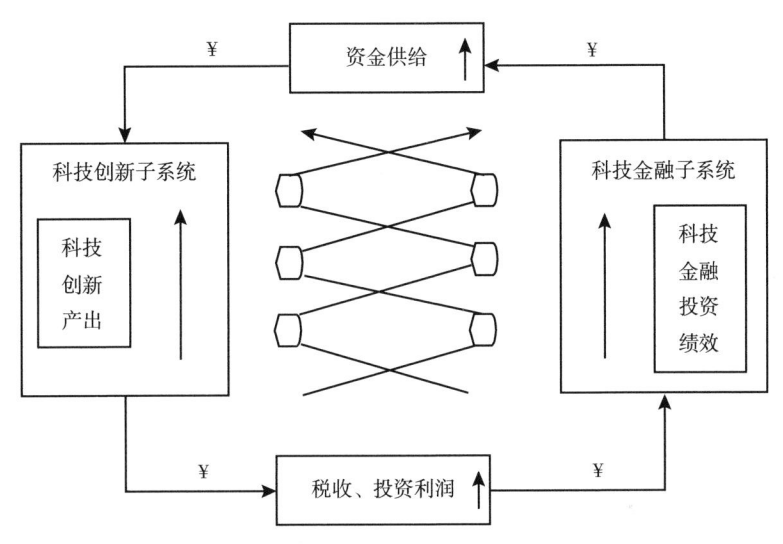

图6-12 科技创新与科技金融协同发展模型

由图6-12所示，科技创新子系统与科技金融子系统通过资金流耦合在一起，由科技金融主体将资金注入科技创新主体。实践中，无论是政府公共科技金融主体还是市场科技金融主体，其投资活动均能产生一定的投资收益，其中：政府对于科技创新的投入通过税收的形式实现资金回笼，而市场科技金融主体则是以投资回报的方式实现投资盈利，这也体现出政府与市场主体间投资目的差异性。在整个资金循环过程中，科技创新产出与科技金融投资绩效决定了资金循环的可持续性及未来增长潜力。如果科技创新与科技金融能够协同发展，则科技创新产出与科技金融投资绩效应呈现出螺旋式的上升状态，使其复合系统向更高的有序结构演进，原因在于伴随科技创新的不断增加，科技金融主体的投资利润率随之提高，在财富效应的推动下，市场资金规模不断增加，促进公共经济发展，从而带动政府公共财政的投入。另外，科技金融投资绩效的提高，最终将转化为科技创新子系统的整体性资金充裕，反作用于科技创新子系统，提高科技创新的整体产出规模。但是，如果科技创新与科技金融在非协同的状态下，则会造成科技创新产出的下降，导致市场科技金融主体的投资损失，引发资金外流，从而造成市场资金规模萎缩，政府投入绩效下降，从而制约了公共科技金融的投入，最终将严重影响科技创新活动的持续性开展，形成恶性循环，降低科技创新与科技金融复合系统的运行水准。

6.3.2 科技创新——金融创新协同测度模型的选择

部分学者研究认为，科技创新与科技金融协同度是指科技创新子系统与科技金融子系统之间在发展演化中彼此和谐一致的程度，它决定了科技创新与科技金融复合系统由无序走向有序的趋势和程度（王宏起和徐玉莲，2012[①]）。本节借鉴孟庆松与韩文秀（2000）提出的复合系统协调度模型[②]，构建科技创新与科技金融协同度测度模型。

其中，构建科学合理的协同度测度指标体系是协同度准确测算的关键环节，该指标体系须能够全面反映出科技创新与科技金融的协同发展状态，但又不宜过于繁杂，避免信息冗余。因此，本章主要借鉴了王宏起、徐玉莲（2012）所构建的科技创新与科技金融复合系统协同度测度指标体系（如表6-20所示）。具体而言，按科技创新活动的时间逻辑顺序，科技创新产出包括研发产出、成果转化产出与产业化产出；而科技金融投资绩效则包括公共科技金融投资绩效和市场科技金融投资绩效。其中：公共科技金融投资绩效采用创新税收收入与财政科技支出的比值反映，用于测量政府公共科技金融主体投入所产生的现金流回报，而市场科技金融投资绩效细分为商业银行、科技资本市场和风险投资回报率。

[①] 王宏起，徐玉莲. 科技创新与科技金融协同度模型及其应用研究 [J]. 中国软科学，2012（6）：129-138.

[②] 孟庆松，韩文秀. 复合系统协调度模型研究 [J]. 天津大学学报：自然科学与工程技术版，2000，33（4）：444-446.

第6章 科技金融发展评价

表6-20　科技创新与科技金融复合系统协同度测度指标体系

序参量	一级指标	二级指标
科技创新产出 S	研发产出 S_1	三大检索论文数 S_{11}
	发明专利授权数 S_{12}	发明专利授权数 S_{12}
	成果转化产出 S_2	新产品销售收入占主营业务收入比重 S_{21}
	产业化产出 S_3	高新技术行业新产品销售收入占工业总产值比重 S_{31}
科技金融投资绩效 F	公共科技金融投资绩效 F_1	高技术产业利税与科技财政支出比值 F_{11}
	市场科技金融投资绩效 F_2	商业银行科技信贷额与贷款总额比值 F_{21}
		科技资本市场投资回报率 F_{22}
		吸引风险资本总额 F_{23}

6.3.3　科技创新——科技创新协同度的实证研究

针对我国及各地区科技创新与科技金融发展的实际情况，利用本章所构建的复合系统协同度测度模型进行实证分析。

6.3.3.1　模型基础

（1）子系统有序度模型。将科技创新与科技金融视为复合系统 $S = \{S_1, S_2\}$，其中 S_1 为科技创新子系统，S_2 为科技金融子系统。考虑子系统 S_j，$j \in [1, 2]$，设其发展过程中的序参量为 $e_j = (e_{j1}, e_{j2}, \cdots, e_{jn})$，其中 $n \geq 1$，$\beta_{ji} \leq e_{ji} \leq \alpha_{ji}$，$i = 1, 2, \cdots, n$，$\alpha_{ji}$、$\beta_{ji}$ 为系统稳定临界点上序参量分量 e_{ji} 的上限和下限。这里假定 e_{j1}，e_{j2}，$\cdots$，e_{jk} 为正向指标，即其取值越大，系统的有序程度就越高；假定 e_{jk+1}，e_{jk+2}，$\cdots$，e_{jn} 为逆向指标，即其取值越大，系统的有序程度就越低。因此有如下定义：

定义1：下式为子系统 S_j 的序参量分量 e_{ji} 的系统有序度：

$$\mu_j(e_{ji}) = \begin{cases} \dfrac{e_{ji} - \beta_{ji}}{\alpha_{ji} - \beta_{ji}}, & \text{其中 } i \in [1, k] \\ \dfrac{\alpha_{ji} - e_{ji}}{\alpha_{ji} - \beta_{ji}}, & \text{其中 } i \in [k+1, n] \end{cases}$$

由以上定义可知，$\mu_j(e_{ji}) \in [0, 1]$，$\mu_j(e_{ji})$ 数值越大，则表明序参量分量 e_{ji} 对系统有序的"贡献"越大。从总体上看，各序参量分量 e_{ji} 对子

系统 S_j 有序程度的"总贡献"可通过 $\mu_j(e_{ji})$ 的集成来实现。集成的结果不仅与各分量的系统有序度数值大小有关，而且与它们的具体组合形式也有关。本章采用线性加权求和法进行集成，即：

$$u_j(e_j) = \sum_{i=1}^{n} \lambda_i \mu_i(e_{ji}), \quad \lambda \geq 0, \text{ 其中 } \sum_{i=1}^{n} \lambda_i = 1$$

定义 2：上式中的 $\mu_j(e_j)$ 为序参量变量 e_j 的系统有序度。可知，$\mu_j(e_j) \in [0, 1]$，$\mu_j(e_j)$ 数值越大，表明 e_j 对子系统 S_j 有序的"贡献"就越大，子系统的有序程度就越高，反之则子系统的有序程度就越低。其中权系数 λ_i 代表 e_{ji} 在保持系统有序运行过程中所处的地位。

（2）复合系统协同度模型。

定义 3：假设在给定的初始时刻 t_0，科技创新子系统有序度为 $u_1^0(e_1)$，科技金融子系统有序度为 $u_2^0(e_2)$，在复合系统发展演变过程中的另一时刻 t_1，假定科技创新子系统有序度为 $u_1^1(e_1)$，科技金融子系统有序度为 $u_2^1(e_2)$，下式为科技创新与科技金融复合系统的协同度：

$$C = sig(\cdot) \times \sqrt{|\mu_1^1(e_1) - \mu_1^0(e_1)| \times |\mu_2^1(e_2) - \mu_2^0(e_2)|}$$

$$sig(\cdot) = \begin{cases} 1, & \mu_1^1(e_1) - \mu_1^0(e_1) > 0, \text{ 且 } \mu_2^1(e_2) - \mu_2^0(e_2) > 0 \\ -1, & \text{其他情况} \end{cases}$$

由定义 3 可知，科技创新与科技金融复合系统协同度的判定过程为基于时间序列的动态分析过程，即从科技创新子系统与科技金融子系统有序度的变化中分析复合系统的协同状态。但考虑到科技创新子系统与科技金融子系统可能会存在时间滞后问题，即当前科技金融创新推动未来科技水平发展，因此，本章在定义 3 的基础上，做进一步计算处理。

定义 4：假设在给定的初始时刻 t_0，科技创新子系统有序度为 $\mu_1^0(e_1)$，科技金融子系统有序度为 $\mu_2^0(e_2)$，在复合系统发展演变过程中的另一时刻 $t_m(m=1, 2, 3, \cdots)$，假定科技创新子系统有序度为 $\mu_1^m(e_1)$，滞后其一期的科技金融子系统有序度为 $\mu_2^{m-1}(e_2)$，下式为科技创新与科技金融复合系统的调整协同度。

$$C_{adjust} = sig(\cdot) \times \sqrt{|\mu_1^m(e_1) - \mu_1^0(e_1)| \times |\mu_2^{m-1}(e_2) - \mu_2^0(e_2)|}$$

第6章
科技金融发展评价

$$sig(\cdot) = \begin{cases} 1, & \mu_1^m(e_1) - \mu_1^0(e_1) > 0 \text{ 且 } \mu_2^{m-1}(e_2) - \mu_2^0(e_2) > 0 \\ -1, & \text{其他情况} \end{cases}$$

由上式可知,科技创新与科技金融复合系统的协同度 $C \in [-1, 1]$,其数值越大,表明复合系统协同发展程度就越高,反之则越低。协同度 C 为正值的充要条件为科技创新与科技金融两个子系统在 $t_m(m=1, 2, 3, \cdots)$ 时刻的有序度均大于二者在 t_0 时刻的有序度,表明复合系统处于协同演进状态,而当科技创新子系统或科技金融子系统在 t_m 时刻的有序度小于其在 t_0 时刻的有序度时,都将导致协同度 C 为负值,表明复合系统处于非协同演进状态。对于一个子系统有序度提高幅度较大,而另一个子系统有序度提高幅度较小的情形,此时复合系统协同度虽然为正值,但其数值非常小,表明复合系统协同发展程度仍处于较低水平。由上述分析可知,复合系统协同度模型综合考虑了科技创新与科技金融两个子系统的运行状况,它提供一种对复合系统实施基于协同管理效果的度量准则或评价标准。

6.3.3.2 数据来源

根据协同度测度指标体系,本章采用的数据样本为我国科技创新与科技金融 2009~2016 年的年度数据,其中各科技创新产出指标数据均采用直接查找的方式,数据来源为各年《中国科技统计年鉴》和《中国高技术产业统计年鉴》。在参考王宏起、徐玉莲(2012)对评价指标修改或替代的基础上,本章根据数据搜集情况,对各科技金融投资绩效指标又进行了相应地处理,具体如下:科技市场投资回报率:尚无各年、各地区风险投资收入相关数据,因此本章主要基于《国民经济行业分类(2017版)》,将包含在高新技术行业的上市企业的平均投资回报率作为该地区的科技资本市场回报率;吸引风险投资额度的相关数据来源于《清科数据库》。按上述方法,搜集、整理全国及各地区 2009~2016 年相关数据,以北京市科技创新与科技金融协同度测度指标为例,具体数据如表 6-21 所示。

表 6-21　北京市科技创新与科技金融协同度测度指标数据

年份	S11	S12	S21	S31	F11	F21	F22	F23
2009	48554	9157	49.14%	45.27%	178.84%	2.15%	3.66%	56770
2010	61302	11209	40.82%	40.16%	178.87%	2.25%	4.23%	99101
2011	57008	15880	44.78%	35.44%	146.25%	2.36%	2.48%	133480
2012	60784	20140	36.84%	27.75%	154.15%	2.46%	2.76%	61584
2013	72672	20695	41.41%	32.30%	177.68%	2.47%	2.42%	99821
2014	81896	23237	44.93%	36.13%	159.47%	2.36%	2.97%	257157
2015	93502	35308	39.97%	29.50%	160.55%	2.36%	4.15%	337633
2016	103694	40602	41.04%	30.82%	157.55%	2.33%	2.90%	423277

6.3.3.3　实证过程

第一步：计算各项指标权重。

为消除原始数据不同量纲的影响，对上述原始数据采取均值——标准差法进行标准化：

$$X'_{ij} = \frac{X_{ij} - \overline{X}}{S_j} (i = 1, 2, \cdots, n; j = 1, 2, \cdots, p)$$

其中：X'_{ij} 为标准化数据；$\overline{X}_j$ 表示变量 X_{ij} 的均值；S_j 表示变量 X_{ij} 的标准差。

基于上述数据标准化过程，通过计算处理，确定各项指标的权重（如表 6-22 所示）。目前，指标权重的确定有多种方法，本章采用熵值赋权法来确定指标权重。游达明、许斐（2005）指出，作为一种客观赋权法，熵值赋权法根据来源于客观环境的原始信息，通过分析各指标之间的关联程度及各指标所提供的信息量来决定指标的权重，在一定程度上避免了主观因素带来的偏差[①]。熵值赋权法确定指标权重的步骤如下：

---

① 游达明，许斐．基于熵值法的区域旅游业经济效益比较分析［J］．数理统计与管理，2005，24（3）：82-85．

第6章
科技金融发展评价

设表示样本 i 的第 j 个指标的数值（i = 1，2，…，n；j = 1，2，…，p），其中 n 和 p 分别为样本个数与指标个数。

(1) 对指标做比重变换：$S_{ij} = X_{ij} / \sum_{i=1}^{n} X_{ij}$；

(2) 计算指标的熵值：$h_j = -K \sum_{i=1}^{n} S_{ij} \ln S_{ij}$ 其中：K 为常数，$K = \frac{1}{\ln n}$；

(3) 计算信息效果值：$d_j = 1 - h_j$；

(4) 计算指标 X_j 的权重：$W_j = d_j / \sum_{i=1}^{n} d_j$。

表6-22 北京市及全国主要省份科技创新与科技金融协同度测度指标权重

地区	科技创新产出指标权重				科技金融投资绩效指标权重			
	S11	S12	S21	S31	F11	F21	F22	F23
全国	23.88%	30.53%	28.12%	17.47%	18.46%	27.43%	34.99%	19.13%
北京	23.67%	25.24%	23.57%	27.52%	24.62%	29.21%	22.59%	23.58%
上海	24.51%	25.66%	23.03%	26.80%	19.37%	22.74%	39.48%	18.41%
广东	26.94%	30.07%	26.94%	16.04%	26.51%	22.73%	30.61%	20.16%

第二步：计算科技创新与科技金融子系统有序度及复合系统协同度。

首先，通过上述步骤，计算科技创新与科技金融子系统序参量各分量的有序度，并最终测度得到历年北京市及全国主要省份[①]科技创新与科技金融子系统的有序度计算结果，以全国、北京、上海和广东为例，如表6-23所示。

---

① 由于缺少相关指标数据，本章科技创新与科技金融发展协同度指标评价，不包括内蒙古、西藏、青海、新疆、湖南、云南、甘肃、宁夏及广西地区。具体评价指标详见附录，文中仅显示全国、北京、上海、广东具体情况。下同。

表6-23　全国及主要省份科技创新与科技金融子系统有序度结果

子系统 年份	全国 科技创新	全国 科技金融	北京 科技创新	北京 科技金融	上海 科技创新	上海 科技金融	广东 科技创新	广东 科技金融
2009	0.03	0.35	0.51	0.40	0.50	0.52	0.00	0.32
2010	0.05	0.33	0.34	0.59	0.37	0.49	0.24	0.55
2011	0.26	0.51	0.36	0.25	0.21	0.46	0.32	0.38
2012	0.33	0.46	0.14	0.39	0.17	0.39	0.44	0.53
2013	0.48	0.43	0.36	0.56	0.19	0.30	0.50	0.60
2014	0.58	0.49	0.54	0.49	0.32	0.49	0.62	0.37
2015	0.86	0.52	0.49	0.70	0.55	0.53	0.80	0.68
2016	1.00	0.57	0.62	0.54	0.69	0.52	1.00	0.64

将科技创新与科技金融子系统有序度结果进行进一步计算，即得到2009~2016年我国科技创新与科技金融复合系统协同度计算结果，如表6-24与图6-13所示。

表6-24　全国及主要省份科技创新与科技金融复合系统协同度结果

地区 时间	全国 当期	全国 滞后一期	北京 当期	北京 滞后一期	上海 当期	上海 滞后一期	广东 当期	广东 滞后一期
2010	-0.02		-0.18		0.06		0.24	
2011	0.19	0.06	-0.09	0.24	0.07	0.07	-0.12	-0.20
2012	-0.06	-0.10	-0.18	0.05	0.05	0.10	0.13	0.11
2013	-0.07	-0.05	0.19	-0.20	-0.04	0.06	0.06	0.09
2014	0.07	0.09	-0.11	-0.12	0.16	0.06	-0.16	-0.11
2015	0.10	0.06	-0.10	0.20	0.10	0.07	0.23	0.19
2016	0.09	0.12	-0.14	0.09	-0.04	-0.05	-0.08	-0.08

第 6 章
科技金融发展评价

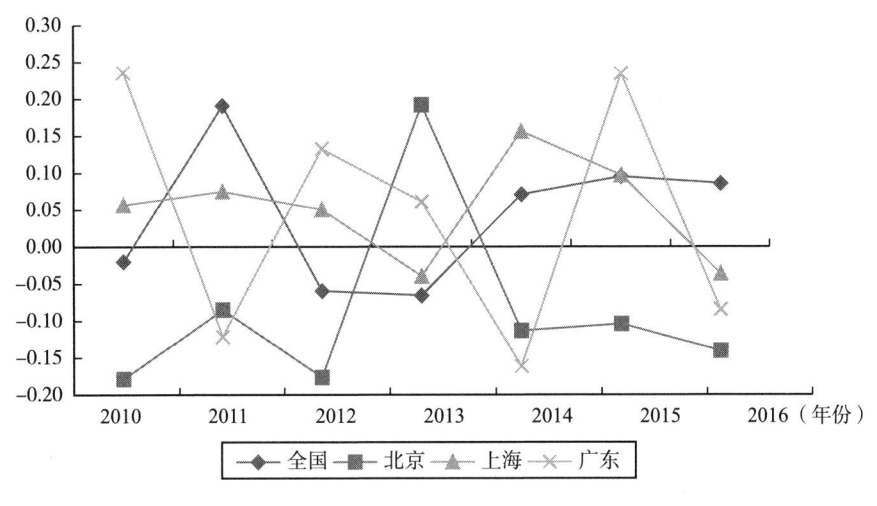

(a) 当期结果

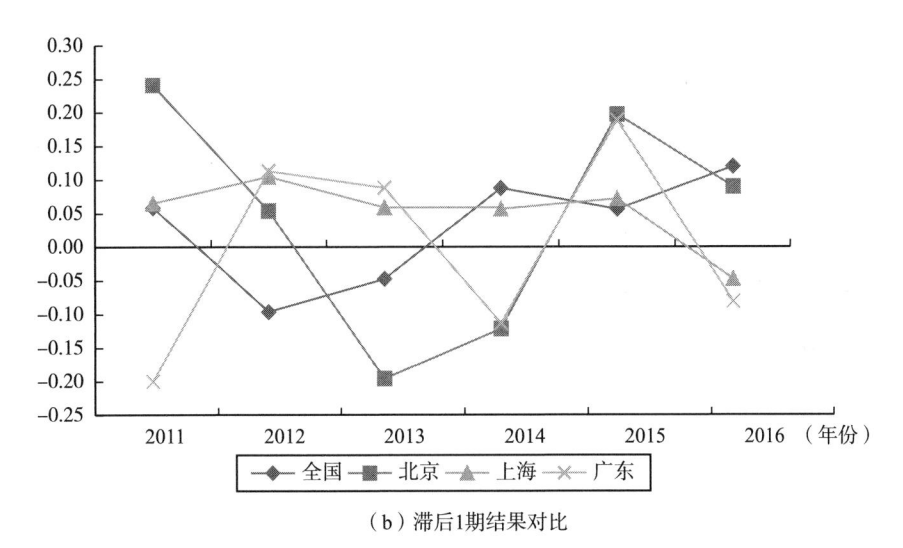

(b) 滞后1期结果对比

图 6-13 全国及主要省份科技创新与科技金融复合系统协同度的发展趋势

6.3.3.4 结果分析

通过定量分析,可以发现,我国科技创新与金融复合系统协同度整体波动区间为 [-0.2, 0.3],相对波动性较大,缺乏稳定性,且相对整体偏低,说明二者之间尚未形成较为成熟的协同发展机制,但从 2012~2013 年开始,除北京外,各地区科技创新与科技金融连续四年发展协同度开始有所回升，并在 2015~2016 年左右重新达到近年高位。此外，结合实体经济发展与相关政策实施情况，本章发现，科技创新与科技金融复合系统协同度表现出以下特征。

一是协同度与经济整体情况高度相关。全国及各地区科技创新子系统与科技金融子系统有序度在 2009 年基本处于考察时间段内的相对低位，其主要原因可能是受到 2008 年金融危机负面影响所致；此外，2011 年伊始，我国经济整体下滑，导致二者之间出现显著的非平稳性波动，这些结果均表明实体经济增速放缓对于科技金融二者协同具有负面作用。

二是协同度与科技金融政策颁布实施具有高度相关关系。2009 年和 2011 年，均有出台科技金融相关重大政策，考虑到政策的时间滞后性，在 2012 年前后，全国科技创新与科技金融的协同度逐渐呈现出上升趋势，说明政府公共政策对于科技与金融二者之间的深度结合具有积极的引导作用。

三是全国及主要省份科技创新程度明显高于科技金融投入绩效，究其原因主要在于国家与地方政府在推进科技创新与科技金融发展过程中，(1) 科技金融机构对科技创新协同发展的"贡献"不足，出现类似企业融资困难、银行惜贷的市场问题，尚未形成相互促进的良性循环；(2) 可能是由于政府将科技创新置于首要位置，科技金融机构仅作为辅助性机构，帮助解决科技创新资金问题。而实际上，科技金融机构有其自身特定的发展规律，特别是市场科技金融主体，其行业发展需要依靠科技创新主体的高额投资回报。因此，忽略了二者之间的协调发展关系，则必然会影响其协同发展的程度及效果。

具体落实到北京市科技金融协同发展情况，近年北京科技创新与科技金融复合系统协同度整体呈现出先下降后上升的趋势，且平均水平低于全国及上海、广州等大型城市，这一差距在 2014 年表现得尤为明显。这表明北京市科技创新与金融发展协同发展程度较差，其主要原因在于科技创新子系统与科技金融子系统二者之间存在着协同发展不均衡的现实问题，科技金融的发展速度慢于科技创新的发展速度。同时，当期科技金融发展与未来科技创新发展的协同度也呈现出明显的下降趋势，但是自 2012 年开始,科技金融对当期科技创新的推动作用有回升趋势,这一趋势在2015年有所转折,但是总体向上的趋势基本不变①。

6.3.4 结论及政策建议

从结果可以看出,目前,全国及北京市科技创新发展与科技金融发展的协同度整体偏低,这也意味着政府财税部门或市场金融机构对于以企业为代表的科技创新主体的推动发展仍未达到理想状态。基于现状,本文对于未来科技创新与科技金融的协同发展提出以下建议。

首先,多种途径推动科技创新能力。一方面,在政府财政支出方面,优先支持科技创新领域发展,通过发展规划、政策引导,促进政府、高校、科研院所、企业、金融机构之间的相互协同,鼓励其形成"官学产研融"五位一体的产业技术创新联盟;另一方面,构建并逐渐优化科技创新资源共享平台,实现资源的充分有效利用,在一定的科技金融投入状态下,实现科技创新产出的最大化规模,并有效提高企业科技创新能力,与市场科技金融主体的投资回报需求形成良性循环。

其次,提升商业银行、风险投资机构等市场科技金融主体对科技金融创新的支持力度。一方面,通过引导、鼓励金融机构对科技企业开展各项通融资服务,提升其企业融资效率,切实提高金融领域对于科技企业的扶持力度;另一方面,应逐渐加强科技金融机构对科技创新项目的事先风险评估、事后监督管理的综合工作,以此提高市场科技金融主体的投资绩效,也有助于促进社会资本向科技创新领域聚集。

再其次,充分发挥科技创新与科技金融协调管理机构职能,动态监控科技创新与科技金融协同发展状态。目前,各地方均设立了科技金融服务中心,作为推动地方科技创新与科技金融协调发展的政府机构。未来应进一步发挥协调管理机构的市场宏观调节职能,协调科技与金融相关部门,

---

① 基于当期和滞后一期计算的协同度结果,在同一年度,如果当期协同度大于滞后一期协同度,则意味着当期科技金融发展程度大于上一期科技金融发展程度,说明当期科技金融发展增速更加有利于提高科技创新发展。反之,如果当期协同度小于滞后一期协同度,则意味着当期科技金融发展程度小于上一期科技金融发展程度,说明当期科技金融与科技创新的相互促进作用减弱。

及时调整科技或金融领域的产业发展规划,确保科技与金融的协调发展。

最后,针对各类重大事件冲击,如经济下行、国际金融危机,应建立外部应急预案,及时做好应对策略,加大对国内科技企业及科技金融机构的扶持力度,提供必要流动性救助,以此降低重大事件对科技创新与科技金融协同发展的不利影响。

第 7 章

中国科技金融发展面临的机遇与挑战

7.1 科技金融发展的现有障碍

根据2016年9月国务院印发的《北京加强全国科技创新中心建设总体方案》，我们试图发现我国现有体制存在以下一些问题。

7.1.1 创新理念障碍

7.1.1.1 政府部门理念需要转变

（1）将专利、科技投入、高技术产业等同于创新。在我国，政府通常将专利、科技投入、高新技术产业等同于创新，在考核科技创新绩效时，往往采用专利、科技投入、高技术产业指标来衡量科技创新。一方面，我国专利虽然增长迅速，然而专利的转让合同金额占比却严重不足。整体专利质量较差，很多专利以及论文并没有真正地投入使用，不能达到知识产权的资本化与市场化；另一方面，我国科技投入总体偏低，且科技投入大部分聚集在政府科研机构，对大学的科研投入以及企业的科研投入不足，存在结构性问题，从而产生对科技投入考核的失真。

（2）公共产品投入产出比较低，投入少；具体项目补贴多。在政府的科技投入中，具体项目的补贴较多，而公共产品投入产出比例较低，投入较少。政府作为市场的监管与服务者应该更多地关注构建良好的科技金融创新环境，引入市场竞争机制，降低门槛，提供机会，从而更加有效地刺激科技创新。

7.1.1.2 科研机构与大学市场化不足

我国的科研机构与高校院所，与国外相比，更注重于学科的基础研究，而与企业合作研究，共享知识产权等市场化行为较少，科研院所与大学作为重要的创新主体应该转变理念，从实际出发，从市场出发，更多进行产学研合作研究与创新，一方面扩大研究的应用，另一方面也能为研究与创新提供社会资金支持。

7.1.1.3 企业缺乏创新理念

我国传统文化提倡"中庸之道"，层级制度较为明显，从而对于创新以及颠覆性创造产生一定的障碍。在企业创新中，一方面，企业受到政策影响较重，部分企业依赖与政府的合作；另一方面，我国企业整体的科技创新存在起步较晚，基础不足的历史现实情况，从而导致企业缺乏原创动力。目前，我国经济处于转轨时期，创新基础设施较为完善，就需要一批具有创新活力的企业与企业家改变观念，在学习的基础上大胆创新，以原创代替模仿。

7.1.2 财政税收政策障碍

7.1.2.1 财政政策存在的主要问题

（1）财政科技投入总体偏低，研究开发经费不足。以研发经费在GDP中的比重作为判断标准，当比重处于1%~2%的时候，我们是为技术改造阶段；大于2%则是为创造技术阶段。我国的这一比重一直在增长，从2018年统计年鉴看，我国研发经费占GDP比重为2.18%，已经超过2%，从改造现有技术设备基础跨越为创造技术阶段。然而与别国相比，我国研发经费比重仍然不足。瑞典的研发经费比重达到3.27%，美国这一比重则为2.77%。① 此外，我国财政科技在研发经费中占比偏低，从2018年数据来看，政府资金在研发经费中占比仅仅达到1/3左右，低于英、美、法等国家。

---

① 国家统计局. www.stats.gov.cn/.

第7章
中国科技金融发展面临的机遇与挑战

（2）财政科技结构性问题。在财政科技投向部门结构方面，我国与国际上一些发达国家类似，主要集中于政府研究机构和高校两大块。与国外相比，我国科技财政支出主要用于支持政府研究机构，对于高校和其他盈利性科研机构的支持较少。基础研究是我国科技研究发展的基石，主要属于公共产品类型，难以市场化，因此基础研究阶段经常存在市场失灵的现象，而非公共产品类型方面，应用型研究则有市场发挥主导作用，基于这样的理论现状，财政资金应该向基础研究方向偏移来弥补市场失灵的不足，根据2013年我国的研发经费内部支出数据，基础研究经费仅占其与应用研究/试验发展经费之和的4.6%。

（3）财政科技管理体制问题。我国财政科技各部门之间相互分离，科技资金管理单位分割，部门之间往往不能有效协调与沟通，不能有效进行科技资源的配置；财政科技资金预算管理不规范，预算编制需要进一步科学论证；科技经费监督制度不完善，监管主体责任不明确，很多部门承担着经费使用与监督的双重任务；财政科技支出绩效评价体系不健全，缺乏全国性，地区间绩效评价结构不统一，非系统性因素难以避免。

7.1.2.2 税收政策存在的主要问题

目前我国现有支持科技型企业创新的税收政策如图7-1所示。

（1）对投资和研发缺少普惠性激励。我国税收政策中对科技投资的税收激励严重不足。一方面，税收优惠与股权投资所得税的激励更加注重投资后期，而在前期，个人投资者资本损失不能抵扣资本利得。另一方面，对企业整体研发投入缺少"普惠性"激励。许多企业无法满足"特惠性"条件，研发活动得不到激励或者收益不大从而放弃申请。税收优惠政策大打折扣。

（2）优惠对象过于集中且企业认定与比例所得税率优惠带来较高税收成本。优惠对象过于集中于经政府选择的高新技术领域，部分优惠政策在此领域产生重叠。而且大部分政策针对企业新增投资而非存量投资，比例的税率的优惠方式产生的税收支出往往更大。此外，还容易引起欺骗行为。

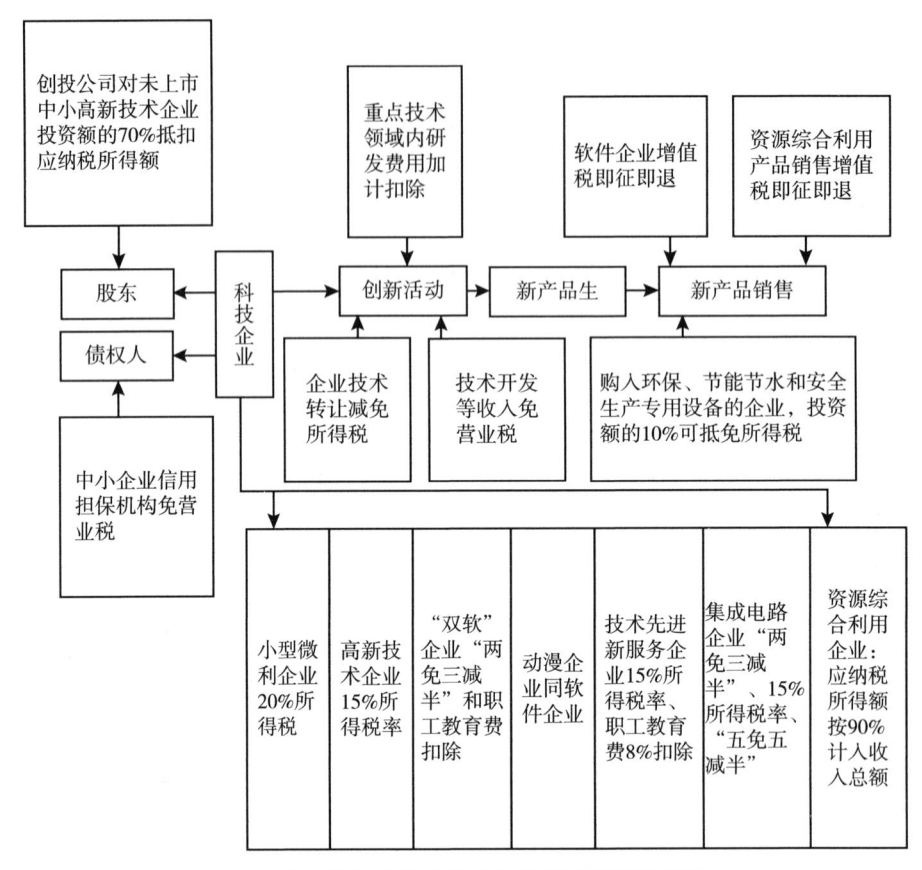

图 7-1 我国支持科技企业创新现有税收政策

（3）对中小企业缺乏足够支持。中小企业不是科技创新税收政策的支持重点，但科技型中小企业往往面临更高融资风险、研发风险和市场风险，市场失灵度高，更需要政府支持。

（4）科技创新扶持政策门槛相对较高。目前，科技创新扶持政策主要包含认定政策、财税政策、科技计划、人才政策等。在所涉及的政策中，对于科技创新，主要集中在产品创新、技术创新和结合专利方面。虽然政府一直在力推这些政策落地实施，但是由于具体的科技金融支持政策仍然归集在已有产品和技术创新导向上，并且通常达到政策优惠的门槛不低，新科技金融模式也仍然难以得到方便快捷并且具有针对性的政策支持。例如，上海浦东商务委调查显示，作为新业态的创新平台经济在上海

第 7 章　中国科技金融发展面临的机遇与挑战

依然有"身份认同障碍"。这些问题的存在使得不同企业的产业界定、归属存在问题，主要部门存在多头管理，因而企业难以有效并且及时地受惠于科技支持政策。

7.1.3　金融机构支持企业创新的障碍

7.1.3.1　银行产品同质化严重，仍需进一步扩大对中小企业创新支持

不可否认，目前我国投融资体系的核心仍然是银行，银行的融资量远远高于资本市场的融资量，推动金融机构支持企业创新少不了银行对于企业创新的支持。然而在我国，银行对于科技型中小企业创新的支持并不积极。其原因一方面是由于银行风险厌恶的本质特征，其资产结构并不能支持高风险的中小企业创新行为。另一方面信息不对称以及无形资产无法进行有效抵押也是科技型中小企业从银行融资的障碍。目前我国商业银行存贷差进一步扩大，利润率降低，银行资产同质化严重，银行需要介入更高收益的科技型中小企业投资领域。

此外，科技信贷产品还存在覆盖面狭窄的问题。虽然全国各科创中心已经逐渐陆续开发了众多的科技信贷产品，但是依然有很多中小企业面临融资难、融资贵的问题，并不能说绝大部分的中小型科技企业受惠于此。根据针对上海科技型中小企业的问卷，上述问题在现有科技金融发展模式中确实存在。表 7-1 分别从企业的融资产品运用、担保以及未能贷款原因三个维度，利用问卷调查的方式分析了上海市中小企业的融资现状。

表 7-1　　　　　　　　中小企业贷款现状　　　　　　　　单位：%

融资产品运用	
是否利用了政府开发的融资产品	比例
没有用到	80.0
微贷通	6.7

续表

是否利用了政府开发的融资产品	比例
信用贷	6.7
履约贷	4.4
其他	2.2

担保运用情况

商业银行贷款是否借助了担保	比例
没有担保	48.6
政策性担保	25.7
商业性担保公司担保	11.4
自行抵押担保	11.4
亲友互助担保	2.9

未能贷款原因

没有能够获得担保的原因	比例
缺乏足够的担保标的	23.1
审批程序复杂、手续烦琐、审批时间长	20.5
企业规模小、抗风险能力差	20.5
财务报表难以达到银行的要求	10.3
贷款利率或者其他融资成本过高	7.7
企业资产负债率高	5.1
贷款政策不透明	5.1
企业信用度较低	2.6
企业自身产权、财务、管理等存在问题	2.6
其他	2.6

资料来源：于中琴. 全球科创中心建设背景下上海市科技金融模式的创新发展 [M]. 上海：上海财经大学出版社，2016.

根据调查，80%的样本企业并没有使用过政策性融资产品；除此之外，超过50%的企业借助了担保，其中，政策性担保的比例最高，其次是商业性担保公司担保，可见政策性担保对企业的融资支持相对较好；而对于没有获得贷款的原因，缺乏足够的担保、银行贷款审批程序、企业规模小是最主要的三个原因。

第 7 章
中国科技金融发展面临的机遇与挑战

可见，相关部门为了缓解科技企业融资难、融资贵的问题，推出了众多中小企业的融资产品，但是依然满足不了企业的多元化需求。这不仅有企业自身的问题，同时金融市场因素也不可忽略。另外，银行的中介费用也隐性地增加了企业的融资成本。

7.1.3.2 创业投资过度厌恶风险，投资阶段相对滞后

我国创业投资整体供给增长迅速，然而投向科技型中小企业初创期和种子期的比例较小。根据清科数据库提供投资事件数据分析，我国创业投资机构投资于企业扩张期与成熟期的项目比例占比较大，而较少投资于种子期与初创期的企业（如图 7-2 所示）。创业投资的功能定位原本是支持创业前期的企业，然而我国创业投资的过多支持上市前的企业。创业投资过度厌恶风险部分原因是，国资背景的创业投资机构受限于增值保值的国有资本经营要求，在选择项目上更加谨慎。另外受制于国有资产转让规定，进入和退出时机也往往不能符合最佳时间，决策和激励机制上的有关规定也往往成为提高效率的障碍。

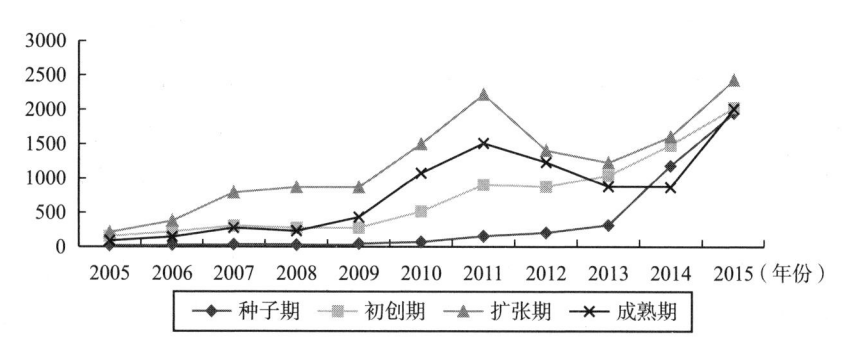

图 7-2　2005~2015 年全国风投投资企业所处生命周期情况（按项目数计）
资料来源：清科数据库。

7.1.3.3 科技担保机构市场性差，成长缓慢

（1）政府干预，市场性差。由于大部分担保机构资本来源于政府资金，管理者是政府官员，所以部分地区存在政府领导对担保项目进行干涉的问题，在很大程度上影响了担保机构的市场性和效率。

（2）科技担保机构盈利能力弱。我国大多数科技担保机构的收入主

要来源为保费及政府提供的金额较小的担保风险补助,由于受自身规模限制,担保业务量较少,担保行业费率低,导致担保机构利润较低。科技担保机构收取保费被严格限制在1%~2%之间。

(3) 资本不足,机构规模小。我国科技担保公司资金主要来源于各级政府划拨中小企业信用担保专项发展资金,但政府资金大多是一次性的,无后续资金安排,制约了担保机构的持续性发展。担保收入难以支持赔偿准备金和未到期责任准备金。目前我国大部分科技担保机构平均担保金额在800万元以下,资本金不足,不能满足近30万家科技型中小企业的发展需求。

(4) 与银行议价能力差。国际担保行业管理一般担保机构承担70%~80%的贷款责任风险,而参与贷款的商业银行承担剩下的风险。然而我国担保机构大多数实力较弱,担保机构往往承担100%的贷款责任风险,受益与风险不匹配,导致科技担保机构受到制约。

7.1.3.4 科技保险体量尚小,产品需进一步开发

(1) 科技保险行业认识有待提高。在我国,科技保险发展速度较慢,在我国第一批科技保险试点工作中,参加科技保险的企业为1100家,占比不足高新技术企业总数的3%。此外,我国科技保险品种少,企业往往把科技保险视作对员工的一种福利,或者一项不必要的开支。总体来说,我国整体对科技保险的认识不足,科技保险无法支持我国高新技术企业的发展。

(2) 科技型中小企业风险高,投保成本高,投保意愿不强。科技型中小企业大多处于集中研发的状态中,更愿意把资金投入研发活动中,而资金本来就不充裕,企业往往不愿意支付额外的资金用于科技保险。

(3) 科技保险品种单一技术含量不高。目前,我国的科技保险品种大多来自传统保险业务,技术含量不高,往往不能满足科技型企业的要求,其风险不能得到有效保障。

(4) 中介服务机构缺失。在我国科技保险发展的过程中,进行风险评测,信用评级的机构数量不足,中介机构对于科技保险的推动不足。

7.1.3.5 多层次资本市场机制需要进一步发挥作用

2015年,李克强总理在《政府工作报告》中指出,要加强多层次资

第7章
中国科技金融发展面临的机遇与挑战

本市场的建设,并且实施股票发行注册制度改革。在现阶段我国经济增长逐渐呈"L"型,实体经济增长不及预期的情形下,多层次的资本市场体系对于企业投融资以及资本退出的作用逐渐显现。我国已经形成了由主板市场、中小板市场、创业板市场、新三板市场以及四板市场构成的多层次资本市场体系。多层次资本市场的构建主要针对不同生产规模、不同类型企业的投融资需要,与相应市场条件相符合的企业能够在特定市场上更容易获得融资机会,对于化解中小企业的融资困境有重要的意义。而对于创业投资机构来说,退出渠道以及退出成功率是其在资本市场体系中不断循环发展的重要前提,而多层次资本市场体系提供了完善的企业投资与退出模式。

但是,不可忽视的是,各个板块的投融资服务相对于形态各异的企业来说是静态的,全国各地区协调统一的区域性股权交易市场体系并没有完善;此外,各个市场板块之间的转板机制依然需要改善。如何细分市场单独运行,而板中企业又不能因为业绩不佳或者业绩快速增长转板以适应企业未来成长和板块的健康发展,则必然影响资本市场运行的整体效率。因而,转板作为一种经济制度安排,在推动资本市场发展、发挥资本市场在资源配置过程中的核心作用的过程中意义重大。完善现有的多层次资本市场,在现行体制下依然还有很多事情要做。

7.2 科技金融发展的未来挑战

7.2.1 科技金融实践拓展新的研究领域,推进金融理论发展

7.2.1.1 不断创新的金融产品,对定价理论提出更高要求

金融产品定价是金融机构在某个时刻将金融产品对于客户的价值及时地用货币表现出来。金融产品的定价将直接关系到产品的销售成败与金融机构的利润高低。

目前金融产品的定价主要依据目标组合优先和成本效益优化两个原

则。目标组合优先定价原则是在定价之前确定多个定价目标，根据不同的产品竞争者定价，主要应用于市场条件不利的情况下舍弃短期利润而保证产品能够生存。成本效益优化原则是以能够最优化平衡效益与成本为目标的定价方式，将金融机构的经营成本和产品成本作为出发点，以期达到最大化收益。而金融产品的定价方式则主要包括成本导向定价、竞争导向定价和需求导向定价。

金融产品不仅包括股票、债券等常规产品，还包括金融衍生品。金融衍生品的定价思想则是在完备市场中通过自融资的动态证券组合策略来合成衍生产品，从而衍生产品的价格等于标的组合最初的成本。

随着我国经济社会的进步发展，金融行业和科技行业都在不断变革创新，而金融产品的创新就是原有要素调整重组的过程。传统的新产品定价倾向于"高价厚利"策略，即在新产品上市之初，选择较高的价格策略，以迅速收回成本获得盈利。但在定价过程中，往往遵循上级金融机构定价制度，或者照搬传统产品定价方法，缺乏针对产品的差异化定价策略，也很难根据市场进行价格调整。

随着科技浪潮的兴起，企业迭代加快，企业资本结构和融资需求不再像传统企业一样具有较强的可预测性和可控性，这就对传统金融产品定价方式提出了挑战。创新定价模式需要具有较强的灵活性，能够迅速适应环境并跟随环境调整，同时采用差异化的定价策略，针对特定企业、特定项目进行定价，这些都需要系统的、量化的科学依据，而目前这方面的理论研究尚未提出可行的方法。

7.2.1.2 轻资产高风险，如何对科技企业进行股权价值评估

在传统的财务和投资理论中，对于股权价值的评估主要基于以下四种方法。

（1）应用收益法评估股权价值的理论基础是一项资产的价值应当是其所能带来的未来收益，通常用未来年份的现金净流量折现而得到企业的股权价值。而对于科技型中小微企业，不仅其存续期间难以确定，经营状况也具有极大不确定性，收益法并不适用。

（2）市场法指在市场上找出一个或者几个与待估企业类似的参照物

第7章
中国科技金融发展面临的机遇与挑战

企业，分析、比较待评估企业与参照物企业的相关财务会计指标，在此基础之上修正、调整参照物企业的市场价值，进而确定被评估企业的价值的一种评估方法。科技型企业往往具有独一无二的科学技术、专利或者盈利模式，很难在市场上找到与待估企业一致的相似企业，收益法也很难在实践中推进。

（3）成本法理论假设投资者的待购资产是全新的，其价格不会超过其替代资产的现行建造成本扣除各种损耗的余额。科技型企业主要是从事新产品和新技术研发、生产、销售的企业，相比起传统企业拥有较多的固定资产，科技型企业更多的是拥有无形资产，不仅难以对其进行市场价值进行评估，对在其中投入的时间金钱等成本也难以量化评估。

（4）期权法是基于企业未来存在的获利机会的一种评估方法，主要作为其他评估方法的补充。虽然期权法考虑了企业未来的获利机会，但不同的人对同一家科技型企业的评价可能并不一致，因评价的股权价值具有较大差异。目前已有的针对科技型企业股权价值的评估方法都难以在准确性和适用性上达到较高标准，而预见新兴的商业模式越发增加了评价模式的难度。

7.2.1.3 多元化金融市场，风险管理挑战升级

金融风险管理的最终目标是在识别和衡量风险的基础上，对可能发生的金融风险进行控制和准备处置方案，以防止和减少损失，保证货币资金筹集和经营活动的稳健进行。1952年Markowitz的均值—方差理论将风险定量化，并论述了有效组合边界，随后资本资产定价模型则确定资产的价格和收益确定的方法，1973年出现的期权定价模型则将标的物未来的价格风险纳入金融产品定价中。现代的风险管理理论则主要基于可能的风险损失对风险进行定义和管理，VaR模型将各类风险因素整合为一维数值，TRM模型则在此基础上引入价格和偏好作为风险要素，ERM则将所有的风险要素纳入模型予以考量。

传统的风险管理理论主要侧重于对风险损失的管理，并且主要管理由不确定性引起的风险。而随着企业经营活动的复杂化和企业容量的增加，风险的来源更多样化，因此现代的风险管理范围更宽泛，不仅包括市场风

险、信用风险和流动性风险，还涉及操作风险、政治风险、法律风险、自然灾害风险等。对于这些难以进行量化和预测的风险因素，传统的一维风险管理模式会导致风险管理的失效，从而造成巨大损失。建立全面风险管理体系，是未来风险管理发展的方向。

7.2.1.4 科技企业面临复杂财务环境，资本结构需要创新

企业资本结构理论是基于实现企业价值最大化或股东财富最大化的目标，需要着重研究企业资本结构中长期债务资本与权益资本构成比例的变动对企业总价值的影响，同时试图找到最合适企业的融资方式和融资工具。[①] 企业资本结构理论主要经历了旧资本结构理论和新资本结构理论两个阶段。如图7-3所示。

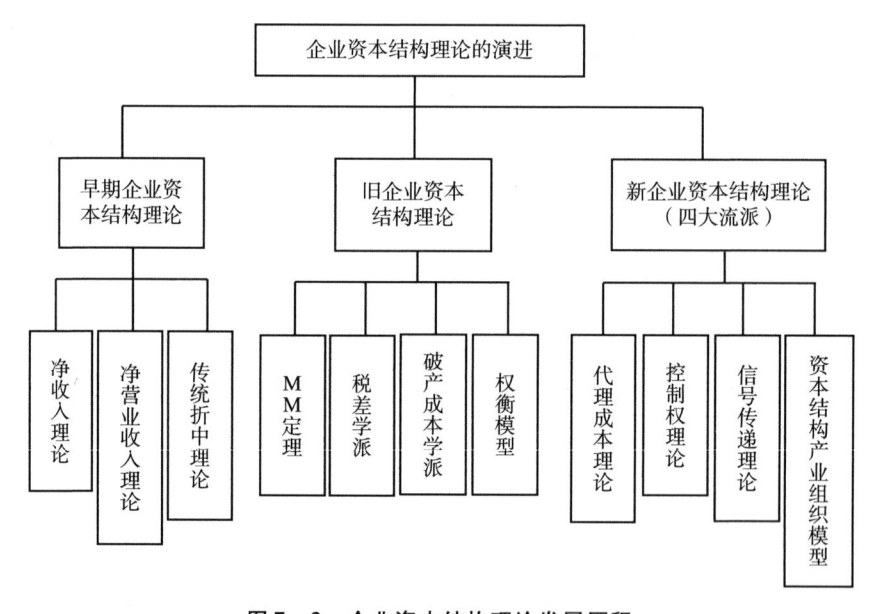

图7-3 企业资本结构理论发展历程

资料来源：陈珏宇，叶静雅. 现代企业资本结构理论研究及其发展 [J]. 广西大学学报：哲学社会科学版，2008，30 (6).

旧企业资本结构理论将企业资本结构视为融资问题，MM理论的假设

[①] 陈珏宇，叶静雅. 现代企业资本结构理论研究及其发展 [J]. 广西大学学报：哲学社会科学版，2008，30 (6).

第7章
中国科技金融发展面临的机遇与挑战

前提是在完美市场的环境下，即市场无资金借贷成本、无信息成本、无所得税、完全竞争、借贷平等且每个个体拥有相同的期望，税差学派在 MM 定理中引入税收因素，破产成本学派则从破产成本角度最优化企业资本结构。实际上企业资本结构不仅包括股权和债权的占比分配，还涉及剩余控制权配置问题，因此新企业资本结构理论将研究焦点转向企业内生制度和结构性因素，基于股权性公司的所有权和控制权分离产生了代理成本理论，在信息不对称的情况下信号传递理论可以通过适当方法达到股东利益最大化，资本结构产业组织模型则将产业组织理论纳入模型，丰富资本结构的内涵及外延。

传统的企业资本结构理论着重从债权与股权配比角度对企业价值进行研究，对传统的大中型企业比较适用，而现代科技型企业资产具有轻资产、高科技的特征，资本结构与业务模式显得单一化，创新创业特色明显，企业资本结构不再局限于债权和股权，人力资源、组织形式、商业模式等都应纳入资本结构的定义中，以丰富企业资本结构的含义。另外，传统企业往往追求稳健的资本结构以控制风险，科技型企业的高成长、高收益的背后往往隐藏着较高的技术风险、市场风险与财务风险，这就需要企业具有灵活的资本结构以适应迅速变化的外部环境。

7.2.2 区域经济发展不平衡，是机遇更是挑战

7.2.2.1 区域经济发展不平衡导致科技金融分布集聚

我国地域辽阔、人口众多，地理环境、自然资源以及历史沿袭的经济基础在不同区域存在较大的差异，加之改革开放之初国家实行"让一部分地区先富起来，依靠先富带动后富，最终实现共同富裕"的发展战略，更加剧了区域经济发展的不平衡。我国区域经济发展呈现显著的由东部向西部递减的梯度变化趋势，东部地区经济发达，生产力水平高，创新产业占比高；西部地区经济欠发达，生产力水平低下，制造产业占比高；中部地区则位于两者之间。

科技金融的发展需要一定的经济土壤，在经济发达的地区，由于产业集聚、资源集中、技术先进等原因，科技金融发展迅速，而在经济欠发达

地区则受到产业结构、人才不足的制约，科技金融发展缓慢，最终导致科技金融发展在不同区域呈现较大的"断层"现象。区域间发展不协调、经济水平差距不断扩大的趋势不仅影响到整体经济的效率，导致资源配置非有效，也会影响社会和谐以及政治稳定。

7.2.2.2 科技金融的发展对区域经济的影响

科技金融为科技活动的各个环节提供金融支持，它通过推动科技发展，提高一个国家或地区全要素生产率及科技转化为现实生产力的能力，因此成为促进经济增长的重要因素之一。[1] 科技金融如何影响区域经济均衡情况主要有两种理论观点：增长极理论和梯度理论。增长极理论认为经济增长通常是从一个或数个"增长中心"逐渐向其他部门或地区传导，因此应选择特定的地理空间作为增长极，以带动经济发展。梯度推移理论是我国20世纪80年代初制定区域发展战略的理论基础。根据梯度推移理论，我国实行东部地区优先发展战略，待东部发展到一定阶段，有了余力后，再逐步将资金、技术推进并扩散到中西部地区，最终实现共同富裕。按照增长极理论和梯度理论的观点，"增长中心"科技金融的发展会带动周边地区经济发展，促进产业结构合理化分布。如图7-4所示。

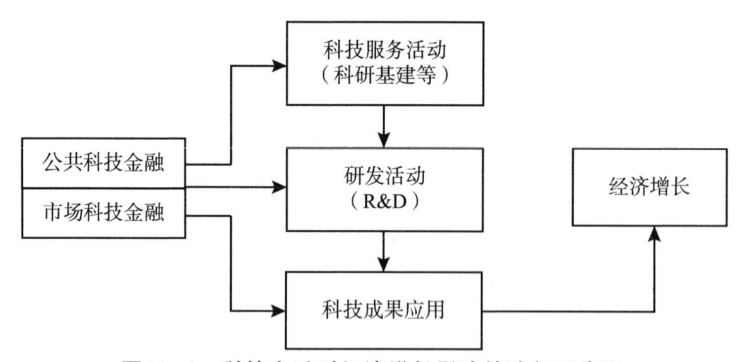

图7-4 科技金融对经济增长影响的路径示意图

资料来源：刘文丽，郝万禄，夏球. 我国科技金融对经济增长影响的区域差异——基于东部、中部和西部面板数据的实证分析[J]. 宏观经济研究，2014（2）：87-94.

---

[1] 刘文丽，郝万禄，夏球. 我国科技金融对经济增长影响的区域差异——基于东部、中部和西部面板数据的实证分析[J]. 宏观经济研究，2014（2）：87-94.

第 7 章
中国科技金融发展面临的机遇与挑战

苟小兰[①]通过金融集聚对经济增长的区域差异实证研究发现,金融集聚对经济增长的影响存在区域差异。东部地区经济开放程度高、科技水平高,可以通过规模效应和创新科技提高生产力水平,从而更大程度地促进科技发展和经济增长。中部地区金融发展水平不如东部地区,在产业升级和创新水平上处于居中地位,科技与金融的协同程度也低于东部地区,但呈现随着金融集聚效应增强经济增长更快的趋势。西部地区虽然有政策的倾向,但由于历史经济基础不足,规模效应过低,投入的资源要素难以达到有效配置,因此科技金融与经济发展呈负相关关系。

7.2.3 科技金融带来管理模式的创新需求

7.2.3.1 创新政府管理模式,推进市场健康发展

政府管理的实质在于运用公共权力,制定和实施公共政策,有效配置公共资源,实现社会公共利益。[②]在经历农业经济时代的统治型模式和工业经济时代的官僚制模式后,新公共管理模式成为政府管理的新趋势。马克斯·韦伯的理性官僚制是指一种以分部——分层、集权——统一、指挥——服从等为特征的组织形态,新公共管理模式是在以全球化、信息化、知识化为特征的后工业社会的特定环境中发展起来的管理模式。

随着我国信息化建设的逐步完善,政府管理正在从无序走向有序,从混乱走向规范。科技创新带来的信息化趋势必将改变并渗透政府管理模式。互联网模式的兴起不仅增加政府监管的难度,新兴的商业模式以及产业更处于缺乏监管的地位,导致传统的政府监管模式缺乏有效性。政府管理模式不仅需要改变监管范围的界定,还需要紧跟时代变化更新监管政策以适应经济社会的发展。

7.2.3.2 科技企业组织结构创新,适应市场需求

组织结构是企业的基本架构,随着企业的经营发展,组织结构也随之调整。现代企业组织结构主要有两种形式:职能制和项目制。

[①] 苟小兰.我国金融集聚与经济增长的区域差异研究[D].西南大学,2014.
[②] 张创新,叶勇.当代中国政府管理模式的新思维与和谐社会的契合[J].吉林大学社会科学学报,2008(2):29-35.

职能制组织结构指行政组织同一层级横向划分为若干个部门，每个部门业务性质和基本职能相同，但互不统属、相互分工合作的组织体制，优点是分工明确、业务专精，缺点是不便于部门间合作，缺乏灵活性。如图7-5所示。

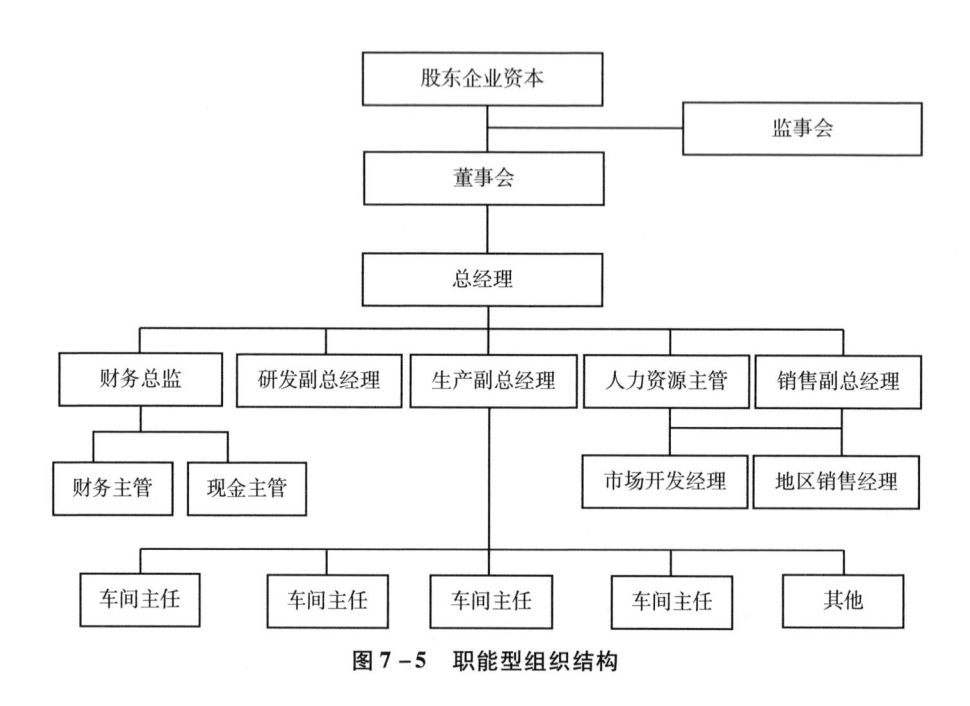

图7-5 职能型组织结构

项目制就是以项目为业务单元的组织形式，相较于职能制组织结构，项目制组织具有较高灵活性，能够对外部环境变化迅速做出反应。如图7-6所示。

在科技金融的发展情况下，金融机构与科技型企业均面临着激烈的外部竞争，常常需要迅速对外界环境做出反应，因此传统的组织形式难以满足其灵活多变的特征。组织架构的设计应该从原来庞大、复杂、刚性的状态中解脱出来，这样的组织更有利于信息的流动并趋于简化。

现有企业结构中，业务日益体现出网络化、外包化、平台化的趋势。企业组织边界愈加模糊。在这种情况下，企业的组织结构不再是传统的完整的"生产——销售——财务——人力……"的形式，更多的是资源互补。

第7章
中国科技金融发展面临的机遇与挑战

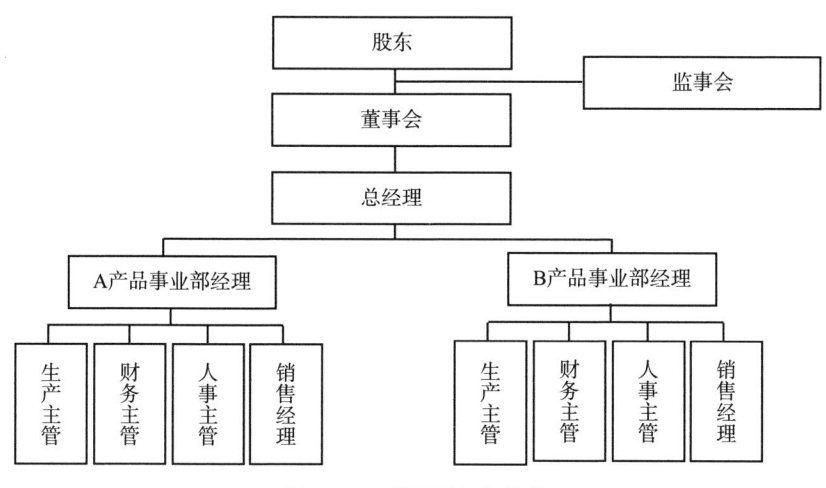

图 7-6 项目型组织结构

领导理论是研究领导有效性的理论，主要包括领导模式和领导力两方面，四因素领导理论将领导模式分为四种类型：命令型、交易型、变革型和授权型（见表7-2）。

表 7-2　　　　　　　　　　　领导行为的权变模型

关键的情景因素			对应的领导行为	可能的领导效果			
下属	紧急性	结构化		组织承诺	独立性	创造力	心理授权
低	高	非结构化	命令型领导	行为遵从	依赖	低	低
低	低	结构化	交易型领导	行为遵从	依赖	低	低
高	高	非结构化	变革型领导	情感承诺	依赖	中	中
高	低	非结构化	授权型领导	情感承诺	独立	高	高

资料来源：李燚，魏峰．领导理论的演化和前沿进展 [J]．管理学报，2010，7（4）：517-524．

现有的理论体系更多地将领导局限在企业组织结构内部，而新兴的商业模式不再将领导范围局限在企业内部。例如，自媒体模式的兴起导致领导更多地面向客户，自媒体人可以利用自己的影响力进行营销行为，如何扩大领导力和影响力并管理客户是其面临的最大挑战。在这种趋势下，领导不局限于企业框架内，领导力也成为企业重要资产。在网络化、平台化

349

的趋势下，领导范围得到延展，对领导行为的管理需要更全面、创新化的理论支持。

7.3 科技金融发展的机遇

7.3.1 国内外优渥的科技创新环境，为科技金融发展提供基础

7.3.1.1 紧跟国际产业革命，助推国内科技发展

从国际视角看，自2008年金融危机以来，世界各国逐步调整经济战略布局，着眼于实体经济，倡导制造业回归，并致力于通过科技创新推动实体经济发展，众多战略规划和支持政策层出不穷。德国更是率先提出工业4.0战略计划，推动制造业整合，并试图引领第四次工业革命。目前，国际间的科技竞争已明显日益激烈，我国应紧跟国际产业革命的大潮，抓住国际环境所提供的机遇，从人才、资本和技术三个角度着手，推动国内科技发展。

（1）打破国际壁垒，引进优秀人才。人力资本对于国家科技创新具有重要作用。因此，在当今的国际形势下，人才资源更是世界各国争夺的焦点。目前，我国已经推出了一系列政策吸引国际人才，支持科技创新发展。以公安部推出的2016年3月1日起实施的支持北京创新发展的20项出入境政策措施为例：设立永久居留"直通车"、缩短审批时间、对外籍华人提供优待政策、为创业团队外籍人员提供入境便利；等等，在外国人签证、入境出境、停留居留、永久居留等各个方面，为外籍人才来京、留京提供便利。国际人才流动的加快和我国积极的外籍人才引进政策，为我国科技金融发展提供了人才支持。

（2）吸引国际资本，加速产业转型。国际直接投资是促进一国产业发展、结构升级的重要力量。对于发展中国家而言，国际直接投资更是充分利用后发优势，引进国际先进技术经验的重要途径。据联合国贸易和发展组织发布的《全球投资趋势监测报告》显示，2015年中国大陆外国直

接投资（FDI）流入量约为1360亿美元，同比增长6%，居全球第三，但流入制造业的资本减少，服务业吸收FDI保持增长势头。与此同时，2015年全球外国直接投资总额为1.7万亿美元，同比增长36.5%，达到2008年金融危机以来的最高值。引导国际资本流入我国高新技术产业领域，加快产业升级转型，将为我国科技金融发展提供财力支持。

（3）促进国际合作，加强技术对接。作为发展中国家，我国的许多产业仍存在较大的后发优势，值此世界产业革新大潮，积极促进我国和其他国家的国际合作，加强技术对接，引进新兴技术，将对我国科技创新起到极大助益。为此，我国政府提出《中国制造2025》战略，以抓住当前战略机遇，以创新驱动，将中国打造成制造业强国。李克强总理指出："我们愿同德方深化贸易、投资等领域合作，推进'中国制造2025'和德国'工业4.0'战略对接，把德国的先进技术同中国性价比高、具有一定竞争力的装备相结合，携手开展第三方市场合作。"国际间的产业合作和技术对接，将为我国科技金融发展提供技术支持。[1]

7.3.1.2 区域经济协同发展，加速产业结构调整

在国际产业革命的大背景下，区域间的经济合作和协同发展显得尤为重要。各国基于战略规划和比较优势进行的资源再配置，有助于调整产业布局，促进经济发展。目前，我国已着手建设亚洲基础设施投资银行，并实施"一带一路"倡议构想，以促进中国与亚欧非各国区域经济合作。"一带一路"以政策沟通、设施联通、贸易畅通、资金融通、民心相通为主要内容，利用沿线各国不同的资源禀赋，形成互助互补的经济网络，促进各国产业调整，带动各国经济发展。"一带一路"倡议的实施，巩固了我国同中亚、东南亚的合作基础，加快了我国中西部改革开放的速度，更重要的是，促进了我国东部地区产业结构调整和产业转型升级，将我国建筑业和制造业巨大乃至过剩的产能与"一带一路"沿线发展中国家的巨大需求相结合，一方面，缓解国内需求下滑带来的经济下行压力；另一方面，通过对外投资，拉动整个国内设计、咨询、制造、材料、劳务、金

---

[1] 李克强. 推进"中国制造2025"和德国"工业4.0"对接［N］. 新华社，2016-03-21.

融、保险、服务等多行业的高附加值产品或服务输出,促进产业转型升级。如此,通过区域间的经济协同发展,加速我国产业结构调整,将为我国科技金融发展提供优渥土壤。

7.3.1.3 科技和金融紧密结合,共渡双向加速窗口期

目前,我国正处在一个科技与金融双向加速的窗口期。从实体经济角度看,我国经济增长速度已经逐步放缓,开始向新常态过渡,经济结构也逐步调整,从低附加值、高能耗高污染的粗放型经济转向高附加值、低能耗低污染的集约型经济。产业结构从第一产业占优逐步过渡到第二产业、第三产业占优,并逐步实现产业内部的技术集约化,不断进行技术革新,提高生产效率。产业结构调整和经济转型的需要,对我国科技创新和科技型企业发展提出了更高的要求,也为科技创新发展提供了新的机遇。而从金融角度看,近年来我国科技金融实践经验已经日益丰富,截至2016年4月,我国国家高新区已从2010年的70家增长到145家,其中国家自主创新示范区更多达14个,在众多国家高新区的发展中,涌现出了一大批创新型的科技金融政策、产品和服务,为科技金融的广泛发展提供了大量先进经验。实体经济结构调整的客观需求和科技金融实践经验的日益丰富,从需求和供给两方面为科技和金融进一步结合、共同发展提供了基础条件。

7.3.2 国家政策的大力支持,为科技金融发展提供保障

7.3.2.1 创新驱动的国家发展战略,引导大众创业,万众创新

党的十八大以来,党中央、国务院高度重视科技创新,明确提出要促进科技与金融相结合,加快建设国家创新体系、实施创新驱动的国家发展战略。前副总理张高丽出席在北京举办的2015年大众创业万众创新高峰论坛时指出,要切实营造实施创新驱动发展战略的体制机制和良好环境,在更大范围、更高层次、更深程度上推进大众创业万众创新,促进经济持续健康发展。[1] 要以大众创业万众创新激发新活力、新动力,使各种要素

---

[1] 张高丽. 加快实施创新驱动发展战略 深入推进大众创业万众创新 [N]. 新华社,2015-10-20.

第7章
中国科技金融发展面临的机遇与挑战

更加公平、自由、快捷地进行有效配置，促进经济保持中高速增长，更要以大众创业万众创新培育新产业、新业态，结合实施"互联网+"行动计划和"中国制造2025"，着力把一批新兴产业培育成主导产业，促进移动互联网、云计算、大数据、物联网等与现代制造业融合，推动经济迈向中高端水平。国家层面的发展战略，为我国科技金融迅猛发展，提供了政策引导和保障。

7.3.2.2 供给侧结构性改革，消化过剩产能，推动产业革新

2015年11月10日上午，由习近平总书记主持召开的中央财经领导小组第十一次会议，首次提出了"供给侧结构性改革"的概念。所谓供给侧结构性改革，就是从提高供给质量出发，用改革的办法推进结构调整，矫正要素配置扭曲，扩大有效供给，提高供给结构对需求变化的适应性和灵活性，提高全要素生产率，更好满足广大人民群众的需要，促进经济社会持续健康发展。供给侧结构性改革的提出，标志着我国将消化过剩产能，逐步调整产业结构，削减低附加值、高消耗、高污染、高排放产业比重，而将发展的重心放在高附加值、绿色低碳、具有国际竞争力的产业。毫无疑问，科技创新、科技型企业的发展，将是供给侧结构性改革的重点之一，这从资源配置角度表现了国家政策对科技型企业的倾斜，也为我国科技金融发展提供了政策支持。

7.3.2.3 日益丰富的科技金融政策，完善科技金融服务体系

早在1985年，《中共中央关于科学技术体制改革的决定》提出设立创业投资、开办科技贷款以来，我国便开始了科技和金融相结合的发展，时至今日，已经经过了三十余年的历程。从2006年的《国家中长期科学和技术发展规划纲要》，提出建立包括财政税收、政府采购、创业风投、资本市场、银行、保险在内的多元化科技投融资体系到2011年的《关于促进科技和金融结合加快实施自主创新战略的若干意见》，启动首批科技和金融结合试点，再到2014年《关于大力推进体制机制创新扎实做好科技金融服务的意见》，进一步全面推动科技金融工作。可以明显发现，这30余年中，我国的科技金融政策日益丰富，科技金融服务体系日益完善，创新的金融产品日益增多，为我国科技金融发展提供了基础保障。

7.3.2.4 逐步放松的户籍制度，为人才的区域流动提供便利

2014年7月30日，国务院公布了《关于进一步推进户籍制度改革的意见》。意见规定，要进一步调整户口迁移政策，统一城乡户口登记制度，全面实施居住证制度，加快建设和共享国家人口基础信息库等一系列发展方向。这一变革打破了以往城乡二元户籍制度对劳动力流动的控制，促进了城乡间、小城市与大城市间的人才流动，加快了城市化发展，拓展了消费市场，极大加强了我国经济发展的活力。日益便利的人才流动制度，为我国人才市场注入了新的活力，为科技金融发展提供了支持。

7.3.3 政府职能的逐步转变，为科技金融发展提供空间

7.3.3.1 从管理者到监督者的转变，加速金融市场化进程

习近平总书记在十八届二中全会第二次全体会议上明确指出："转变政府职能是深化行政体制改革的核心，实质上要解决的是政府应该做什么、不应该做什么，重点是政府、市场、社会的关系，即哪些事该由市场、社会、政府各自分担，哪些事应该由三者共同承担。"[①] 这标志着政府职能转变的核心仍将是如何处理好政府和市场的关系。一方面，政府不再事必躬亲，充当"管理者"，而是简政放权，让市场机制充分发挥作用，依靠市场来调节有效供给，梳理要素市场，最终激活有效需要，为实体经济、金融服务业进一步市场化留出空间；另一方面，政府转而承担起"监督者"的职责，改变原有的"以批代管""以费代管""以罚代管"现象，转而加强事中事后管理，为市场化的经济体提供健全的制度保障、监管体系。如此，由市场和企业承担起"管理者"的角色，由政府担任"监督者"，将极大促进实体经济，尤其是金融服务产业市场化，为金融创新留出空间，有助于我国科技金融发展。

7.3.3.2 创新的金融支持方式，强化资金支持力度

政府提供金融支持的方式，在近年来不断创新，逐步向发达国家的金融支持方式靠拢，强化了对科技型企业的资金支持力度。以往，我国政府

---

① 共产党员网. 中国共产党第十八届中央委员会第二次全体会议公报. http://news.12371.cn/2013/02/28/VIDE1362051363403567.shtml.

第 7 章
中国科技金融发展面临的机遇与挑战

往往是通过政府采购、财政补贴、税收减免等一系列直接的资金融通方式为科技型企业提供金融支持。一方面，为政府财政预算带来较大负担；另一方面，也未能充分调动金融市场的积极性，为科技型企业提供的资金有限。而近年来，政府往往通过引导基金、信用担保、风险补偿资金、贷款贴息等间接资金融通方式支持科技型企业发展，减少政府财政负担的同时，由于加入了金融杠杆，既强化了资金支持力度，又调动了资本市场对科技型企业投资的积极性，引导市场资金为科技型企业融资，不断搅动资本市场，引导资本流向，为我国科技金融市场的发展持续注入活力。

7.3.4 金融机构的创新发展，为科技金融发展注入活力

7.3.4.1 不断涌现的创新金融产品，满足企业个性化融资需求

随着我国实体经济转型升级，科技金融发展的进一步成熟，互联网技术的不断发展，为满足我国科技型企业多样化的融资需求，金融机构推出了一系列创新的金融产品，包括科技贷款、科技担保、科技保险、知识产权质押贷款等，为科技型企业提供资金支持，效果显著。仅以科技担保为例，根据科技部对北京、天津、江苏等 27 个省、直辖市、自治区科技部分和国家高新区的抽样调查，截至 2012 年，我国国内科技担保机构大约 200 家，其中，由各级科技部门设立的科技担保机构共 44 家，注册资金 35.5 亿元，担保科技型企业 8014 家，担保金额合计 198.5 亿元；平均每家机构为 182 家企业提供过担保服务，每家企业平均担保金额为 248 万元，担保资金放大倍数是 5.58 倍。由国家高新区内设立的担保机构共 70 家，注册资金合计 93.6 亿元，担保科技型中小企业共 10641 家，担保金额合计 685.2 亿元；平均每家机构为 152 家企业提供过担保服务，每家企业平均担保金额为 644 万元，担保资金放大倍数是 7.31 倍[1]。不断创新的科技金融产品，为我国科技金融发展持续注入活力。

7.3.4.2 投贷联动的创新模式，实现银行资金早期介入

所谓"投贷联动"即指银行业金融机构以"信贷投放"与本集团设

---

[1] 李希义，郭戎，沈文京，付剑峰，黄福宁．我国科技担保行业存在的问题及对策分析[J]．科技创新与生产力，2013（9）：1-5．

立的具有投资功能的子公司"股权投资"相结合的方式，通过相关制度安排，由投资收益抵补信贷风险，实现科创企业信贷风险和收益的匹配，为科创企业提供持续资金支持的融资模式[①]。简而言之，即是由银行通过严格的风险隔离，以成立类似风险投资公司或基金的方式，对科技型企业进行股权投资，与此同时，还通过信贷发放的方式为企业注入债权资金，以此实现银行业资金介入企业成长的早期阶段。2016年4月21日，中国银监会、科技部与人民银行联合发布了《关于支持银行业金融机构加大创新力度开展科创企业投贷联动试点的指导意见》，明确规定以国家开发银行、中国银行为首的10家银行和中关村国家自主创新示范区为首的5个国家自主创新示范区为投贷联动业务首批试点，标志着投贷联动的创新融资模式在我国开始实行。通过投贷联动，一方面，为银行权益性资金进入企业早期融资阶段提供通道，使银行可以通过股权投资的未来收益来对冲可能的贷款风险损失，从而拓展金融产品的风险收益有效边界，丰富了银行业的营收渠道；另一方面，立足于我国以银行为主的金融体系，促使银行资金流入科技型企业，有效满足了早期科技型企业融资需求，有效支持了科技型企业成长，为我国科技金融发展提供了新的机遇。

7.3.4.3 风险投资的蓬勃发展，缓解初创期企业生存压力

由于早期科技型企业高风险的特征，风险投资基金是其主要融资渠道，风险投资市场的发展，对我国科技金融发展有着重要影响。投中研究院研究报告显示[②]，2015年中国风险投资市场转向良性发展，基金募集数量及资金规模均创历史最高纪录。目前已披露数据显示，2015全年共有914只基金开始募集资金，目标规模为1825.92亿美元，同时，全年已完成1206项募集资金需求，披露募集资金规模为572.70亿美元，市场相对活跃，这也客观反映出创投机构对未来市场发展的长期看好。风险投资市场的蓬勃发展为我国种子期、初创期科技型企业带来了福音，更为我国科技金融进一步发展带来了机遇。

[①] 关于支持银行业金融机构加大创新力度开展科创企业投贷联动试点的指导意见.

[②] 李惠.2015年募资氛围向好VC/PE双双大放异彩，http://www.chinaventure.com.cn/cmsmodel/report/detail/1071.shtml，2016.01.07.

第 7 章
中国科技金融发展面临的机遇与挑战

7.3.4.4 健全的多层次资本市场体系，完善科技型企业融资生态环境

经过 20 余年的发展，我国多层次资本市场建设已初步完善。主要包括主板、中小板、创业板、"新三板"、区域性股权交易中心等。不同层次的交易市场的企业上市条件差异较大，以此为不同类型的投资者和企业提供投融资平台。其中，以"新三板"对科技型企业支持力度最大，由于上市门槛相对较低，自 2014 年 1 月首批全国挂牌企业进入以来，"新三板"公司挂牌数量飞速增长，截至 2016 年 4 月 20 日，"新三板"挂牌企业已达 6666 家，总股本 3894.30 亿股，[①] 挂牌企业数量达到沪深两市上市企业之和的两倍以上。同时，"新三板"现行的转板制度，允许达到股票上市条件的新三板挂牌公司，直接向证券交易所申请上市交易，这一制度的实施，为优秀的三板挂牌企业进入更高层次的资本市场提供了方便，搭建了"新三板"和其他证券市场之间的企业流通桥梁，对多层次资本市场建设和科技金融发展起到了巨大的推动作用。

7.3.5 企业的成长创新，为科技金融发展提供技术源泉

7.3.5.1 以高新区为载体的企业集聚发展，提升科技型企业技术创新能力

目前，我国高新技术产业开发区皆以某几个行业为主体，促进科技型企业集聚化发展。截至 2016 年 4 月，我国已设立国家高新区 145 家，其中国家自主创新示范区更多达 14 家。以成都高新区为例，其以信息技术、生物、高端装备制造、节能环保、生产性服务业五大产业为主体，持续做大产业规模，提升质量和效益。2015 年，预计实现产业增加值 610 亿元，其中生物、节能环保产业增加值分别增长 15%、18%，高端软件和新兴信息服务业增长 23.5%。产业的集聚化发展，将促进信息、技术等生产要素在相关科技型企业间流动，同时便于科技型企业利用产业集群中的其他企业的互补资源，降低成本、实现利润并促进企业技术进步。与此同时，产业集群内企业的相互竞争和彼此追赶，也将持续激发企业创新动

---

① CSMAR 数据库.

力，促进企业技术研发。如此，以我国大量高新区为载体形成的众多高科技企业集群，将有助于我国源源不断地产生新的高新技术，有助于我国科技金融发展。

7.3.5.2 个人征信业务逐步放开，衍生创新营销模式

2015年1月5日，央行印发了《关于做好个人征信业务准备工作的通知》，标志着我国的个人征信业务将由此逐步放开。芝麻信用、腾讯征信、考拉征信、华道征信、前海征信、中智诚、中诚信和鹏元征信八家民营征信机构按照通知要求，首先着手进行个人征信业务的准备工作。由于各企业股东背景、行业领域和数据获取渠道的不同，各企业采用的个人信用评估方法和开发的信用产品都有所不同。从结果来看，以芝麻信用为例，截至2015年6月，芝麻信用分用户已经超过千万，个人信用体系的扩张和完善较为迅速。同时，仅一年时间，芝麻信用便已在酒店、租房、出行、婚恋、分类信息、学生服务、公共事业服务等上百个场景为商家和用户提供了服务。个人信用体系的日益完善，不仅将极大影响以电子商务为主的高技术服务产业，更将在一定程度上改变我国企业的营销模式，提升市场活力，带动产品服务创新，为我国科技金融发展提供助益。

7.3.6 蓬勃发展的新兴技术，为科技金融发展提供工具

7.3.6.1 高速发展的互联网技术，推动"互联网+"模式发展

高速发展的互联网技术，改变了传统的企业与用户间、金融机构与企业间的供需模式，推动了"互联网+"模式发展，为我国科技金融发展带来了新的机遇。下文将从互联网技术发展衍生的互联网平台和去中心化的互联网思潮两个角度，探析互联网技术为科技金融发展带来的机遇。

（1）基于互联网平台的信息交互，促进金融和技术紧密结合。随着互联网技术的发展，一大批互联网金融企业和线上科技金融服务平台快速涌现，基于互联网平台的融资模式，改变了传统的烦琐的"面对面"融资方式，为企业融资提供了新的渠道。从互联网金融企业角度看，以P2P为例，易观智库数据显示，我国P2P网贷市场交易规模从2012年的268.4亿元，快速增长到2014年的2012.6亿元，增幅高达649.5%，市

第7章 中国科技金融发展面临的机遇与挑战

场扩张极快。而从线上科技金融服务平台角度看,以武汉的"金融超市"为例,截至2015年,金融机构通过武汉金融超市已受理2176个融资项目,其中1724个项目成功获得融资,融资金额近70亿元。可见,基于互联网平台的便捷融资方式,正逐步促进科技与金融相结合,助推我国科技金融的发展。

(2)去中心化的互联网思潮,衍生个性化的金融产品服务。"互联网+"的发展模式,是我国互联网技术高速发展的必然产物。"互联网+"的新型产业模式,充分体现了去中心化的互联网思想。在过去的金融体系中,银行占据了金融服务的中心地位,企业的融资需求往往首先诉诸银行,而银行能够提供的金融产品十分有限,难以满足不同企业的个性化需求。而现在,银行可以通过互联网技术,挖掘潜在客户的独有特质,根据客户个性化的融资需求,提供一揽子金融产品和金融服务计划。这与传统银行的模式化的贷款业务有着巨大差距。在互联网思潮日益兴盛的当下,银行等传统金融机构一方面受到互联网金融的冲击,另一方面也得到了一片新兴的广大市场。通过引入"互联网+"的新型产业模式,不断创新金融产品,满足企业融资需求,银行等传统金融机构将焕发新的活力。

7.3.6.2 大数据挖掘技术,促进征信体系逐步完善

大数据技术,为我国金融行业的创新发展,尤其是征信体系的完善提供了重要支持。通过大数据挖掘,金融机构得以快速精准地发现企业过往的行为特征和信用历史,这将大幅度降低金融机构尽职调查的难度,同时有效降低信息不对称性和金融机构的投资风险,更有利于金融机构完善征信体系。这对我国科技金融发展是极为有利的,从金融机构角度看,大数据挖掘技术降低了金融机构为企业融资的成本和风险,提高了收入和利润,而从企业角度看,大数据挖掘技术降低了企业融资难度,提高了企业融资效率,有助于科技型企业成长。而这也为我国科技金融的进一步发展,提供了新的机遇。

7.3.6.3 人工智能

事实上,国外老牌金融机构,例如,摩根大通、高盛等投行都将部分智能投顾加入到实际应用之中,并且机器学习算法也在不断迭代。近年轰

轰烈烈的围棋人机大战也从另一个角度说明了人工智能和机器学习算法的威力。

金融行业本身的很多特性使得人工智能能够轻易地运用到这一行业中。金融行业的基础也是核心就是基于数据的分析，正是有了数据金融机构才能够从其中分析首先和收益能否匹配。将人工智能与个人智慧相结合的话，实际上大大降低了分析数据所需要的时间成本和投资分析师的精力，避免了以往数据分析效率不高的问题。

伴随着新兴金融服务平台的不断崛起以及各种金融概念的不断催生，如果我们依然遵循老方法、老方式去解决思考问题的话，显然已经不能跟上现阶段科技发展的步伐；人工智能实际上为我们打开了一扇窗，接触人工智能，我们能够解决现阶段金融行业中存在已久的痛点和痒点，在顺应金融行业新概念不断出现的同时，通过以人工智能为代表的新技术来满足用户不断提升的需求。随着人工智能时代的到来，未来人们的生活将会更多地与其产生联系。金融行业作为一个与人们生活息息相关的领域，自然也会不断与人工智能元素产生联系，由此而产生的一些新的工具和概念或许将会在未来不断出现。可以说，一个具有鲜明智能色彩的金融科技新时代终将来临。

第 8 章
中国科技金融发展战略总体设计

8.1 发展思想方针

党的十八大报告中指出,我国要实施创新驱动的发展战略,科技创新须摆在国家发展全局的核心位置。为实现以科技创新为主体的经济发展模式,一个完备的、能够为科技创新提供充足资金支持的科技金融体系极为重要。放眼世界,立足国情,从世界的眼光看待中国问题,践行具有中国特色的科技金融发展战略,应是我国科技金融发展战略总体设计的核心思路。

8.1.1 放眼世界,承担国际责任,促进区域经济发展

当前,世界多极化、经济全球化深入发展,作为世界第二大经济体和发展中的大国,中国应践行具有中国特色的大国外交理念,一方面,高举"和平、发展、合作、共赢"的旗帜,不损害别国利益,和平崛起;另一方面,充分维护国家主权、安全和发展利益。力求建设良性互动、合作共赢的大国关系,推动世界经济创新增长,同时与地区国家持久和平相处、联动融合发展。

事实上,随着经济的快速崛起,中国在诸多领域都已能够逐步承担大国责任。作为制造业大国,中国不仅可以输出丰富多彩、价廉物美的日常用品,而且能够向世界提供更多的技术和设备。作为全球主要外汇储备

国，中国能够携手各国共同应对金融风险，也有实力投资海外，与亟须资金的国家共同把握发展机遇。而作为未来的科技创新大国，在当今世界产业革命的大潮中，中国也将承担应有的国际责任，积极推进国际、区域产业合作，促进世界科技创新发展。中国和世界各国的互联互通、协同发展，将为世界带来无限生机和美好前景。

习近平总书记提出的"新丝绸之路经济带"和"21世纪海上丝绸之路"的战略构想，便是中国承担国际责任、促进区域经济发展的重要体现。一方面，亚欧国家都处于经济转型升级的关键阶段，需要进一步激发域内发展活力与合作潜力，"一带一路"倡议契合沿线国家的共同需求，为沿线国家优势互补、开放发展开启了新的机遇之窗；另一方面，"一带一路"倡议倡导各国共同参与，共商、共建、共享，在平等的文化认同框架下谈合作，强调相关各国要打造互利共赢的"利益共同体"和共同发展繁荣的"命运共同体"，体现了和平、交流、理解、包容、合作、共赢的精神和中国和平崛起的愿望。

8.1.2 立足国情，解决国内问题，加快经济结构转型

虽然中国已经成为世界第二大经济体和发展中的大国，同时也应承担一定的国际责任，促进各国协同发展。然而，中国国内经济发展尤其是科技创新领域，也仍旧存在一定问题和不足之处，在制定科技金融发展战略的过程中，亦应着重考量。

目前，我国正处于产业结构转型，经济增速换挡的关键时期。一方面，经济发展方式粗放，不平衡、不协调、不可持续的问题仍然较为突出，对经济发展进入新常态，向形态更高级、分工更优化、结构更合理的阶段演化提出了更迫切的要求；另一方面，人口老龄化加快，传统比较优势减弱，一些行业产能过剩严重，部分企业生产经营困难，创新能力不强等诸多挑战，导致经济下行压力急剧增大。此外，城乡区域发展不平衡，空间开发粗放低效，资源约束趋紧，生态环境恶化，财政收支矛盾突出，金融风险隐患增大等一系列矛盾仍未得到妥善解决，为中国经济持续快速增长带来了重大挑战。如何通过制定合理有效的科技金融发展战略，加快

第 8 章
中国科技金融发展战略总体设计

科技创新的速度,提高科研成果的质量,以科技创新驱动经济增长,缓解产业结构调整阵痛,加速完成中国国内经济结构转型,是亟待解决的重要问题。

8.1.3 以世界的眼光看中国,践行具有中国特色的科技金融发展战略

作为世界第二大经济体和发展中国家,中国的科技金融发展战略既应该放眼世界,承担大国责任,促进国际互联互通和区域经济增长,也应该立足国内实际情况,解决国内现存问题,加快经济结构调整和产业转型,以创新驱动国内经济增长。如此,同时兼顾国际国内情况,践行具有中国特色的科技金融发展战略,应是我国科技金融发展战略总体设计的核心思路。

为践行具有中国特色的科技金融发展战略,应在以下五个方面从科技金融角度予以支持:(1)强化科技创新的引领作用。以国家高新区、国家级孵化器为主要力量,推动战略前沿领域创新突破、优化创新组织体系、提升创新基础能力并打造区域创新高地。(2)推进大众创业万众创新。一方面,积极建设创业创新公共服务平台(如盈创动力),为科技型企业提供一站式金融服务;另一方面,完善监管制度,推动众创众包众扶众筹发展。(3)完善创新激励体制机制。从政府角度,深化科技管理体制改革,从管理者转向监督者。另外,完善科技成果转化和收益分配机制,提高科研人员成果转化收益。最后,构建普惠性创新支持政策体系,加快创新薄弱环节立法。(4)强化人才培养和人才流动。建设良好的人才发展环境和人才激励政策,培养国内优秀人才,也积极引进国际优秀人才。(5)拓展发展动力新空间。通过促进消费升级、扩大有效投资、培育出口优势,为我国科技创新发展提供新的空间。

8.2 科技金融发展模式与架构设计

如第 3 章所述,我国已在各科技资源集中的地区形成了独具特色的区域性科技金融服务模式,且呈现稳步发展的态势,为我国科技金融的发展

积累了大量的实践经验。但是，总体而言，尽管科技资源密集的地方科技金融发展已经呈现出具有活力的发展方式，但国家范围内的科技金融全面建设仍刚刚起步，与发达国家成熟稳定的发展模式依旧存在差距。尽管我国科技金融服务模式的实践较为丰富，但是理论研究相对滞后，制约着我国科技金融的进一步发展。尤其是，我国科技金融政策实践的滞后、资源分配的不合理、各地发展良莠不齐的现状，难以满足科技金融服务的多样化需求。贾康等（2014）认为，我国科技金融发展存在的问题可以用"一个悖论和两个缺陷"来概括。其中"一个悖论"指目前中小企业融资难的确是一个全球范围的科技金融问题，但是科技融资难仅是局部存在的问题；"两个缺陷"分别为基础科研不足的"科技缺陷"和"转化难、转让难"为主要特征的"市场缺陷"。为了合理分配财政、金融和科技等各类资源，全面加速各地科技金融发展，实现建设创新型国家的目标，基于国外成熟的建设经验和我国丰富的实践经验，对我国科技金融未来发展模式与构造提出如下几点建议。

首先，我国科技金融的发展亟须高度明确政府的核心地位，充分发挥其带动作用。相较于其他科技金融发展稳定的国家，我国既未形成像美国一样成熟的中小企业资本市场融资通道，也未形成向日本德国一样完善的中小企业信用保障体系。我国的科技金融发展才刚刚起步，同时又由如此诸多的省市需要共同提高，一定要形成统一的系统化的支持模式。因此政府在这个模式中的地位必须要明确其重要地位，对于中国的科技金融发展起到引导的作用。利用全国范围的科技金融支持政策合理分配资源，减少各地区不同模式之间的冲突，从而可以更大范围内促进科技和金融的融合。政府的主要职能是打通各个地区科技金融发展的异质性，使资源分配冲破区域差异的局限性，有效配合财政、金融、科技等一系列政策，对全国性的科技金融服务体系进行支持和完善。"市场缺陷"必须需要政府在科技成果转化的过程中解决信息不对称的问题，因此政府需要主持建立全国范围的科技信息平台。目前各科技金融发展位于全国前列的省市均着力建设省市内部的科技金融发展信用平台，但是如果实现全国统一的科技金融发展模式，必须要对这些平台内部的信息进行整理和融合。从而消除跨

第8章
中国科技金融发展战略总体设计

省市科技金融的障碍，加大科技成果跨省市转化和转让，最大程度市场化科技成果，才不会浪费科研资源，让每一笔资金都实现价值应用。

其次，应将科技型中小企业融资作为科技金融服务模式的核心对象，开发地区性特色产品为手段。考虑到中小企业融资难已经是一个世界性难题，科技型中小企业又作为科技创新的载体，因此科技型中小企业应该是未来科技金融发展的重点研究对象。同时我国经济结构又面临转型，发展科技又是我国未来的重中之重，因此为其载体进行政策、资金等一系列支持则势在必行。针对中小企业融资设计的科技金融服务体系将是促进科技发展和转化的最重要渠道。

再其次，注重科技示范园区、金融机构等多方面中介起到的支持作用。尽管政府在该模式下拥有绝对核心地位，但不应各种方面"一把抓"，适当放权给予科技金融自由发展的空间。政府要打通各个地区科技金融发展的异质性，使资源分配冲破区域差异的局限性，有效配合财政、金融、科技等一系列政策，对全国性的科技金融服务体系进行支持和完善。同时政府应针对银企不对接问题创立全国范围的科技政策性金融机构，并在各个地区设立支行。这类政策性金融机构既可以对地方的科技金融发展提供财政支持，也可以围绕政策性金融机构建立科技信用担保和保证体系，从而改善科技型中小企业和商业银行等非政策性机构之间信息不对称的问题，促进银企对接，加大资金资源流向科技创新的程度和效率。同时政策性机构还可以与地方政府进行职能互通，传达并发挥中央层面对各地区金融工作的引导作用。除此之外，还要发挥科技资源密集地区的示范园区的辐射作用，这类作为具有国家支持的综合科技金融服务中介应该在各地区的科技金融发展过程中起到领头羊的作用，以示范区为政策试点，总结其有效经验，并向周边没有此类示范区的地区辐射经验，共同促进科技金融的发展。

最后，应注重政府和市场的结合作用。中国作为一个庞大的经济体，离不开市场这只"看不见的手"的调控。加快发展多层次资本市场和风险投资市场，拓宽科技型中小企业融资渠道。完善的资本市场对于科技创新具有选择作用，这样市场的资金会流向科技创新成功的科技型中小企业,并加速它们的发展。同时风险投资行业的完善也会使得更多资金融入初创期科技型企业,造成资源的合理分配。

总之,中国在未来科技金融服务体系建设的过程中要以政府为主导,注重和市场的结合,有效利用各个中介的结合并对资源进行合理分配,这样才能形成稳定的科技金融体系,从而缓解科技型中小企业融资难的根本问题。

8.3 配套保障体系

8.3.1 我国科技金融财政政策保障体系

财政政策在促进我国科技型企业创新以及推动科技型企业与社会资本对接方面有着重要的作用。首先,政府通过财政政策有效组织与引导企业进行向新兴产业领域进行创新。其次,政府通过财政支出,在企业萌芽期,也是最危险的时期提供帮助,帮助企业渡过"死亡谷"。而且,通过政府的认定与支持,企业信用得到增强,更加容易拓宽融资渠道,获得发展中最重要的资金。然而,科技型中小企业本身存在着高风险,灵活性强的特点,政府则市场化不足,不够协调统一,持续性不足。这就要求我国的财政体系能够更加具有针对性和创新性。

8.3.1.1 风险共担,政府直接为企业创新提供保障

科技型中小企业往往是高风险、高收益。在企业发展的过程中,需要进行风险的分担。政府可以成立国家级的科技银行,建立区域性服务平台,建立再保险机构等,为企业以及企业投资者提供风险补偿。此外,政府可以培育一批投资机构,改善和转型引导基金,使得政府、社会资金能够分担科技型中小企业的风险。

8.3.1.2 拉动社会资金,为科技型企业创新的中间阶段提供资金保障

企业的研发往往要经历研发阶段,小试中试阶段,以及产业化阶段,而最困难的则是小试中试阶段,这个阶段企业融资需求突然增大,而由

于信息不对称,能获得的融资不足。但在我国并没有形成规模的社会资金与机构,与研发者合作经营,导致好多创新技术和企业不能度过这个阶段。因此,财政政策应该倾向于推动社会资金介入科技型企业的小试中试阶段,培育一批具有投资眼光与管理能力的投资人,为企业的过渡提供保障。

8.3.2　我国科技金融税收政策保障体系

税收政策能够间接发挥科技资源配置的作用,通过市场达到政策目的,而减少干预。目前,我国已经建立了一套完整的支持科技型中小企业创新的税收体系,减免创业风险投资企业所得税,鼓励创业投资投向科技型中小企业;研发费用加计扣除、固定资产加速折旧等税收政策,鼓励企业加大研发投入和新产品投入;减免科技成果转化阶段税收;鼓励高新技术产业和企业;鼓励科技中介服务结构。目前的税收政策已经发挥了重要的作用,但是,与其他国家相比,我国在普惠性与创新性方面仍需要加强。

例如,在国外,科技型中小企业往往受到重视。在日本、韩国、加拿大、英国等国家,科技型中小企业都受到特殊的优惠;同时,许多的股权激励税收优惠具有普惠性,并不针对某类主体;一些国家也积极探索对产学研进行特惠性激励的税收政策。

8.3.3　推动知识产权资本化,为企业创新提供保障

我国的知识产权体系发展得很快,但仍然存在着某些问题,专利的质量并不高。例如,北京2013年技术成交额为2851.2亿元,成交项目62743项,但是专利转让仅604项,专利成交的交易额是24.02亿元,2013年的北京专利的成交额不到技术成交额的1%[①]。国际的做法通常需要把研发成果形成高质量的专利,即知识产权化,以降低融资难度。一个更加完善的知识产权体系,无疑是推动科技金融的强力保障。

---

① 国家知识产权局. www.cnipa.gov.cn.

8.3.4　我国科技金融人才保障

科技创新的核心是人才，而科技与金融的融合需要既懂技术又懂金融、市场、法律的人才。我国要想争取高端创新优势，必须把人才资源开发放在科技创新的最优先位置。一方面，加大人才培养和引进力度，利用人才特区建设及"千人计划""海聚工程""高聚工程"，吸引和培养具有世界水平的科技领军人才和创新团队；另一方面，在大学里开设相关课程，培养学生多方面的相关能力。科技金融的发展，不仅需要一大批富有冒险与敬业精神的创业者，也需要一大批具有智慧与管理能力和培育能力的投资者。此外，在如今的时代，我们还需要一大批国际交流人才，通过学习与交流，提高我国企业的创新能力，提升我国企业的国际化水平和竞争力。

8.3.5　我国科技金融的空间保障

我国的科技资源大多集中在北京、上海、广东、苏州等地，然而在北京、上海、广东等地区明显存在着科技成果转化成本高的问题。劳动力成本、人才的生活成本都存在现实问题。这就需要政府能够更好地进行顶层设计，进行区域协调，引导产业进行发展。

在政府发挥引导资源合理配置的作用下，发挥科技创新空间的集聚作用和协同作用。以北京为例，在发挥北京市全国科技创新中心作用的同时，也为京津冀地区协同发展创造了良好的条件。但是，我们也不得不面对地区协同发展过程中所涉及的问题。首先是地区发展差异：发展差异与政策水平、金融市场水平差异息息相关；其次是各地方合作意识薄弱，合作机制不健全；最后是背后资金支持不到位，科技金融发展通常都以资本投入为开端，资金供给的不足很容易造成政策响应"雷声大"，政策实施"雨点小"的问题。此外，科技产业本身存在投入风险大，自身获得资金支持困难的问题。因而，在提供我国科技金融发展空间保障的同时，注重空间协同发展，依然任重道远。

第8章
中国科技金融发展战略总体设计

8.4 政 策 建 议

8.4.1 突破体制机制障碍、建立科技金融政府政策联动机制

8.4.1.1 加强组织保障，建立健全促进科技与金融结合工作体系

成立相关科技金融工作领导小组（以下简称"领导小组"），负责决策并协调落实科技金融政策和相关重大事项。以北京为例，领导小组下设推进工作小组，由市金融局、市科委牵头，市财政局、人民银行北京分行、北京银保监局、北京证监局、国税地税局、中关村管委会等部门参加，建立促进科技与金融工作联动机制，负责研究确定科技金融工作的目标任务分解和计划安排。同时依托和邀请国家相关职能部门，如科技部、财政部、央行、发改委、工信部中小企业局等筹建成立北京科技金融创新工作建设指导委员会，负责从国家和北京市对接层面对科技金融发展方向、规划、发展重点等提供宏观科学决策的建议，督促科技金融工作进展和提供微观业务开展的指导意见。

北京市科技金融创新工作联席会议的主要职责包括：提出或审议科技金融创新发展的政策需求，研究制定符合北京科技金融创新发展的政策方案，加大统筹协调和组织推进力度，切实做到认识到位、决策科学、措施有力。建立工作责任制，层层分解任务，加强督促检查，确保各项工作落到实处。深入调查研究，及时研究新情况、新问题，有针对性地解决影响科技和金融结合的突出问题。建立联席会议制度和日常沟通联络机制，研究部署科技金融创新工作，通报重点工作进展情况，总结工作经验，协调解决工作中遇到的困难和问题。加大对试点地方典型经验的宣传和推广，发挥试点地方的示范作用。联席会议每年定期或不定期召开，由北京市政府负责主管金融工作的领导主持，定期会议负责听取决策及日常工作报告、工作部署、实施监督等常规工作。不定期会议根据实际需要临时召开。

8.4.1.2 加强政策协调和实施效果监测评估

加强金融政策、财税政策与科技政策的协调，形成推动科技金融创新

建设的政策合力。国家相关部门需要研究制定一系列先行先试政策的落实措施，建立健全跨部门、跨层级的工作协调机制，完善政府各有关部门的政策服务体系。加强对政策实施效果的信息沟通和监测评估，建立金融支持高技术产业发展的专项政策导向效果评估机制。组织开展科技金融服务工作情况定期检查，并对科技金融政策的效果进行总结与后评估，促进科技与金融更好结合。

8.4.2 创新财政、政策性金融等支持方式，充分发挥引导和撬动作用

目前，财政科技投入仍存在着以下问题：（1）财政支持政策不稳定，组织协调性不强。对科技金融的财政支持政策不稳定，不利于科技型企业和投资者形成稳定的政策预期，不利于科技金融体系建设；（2）政府对科技金融投入相对有限。当前经济发展需求与科技金融投入之间存在较大差距，政府对科技金融的投入只占本级财政科技总支出的较小比例，且又受经济下行压力等因素影响，科技金融投入总量有所下降，资金投入较分散；（3）支持方式有待进一步优化。如政府财政对科技金融的投入方式大部分以直接补贴为主，效率有待提升，引导企业加大研发投入的杠杆效应有待放大，直接投入尚未与税收优惠、政府采购等政策形成协同等问题。

因此，应加大科技财政投入并开展多种金融创新，支持科技发展。一是综合运用无偿资助等直接补助方式，给予科技创新项目大力资金支持；二是大力发展创业投资引导资金，通过引入金融资本和社会资本，对科技型企业起到引导和带动作用；三是加强政策性担保、引导鼓励商业银行开展科技担保业务，并探索建立代偿补偿机制和贷款风险补偿基金；四是建立和完善科技保险保费补助机制，发挥好税收政策的引导作用。

8.4.3 创新科技与金融资本对接机制，促进科技成果转化

8.4.3.1 遵循创新和企业成长规律，建立与金融资源有效对接的科技服务体系

搭建科技金融服务平台，整合国家各类项目成果资源，建立科技成果转化项目库，向金融机构和民间资本推荐科技成果、促进科技成果资本

第 8 章
中国科技金融发展战略总体设计

化、产业化。

8.4.3.2 创新金融组织，充分调动金融机构积极性，完善科技金融产品和服务

依托现有的国家级、省级自主创新示范区，吸引民营资本进入科技银行，开展积极的科技金融创新，加强创业投资机构与银行、保险、担保、小额贷款机构的对接与合作，创新组合金融服务模式，为科技型中小企业提供全方位金融服务；完善创业投资体系。

8.4.4 完善企业信用征信，加强知识产权保护

8.4.4.1 完善企业信用征信，推进信用中介机构市场化运作

由于金融机构和科技企业之间的信息不对称，金融机构往往无法准确、及时获得科技创新信息和企业经营状况，导致金融市场对科技创新的定价失真且市场准入严格，严重阻碍了金融机构与科技企业融资需求的对接。企业信用评级体系作为辨别企业信用质量的有效工具，对降低信息不对称程度、合理评估科技企业创新风险和经营状况发挥着至关重要的作用。而我国现有的商业银行信用等级评价体系发展滞后，一般只对企业财务状况和基本素质进行评价，单方面重视企业规模而未能体现科技企业的高发展潜力和高风险等特点，导致评价结果不客观且缺乏灵活性，从而影响科技企业的融资能力。建立一套科学、完整、合理的指标体系，衡量企业的各方面特征及风险，增强评级结果的可信度和社会认知度，对促进科技与金融的对接具有重要意义。同时，积极推进信用中介机构市场化运作，加快发展市场化的专业征信机构，形成包括征信公司、信用评级公司、信用担保机构等在内的信用中介服务体系。

8.4.4.2 加强知识产权保护，促进发展创新融资模式

知识产权保护制度是促进技术进步的重要产权制度安排，关系到国家自主创新、国际技术转移和直接投资等诸多方面，最终影响国家的经济增长。根据国内人力资本水平、与发达国家的技术差距及其动态变化来调整知识产权政策。切实加大科研投入，积极发展科技企业人力资源，大力推进知识产权战略，鼓励技术创新和知识产权的创造、开发、运用、保护和

管理工作，搭建金融机构与科技企业之间的资本流通渠道。

8.4.5 完善多层次资本市场、优化资本进退体系

资本市场体系需要高效率地运行以满足企业发展的资本需求，对于企业融资，需要根据企业的未来发展与所处企业生命周期阶段的不同采取不同的融资方式选择。科技企业在创意期、成长期和成熟期的都会经历多轮次的融资活动。而在企业通过资本市场融资时，代表着新资本的投入，同时也预示着部分原有资本的退出。从科技企业投资者的视角来看，资本市场为企业投资者退出提供了重要的渠道和路径，只有在资本市场中快捷地退出，才能使机构健康有序地向不同的科技企业提供一轮又一轮的融资，达到资金的有效循环利用。对于天使投资人、PE、VC 来说，其主要的资本退出方式包含 IPO、并购、股权转让、借壳上市、清算、管理层收购等。其中，IPO 是最佳退出渠道，IPO 成功是市场对企业成功的一种标志。近几年来，随着我国多层次资本市场的不断发展，"新三板"已经逐渐成为投资者退出的主要渠道。为了促进多层次资本市场的健康发展、改善现阶段我国投资资本进退机制，这一部分将主要从以下几点给出建议。

8.4.5.1 实行上市企业注册制度

证券发行的注册制市值证券发行人向主管部门提交发行所需要的所有信息和资料，管理机构主需要负责审核发行人所提供的信息和资料是否符合信息披露的相关规定。"注册制"主张证券发行审核机构事中与事后控制，事前则只需要对注册文件进行形式审查，并不进行具体判断。只要证券发行人提供证券材料不存在虚假信息、误报或者遗漏，公开方式合理，证券管理机构，证券管理机构不得以发行证券价格或者其他非公平条件等理由拒绝注册。目前国际上大多数国家，例如，澳大利亚、德国、法国、意大利、荷兰、新加坡、美国、英国等国家均实行"注册制"。

根据国外"注册制"的相关实践经验，注册制并非是企业证券的任意发行，仍然需要证券管理部门的审核。以美国"注册制"为例，美国证监会在接收到发行人申请后，就会向其提交的材料提出相关的反馈意见，中介机构和发行人则需要进行针对性答复。一般答复次数至少为 3~4 次，

第 8 章
中国科技金融发展战略总体设计

多则 7~8 次，直到证监会不再有疑问允许企业注册。

新股发行实行"注册制"能够更好地发挥市场价值发现、资源配置、融资等功能。与我国现行的核准制相比，注册制简化了原有的上市程序，对于某些现阶段发展并不太好，但是未来有很强发展潜力的科技型企业来说，在注册制机制下，只要公司的发展前景获得了市场的认可，依然可以获得融资。实行注册制则需要注意以下几点：（1）企业需要提高披露信息的质量；（2）加大企业违规的处罚力度；（3）需要具备完善的退市制度。

8.4.5.2 发挥债券在资本市场中的重要作用

近年来，我国债券市场的发展有目共睹。资管、私募基金、社保基金等来自社会各界的资金都相继允许进入银行间债券市场。为了进一步推动债券市场的开放程度，2016 年中国人民银行取消了债券交易的额度限制，简化了管理流程，对于符合要求的境外投资机构也可以参与我国银行间债券市场的投资。

债券市场相对发达国家的实践经验显示，存在统一高效的债券市场监管机构是市场繁荣发展的首要前提。境外债券的规模远远超过股票市场，但是我国现阶段还没有达到这个程度，究其原因，主要是投资来源相对单一，交易产品不够丰富。为了提升我国的科技创新能力，拓宽现有科技企业的融资渠道，一个发达的债券市场是必不可少的。目前，我国经济还处于 L 型底部震荡区域，可能需要较长的时间才能摆脱经济发展的困境。债券市场发展程度依然不足，无论是交易所还是券商，在信用违约风险识别、防范、处置等方面，依然显得经验不足。加强风险控制投入、在市场发展与风险控制并行，促进市场的健康发展是当务之急。

针对以上所涉及的问题，主要有以下建议：（1）承销商应该注重业务发展与风险控制并重；（2）主承销商应当理顺业务条线，杜绝多头作业；（3）明确公司债券发行、资产证券化业务统一作业的标准与业务流程；（4）券商机构则需要高度重视债券质量、内核、合规性监控；（5）交易所应当进一步加强审核，加强违约风险预警，制定以注册制为主审核方式和方向。

8.4.5.3 完善资本市场转板制度

转板是指资本市场某一板块中的挂牌公司由于经营、业绩、规模等要素发生变化，是现有的板块市场并不能满足企业发展，或是公司不满足现有市场入场标准，企业需要主动或者被动转移到另一个板块进行交易的主体转移行为，可以分为升板和降板。

以"新三板"为例，现阶段，新三板流动性一直饱受诟病，市场希望精选层能解决流动性问题，转板制度更是市场对新三板最大的期待。然而记者注意到，在转板制度迟迟不落地的情况下，2017年以来，又有不少新三板企业选择去IPO排队。可见，转板制度的不健全，不仅加大了证监会的审核压力，同时不同企业的融资需求并不能达到合理的满足，此时，健全的转板机制显得尤为重要。目前，上海股权交易中心已经可以转板。中小企业股权报价系统、非上市企业股份转让系统与科技创新板已经实现转板，转板机制的实现，有利于降低企业的融资成本，更好地吸引投资者。

8.4.6 搭建科技金融平台，完善服务体系，优化环境，建立创新生态系统

8.4.6.1 加强科技金融平台建设，优化创新创业服务环境

科技金融服务平台的功能主要包括投融资对接、引导与催化以及综合服务。加强科技金融平台建设，利用平台的聚集效应发挥引导与催化功能，强化政府部门与金融机构的合作关系，完善科技企业与金融机构的投融资对接机制，建立信息沟通与信息共享渠道，引导风险基金、担保机构和小额贷款机构通过参股、贷款、担保等方式支持科技企业，聚集银行、证券、保险、基金、信托等各类金融机构，为企业提供全面、综合的金融服务。

8.4.6.2 完善信息服务机制，建立网络信息共享系统

充分利用互联网科技的飞速发展，建立高效的信息存储、共享、分析网络系统，实施"点对点""点对面""面对面"的多层次服务体系，实现对科技型企业融资需求的快速响应，为该类企业排忧解难，促进其健康

第8章 中国科技金融发展战略总体设计

发展。连接科技金融需求方、科技金融供给方、中介机构、生态环境，提出基于科技金融全生态的产业链金融解决方案，发挥金融系统筹资融资、资源配置、价格发现、择优筛选、信息处理、代理监控等诸多方面的功能作用。

8.4.6.3 促进创新生态主体互动，完善专业功能区建设

高新技术产业园区、创客空间、科技企业孵化器等都是科技创新所需要的物理空间，其作为科技企业的集聚地，不仅能够吸引天使投资人、PE/VC、商业银行，还与多层次资本市场联系密切。各类孵化器的存在在推动科技创新企业快速成长的同时，也可以针对其本身，扩展现有的业务范围，令孵化器具有多元化的融资能力，并且可以针对处于不同阶段的企业提供定制化的金融服务与相关配套服务，包括技术研发、人力资本、创业投资、科技创新、产品与服务市场定位、企业战略规划等。当然，基础设施，例如，公共食堂、公共医疗、公共活动中心的建设，也能在一定程度上完善孵化器的服务水平。专业功能区的集聚和建立意味着在此物理空间内，企业可以得到系统化、全方位的科技金融服务以及相关配套服务；创新主体之间也可以相互沟通，共同推动科技创新。

8.4.6.4 政府与市场结合，发挥平台主观能动作用

政府在科技金融服务平台建设中发挥引导作用的同时，应将运行主体让位于市场，坚持市场的交易原则，提高科技金融服务平台的运行质量。通过快速推进相关法律法规修订，助力形成良好的市场环境。

参 考 文 献

1. Acemoglu, D. A., Simon, J., James R. J. A. Reversal of fortune: geography and institutions in the making of the modern world income distribution [J]. Quarterly Journal of Economics, 2002 (117): 1231 – 1294.

2. Acs, Z. J., Anselin, L., Varga, A. Patents and innovation counts as measures of regional production of new knowledge [J]. Research Policy, 2002, 31 (7): 1069 – 1085.

3. Adner, R. Match your innovation strategy to your innovation ecosystem [J]. Harvard Business Review, 2006, 84 (4): 98.

4. Aghion, P., Jean, T. The management of innovation [J]. Quarterly Journal of Economics, 1994 (109): 1185 – 1209.

5. Aghion, Philippe. Schumpeterian growth theory and the dynamics of income inequality [J]. Econometrica, 2010 (70): 855 – 882.

6. Akerlof, G. A. The market for "Lemons": quality uncertainty and the market mechanism [J]. The Quarterly Journal of Economics, 1970, 84 (3): 488 – 500.

7. Almeida, H., Campello, M. Financial constraints, asset tangibility, and corporate investment [J]. Review of Financial Studies, 2007, 20 (5): 1429 – 1460.

8. Avnimelech, Teubal. Creating venture capital industries that co-evolve with high tech: Insights from an extended industry life cycle perspective of the Israeli experience [J]. Research Policy, 2006, 35 (10): 1477 – 1498.

9. Banker, R. D. , Charnes, A. , Cooper, W. W. Some models for estimating technical and scale inefficiencies in data envelopment analysis [J]. Management Science, 1984, 30 (9): 1078 – 1092.

10. Battacharya Sudipto, Kalyan C. , Larry S. Sequential research and the adoption of innovations [J]. Oxford Economic Papers, 1986 (38): 219 – 243.

11. Beijing S&T Committee. The collections of policy and rules of law related to science, technology and innovation [R]. Beijing, China (Internal file), 1995.

12. Blanes, J. V. , Busom, I. Who participates in R&D subsidy programs? The case of Spanish manufacturing firms [J]. SSRN Electonic Journal, 2004, 33 (10): 1459 – 1476.

13. Brockhoff, G. Innovation via new ventures as a conversion strategy for the Chinese defense industry [J]. R&D Management, 1996, 26 (1): 49 – 56.

14. Charnes, A. , Cooper, W. W. , Rhodes E. Measuring the efficiency of decision making units [J]. European Journal of Operational Research, 1978, 2 (6): 429 – 444.

15. Chen, K. H. , Guan, J. C. Measuring the efficiency of China's regional innovation systems: an application of network DEA [J]. Regional Studies, 2012, 46 (3): 355 – 377.

16. Coombs, R. , Narandren, P. , Richards, A. , A literature-based innovation output indicator [J]. Research Policy, 1996 (25): 403 – 413.

17. Cooper, M. , Mell, P. Tackling Big Data. NIST, 2012.

18. Cropper, Maureen L. , Wallace, E. O. Environmental economics: A survey [J]. Journal of Economic Literature, 1992, 30 (2): 676 – 740.

19. Engel, D. , Keilbach, M. Firm – Level implications of early stage venture capital investment: An empirical investigation [J]. Journal of Empirical Finance, 2007, 14 (2): 150 – 167.

20. Fan, P. , Watanabe, C. Promoting industrial development through technology policy: lessons from Japan and China [J]. Technology in Society, 2006, 28 (3): 303 – 320.

21. Farre-Mensa, J., Ljungqvist, A. Do measures of financial constraints measure financial constraints? [J]. Review of Financial Studies, 2015, 29 (2): 271-308.

22. Firth, L., Mellor, D. The impacts of regulation on innovation. European [J]. Journal of Law and Economics, 1999 (8): 199-205.

23. Gantz, J., Reinsel D. Extracting value from chaos [J]. IDC iView, 2011: 1-12.

24. Haken, H. Synergetics, Instruction and advanced topics, 3nd edition [M]. Berlin: Springer, 2004: 24-45.

25. Hellmann, Thomas, Veikko T. Incentives and innovation inside firms: A multitasking approach [J]. Working paper, University of British Columbia, 2008.

26. Hirukawa Masayuki, Masako, U. Venture capital and industrial Innovation [R]. 2008, available at: papers.ssn.com.

27. Huang, W. Efficiency of insurance fund utilization in China's insurance companies: A resource-based two-stage DEA model [J]. Economic Research Journal, 2009, 44 (8): 37-49.

28. International Telecommunication Union. The Internet of Things [R], 2005, available at: http://www.itu.int/dms_pub/itu-s/opb/pol/S-POL-IR.IT-2005-SUM-PDF-E.pdf.

29. Josh, L., Antoinette, S., Stanislav, S., Karen, W. The globalization of angel investments: Evidence across countries [J]. Journal of Financial Economics, 2018, 127 (1): 1-20.

30. Kortum, S., Lerner, J. Assessing the contribution of venture capital to innovation [J]. RAND Journal of Economics, 2000: 674-692.

31. Lach, S. Do R&D Subsidies stimulate or displace private R&D [J]. Journal of Industrial Economics, 2002, 50 (4): 369-390.

32. Levine, R. Law, Finance and economic growth [J]. Journal of Financial Intermediation, 1999, 8 (1): 8-35.

33. Luigi, B., Fabio, S., Alessland, R. Banks and innovation: Microeconometric evidence on Italian firms [J]. Journal of Financial Economics, 2008, 90 (2): 197 - 217.

34. Macro, D. R., Maria, F. F. P. The effect of venture capital on innovation strategies [J]. NBER Working Paper Series, 2007, w13636.

35. Manyika, J., Chui, M., Brown, B. Big data: the next frontier for innovation, competition, and productivity [J]. McKinsey Global Institute, 2011.

36. Mollica, Marcos, A., Luigi, Z. The impact of venture capital on innovation and the creation of new business [J]. Unpublished Working Paper, University of Chicago.

37. Mustar, P., Laredo, P. Innovation and research policy in France (1980 - 2000) or the disappearance of the Colbertist state [J]. Research Policy, 2002, 31: 55 - 72.

38. Myers, S. C., Majluf, N. S. Corporate financial and investment decision when firms have information that investors do not have [J]. Journal of Financial Economics, 1984 (13): 187 - 221.

39. Myers, Stewart. Outside equity [J]. Journal of Finance, 2000 (55): 1005 - 1037.

40. Nakamoto, S. Bitcoin: a peer-to-peer electronic cash system [Online] [R]. 2009, available at: https://bitcoin.org/bitcoin.pdf.

41. Polemos, P. Annual report and financial statement for the year ended [R]. Victoria. Police Department, 2012.

42. Popov, Alexander, Peter R. Venture capital and patented innovation: Evidence from Europe [J]. Economic Policy, 2009, 27 (71): 447 - 482.

43. Robert, G. K., Ross, L. Finance, entrepreneurship and growth [J]. Journal of Monetary Economics, 1993, 32 (3): 513 - 542.

44. Rosen. Income taxes and entrepreneurs' use of abor [J]. Journal of Labor Economics, 2000, 18 (2): 324 - 351.

45. Schumpeter, J. A. The theory of economic development [M]. Cam-

bridge: Harvard University Press, 1934.

46. Shleifer, Andrei, Robert V. , Equilibrium short horizons of investors and firms [J]. American Economic Review, 1990 (80): 148 – 153.

47. Swan, M. Blockchain: blueprint for a new economy [R]. USA: Reilly Media Inc. , 2015.

48. Bayoumi, T. , Coe D. T. , Laxton D. Liberating supply: fiscal policy and technological innovation in a multi-country model [J]. Mpra Paper. 1998, 98, 8596.

49. Taddy, M. The technological elements of artificial intelligence [J]. NBER Working Paper, 2018, w24301.

50. Thomas, A. , Andreas, D. , Denis B. IFZ FinTech Study 2017 [M]. Switzerland: Hochschule Luzern, 2017.

51. Thomas, H. , Veikko T. Friends or foes? The interrelationship between angel and venture capital markets [J]. Journal of Financial Economics, 115: 639 – 653.

52. London and Partners, UK tech firms smash venture capital funding record [N]. London & Partners, 2016.

53. Willians, Walter, E. The State Against Blacks [M]. New York: New Press, 1982.

54. 白敏. 北京市科技金融创新发展研究 [D]. 北京: 首都经济贸易大学, 2013.

55. 鲍悦华, 陈强. 瑞士科技管理及其对我国的启示 [J]. 中国科技论坛, 2008 (4): 140 – 144.

56. 贝尔纳. 科学的社会功能 [M]. 北京: 商务印书馆, 1982.

57. 布莱恩·阿瑟. 技术的本质 [M]. 杭州: 浙江人民出版社, 2014: 68.

58. 曹颢, 尤建新, 卢锐. 我国科技金融发展指数实证研究 [J]. 中国管理科学, 2011, 19 (3): 134 – 140.

59. 查勇, 梁裸, 许传永. 基于BCC模型的几何平均最优意义下的两阶段合作效率［J］. 系统工程理论与实践, 2008, 28（10）: 53-59.

60. 陈凯华, 官建成. 共享投入型关联两阶段生产系统的网络 DEA 效率测度与分解［J］. 系统工程理论与实践, 2011（7）: 1211-1221.

61. 陈丽芹, 郭焕书, 叶陈毅. 利用融资租赁解决中小企业融资难问题［J］. 企业经济, 2011（11）.

62. 陈晓君. 江苏省风险投资引导基金发展现状研究［D］. 苏州: 苏州大学, 2014.

63. 程宇. 创新驱动下战略性新兴产业的金融制度安排——基于"适应性效率"的分析［J］. 南方金融, 2013（3）: 12-17.

64. 储敏伟, 李湛. 2013年上海科技金融发展报告［M］. 北京: 北京中国财政经济出版社, 2014.

65. 丁锋. 杭州银行的科技金融创新［J］. 银行家, 2016（4）: 20-23.

66. 丁革华. 科技金融携手合作扶持高新技术企业［J］. 深圳特区科技, 1992（4）: 40-41.

67. 董雪兵, 朱慧, 康继军. 转型期知识产权保护制度的增长效应研究［J］. 经济研究, 2012（8）: 4-17.

68. 窦亚芹, 李秀真, 吴文杰. 江苏科技型中小企业自主创新的金融支持研究［J］. 科技管理研究, 2014（2）: 6-10.

69. 范文仲, 周特立. 以色列科技创新支持政策［J］. 中国金融, 2015（16）: 66-68.

70. 房汉廷. 科技金融的兴起与发展［M］. 上海: 经济管理出版社, 2010.

71. 冯锋, 张雷勇, 高牟, 马雷. 两阶段链视角下科技投入产出链效率研究——来自我国29个省市数据的实证［J］. 科学学与科学技术管理, 2011（8）: 33-38.

72. 冯榆霞, 付剑峰. 金融创新助推科技创新的探索——以盈创动力科技金融服务平台为例［J］. 科技创新与生产力, 2012（1）: 15-18.

73. 付剑峰, 郭戎, 沈文京, 朱鸿鸣. 如何发展我国的科技银行？——基于杭州银行科技支行的案例研究［J］. 中国科技论坛, 2013

(4): 92-97.

74. 苟小兰. 我国金融集聚与经济增长的区域差异研究 [D]. 重庆: 西南大学, 2014.

75. 辜胜阻等. 论构建支持自主创新的多层次资本市场 [J]. 中国软科学, 2007 (8).

76. 顾海峰. 中小企业融资担保风险管理机制的重塑研究 [J]. 南方金融, 2011 (4).

77. 郭戎, 付剑锋, 张明喜, 薛薇. 中国的科技投资——科技金融与科技财税初探 [M]. 北京: 经济管理出版社, 2013.

78. 郭戎. 我国科技金融合作发展存在的问题及相关政策建议 [J]. 科技创新与生产力, 2011 (3).

79. 国家计委经济研究所. 台湾创业投资的发展经验及其启示 [J]. 广东金融, 1999 (7): 40-42.

80. 国泰君安证券. 台湾如何建成多层次资本市场体系 [M]. 2014-08.

81. 杭州市国家知识产权示范城市工作领导小组. 2016年杭州市知识产权保护白皮书 [G]. 杭州市政府, 2017.

82. 何彬, 范硕. 中国大学科技成果转化效率演变与影响因素——基于Bootstrap-DEA方法和面板Tobit模型的分析 [J]. 科学学与科学技术管理, 2013 (10): 85-94.

83. 何诚颖, 张立超. 国际湾区经济建设的主要经验借鉴及横向比较 [J]. 特区经济, 2017 (9): 13-16.

84. 贺朝晖. 中小企业信用评级与发展: 印度经验 [J]. 金融发展研究, 2011 (9): 43-46.

85. 胡小桃. 德国科技创新的政策体制分析 [J]. 湖湘论坛, 2014, 27 (3): 97-101.

86. 黄灿, 许金花. 日本、德国科技金融结合机制研究 [J]. 南方金融, 2014 (10): 57-62.

87. 黄嫣. 科技金融推进科技型中小企业发展存在的问题与对策 [D]. 湘潭: 湘潭大学, 2014.

88. 集智俱乐部：《科学的极致：漫谈人工智能》［M］．北京：人民邮电出版社，2015．

89. 贾康．建设科技型中小企业科技金融服务体系的实践开拓［M］．北京：经济科学出版社，2015．

90. 江瀚，向君．物联网金融：传统金融业的第三次革命［J］．新金融，2015（7）：39－42．

91. 江苏省人民政府办公厅．省政府办公厅转发人民银行南京分行关于加快江苏科技金融创新发展指导意见的通知［Z］．2010．

92. 姜建清．金融高科技的发展及深层次影响研究［M］．北京：中国金融出版社，2000．

93. 卡萝塔·佩蕾丝．技术革命与金融资本：泡沫与黄金时代的动力学［M］．北京：中国人民大学出版社，2007．

94. 拉契科夫．科学学——问题、结构、基本原理［M］．莫斯科：莫斯科大学出版社，1974．

95. 李福，赵放．创新中心的形成：创新资源的集聚与利用模式［J］．中国科技论坛，2018（4）：7－14．

96. 李健，马亚．科技与金融的深度融合与平台模式发展［J］．中央财经大学学报，2014（5）：23－32．

97. 李乐，毛道维．政府信用对科技创新与金融创新的推动机制——基于苏州市科技金融网络实践的研究［J］．经济体制改革，2012（4）：52－56．

98. 李其玮，顾新和赵长轶．创新生态系统研究综述：一个层次分析框架［J］．科学管理研究，2016，34（1）：14－17．

99. 李善民，许金花，黄灿．科技金融：理论、实践与案例［M］．北京：中国经济出版社，2015．

100. 李善民，杨荣．韩国科技与金融的结合机制研究［J］．南方金融，2014（2）：40－45．

101. 李太平，钟甫宁，顾焕章．衡量产业区域集聚程度的简便方法及其比较［J］．统计研究，2007（11）：64－68．

102. 李希义，郭戎，沈文京，付剑峰，黄福宁．我国科技担保行业存在的问题及对策分析 [J]. 科技创新与生产力, 2013 (9): 1-5.

103. 李希义, 朱颖. 北京市知识产权质押贷款的措施和经验 [J]. 中国科技投资, 2010 (1): 35-37.

104. 李学龙, 龚海刚. 大数据系统综述 [J]. 中国科学: 信息科学, 2015, 45 (1): 1-44.

105. 李雪斌. 借力资本市场实现科技创新——浅议中小型技术企业筒子和融智问题 [J]. 湖南财经经济学院学报, 2013 (2).

106. 李扬. 基地报告——金融促进上海科技创新中心建设研究报告 [M]. 北京: 社会科学文献出版社, 2015.

107. 李扬等. 金融促进上海科技创新中心建设研究报告 (基地报告第8卷) [M]. 北京: 社会科学文献出版社, 2015.

108. 李杨, 王国刚, 刘煜辉. 中国城市金融生态环境评价 (2004-2005) [M]. 上海: 上海出版社, 2005.

109. 李晔梦. 以色列的首席科学家制度探析 [J]. 学海, 2017 (5): 170-173.

110. 李燚, 魏峰. 领导理论的演化和前沿进展 [J]. 管理学报, 2010, 7 (4): 517-524.

111. 连平, 周昆平. 科技金融: 驱动国家创新的力量 [M]. 北京: 中信出版集团, 2017.

112. 廖添土. 科技投入的国际比较与科技金融支持体系的构建 [J]. 金融电子化, 2007 (5).

113. 林毅夫, 李永军. 中小金融机构发展与中小企业融资 [J]. 经济研究, 2001 (1).

114. 林毅夫, 孙希芳. 信息、非正规金融与中小企业融资 [J]. 经济研究, 2005 (7).

115. 刘飞. 科技型中小企业金融服务研究 [M]. 北京: 经济管理出版社, 2014.

116. 刘力昌, 冯根福, 张道宏, 毛红霞. 基于DEA的上市公司股权融资效率评价 [J]. 系统工程, 2004 (1): 55-59.

117. 刘芹，张永庆，樊重俊．中日韩高科技园区发展的比较研究——以中国上海张江、日本筑波和韩国大德为例［J］．科技管理研究，2008（8）：122－124＋130．

118. 刘文丽，郝万禄，夏球．我国科技金融对经济增长影响的区域差异——基于东部、中部和西部面板数据的实证分析［J］．宏观经济研究，2014（2）：87－94．

119. 刘晓玲．论技术体系生态化［D］．武汉：武汉科技大学，2009．

120. 刘星，杨亦民．融资结构对企业投资行为的影响——来自沪深股市的经验证据［J］．预测，2006（3）：33－37．

121. 刘瑜．基于面板数据的科技型企业技术创新效率分析［D］．北京：中央财经大学，2017．

122. 刘正民．私募股权与科技创新［M］．上海：华东师范大学出版社，2014．

123. 吕蓓蕾．瑞士国家科学研究基金会简介［J］．国际科技交流，1987（8）：42－43．

124. 马希良，郑弟久．对建立科技金融市场的构想［J］．科学管理研究，1988，6（4）：4－9．

125. 马欣员．美国科技政策及效应研究［D］．长春：吉林大学，2014．

126. 毛道维，毛有佳．科技金融的逻辑［M］．北京：中国金融出版社，2015．

127. 孟庆松，韩文秀．复合系统协调度模型研究［J］．天津大学学报：自然科学与工程技术版，2000，33（4）：444－446．

128. 孟艳．德国支持中小企业创新的战略导向、架构布局及启示［J］．经济研究参考，2014（25）：72－79．

129. 欧晓文．科技型中小企业知识产权质押融资模式探究——基于北京、上海浦东、武汉模式的比较［J］．现代产业经济，2013（7）：60－64．

130. 潘利．为有源头活水来——以色列实施"科技孵化器战略"促进创新发展的经验借鉴［J］．广东经济，2016（6）：34－36．

131. 普华永道．中国企业并购市场回顾与2017年展望［R］．普华永道，2017.

132. 钱志鸿，王义君. 物联网技术与应用研究［J］. 电子学报，2012，40（5）：1023-1029.

133. 秦书生，王旭，王宽. 论中国马克思主义科学技术观的基本特征［J］. 科学经济社会，2013，31（2）：12-16.

134. 上海市人民政府发展研究中心课题组，肖林，周国平，等. 上海建设具有全球影响力科技创新中心战略研究［J］. 科学发展，2015（4）：63-81.

135. 邵传林，王丽萍. 创新驱动视域下科技金融发展的路径研究［J］. 经济纵横，2016（11）：65-69.

136. 深圳市南山区人民政府. 深圳市南山区科技金融发展白皮书［G］. 深圳市南山区人民政府，2018.

137. 盛立强. 以色列农业OCS制度对我国的启示［J］. 科技管理研究，2013，33（20）：49-52.

138. 石会娟. 发达国家政府发展中小企业的经验及其借鉴［D］. 保定：河北大学，2004.

139. 束军意. 众筹模式下科技金融服务平台功能架构研究［J］. 科技进步与对策，2016，33（10）：18-22.

140. 苏京春，贾康. 中小企业科技金融服务：理论、问题及原则构建［J］. 经济研究参考，2015（7）：26-33.

141. 苏启林. 以色列创业投资发展现状与经验借鉴［J］. 外国经济与管理，2001（12）：13-17+47.

142. 汤姆·库克，杨世忠. 大学科技成果转化的牛津模式［J］. 经济与管理研究，2006（9）：80-85.

143. 唐金成. 信用保证保险与中小企业融资难问题研究［J］. 南方金融，2013（1）.

144. 天津市金融工作局. 2015北京市金融运行报告［G］. 天津市金融工作局，2015.

145. 童腾. 金融创新与科技创新的耦合研究［M］. 武汉：湖北人民

出版社，2015.

146. 童藤. 金融创新与科技创新的耦合研究［D］. 武汉：武汉理工大学，2013.

147. 屠启宇，张剑涛. 全球视野下的科技创新中心城市建设［M］. 上海：上海社会科学院出版社，2015.

148. 万建华. 科技变革金融的历史必然［J］. 清华金融评论，2016（10）：18－20.

149. 王海，叶元煦. 科技金融结合效益的评价研究［J］. 管理科学，2003，16（2）：67－72.

150. 王宏起，徐玉莲. 科技创新与科技金融协同度模型及其应用研究［J］. 中国软科学，2012（6）：129－138.

151. 王仁祥，俞平. 金融创新理论研究综述［J］. 经济学动态，2004（5）：90－94.

152. 王松奇，李扬，王国刚. 中国创业投资体系研究［J］. 科技进步与对策．2000（9）.

153. 王维国，马越越. 中国区域物流产业效率——基于三阶段 DEA 模型的 Malmquist－Luenberger 指数方法［J］. 系统工程，2012（3）：66－75.

154. 王伟，章胜晖. 印度班加罗尔软件科技园投融资环境及模式研究［J］. 亚太经济，2011（1）：97－100.

155. 王颖. 北京市科技金融发展历程及现状分析. 中国软科学研究会. 第十届中国软科学学术年会论文集［C］. 中国软科学研究会，2015（6）.

156. 王战，翁史烈，杨胜利，王振. 转型升级的战略与新对策——上海加快具有全球影响力的科技创新中心研究［M］. 上海：上海社会科学院出版社，2015.

157. 魏权龄，岳明. DEA 概论与 C～2R 模型——数据包络分析（一）［J］. 系统工程理论与实践，1989（1）：58－69.

158. 文皓，曾国屏. 开放型经济的外溢发展问题初探——社会技术视角的新加坡科技工业园案例［J］. 特区经济，2014（5）：127－130.

159. 闻岳春，唐学敏，夏婷. 促进科技创新的资本市场创新研究

[M]．北京：中国出版集团，2015．

160．邬龙，张永安．基于SFA的区域战略性新兴产业创新效率分析——以北京医药和信息技术产业为例［J］．科学学与科学技术管理，2013（10）：95-102．

161．吴先满等．江苏科技金融发展与创新研究［J］．东南大学学报（哲学社会科学版），2012（5）：64-68+127．

162．吴勇民，纪玉山，吕永刚．金融产业与高新技术产业的共生演化研究——来自中国的经验证据［J］．经济学家，2014（7）：82-92．

163．吴勇民，纪玉山，吕永刚．技术进步与金融结构的协同演化研究——来自中国的经验证据［J］．现代财经（天津财经大学学报），2014（7）：33-44．

164．吴桢．金融生态环境影响金融主体发展的区域差异研究［D］．兰州：兰州大学，2015．

165．肖久灵，汪建康．新加坡政府支持中小微企业的科技创新政策研究［J］．中国科技论坛，2013（11）：155-160．

166．熊鸿儒．全球科技创新中心的形成与发展［J］．学习与探索，2015（9）：112-116．

167．徐新阳，金爱华．苏州工业园区和无锡新区创业投资引导基金运作实践研究［J］．特区经济，2011（12）：47-49．

168．许运凯，吴向阳．日本中小企业信用担保体系的特点及启示［J］．上海金融，2000（6）：43-44．

169．薛澜，俞乔．科技金融：理论的创新与现实的呼唤——评赵昌文等著《科技金融》一书［J］．经济研究，2010（7）：157-160．

170．薛薇．科技创新税收政策国内外实践研究［M］．北京：经济管理出版社，2013．

171．杨东．监管科技：金融科技的监管挑战与维度建构［J］．中国社会科学，2018（5）．

172．杨丰来，黄永航．企业治理结构、信息不对称与中小企业融资［J］．金融研究，2006（5）．

173. 杨靖. 从科技金融看经济转型［M］. 北京：北京理工大学出版社，2014.

174. 杨书剑，张四建. 北京银行：中小银行科技金融的先行者［J］. 银行家，2016（4）：16－19.

175. 杨巍，彭洁，高续续，张冲，郜思敏，宋宇飞，陈冬生. 牛津大学科技成果转化的做法与思考［J］. 中国高校科技，2015（9）：60－63.

176. 叶琪，黄茂兴. 世界创新竞争的新格局、新态势与中国应对［J］. 经济研究参考，2018，2893（45）：24－33.

177. 叶子敬. 科技金融"杭州模式"6个关键点解读［J］. 今日科技，2013（2）：22－25.

178. 游达明，许斐. 基于熵值法的区域旅游业经济效益比较分析［J］. 数理统计与管理. 2005，24（3）：82－85.

179. 游达明，朱桂菊. 区域性科技金融服务平台构建及运行模式研究［J］. 中国科技论坛，2011（1）：40－46.

180. 于国庆. 科技金融——理论与实践［M］. 北京：经济管理出版社，2015.

181. 于中琴. 全球科创中心建设背景下上海市科技金融模式的创新发展［M］. 上海：上海财经大学出版社，2016.

182. 张创新，叶勇. 当代中国政府管理模式的新思维与和谐社会的契合［J］. 吉林大学社会科学学报，2008（2）：29－35.

183. 张红. 科技金融服务主体的合作与竞争研究［M］. 上海：上海大学出版社，2014.

184. 张杰，杨连星. 中国金融压制体制的形成、困境与改革逻辑［J］. 人文杂志，2015（12）：43－50.

185. 张小松，叶军. 商业银行多渠道多模式尝试投贷联动业务［J］. 中国银行业，2015（7）.

186. 张笑茹. 论《资本论》中的技术思想及其现实价值［J］. 科技经济导刊，2017（6）：139－140.

187. 章立. 科技金融中小企业的投融资风险管理［M］. 北京：中国

金融出版社，2015.

188. 赵昌文. 创新型企业的金融解决方案—2011中国科技金融案例研究报告［M］. 北京：清华大学出版社，2012.

189. 赵世通. 日本川崎市建设循环型社会的经验［J］. 求是，2009（14）：58-60.

190. 郑坚，丁云龙. 高技术产业技术创新效率评价指标体系的构建［J］. 哈尔滨工业大学学报（社会科学版），2007（6）：105-108.

191. 郑婧渊. 我国高科技产业发展的金融支持研究［J］. 科学管理研究，2009（5）.

192. 中关村指数课题组. 中关村指数2016分析报告［R］. 中关村科技园区管理委员会，北京市金融工作局，北京市科学技术委员会，2017.

193. 中国科学技术发展战略研究院，中国科技金融促进会，上海市科学学研究所联合课题组. 2015中国科技金融生态年度观察［J］. 浦江创新论坛，2016.

194. 中国科学技术发展战略研究院，中国科技金融促进会，上海市科学学研究所联合课题组. 2016中国科技金融生态年度观察［J］. 浦江创新论坛，2017.

195. 中国科学技术发展战略研究院，中国科技金融促进会，上海市科学学研究所联合课题组. 2017中国科技金融生态年度观察［J］. 浦江创新论坛，2018.

196. 中国科学院，科技发展新态势与面向2020年的战略选择［M］. 北京：科学出版社，2013.

197. 中国人民银行广州分行课题组，李思敏. 金融与科技融合模式：国际经验借鉴［J］. 南方金融，2015（3）：4-20.

198. 袁毅，陈亮. 中国众筹行业发展报告2017［Z］. 人创咨询，2018.

199. 钟文. VR技术在金融领域的研发应用情况［J］. 金融科技时代，2019（5）：58-59.

200. 周岑岑. 无锡市创业投资引导基金的发展浅析［J］. 江苏科技信

息，2013（16）：6-8.

201. 周峰. 中小企业融资难的原因分析［J］. 南方金融，2007（4）.

202. 朱翀. 商业银行科技金融创新方向探索——基于杭州科技银行与硅谷银行发展模式比较［J］. 浙江金融，2016（3）：31-36.

203. 朱跃钊. 南京经验：技术创新的驱动机制与支撑体系［M］. 北京：经济管理出版社，2013.

204. 证监会北京监管局. 2017年北京辖区上市公司概况，2018.

205. 北京市政府. 北京市人民政府关于推进首都科技金融创新发展的意见. 京政发［2010］32号，2010.

206. 深圳市科技创新委员会、深圳市财政委员会. 关于促进科技型企业孵化载体发展若干措施的通知深科技创新规［2012］7号，2012.

207. 杭州市科学技术委员会. 关于公布2016年雏鹰、青蓝计划绩效考核结果的通知. 杭州市科学技术委员会，2016.

208. 上海市浦东新区. 浦东新区促进金融业发展财政扶持办法实施细则，2016.

209. 深圳市科技创新委员会 深圳市财政委员会. 深圳市科技研发资金投入方式改革方案，2013.

210. 江苏省人民政府. 省政府关于加快促进科技和金融结合的意见，苏政发，2012.

211. 本书涉及数据库包括：OECD数据库、中国统计年鉴、中国投资年鉴、中国科技统计年鉴、中国风险投资年鉴、北京统计年鉴、清科数据库、CNKI专利数据库、CSMAR国泰安数据库；各类企业、媒体、政府官方网站等。